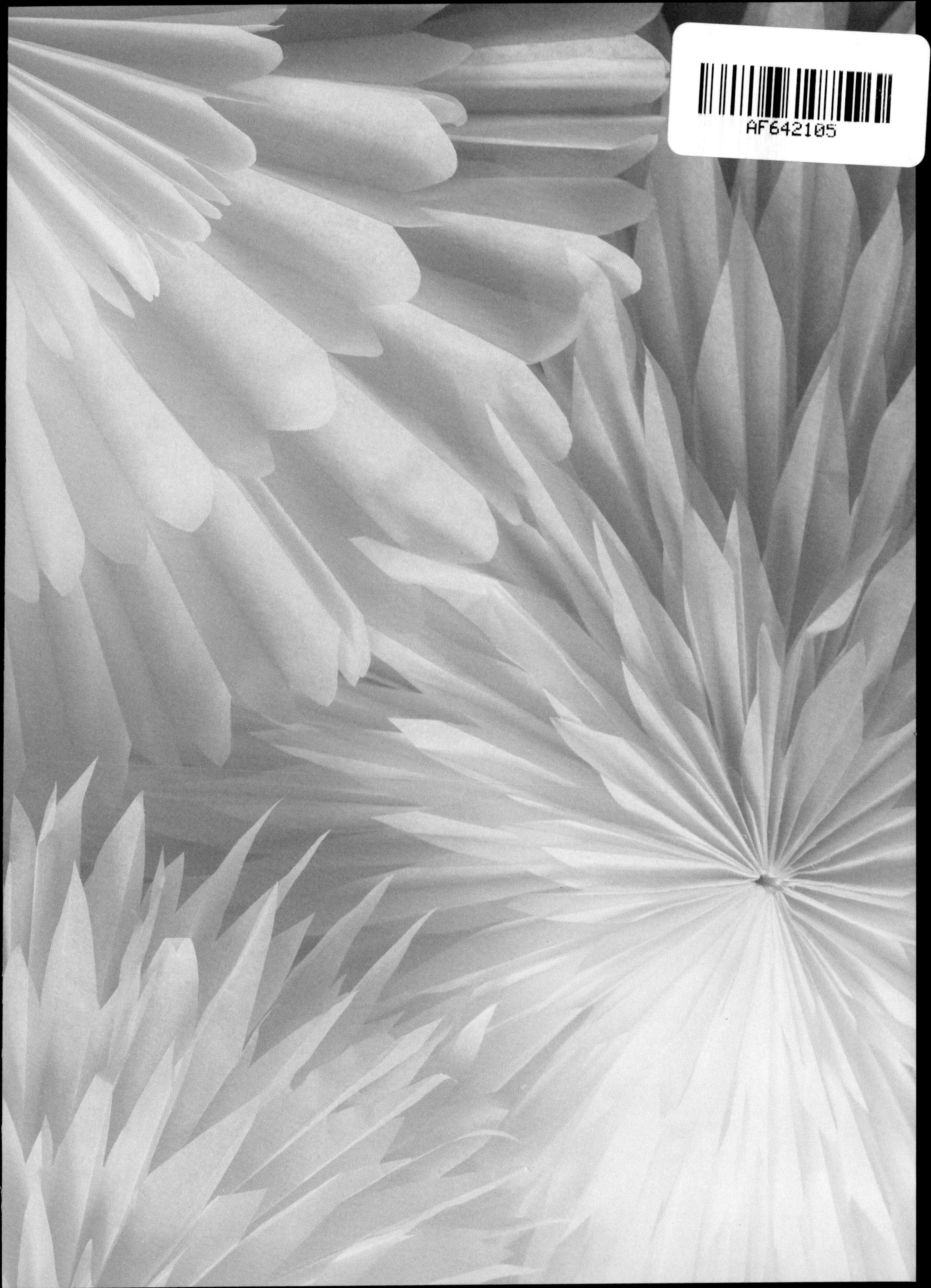

Für die deutsche Ausgabe: Übersetzung aus dem Schwedischen: Melanie Schirdewahn
Produktmanagement und Lektorat: Eva Schrecklinger
Layout: Sanna Sporrong
Fotos: Cecilia Möller Kirchsteiger
Covergestaltung: Eva Hook
Herstellung: Adelina Tešija
Satz: Sanna Sporrong
Druck: NEOGRAFIA a.s. Slowakai

Die schwedische Originalausgabe erschien 2020 unter dem Titel „Vinterstjärna och iskristall" bei Norstedts, Schweden, in 2022
Veröffentlicht mit Genehmigung der Norstedts Agency und der Bennet Agency

DER DOWNLOAD-CODE LAUTET:
51540

MIX
Papier | Fördert gute Waldnutzung
FSC® C020353

1.Auflage 2023
ISBN 978-3-7358-5153-6 • Best.-Nr. 25153

WINTERSTERNE & EISKRISTALLE

Winterliche Papierideen
für ein strahlendes Fest

JENNIE LANTZ &
CECILIA MÖLLER KIRCHSTEIGER

INHALT

Die Vorlagen in diesem Buch finden Sie auch in der TOPP-DigiBib:

Registrieren Sie sich unter "MEIN KONTO", so erhalten Sie den Zugang zu Ihrer ganz persönlichen "Digitalen Bibliothek". Lösen Sie dann in Ihrem Kundenkonto unter "DIGITALE BIBLIOTHEK" den vier- bis sechs-stelligen Freischaltcode ein (dieser befindet sich im Impressum).

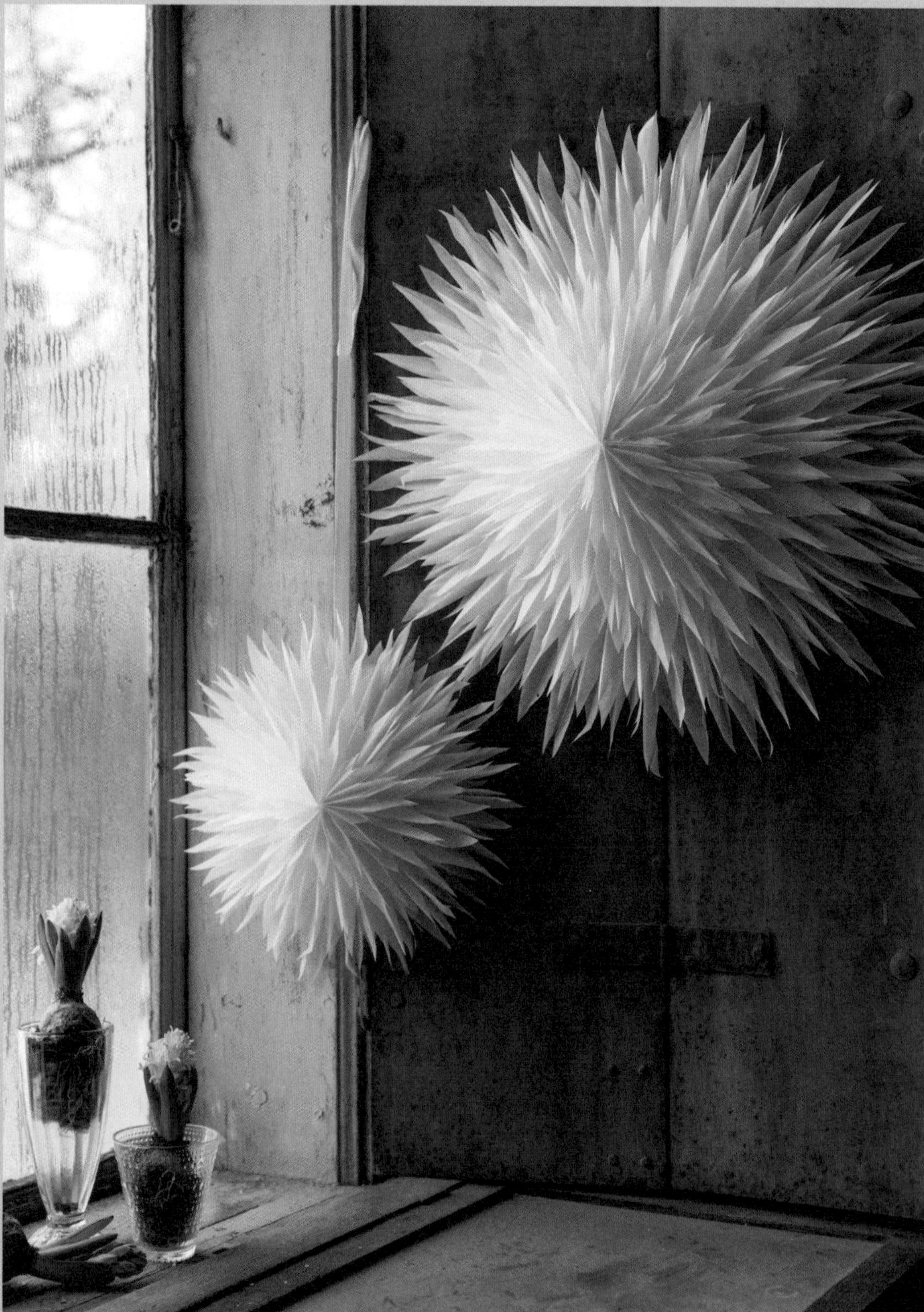

VORWORT

vom schwedischen Innenarchitekten Ernst Kirchsteiger

KREATIVITÄT IST EINE WUNDERBARE SACHE, die mir sehr am Herzen liegt und der ich viel Zeit widme. Diese Zeit ist meiner Meinung nach gut investiert, denn der kreative Schaffensprozess schenkt mir jede Menge Glücksgefühle. Ich bin davon überzeugt, dass sich der Mensch mit „greifbaren" Dingen beschäftigen muss, um sich wohlzufühlen. Es tut gut, ein kreatives Projekt zu beginnen und dieses auch wieder abzuschließen. Allerdings ist viel Zeit und Geduld gefragt, bis man zu einem zufriedenstellenden Ergebnis gelangt. Manches muss erst einmal reifen, bevor man die Früchte der Arbeit ernten kann.

Dieses wunderschöne Buch bringt Ihnen die bemerkenswerte Kunst des Papierfaltens näher. Es ist schon erstaunlich, welche Schönheit aus einem so alltäglichen Material entstehen kann, das überall verfügbar ist. Lassen Sie sich von diesem Buch inspirieren und kreieren Sie wahre Papierpoesie!

Wenn es nicht auf Anhieb klappt, dann seien Sie geduldig mit sich! Atmen Sie ein paar Mal tief durch und starten Sie einen neuen Anlauf. Umso glücklicher werden Sie sein, wenn der fertige Papierstern endlich auf dem Tisch liegt.

Ich wünsche Ihnen viel Schaffenskraft!
Es lebe die Kreativität!

Ernst Kirchsteiger

EINLEITUNG

DAS BUCH, DAS SIE HIER GERADE IN HÄNDEN HALTEN, ist ein Traum, der Wirklichkeit geworden ist. Wir sind die Schwedinnen Jennie Lantz und Cecilia Möller Kirchsteiger und haben lange von einem Bastelbuch geträumt, das jeden anspricht. Mit Anleitungen, die für jeden realisierbar sind, egal, wie alt man ist, wo man wohnt, oder wie viel man im Leben schon gebastelt hat. Wir möchten zeigen, dass sich aus Materialien, die leicht zu beschaffen sind, die schönsten Papierobjekte kreieren lassen, was insbesondere in der dunklen Jahreszeit eine wundervolle Beschäftigung ist. Manche unserer Projekte sind schnell und einfach erledigt, andere erfordern etwas mehr Geduld. Gemeinsam ist ihnen jedoch, dass sie nicht viel kosten. Die größte Investition ist Ihre Zeit.

Jennie ist der kreative Kopf hinter dem erfolgreichen Einrichtungs- und Bastelprofil @vitanyancer auf Instagram, wo sie fleißig ihre Papierwerke und Einblicke in ihr Zuhause teilt. Cecilia ist Fotografin mit den Spezialgebieten Innenarchitektur und Lifestyle. Unsere Wege kreuzten sich 2014, als Cecilia in Jennies Haus Fotos für eine Einrichtungsreportage machte. Das wurde der Startschuss für zahlreiche gemeinsame Reportagen, die in vielen Ländern veröffentlicht wurden. In diesem Buch haben wir jede Menge Bastelideen für den Herbst und Winter für Sie zusammengestellt und mit Fotos garniert, die die Sinne ansprechen und das Basteln erleichtern. Wir wünschen Ihnen viele kreative, entspannende Stunden und hoffen, dass das Basteln für Sie zu einer meditativen, beruhigenden Tätigkeit wird.

Ohne Stress.
Ohne Erwartungsdruck.
Wir gehen das gemeinsam an, Schritt für Schritt.

Viele liebe Grüße von Cecilia und Jennie

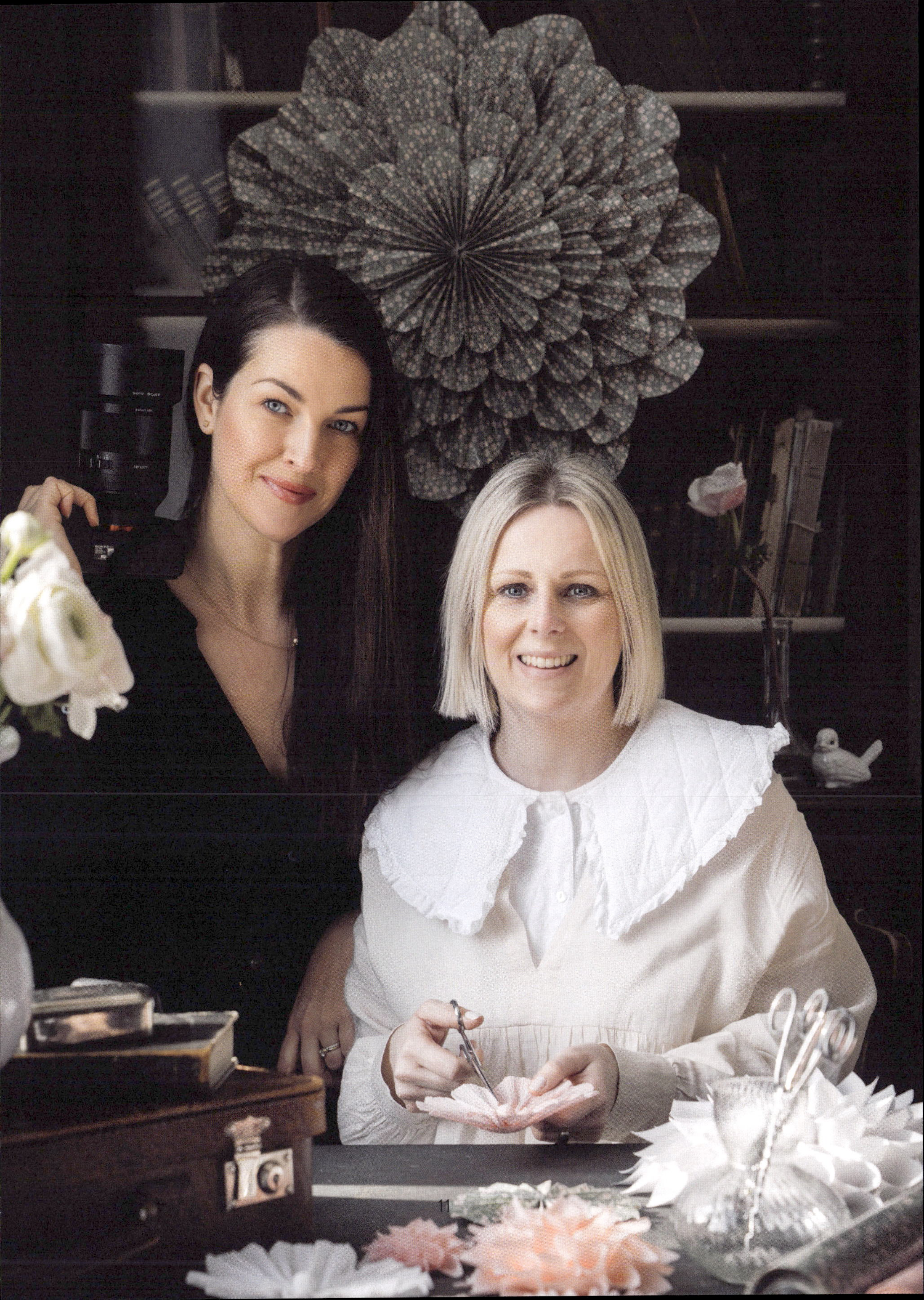

MATERIALIEN UND WERKZEUGE

Es war uns wichtig, dass die Bastelmaterialien leicht und kostengünstig erhältlich sind und man vieles davon sogar im Supermarkt kaufen kann, wie Backpapier, Kopierpapier oder Kaffeefilter. Alle Papierobjekte lassen sich mit einfachsten Papiersorten herstellen, aber natürlich können Sie auch nach Krepppapier oder Tapete greifen.

Unentbehrliche Materialien zum Basteln mit Papier sind:

- Klebestift
- Kraftkleber, zum Beispiel von Uhu oder Pattex
- Stift
- Lineal
- Schere
- Foldback- oder Wäscheklammern
- Faden oder Schnur
- Verschiedene Papiersorten

In jeder Anleitung ist die Papierart angegeben, die am geeignetsten ist. Sie können aber auch mit anderen Sorten experimentieren.

BACKPAPIER ODER BUTTERBROTPAPIER

Diese beiden dünnen, beschichteten Papiersorten gibt es in jedem Haushaltswarenladen. Sie sind als Rolle oder Zuschnitte sowie in den Farben Weiß und Braun erhältlich. Matte Versionen sind übrigens leichter zu verarbeiten als glänzende.

KOPIERPAPIER 80 GRAMM

Dieses dünne Papier wird meist als Kopier- oder Schmierpapier verwendet. Es eignet sich für einfachere Bastelarbeiten und ist in jedem Schreibwarenladen oder Copyshop erhältlich.

PAPIER 100 GRAMM

Dieses etwas kräftigere Papier ist perfekt zum Basteln und hat mehr Stabilität. Man findet es in Schreibwarenläden.

FOTOKARTON 300 GRAMM

Fotokarton ist eine dickere Papiervariante, die es in Schreibwarenläden und Bastelgeschäften gibt.

KREPPPAPIER 180 GRAMM

Dieses etwas dickere Strukturpapier ist leicht dehnbar. Es eignet sich vor allem zum Basteln von Blumen und Blütenblättern und ist in Schreibwarenläden und Bastelgeschäften erhältlich.

TIPPS ZUM BASTELN MIT BACKPAPIER

Beim Falten von Sternen aus Backpapier sind einige Dinge zu beachten:

- Backpapier von der Rolle ist leichter zu handhaben als Zuschnitt.
- Weißes Backpapier ist besser zum Basteln geeignet als braunes.
- Je matter das Backpapier, desto besser.
- Beim Abpausen der Vorlagen ein Gewicht auflegen, damit nichts verrutscht.
- Wenn man beim Falten die Breite der Falten variiert, entstehen ganz unterschiedliche Sternen-Looks.
- Zum Zusammenkleben möglichst einen Klebestift verwenden. Die Marke spielt dabei keine Rolle, wichtig ist nur, viel Kleber aufzutragen. Den Klebestift deshalb mehrmals hin- und herbewegen. Die zusammengeklebten Teile einige Sekunden mit den Fingern oder einer Wäscheklammer fixieren, dann rasch wieder lösen. Überschüssigen Kleber entfernen.
- Falls sich einige Falten wieder lösen, einfach erneut ankleben.
- Die Seite mit der geklebten Naht ist die Rückseite der Sterne.
- Nach Zusammenkleben aller Teile zu einem Stern kann man bei Bedarf in der Sternmitte noch Kraftkleber auftragen.
- Für einen beleuchteten Stern die Vorlagen doppelt zuschneiden, um eine Vorder- und Rückseite zu kreieren.
- Man kann auch Teile verschiedener Sterne miteinander verbinden.
- Die angegebene Arbeitszeit bezieht sich auf einen Stern mit drei Lagen. Werden zusätzliche Lagen ergänzt, muss man mehr Zeit einplanen.

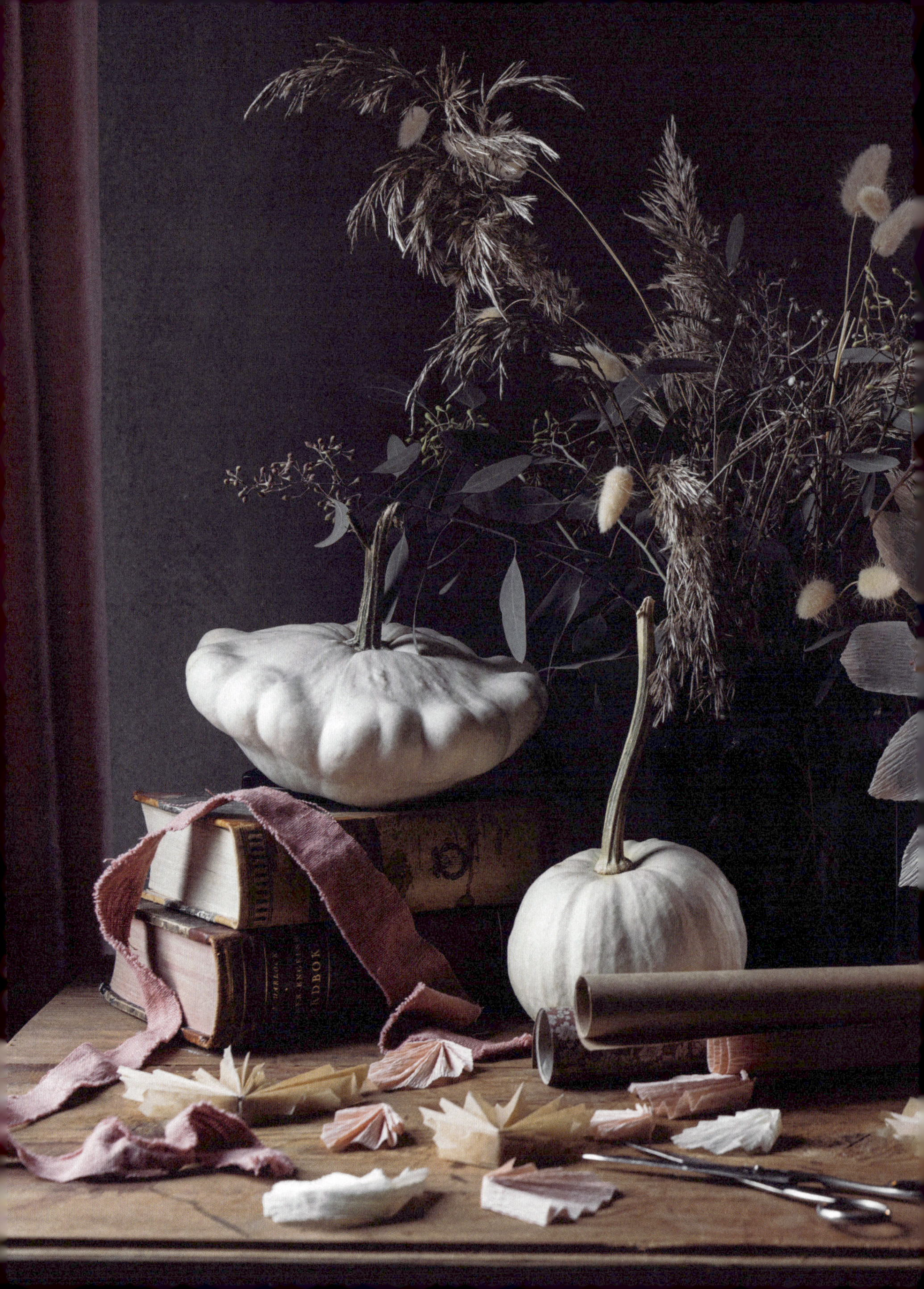

HERBSTSTIMMUNG

*Holen Sie sich Inspiration
in der herbstlichen Natur!*

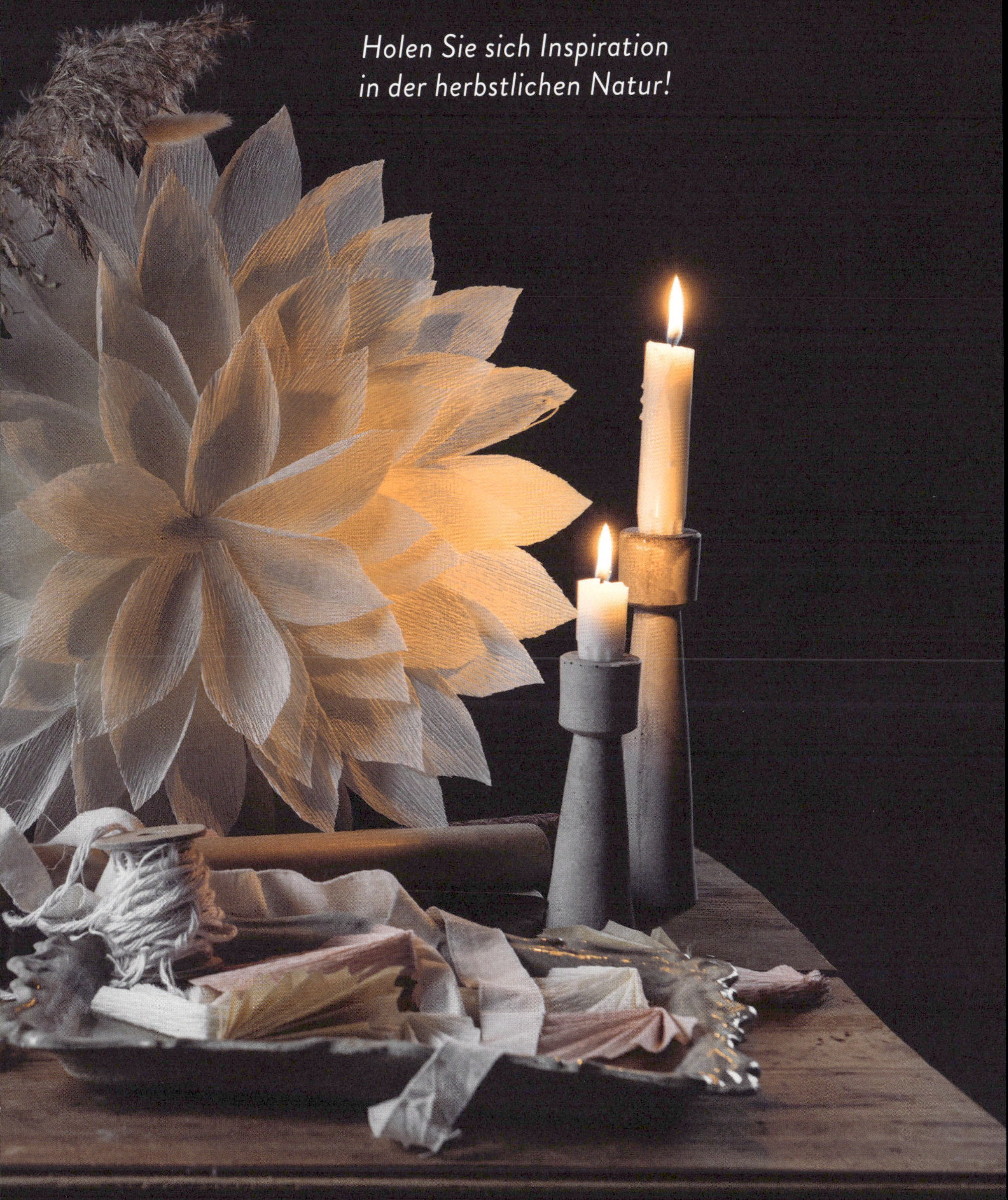

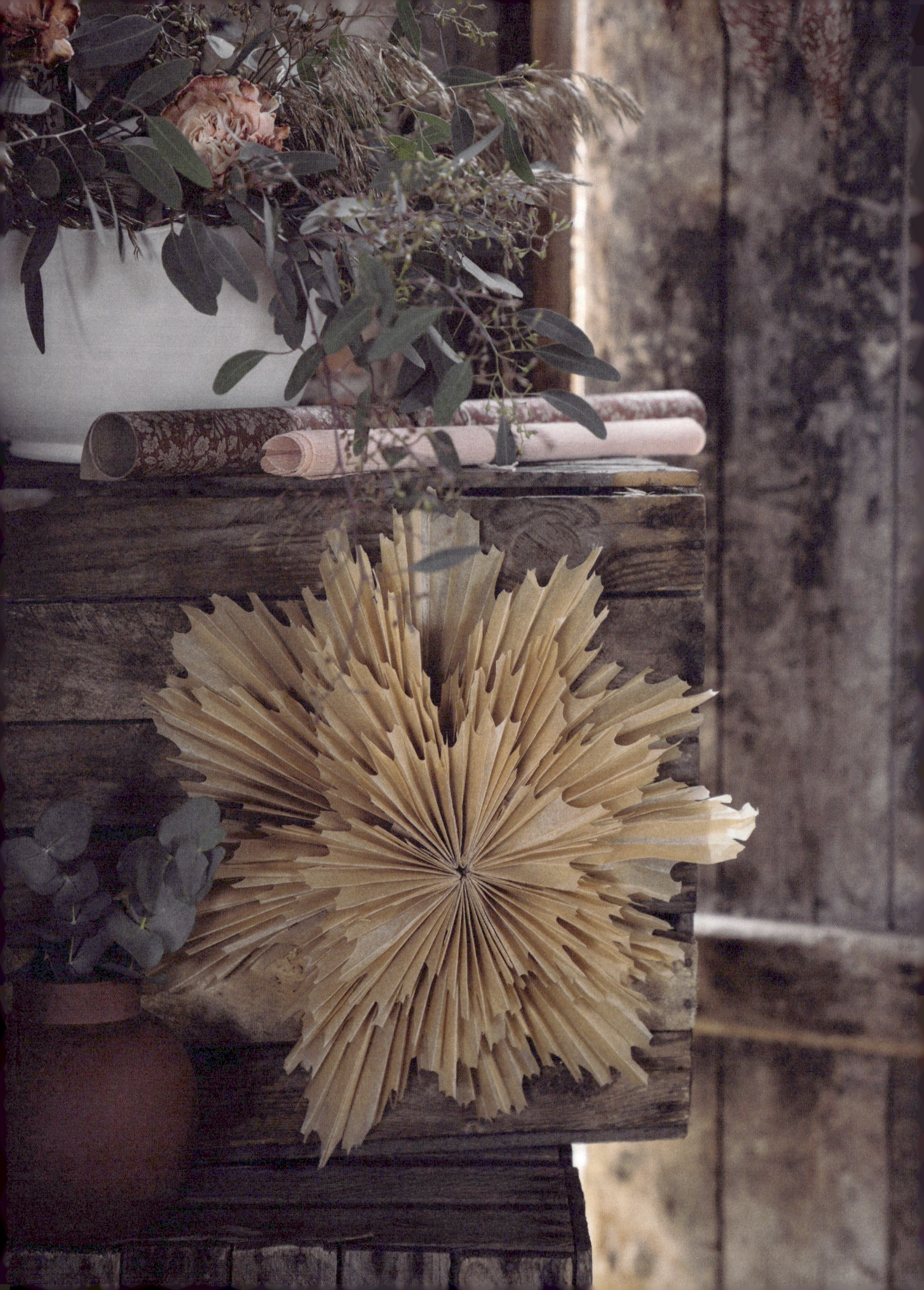

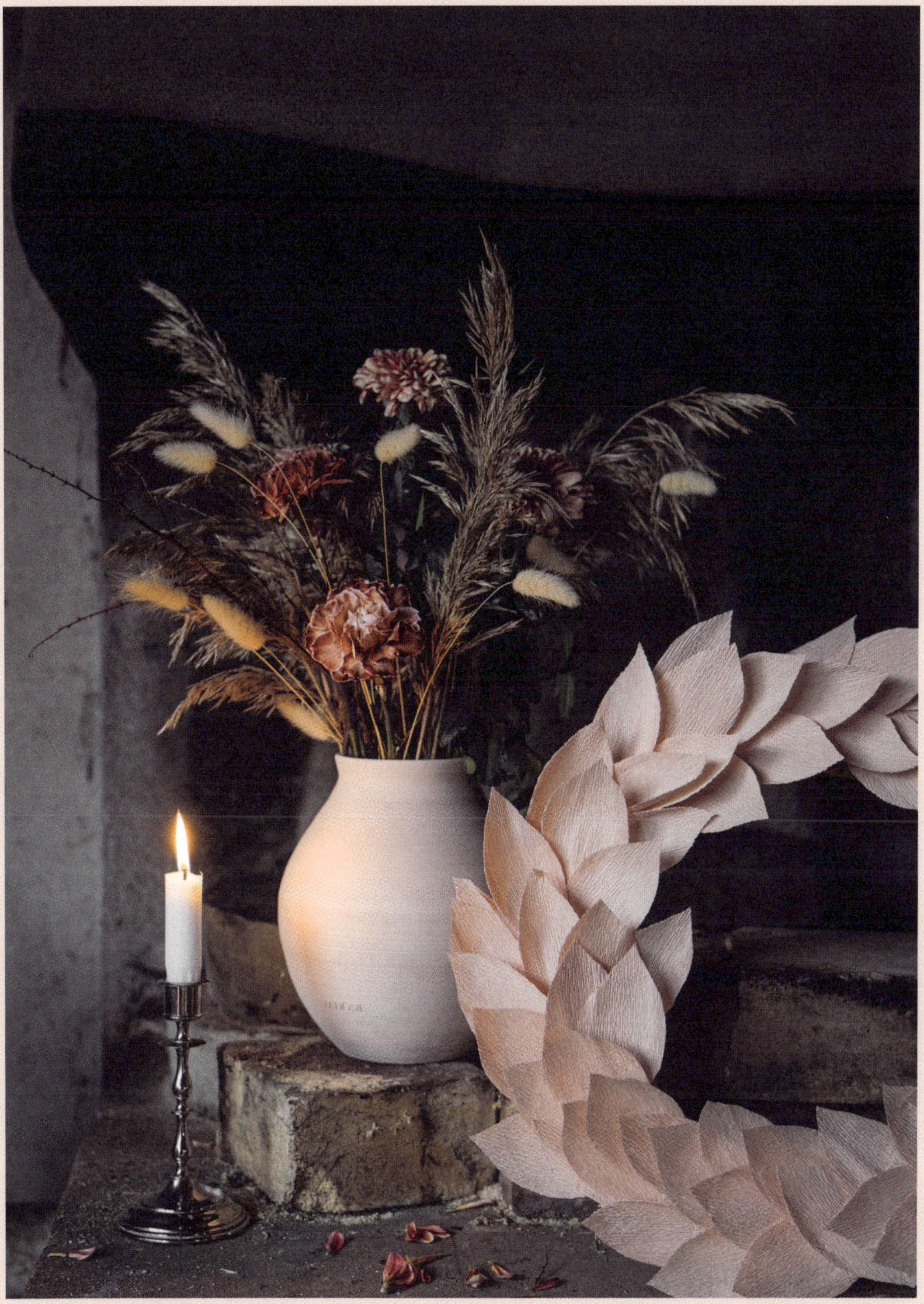

HERBSTBLUME

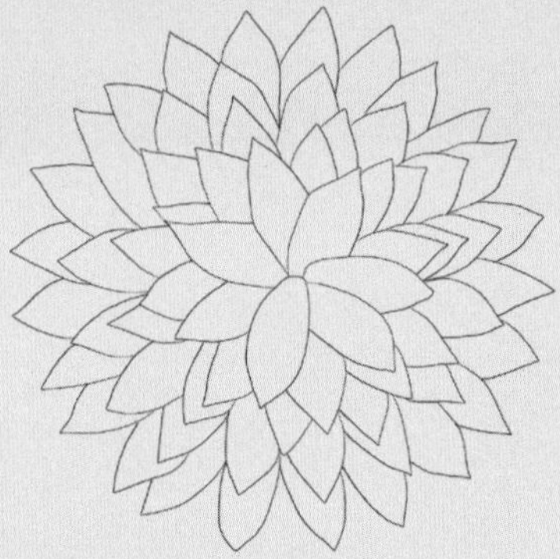

Aufgrund seiner Struktur eignet sich Krepppapier perfekt für Blütenblätter. Ob Sie nach einem hellen oder einem kräftigen Farbton greifen, bleibt ganz Ihnen überlassen.

Schwierigkeitsgrad: Leicht
Arbeitszeit: 3 Stunden
Die Herbstblume auf dem Foto hat 40 cm Durchmesser und besteht aus etwa 70 Blättern.

SIE BENÖTIGEN:
Krepppapier in Farbe oder Farben nach Wahl
kräftigeres Papier
Kraftkleber

SO GEHT'S:

1. Die Schablone für das Blatt zuschneiden.
2. Mithilfe der Schablone Blätter auf das Krepppapier zeichnen (die Papierstruktur sollte im Blatt senkrecht verlaufen).
3. Die Blätter innerhalb der vorgezeichneten Linie ausschneiden.
4. Die Blätter leicht auseinanderziehen, bis sie sich wölben.
5. Aus dem kräftigeren Papier einen Kreis mit Durchmesser nach Wahl ausschneiden. Die fertige Blume wird etwa 15 cm größer als der gewählte Kreisdurchmesser.
6. Am Rand des Kreises beginnen und die Blätter leicht überlappend aufkleben. Wenn der Rand mit Blättern bedeckt ist, die nächste Reihe aufkleben. Diese sollte die erste leicht überlappen.
7. So fortsetzen, bis der Papierkreis vollständig bedeckt ist.
8. Ihre Herbstblume ist jetzt fertig!

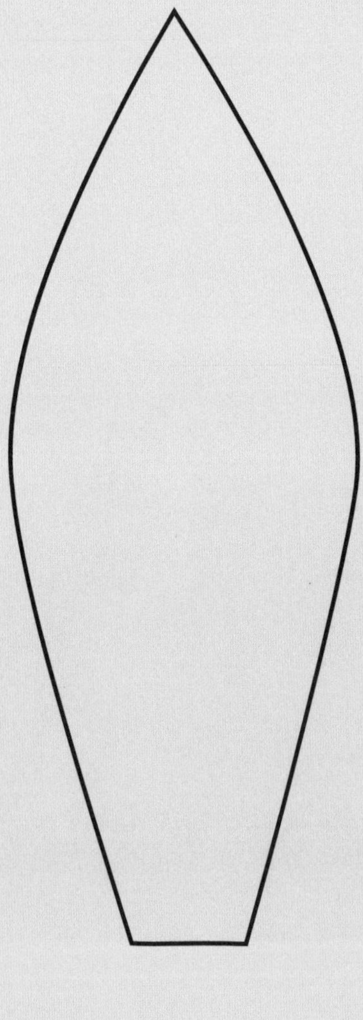

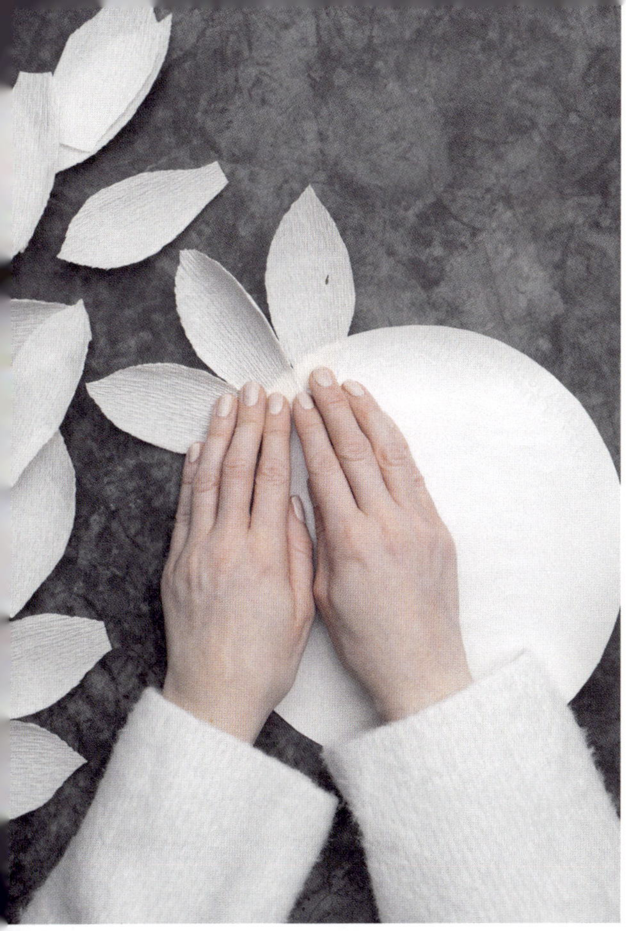
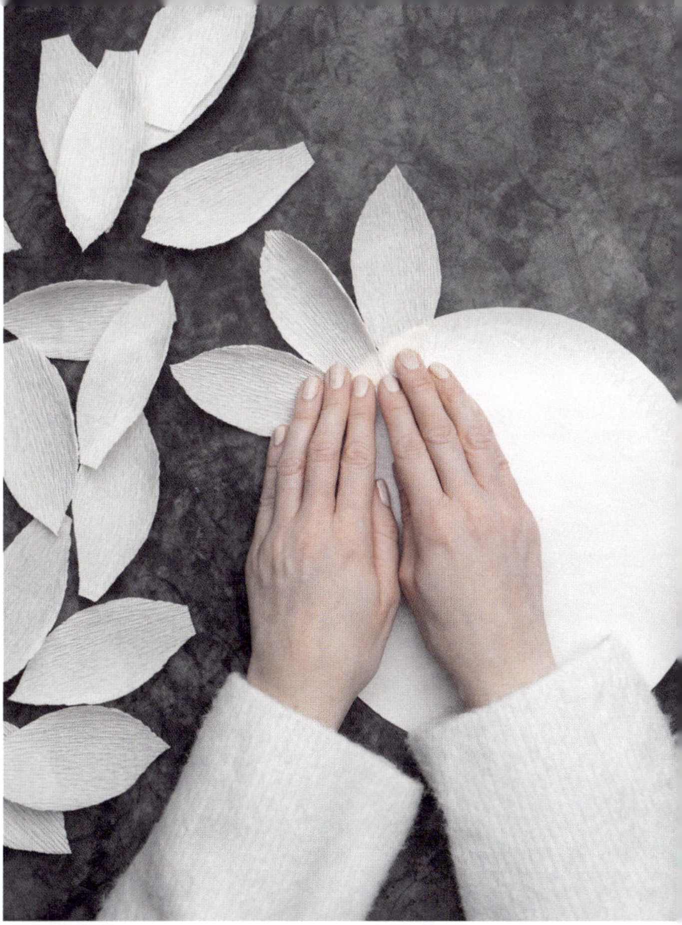
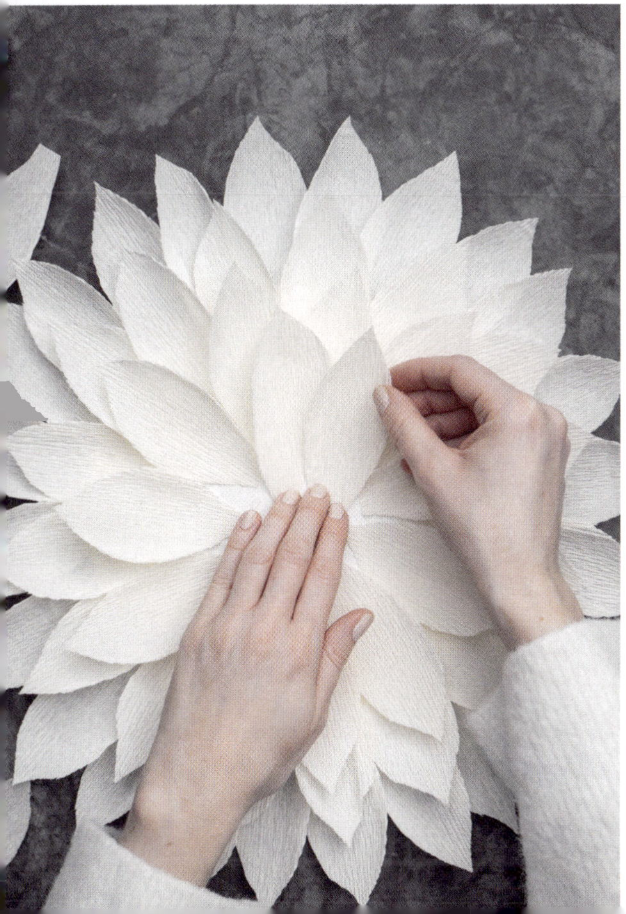
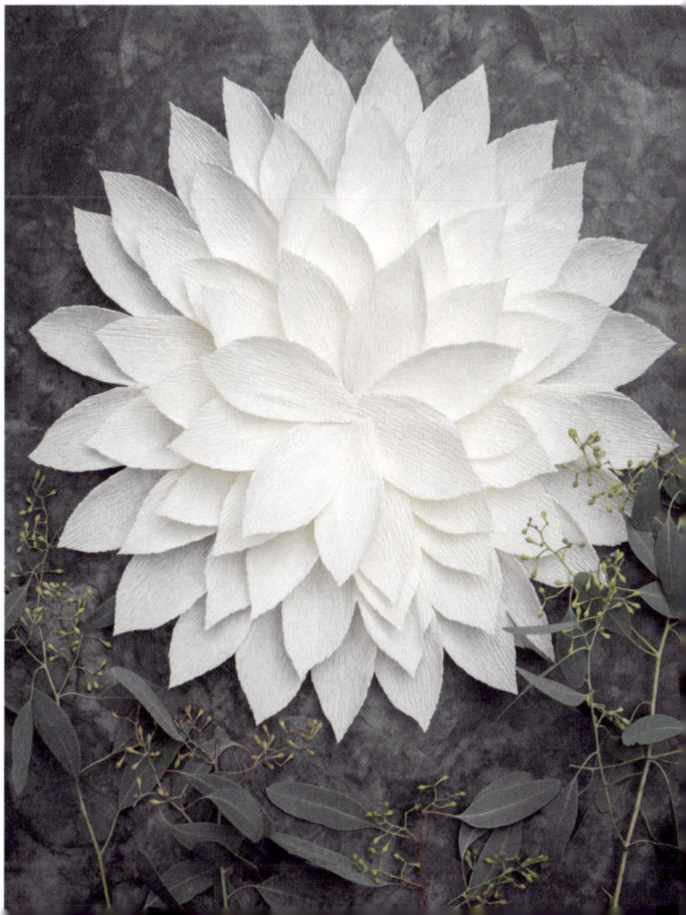

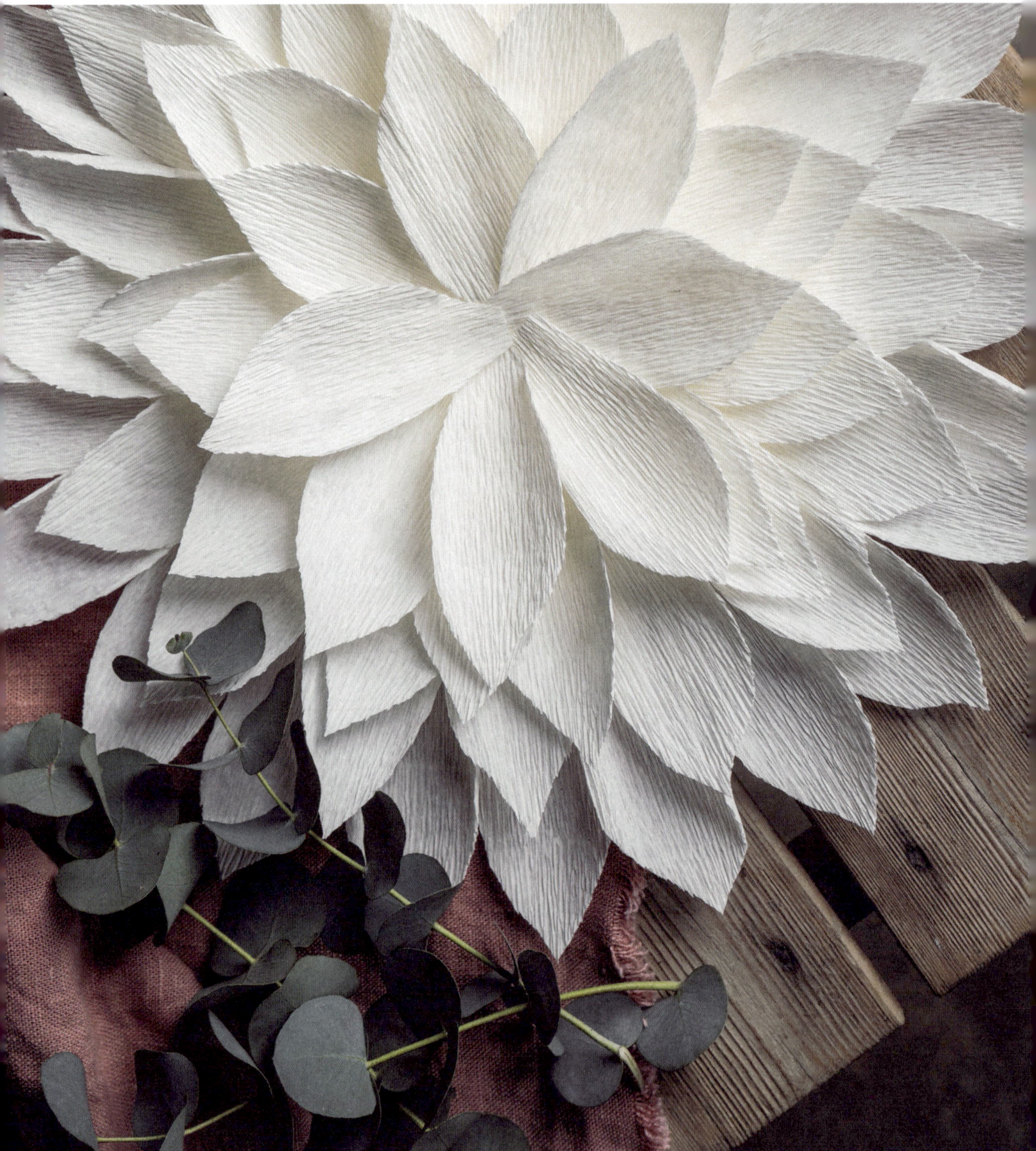

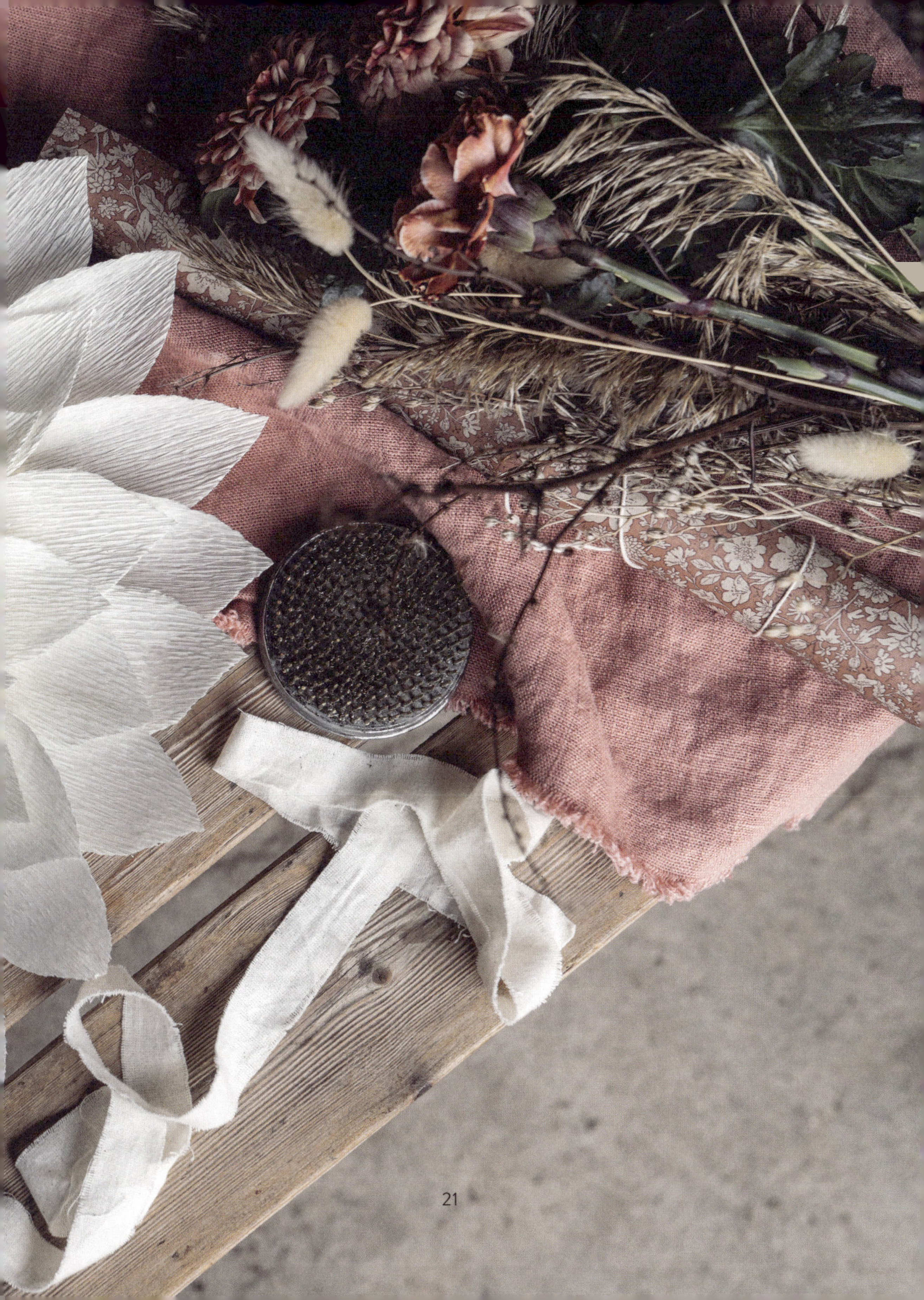

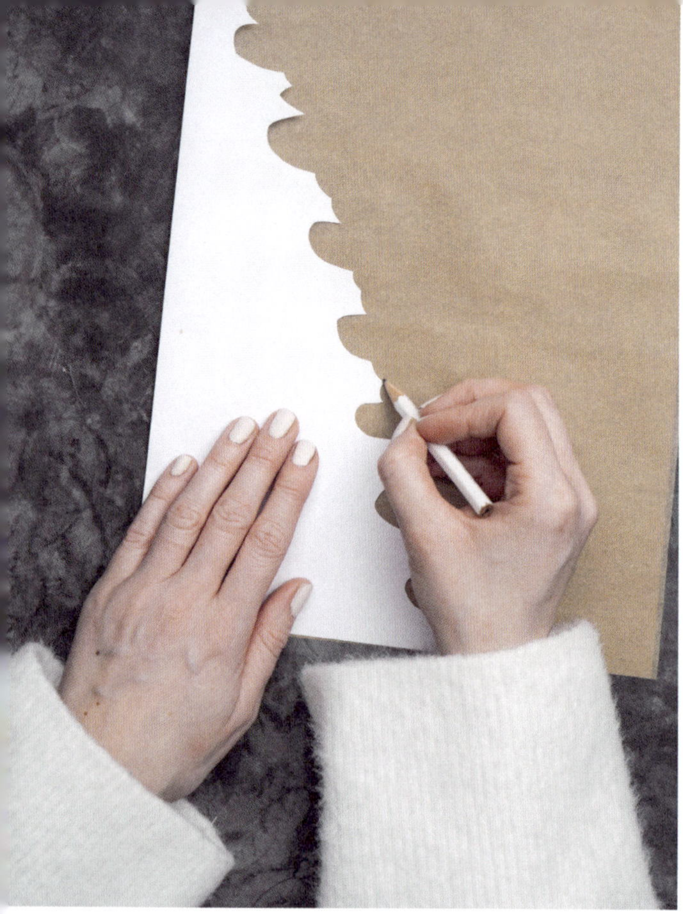

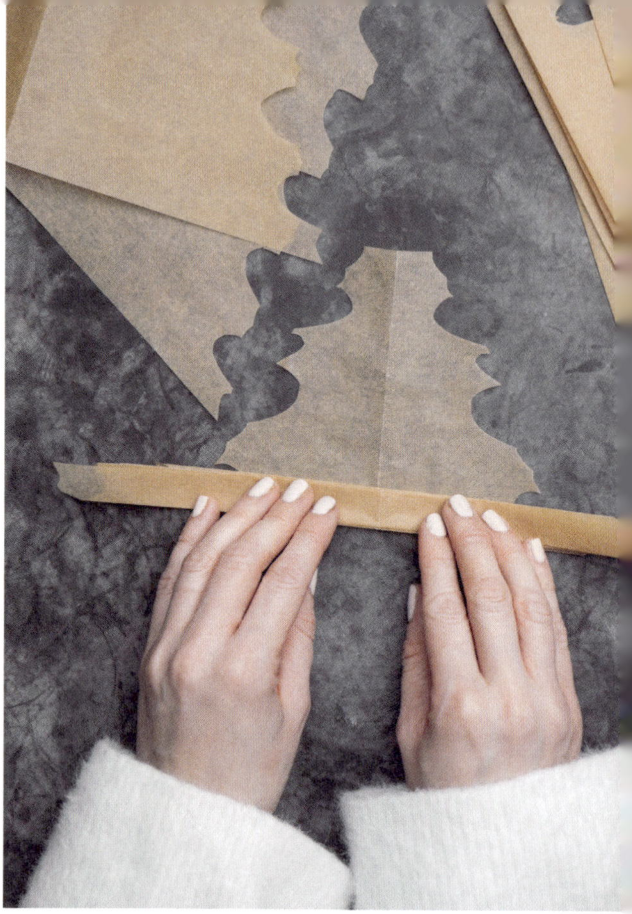

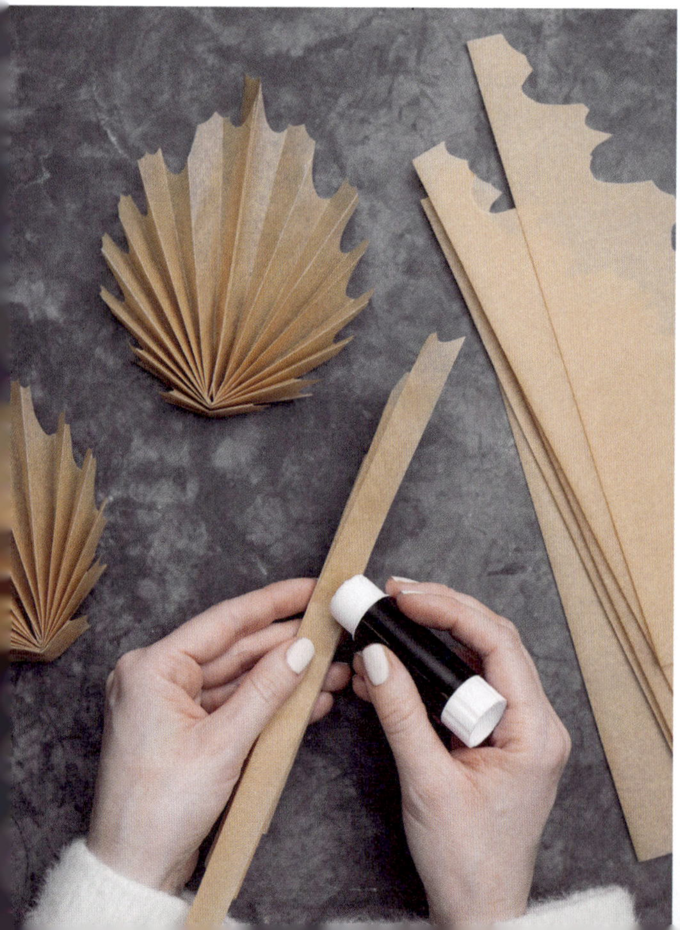

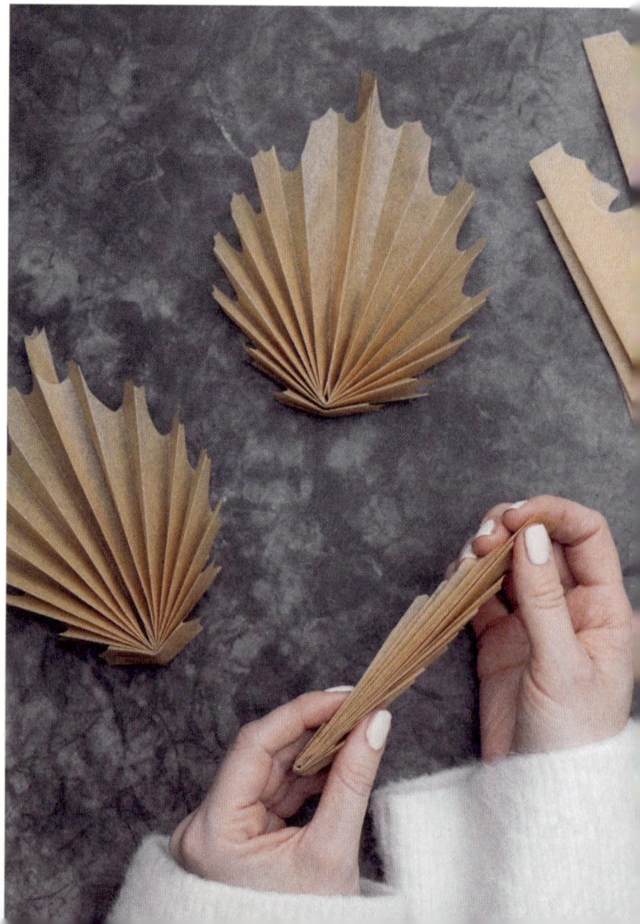

LAUBSTERN

Wenn die Tage kürzer werden, die Adventszeit aber noch nicht begonnen hat, kann man sich mit diesem Laubstern trübe Tage erhellen. Falls die Geduld für einen ganzen Stern fehlt, kann man auch nur einzelne Herbstblätter falten (Schritte 1–6).

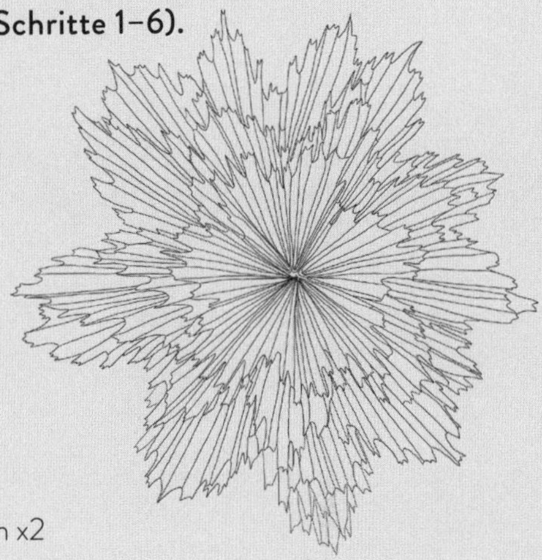

Schwierigkeitsgrad: Mittel
Arbeitszeit: 5 Stunden
Entweder einzelne Laubblätter herstellen (Schritte 1–6) oder mehrere Blätter zu einem Laubstern mit etwa 38 cm Durchmesser zusammensetzen. Für den Laubstern brauchen Sie:
1 Stern mit Vorlage 2: 7x Vorlage 2 aus Backpapier ausschneiden
1 Stern mit Vorlage 3: 7x Vorlage 3 aus Backpapier ausschneiden
2 Sterne mit Vorlage 4: 7x Vorlage 4 aus Backpapier ausschneiden x2

SIE BENÖTIGEN:

braunes Backpapier
kräftigeres Papier
Klebestift
Kraftkleber

SO GEHT'S:

1. Die gewünschten Schablonen zuschneiden. Das Backpapier mittig falten, die Schablonen mit der geraden Längsseite an den Falz legen und rundum anzeichnen.
2. Die Teile innerhalb der vorgezeichneten Linie ausschneiden und auseinanderfalten.
3. Die Teile an der breiteren geraden Seite beginnend wie eine Ziehharmonika falten. Jede Falte sollte etwa 1 cm breit sein.
4. Die lange Seite der Ziehharmonika mit dem Klebestift bestreichen.
5. Die bestrichene Seite der Länge nach zur Hälfte falten. Kurz festhalten, bis die Flächen gut aneinanderhaften.
6. Die Ziehharmonika auffalten und prüfen, ob nur die innere Falte verklebt wurde.
7. Die Schritte 1–6 bei allen ausgeschnittenen Teilen wiederholen.

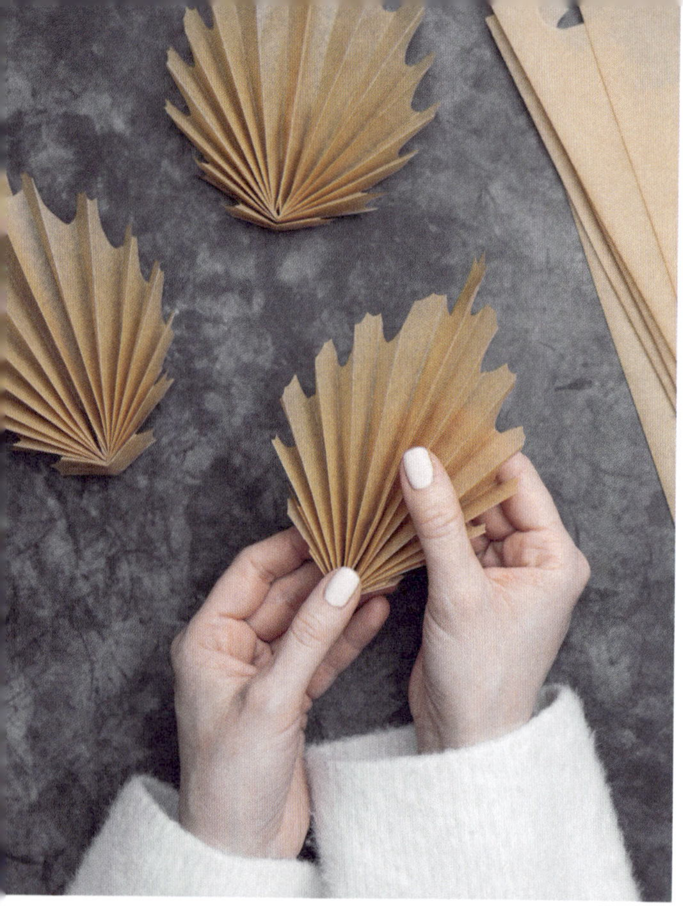

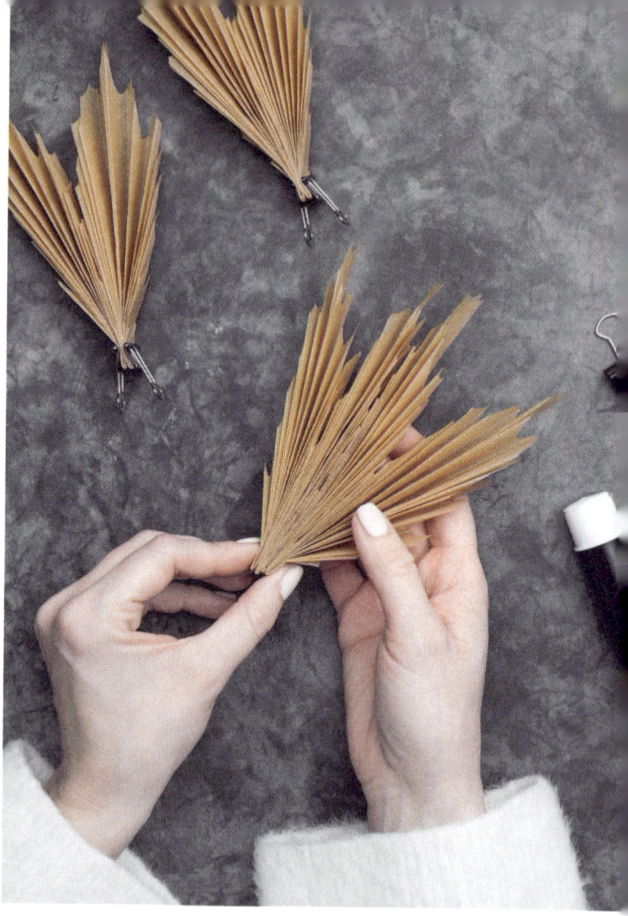

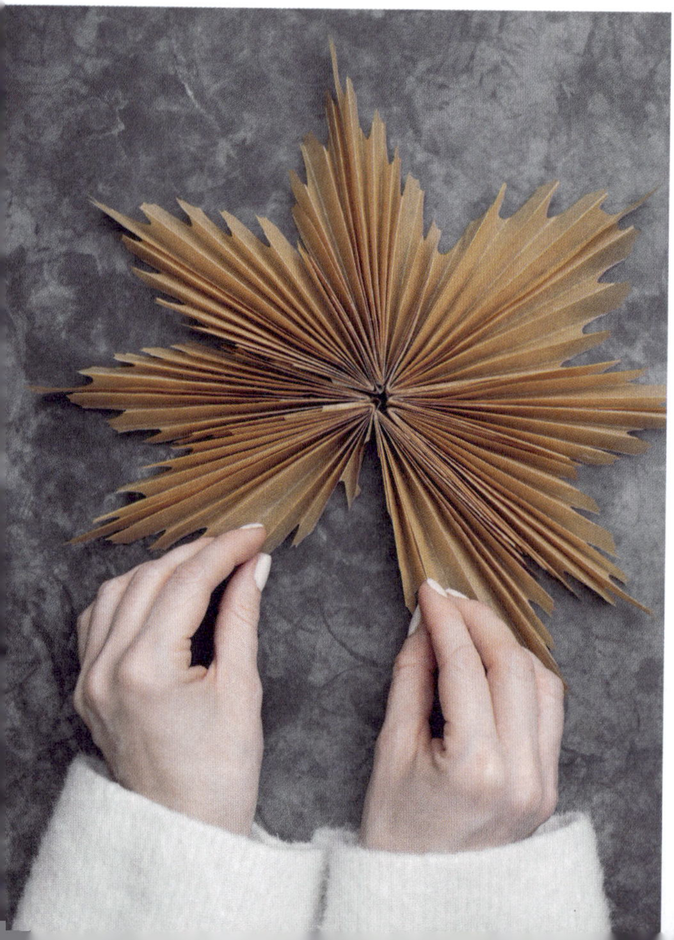

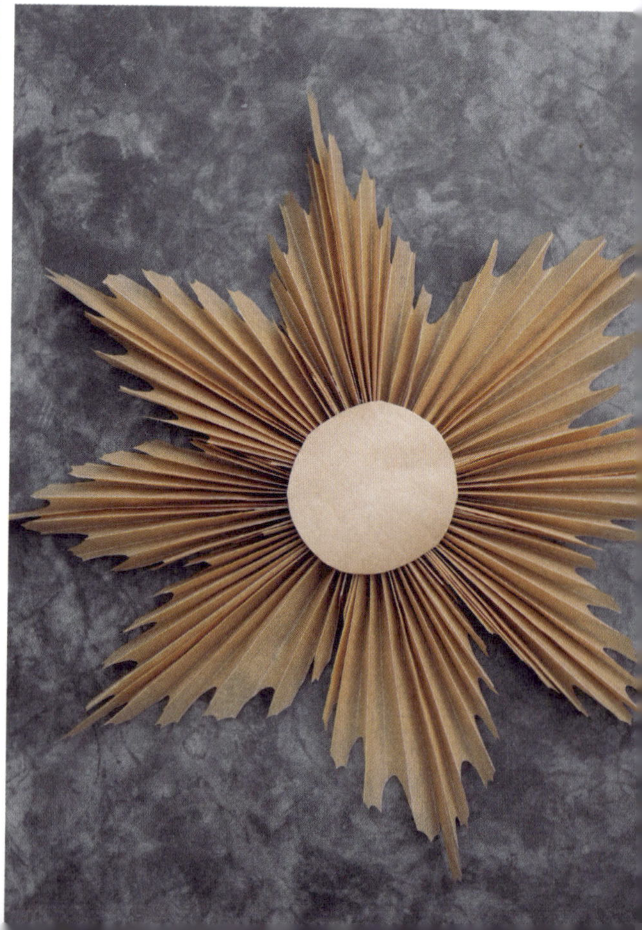

8. Nun zwei Blätter an den kurzen Seiten zusammenkleben. Kurz festhalten, bis die Flächen gut aneinanderhaften. Auffalten, um zu prüfen, ob nur die mittlere Falte verklebt wurde.
9. Dies wiederholen, bis Blattpaare mit je 3 bzw. 4 Blättern entstanden sind.
10. Je 7 Blätter zu einem Stern zusammenkleben. Dies mit allen Sterngrößen wiederholen.
11. Zur Stabilisierung zwei kleine Kreise aus kräftigerem Papier ausschneiden. Die Kreise mit Kraftkleber mittig auf die größeren Sterne kleben. Auf den kleinen Stern (Vorlage 2) nur mittig etwas Kraftkleber auftragen.
12. Auch die Oberseite der Kreise mit Kraftkleber bestreichen und die Sterne in der Größe absteigend aufeinander kleben. Am Schluss den kleinen Stern befestigen und den Kleber aushärten lassen.
13. Für eine „Sternlampe“ zwei Laubsterne herstellen und der Anleitung auf Seite 83 folgen.

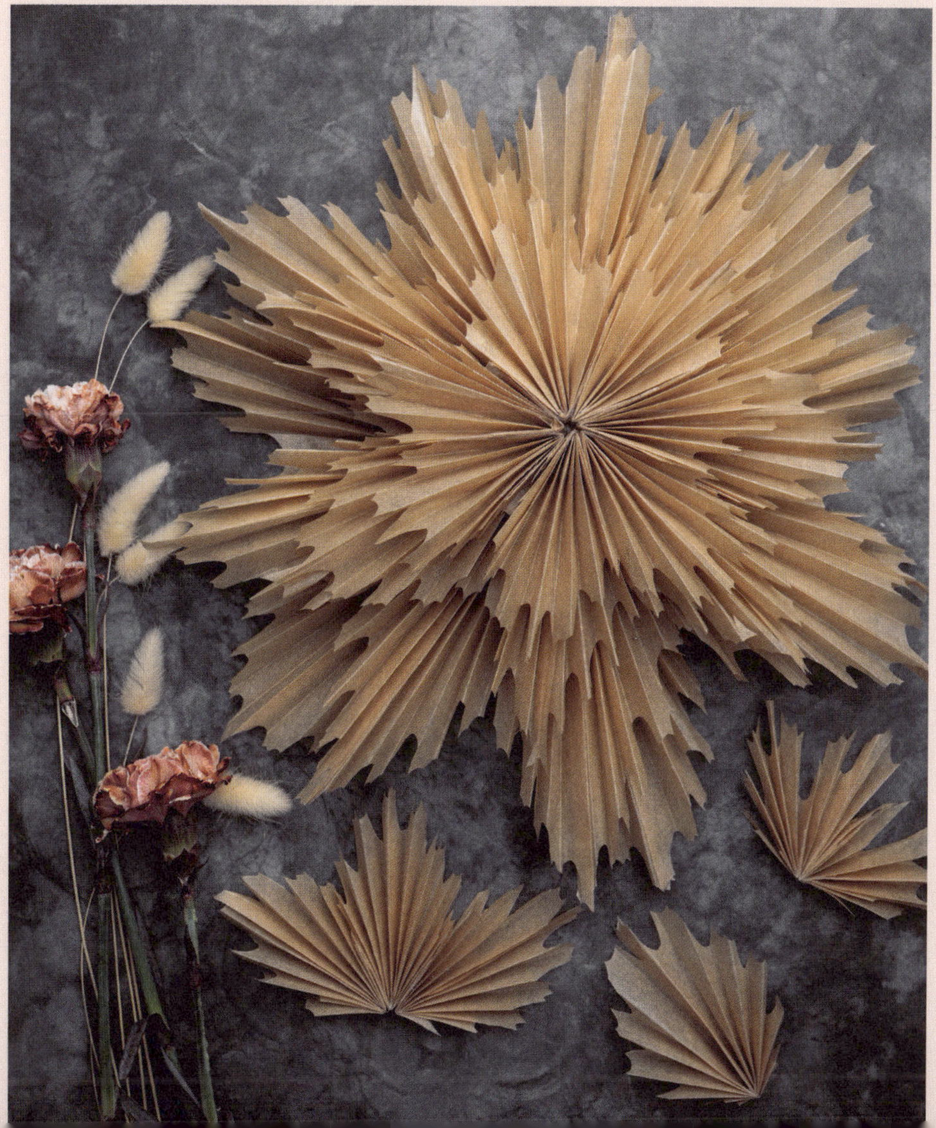

VORLAGEN LAUBSTERNE

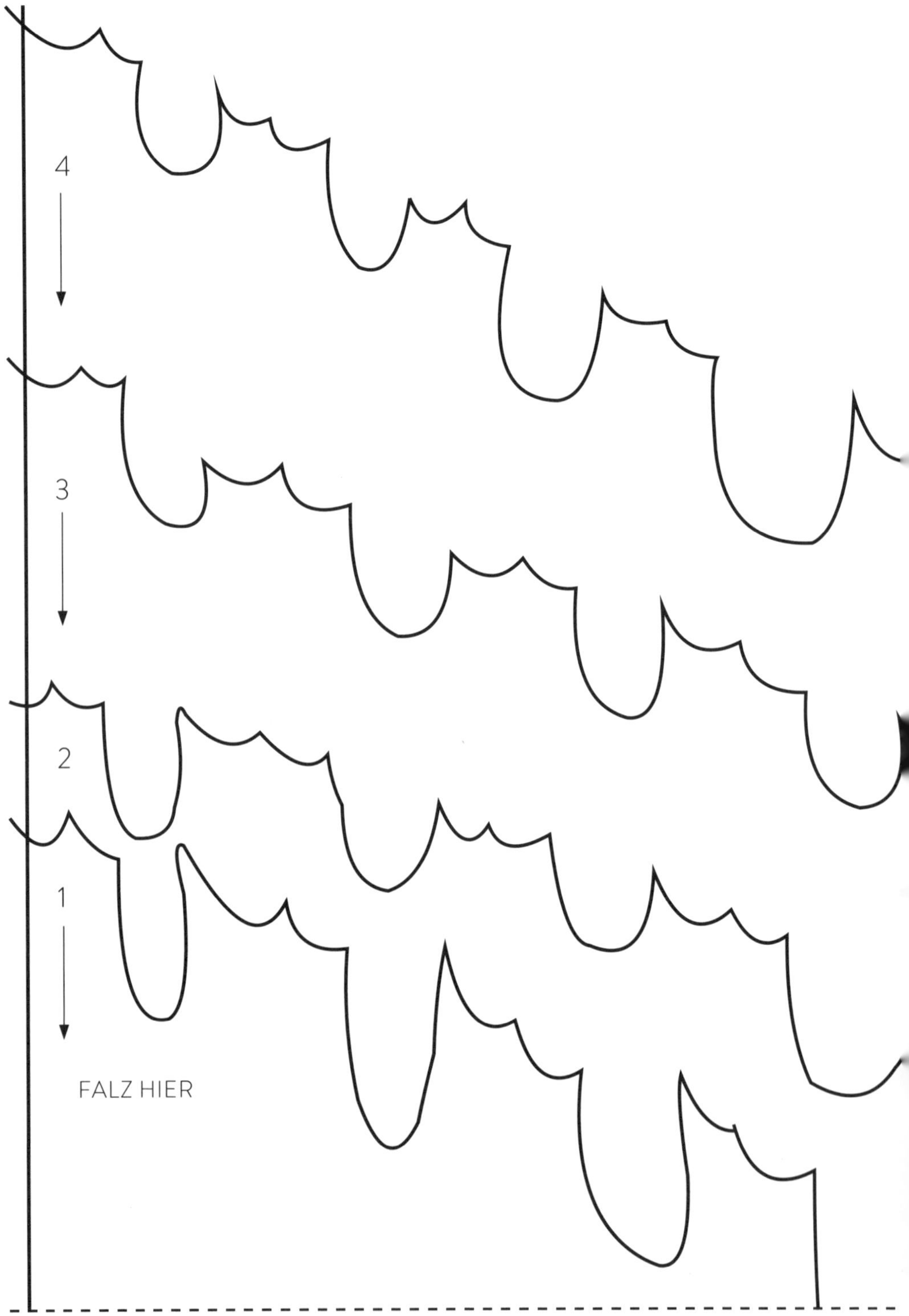

DIE VORLAGEN IM VERHÄLTNIS 1:1 (100 %) ABPAUSEN. MAN KANN SIE AUCH IN ANDERE GRÖSSEN UMSKALIEREN.

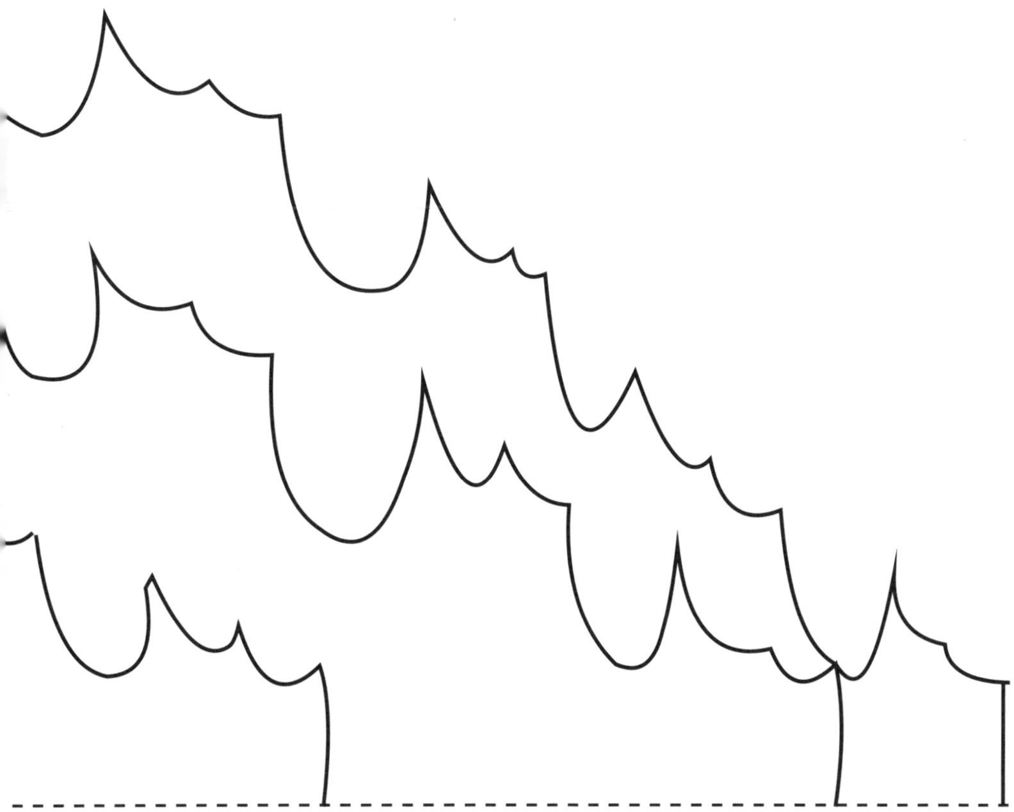

NOVEMBERKRANZ

Dieser Kranz besticht durch seine schlichte Schönheit und kann so üppig bestückt werden, wie man es wünscht. Weil die Blätter mit Stecknadeln fixiert werden, lassen sie sich leicht versetzen. Zur Aufbewahrung die Nadeln entfernen und Blätter und Kranz separat lagern.

Schwierigkeitsgrad: Leicht

Arbeitszeit: 4 Stunden

Der abgebildete Kranz besteht aus einem Strohkranz mit 37 cm Durchmesser und ca. 70 Blättern.

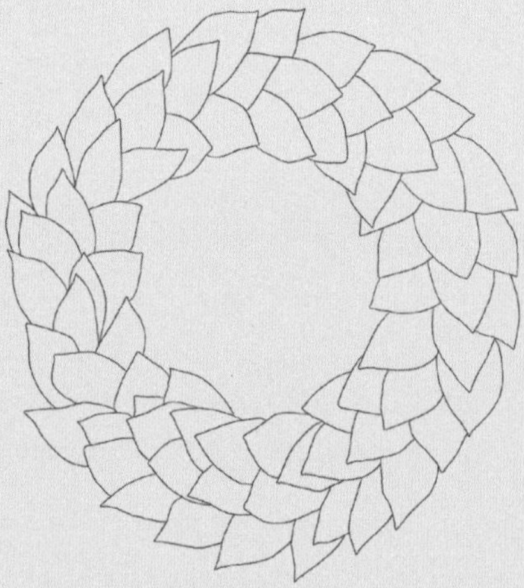

SIE BENÖTIGEN:

Krepppapier in Farbe oder Farben nach Wahl

Strohkranz

Stecknadeln mit Metallkopf

SO GEHT'S:

1. Die Schablone für das Blatt zuschneiden.
2. Mithilfe der Schablone Blätter auf das Krepppapier zeichnen (die Papierstruktur sollte im Blatt senkrecht verlaufen).
3. Die Blätter innerhalb der vorgezeichneten Linie ausschneiden.
4. Die Blätter leicht auseinanderziehen, bis sie sich wölben.
5. Die Blätter mithilfe von Stecknadeln rundum am Strohkranz befestigen, bis er ganz bedeckt ist.
6. Jetzt noch ein Band am Kranz befestigen und diesen aufhängen.
7. Die Blätter müssen gegebenenfalls noch beschnitten werden, damit sie gleichmäßig rund um den Kranz passen.

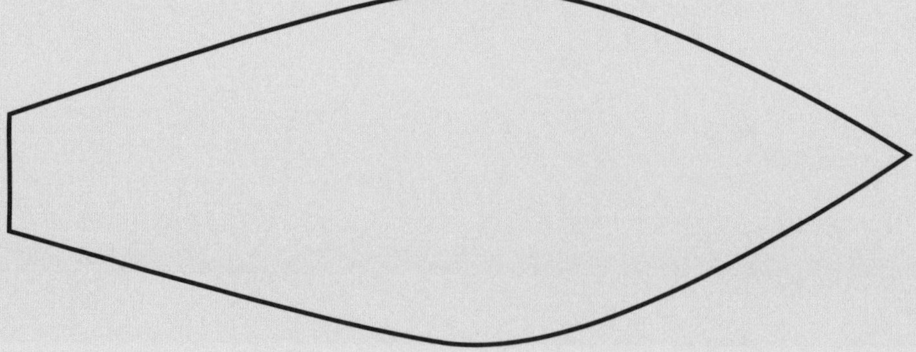

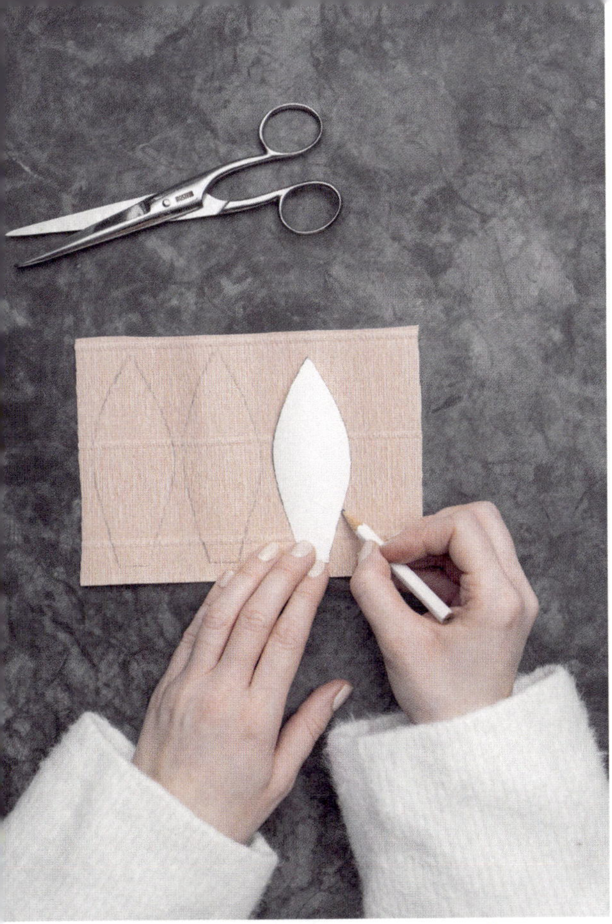

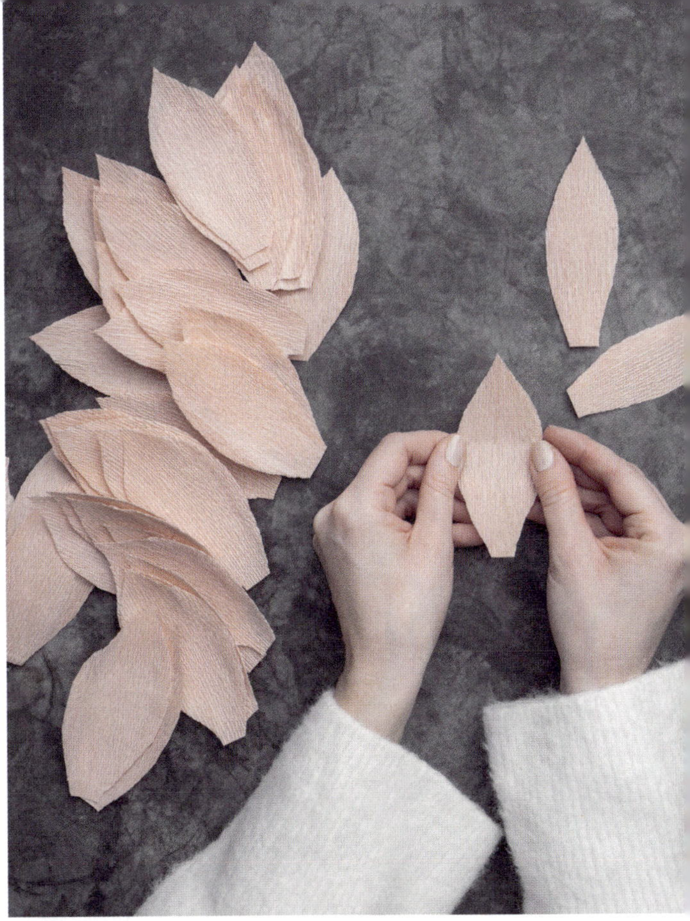

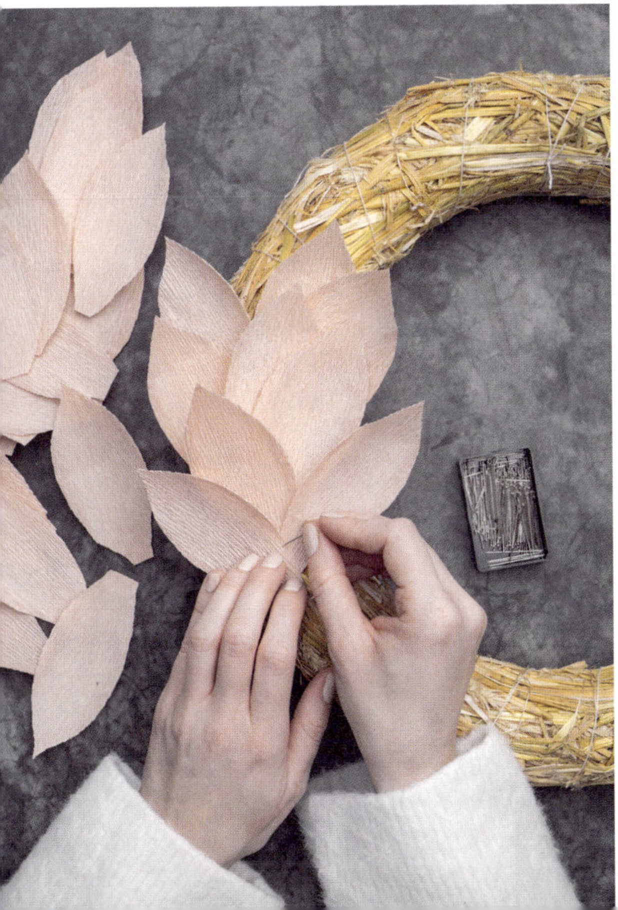

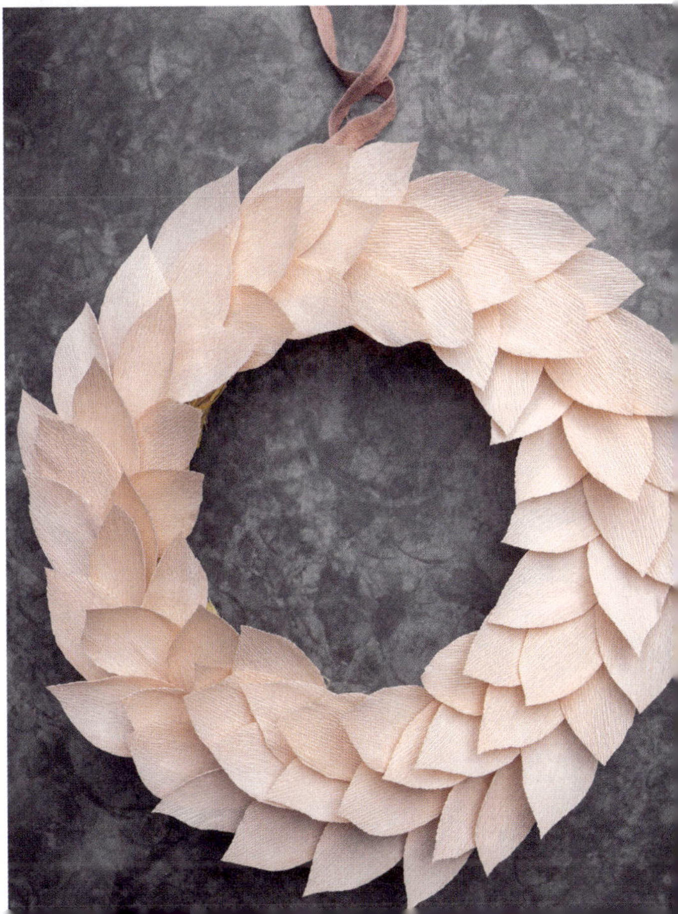

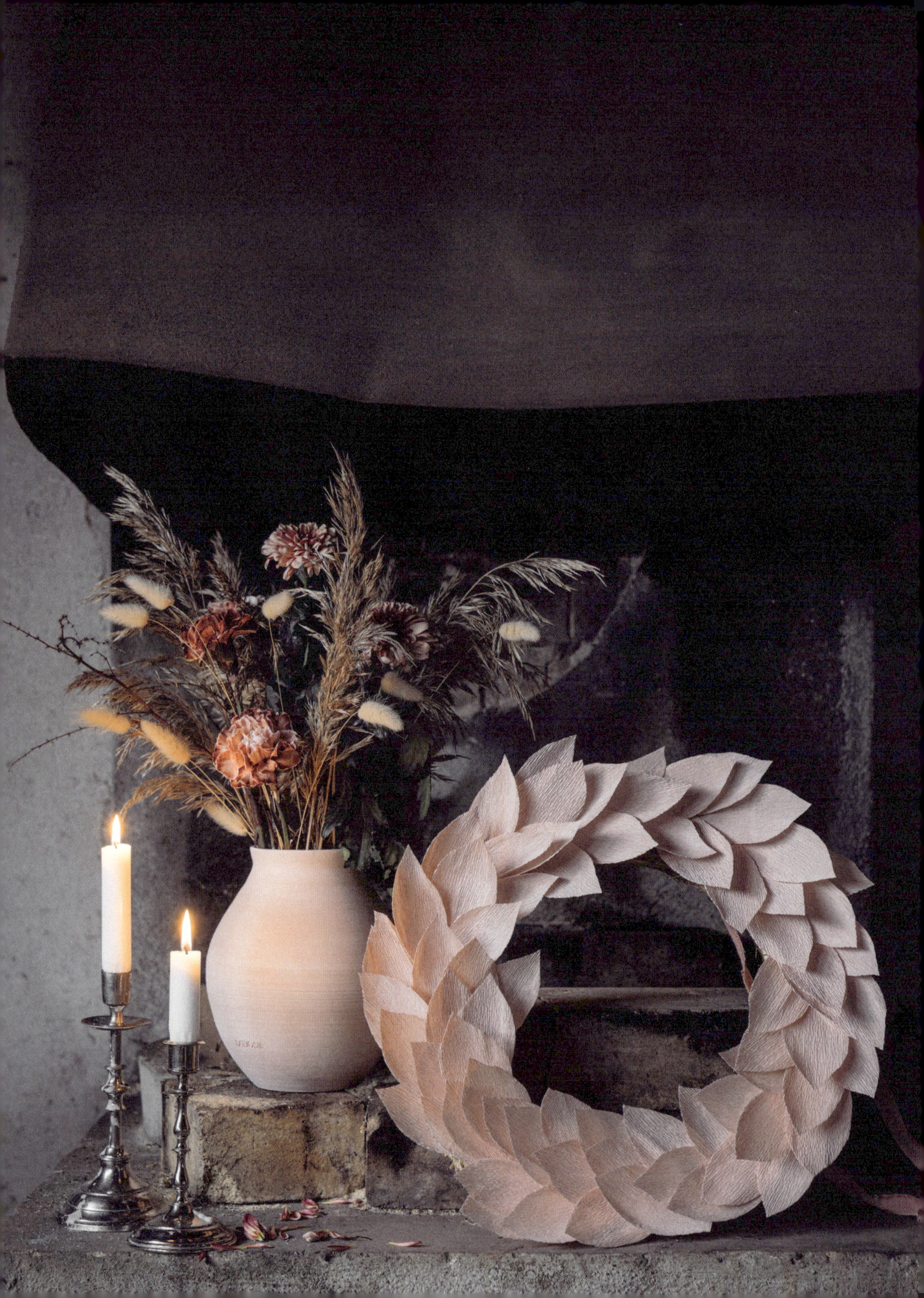

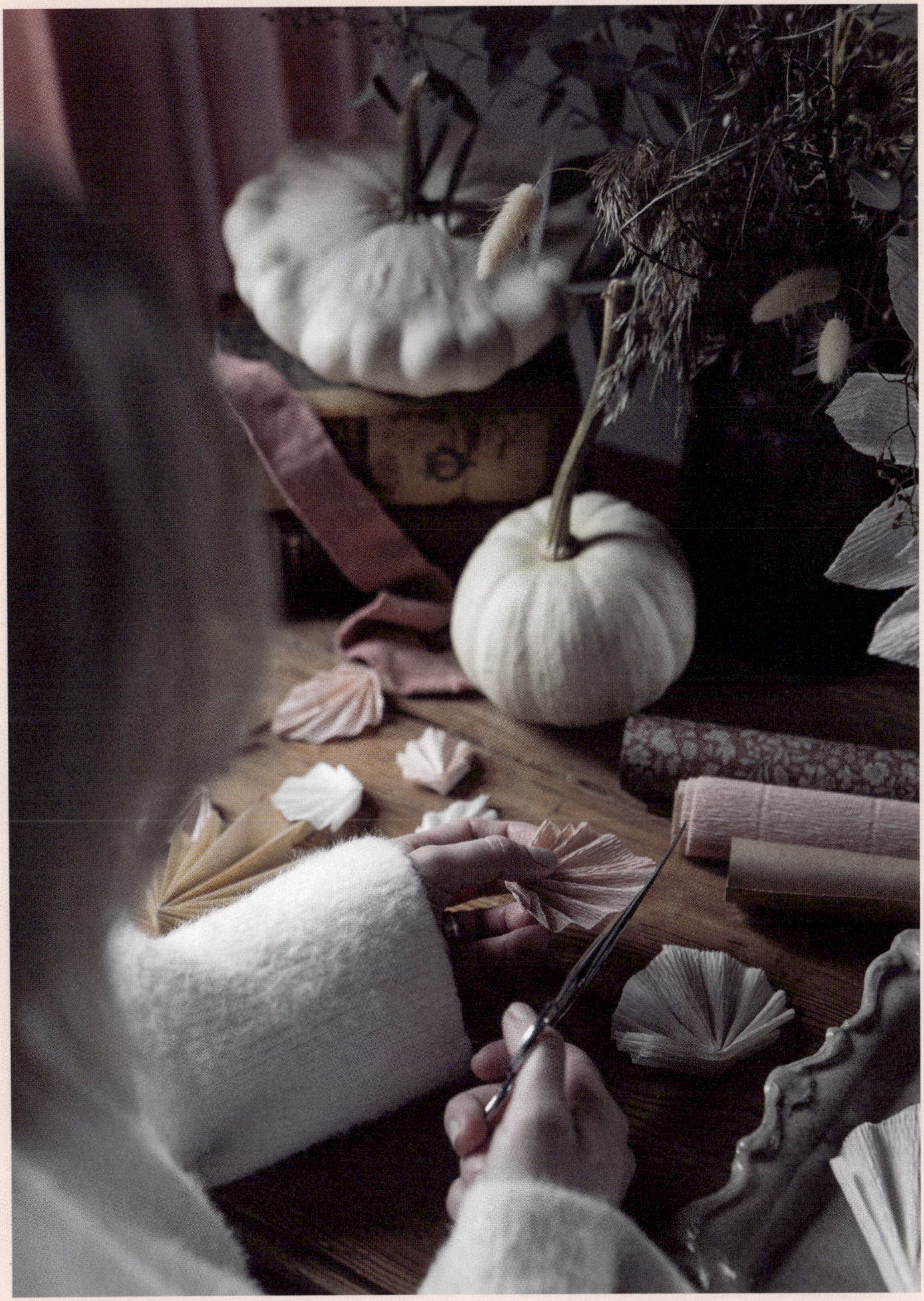

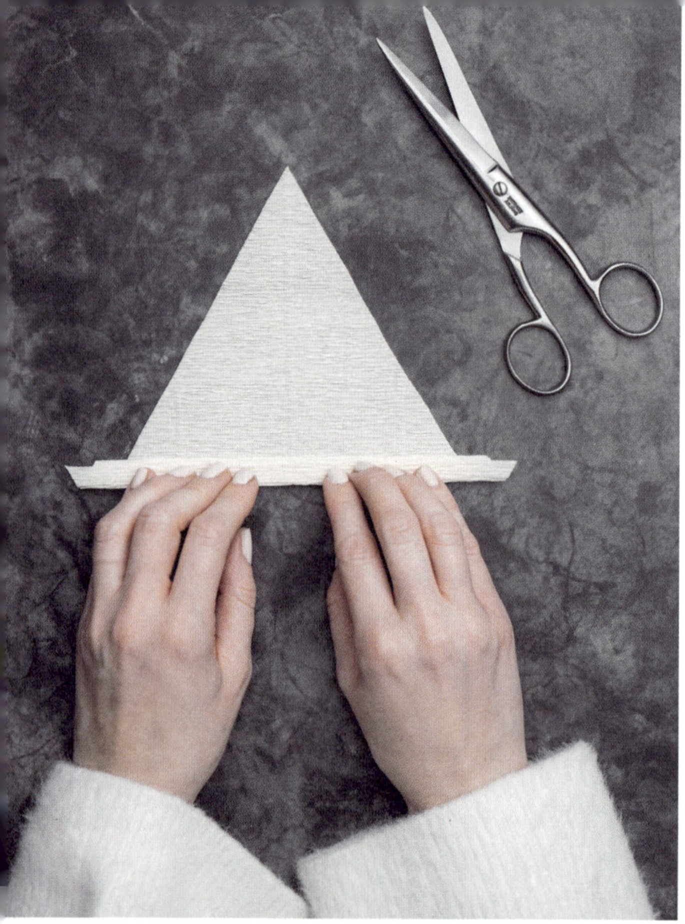
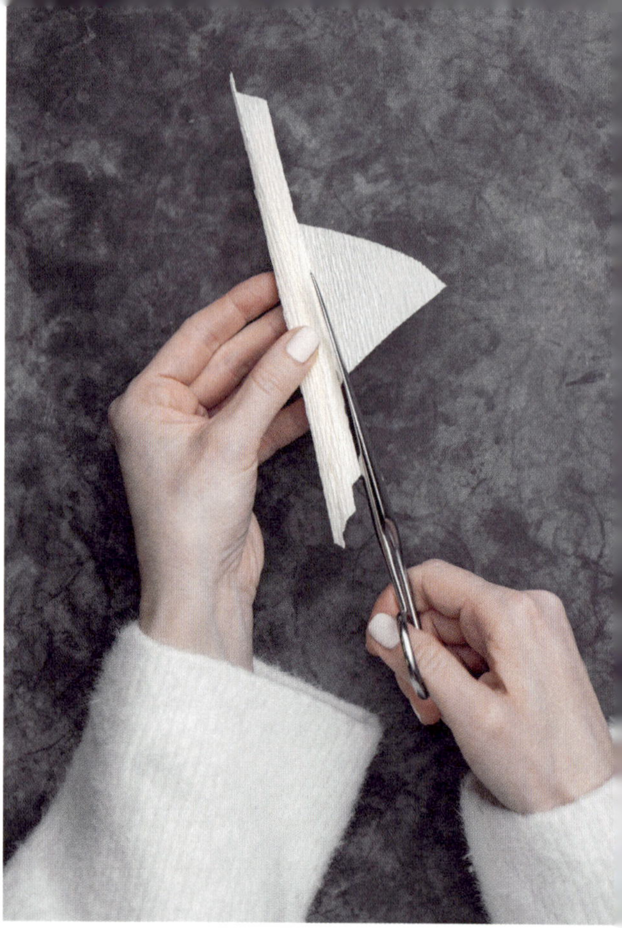
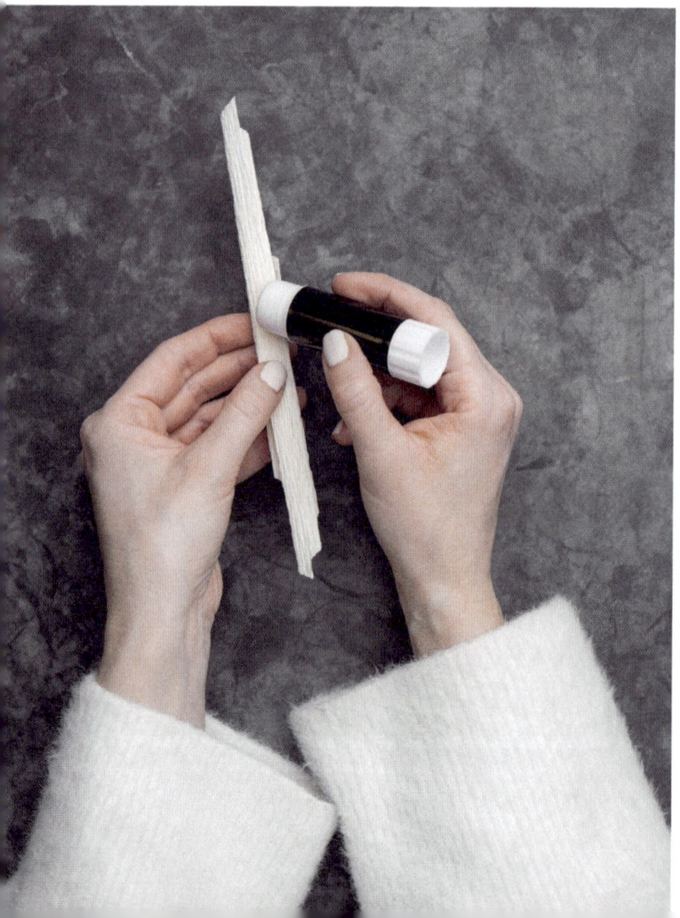
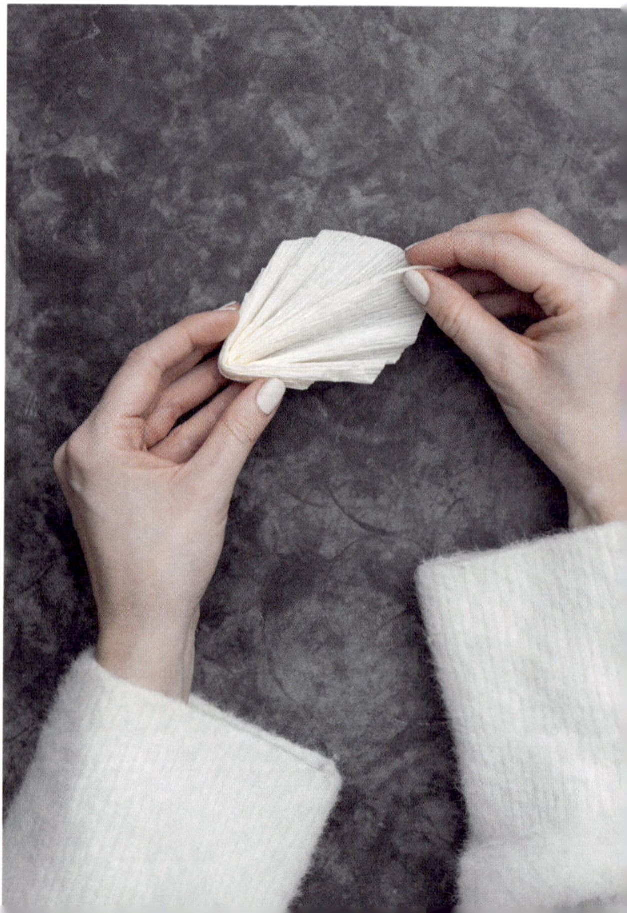

HERBSTLAUB

Hübsches Laub findet man im Herbst überall, doch man kann es auch aus Papier herstellen, damit es das ganze Jahr über hält. Streuen Sie die Blätter dekorativ auf den Tisch oder binden Sie sie zu einer Girlande zusammen.

Schwierigkeitsgrad: Leicht

Arbeitszeit: 15 Minuten

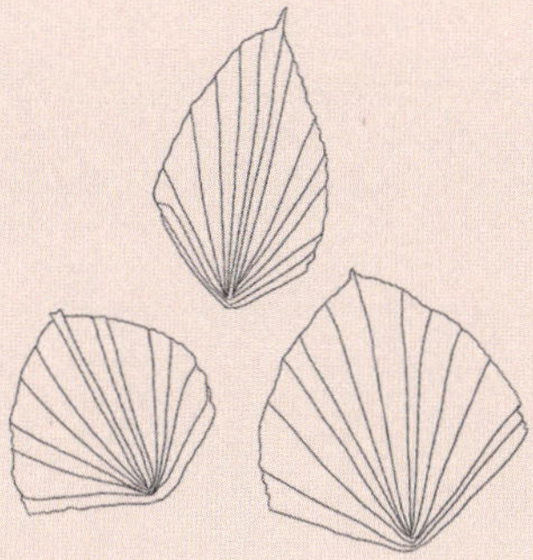

SIE BENÖTIGEN:

Papier in Farbe oder Farben nach Wahl

Klebestift

SO GEHT'S:

1. Aus Papier ein Dreieck in Größe nach Wahl mit möglichst gleich langen Seiten ausschneiden. Die Höhe des fertigen Blatts entspricht der halben Seitenlänge des Dreiecks.
2. Die Hälfte des Blatts wie eine Ziehharmonika auffalten. Bei Krepppapier darauf achten, dass die Struktur des Papiers in der gleichen Richtung verläuft wie die Falten.
3. Den oberen Teil des Dreiecks abschneiden.
4. Die lange Seite der Ziehharmonika, die zuerst gefaltet wurde, mit dem Klebestift bestreichen.
5. Die bestrichene Seite der Länge nach zur Hälfte falten. Kurz zusammendrücken, bis die beiden Flächen gut aneinanderhaften.
6. Dann das schöne Blatt auseinanderfalten!

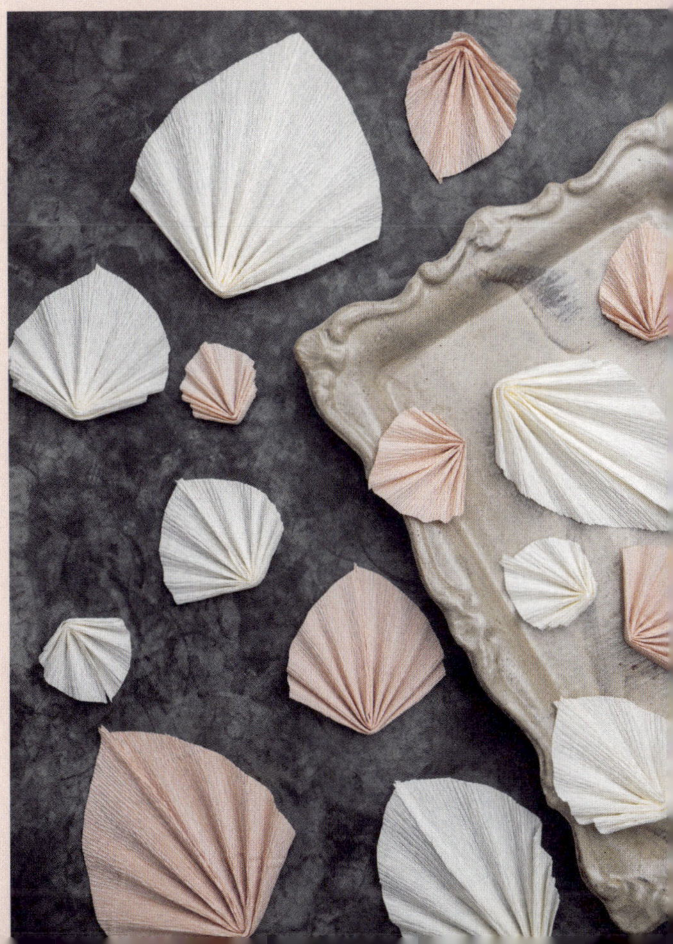

ADVENTSZEIT

Mit Sternen in allen Formen wird der Dezember noch stimmungsvoller.

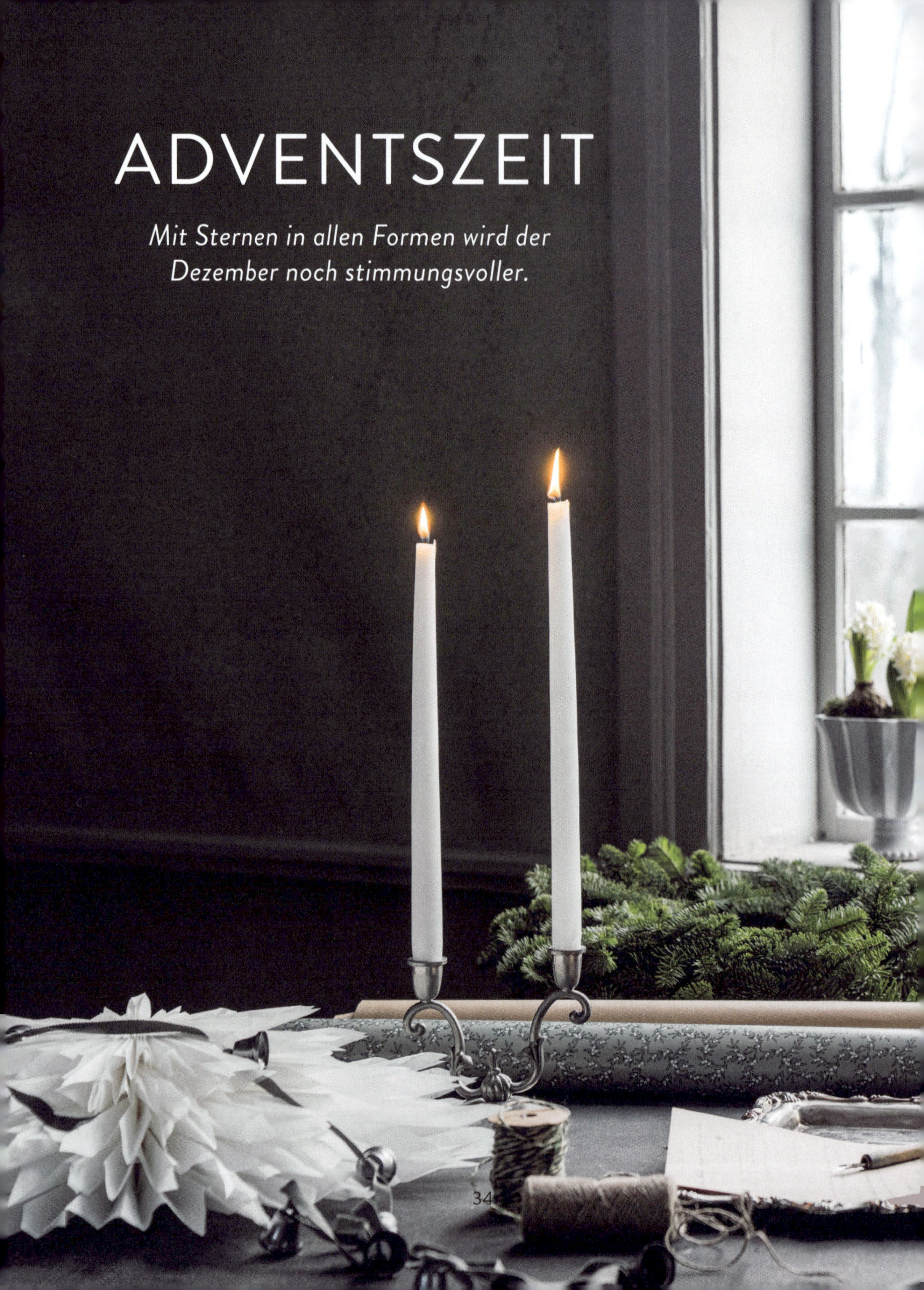

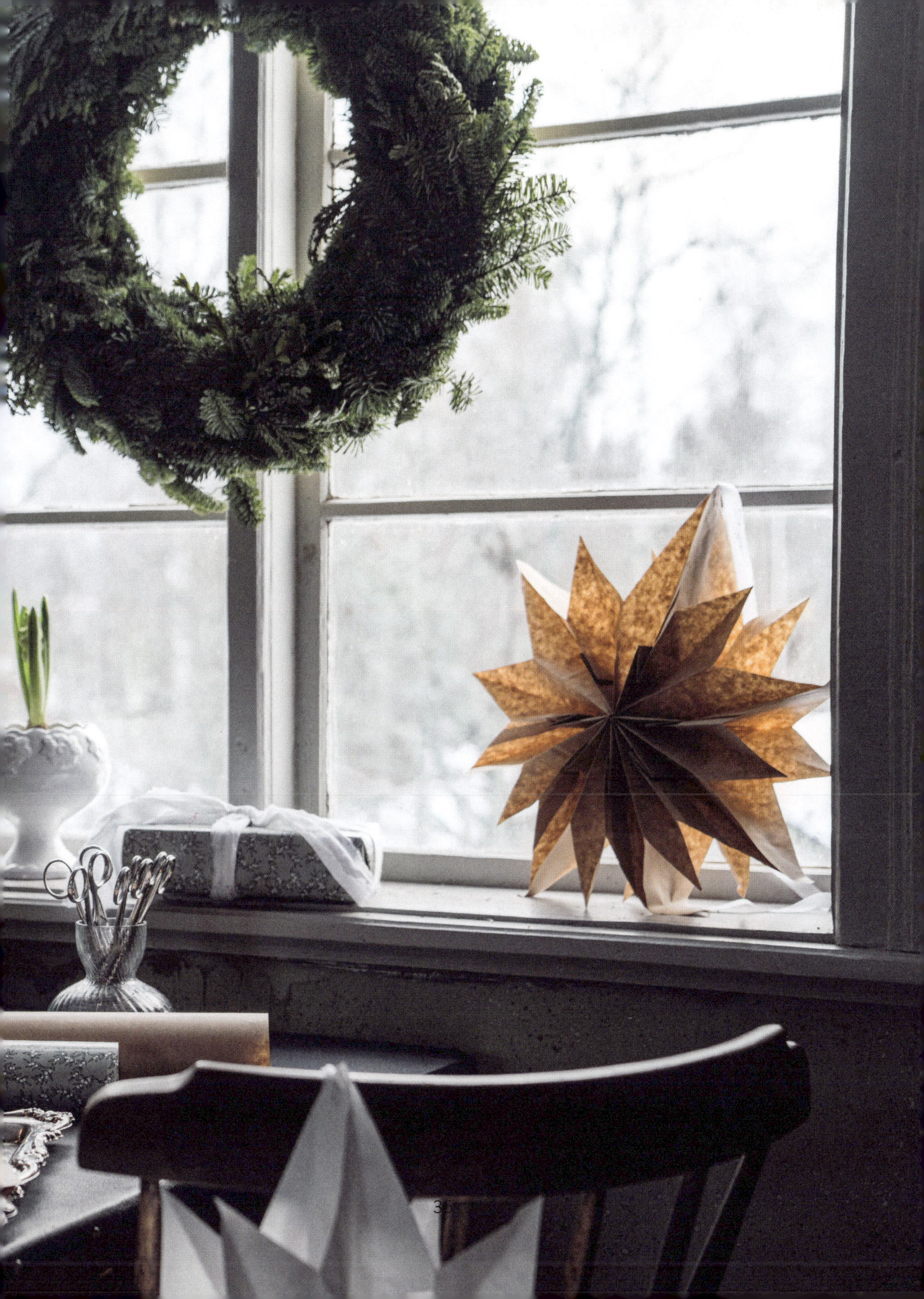

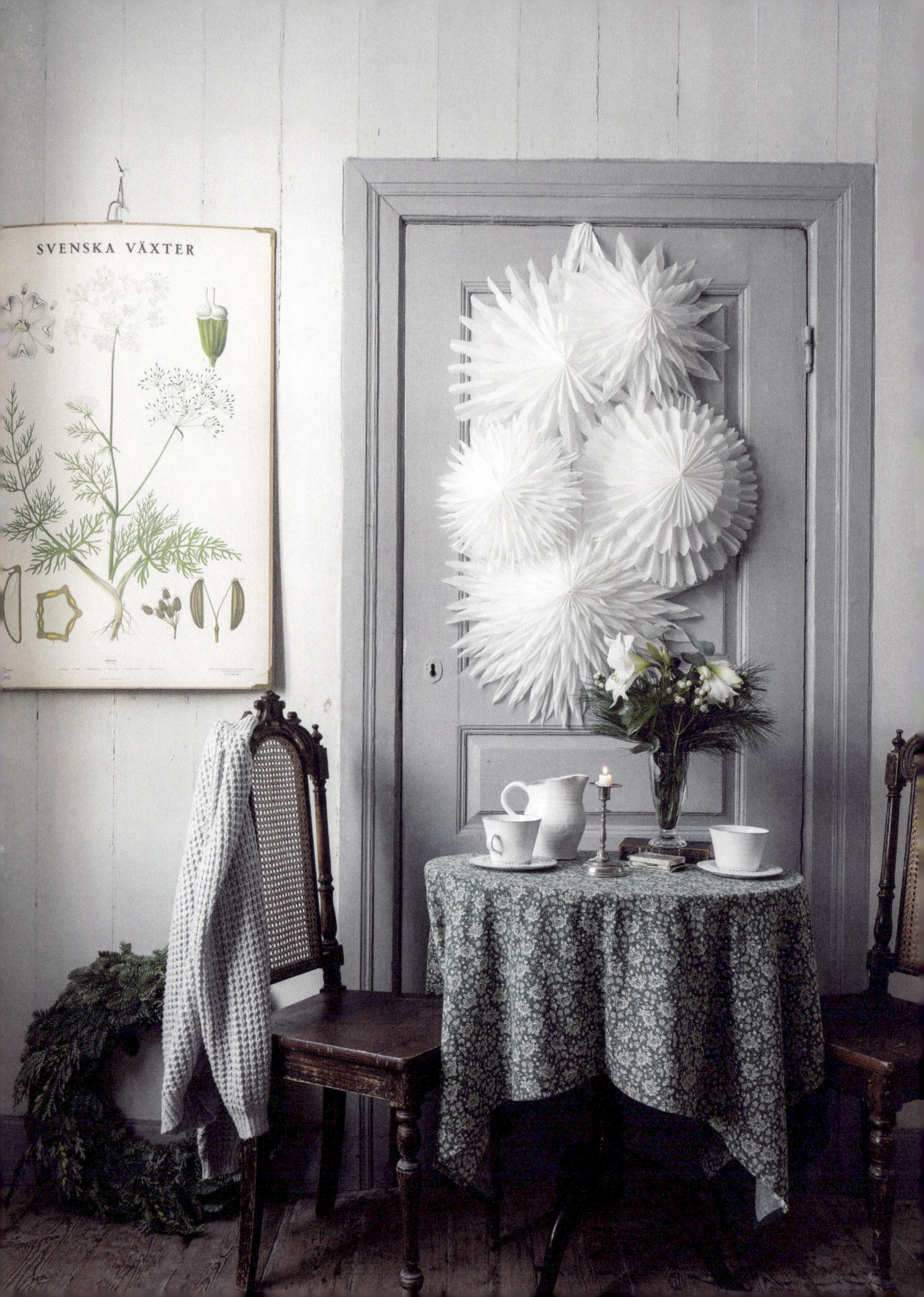
SVENSKA VÄXTER

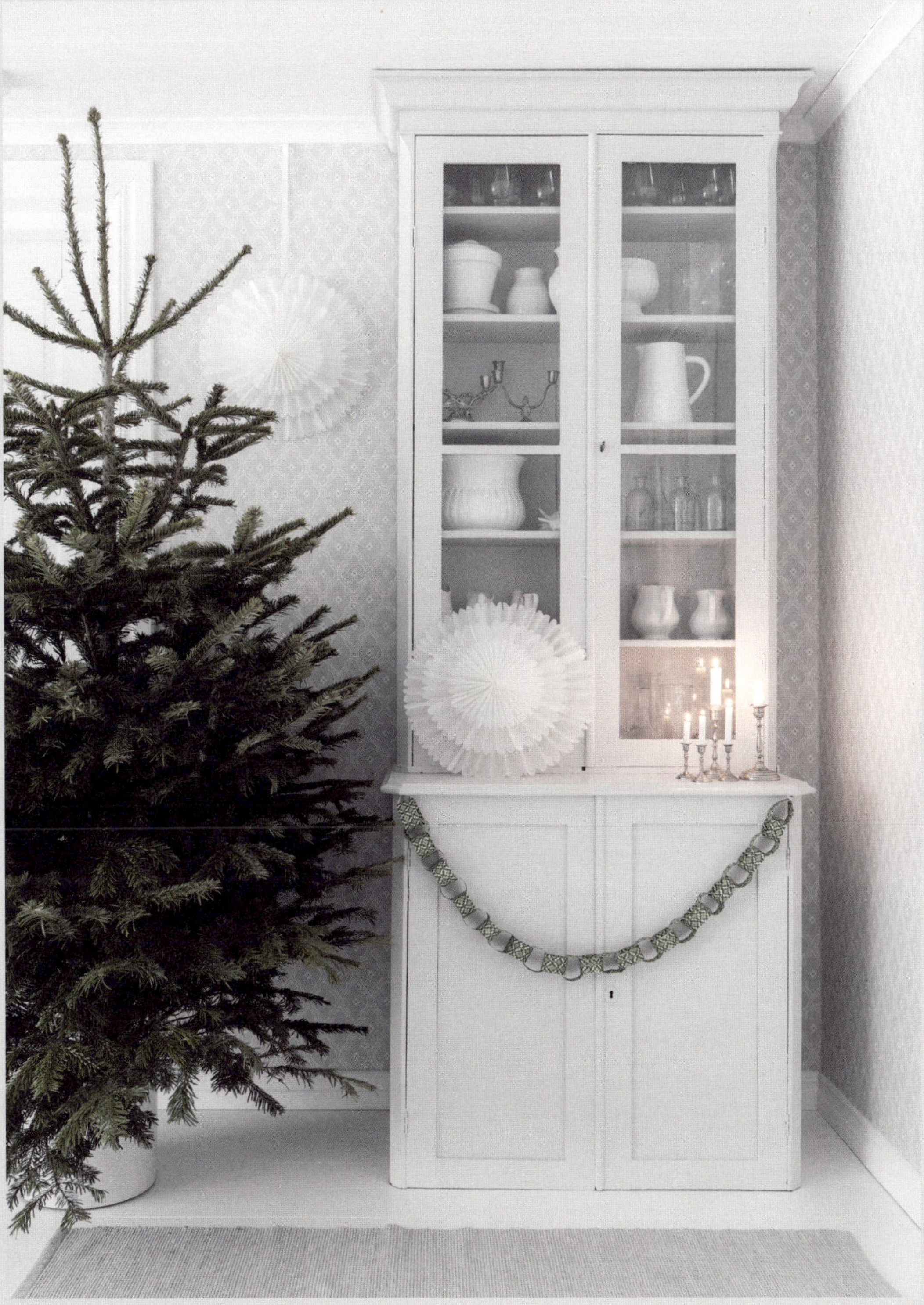

EISKRISTALL

Unser Eiskristall ist ein runder Adventsstern mit weichen, abgerundeten Ecken und der perfekte Einstieg ins Falten mit Backpapier. Der Stern ist recht einfach herzustellen, aber dennoch wunderschön.

Schwierigkeitsgrad: Mittel
Arbeitszeit: 4 Stunden (dreilagiger Stern)
Der Eiskristall wird recht hoch und sollte deshalb höchstens aus drei Lagen bestehen. Beispielsweise aus den Vorlagen 1, 2 und 3 für einen kleinen Kristall (14 cm Ø) oder aus den Vorlagen 4, 5 und 6 für einen großen Kristall (41 cm Ø). Auch zweilagige Kristalle sind schön (z.B. 1 und 4). Ebenfalls toll: viele kleine Eiskristalle (Vorlage 1) als Girlande aufhängen.
Eiskristall mit Vorlage 1 (4 cm Ø): 4x zuschneiden und hochkant falten
Eiskristall mit Vorlage 2 (9 cm Ø): 4x zuschneiden und hochkant falten
Eiskristall mit Vorlage 3 (14 cm Ø): 4x zuschneiden und hochkant falten
Eiskristall mit Vorlage 4 (20 cm Ø): 4x zuschneiden und hochkant falten
Eiskristall mit Vorlage 5 (30 cm Ø): 4x zuschneiden und quer falten
Eiskristall mit Vorlage 6 (41 cm Ø): 4x zuschneiden und quer falten
Die Seite mit der geklebten Naht ist die Rückseite der Sterne und Teile.

SIE BENÖTIGEN:

Weißes Backpapier oder Butterbrotpapier
kräftigeres Papier
Klebestift
Kraftkleber

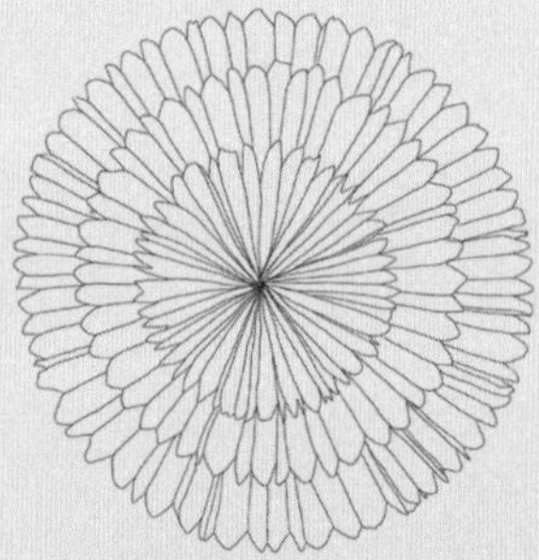

SO GEHT'S:

1. Die gewünschten Schablonen zuschneiden.
2. Alle Teile wie auf der Vorlage angegeben gespiegelt anzeichnen und innerhalb der vorgezeichneten Linie ausschneiden.
3. Alle Teile wie eine Ziehharmonika falten, deren Falten etwa 2,5 cm breit sind. Die Teile nach der Vorlage 1–4 beim Falten hochkant legen, bei den Vorlagen 5 und 6 quer legen.
4. Jede Ziehharmonika zur Hälfte falten. Die oberen Ecken mit der Schere abrunden (ca. 1,5 cm nach unten). Man kann bei den Ecken auch etwas variieren und diese nicht abrunden oder spitz

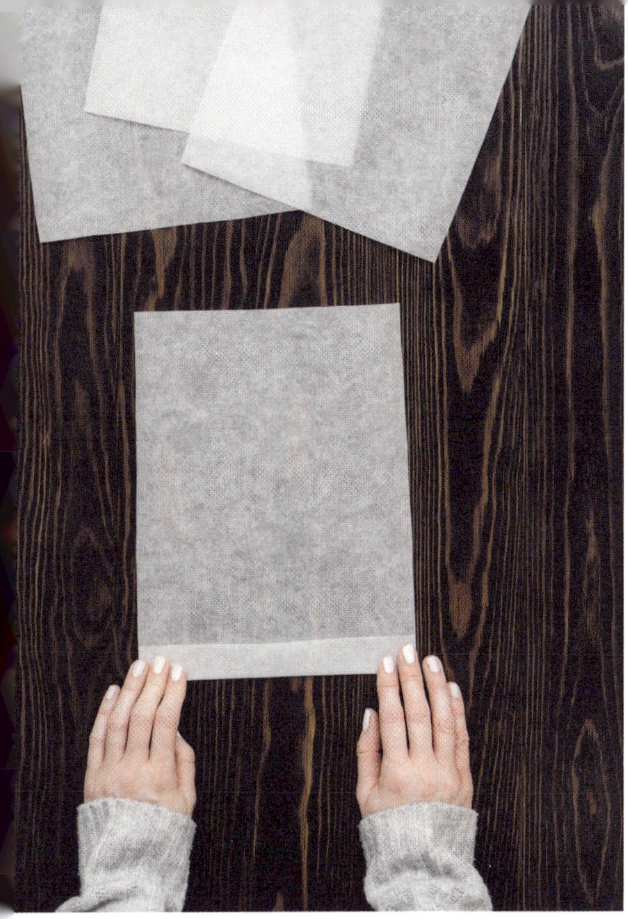
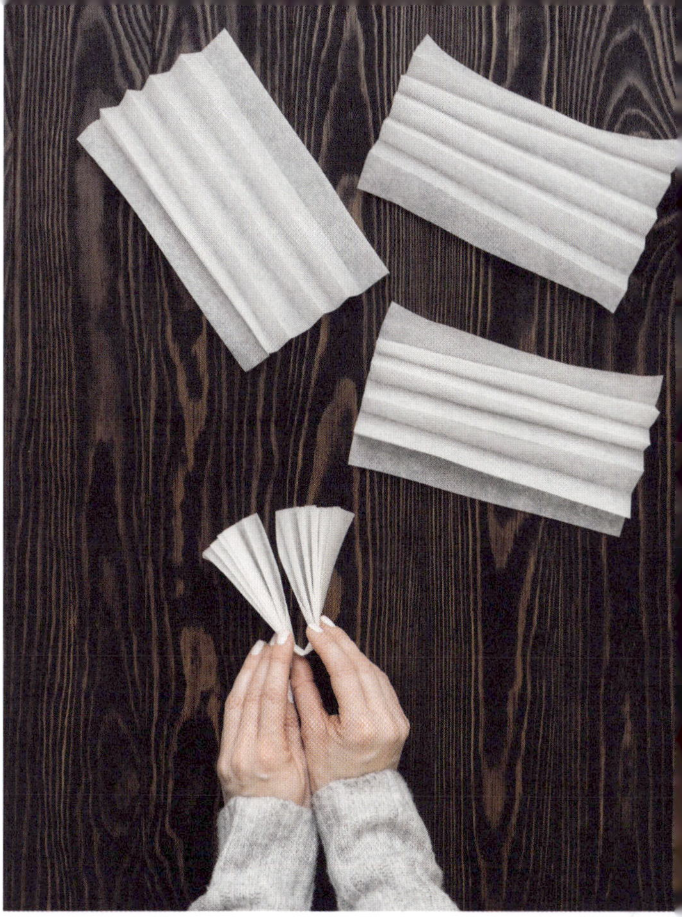
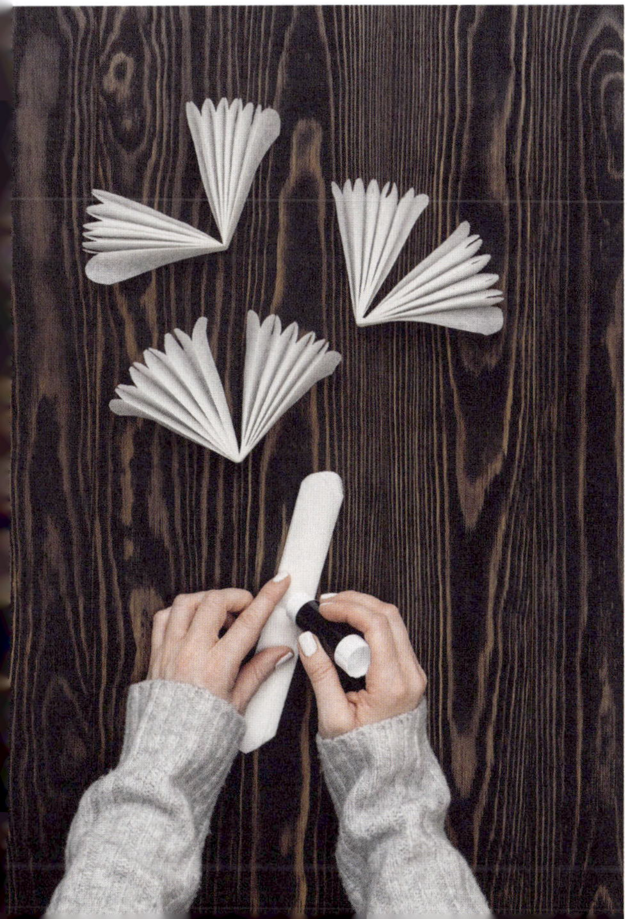
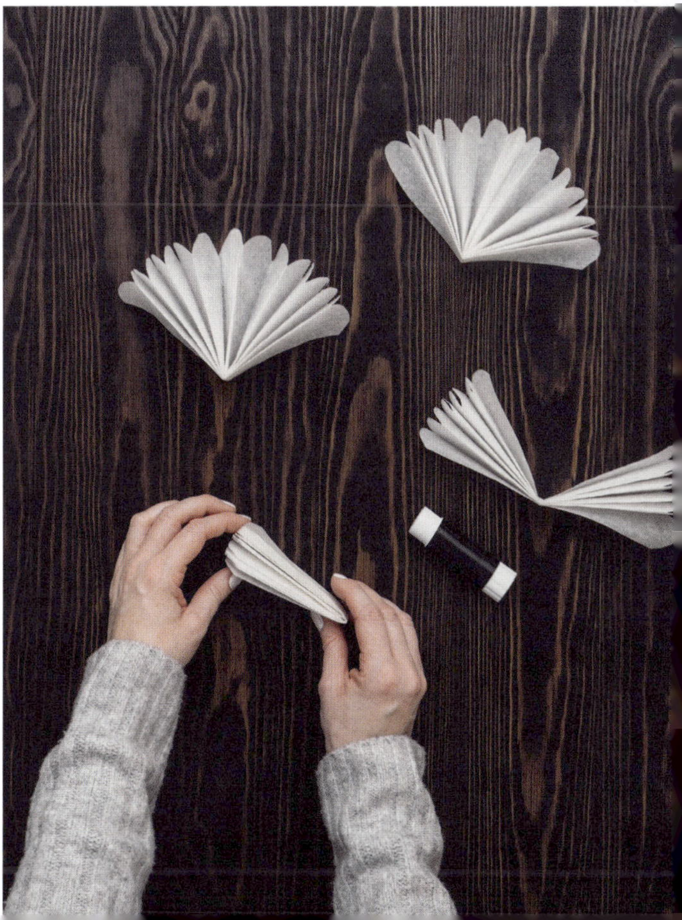

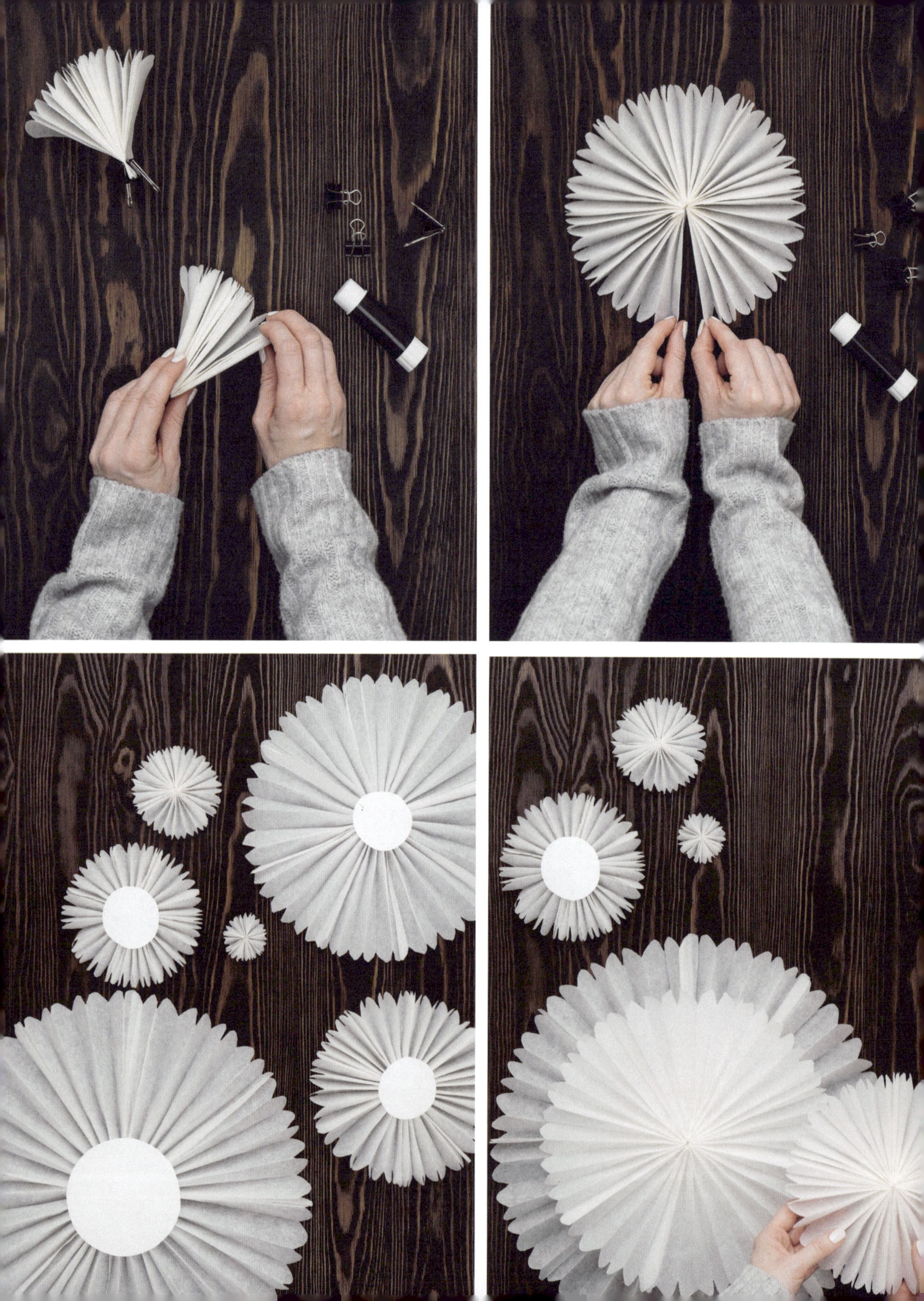

zulaufen lassen. Dann aber natürlich bei allen Ecken gleich verfahren.

5. Jetzt eine Kristallgröße nach der anderen zusammensetzen und dafür die Schritte 6–8 wiederholen.
6. Den inneren Streifen jeder Ziehharmonika großzügig mit dem Klebestift bestreichen.
7. Den Streifen der Länge nach zur Hälfte falten. Kurz festhalten, bis die Flächen gut aneinanderhaften.
8. Die Ziehharmonika auffalten und prüfen, ob nur die innere Falte verklebt wurde.
9. Jetzt je zwei Ziehharmonikas seitlich aneinanderkleben. Kurz festhalten, bis die Flächen gut aneinanderhaften. Auffalten, um zu prüfen, ob nur die mittlere Falte verklebt wurde.
10. Dann je zwei Ziehharmonika-Paare zu einem Eiskristall zusammenkleben.
11. Damit die Kristalle stabiler werden und sich leichter zusammenkleben lassen, pro Eiskristall zwei Kreise aus kräftigerem Papier ausschneiden. Die Kreise mit Kraftkleber mittig an der Vorder- und Rückseite aller Eiskristalle befestigen. Ausnahme ist der oberste kleine Eiskristall. Er wird nur auf der Rückseite mittig mit einem stabilisierenden Kreis beklebt.
12. Die Kreise nochmals mit Kraftkleber bestreichen und die Eiskristalle in der Größe absteigend aufeinanderkleben. Am Schluss den kleinen Kristall ankleben und den Kleber aushärten lassen.
13. Für eine „Eiskristalllampe“ zwei gleich große Kristalle herstellen und der Anleitung auf Seite 83 folgen.

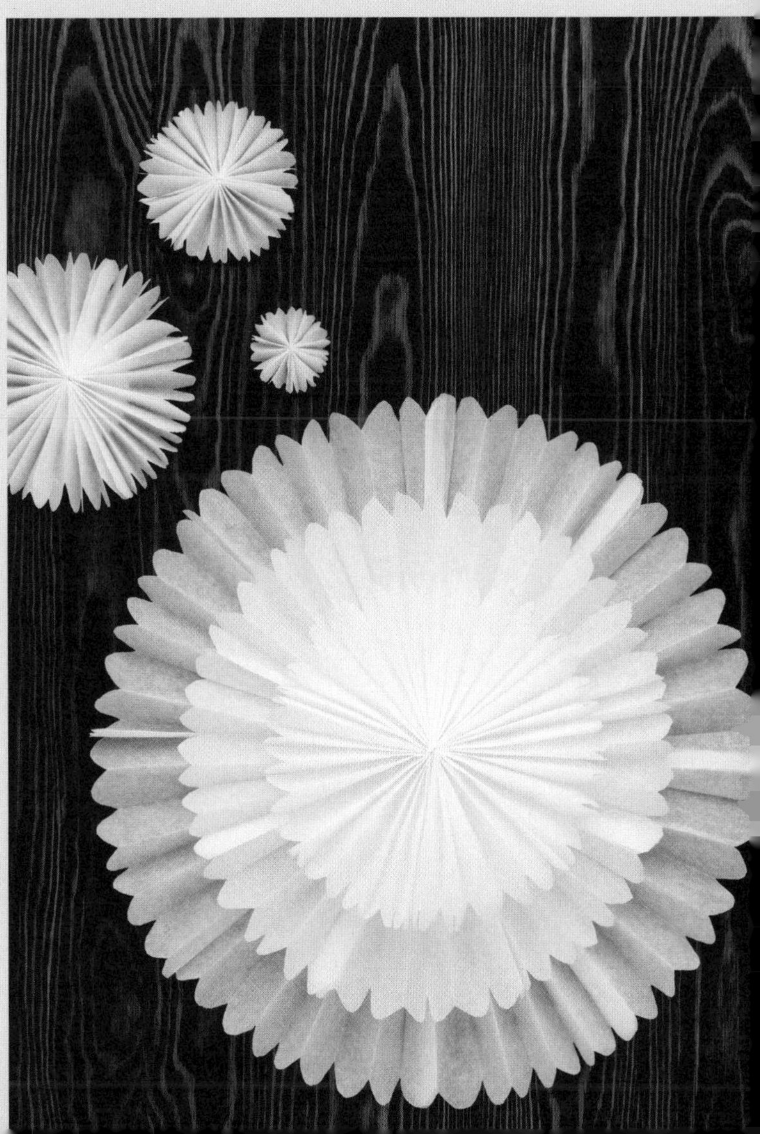

VORLAGEN EISKRISTALL

Vorlage 6 (A4)
Hier die Vorlage spiegeln
(verdoppeln)
↓
Quer legen und falten

Vorlage 5 Hier die Vorlage spiegeln (verdoppeln) ↓ Quer legen und falten

Vorlage 4
Hier die Vorlage spiegeln
(verdoppeln)
↓
Hochkant legen und falten

DIE VORLAGEN IM VERHÄLTNIS 1:1 (100 %) ABPAUSEN. MAN KANN SIE AUCH IN ANDERE GRÖSSEN UMSKALIEREN.

Vorlage 3
Hier die Vorlage spiegeln (verdoppeln)
↓
Hochkant legen und falten

Vorlage 2
Hier die Vorlage spiegeln (verdoppeln)
↓
Hochkant legen und falten

Vorlage 1
Hier die Vorlage spiegeln (verdoppeln)
↓
Hochkant legen und falten

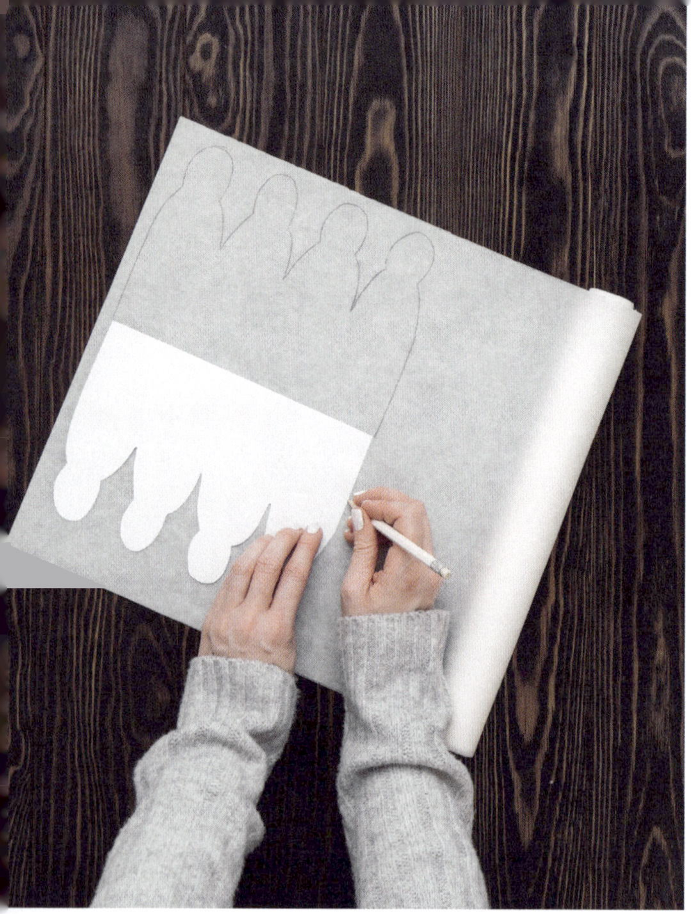
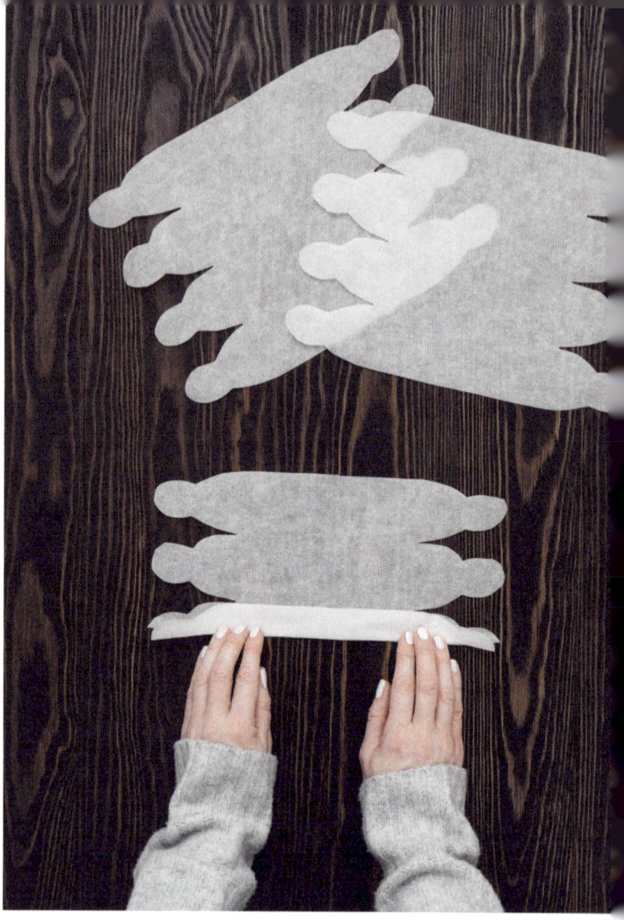
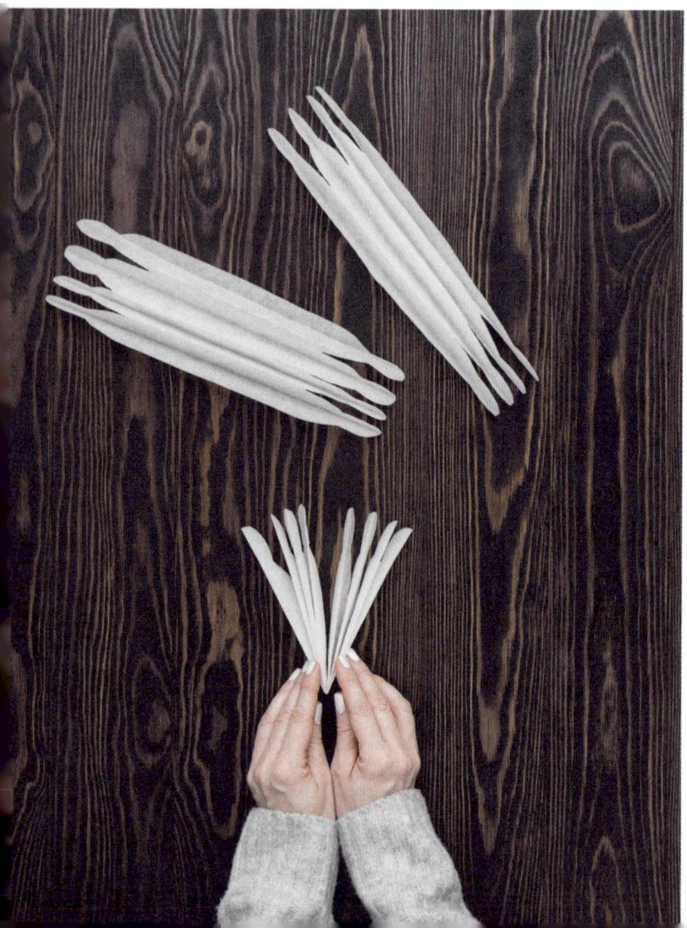
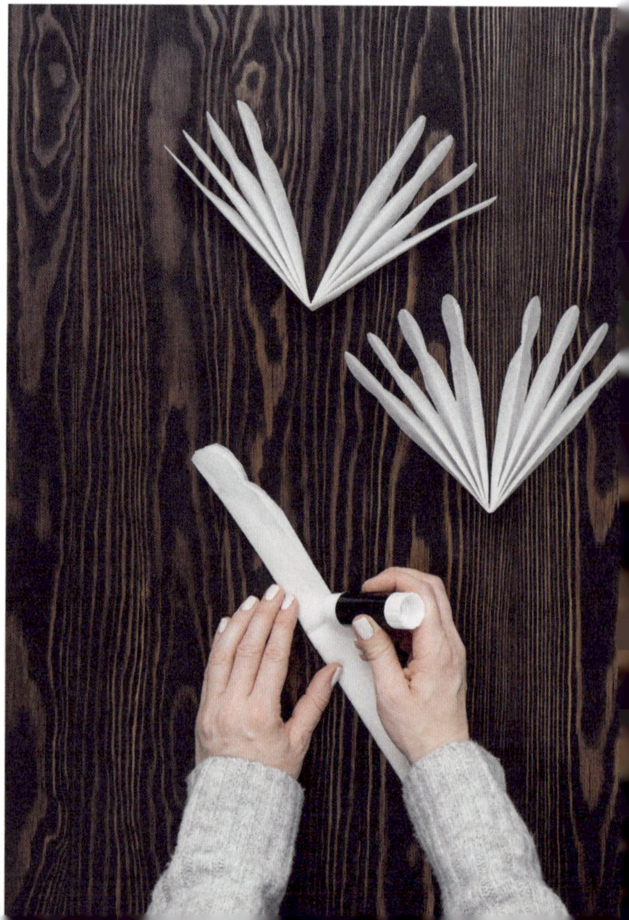

SCHNEEFLOCKE

Ebenso grazil und symmetrisch wie die echte Schneeflocke ist auch der gleichnamige Adventsstern. Er hat kugelförmige Spitzen und wirkt dadurch weich und einladend.

Schwierigkeitsgrad: Mittel

Arbeitszeit: 4 Stunden (dreilagiger Stern)

Die Schneeflocke wird recht tief und sollte deshalb möglichst nur aus drei Lagen bestehen. Kombinieren Sie zum Beispiel die Vorlagen 1, 3 und 5 oder die Vorlagen 2, 4 und 6.

Schneeflocke mit Vorlage 1 (21 cm Ø): 3x zuschneiden

Schneeflocke mit Vorlage 2 (29 cm Ø): 3x zuschneiden

Schneeflocke mit Vorlage 3 (36 cm Ø): 3x zuschneiden

Schneeflocke mit Vorlage 4 (42 cm Ø): 4x zuschneiden

Schneeflocke mit Vorlage 5 (50 cm Ø): 5x zuschneiden

Schneeflocke mit Vorlage 6 (58 cm Ø): 5x zuschneiden

Die Seite mit der geklebten Naht ist die Rückseite der Sterne und Teile.

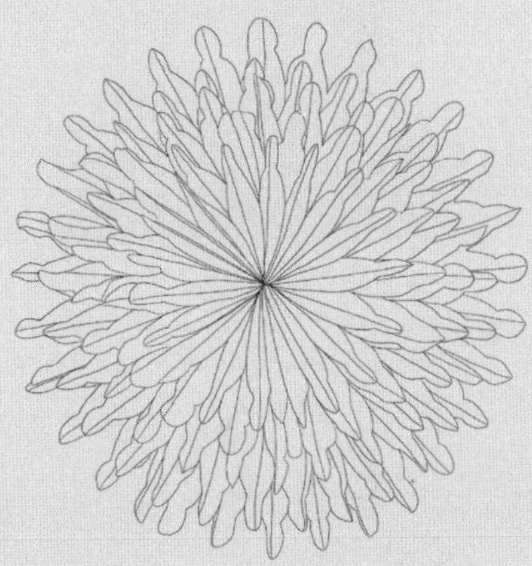

SIE BENÖTIGEN:

Weißes Backpapier oder Butterbrotpapier

kräftigeres Papier

Klebestift

Kraftkleber

SO GEHT'S:

1. Die gewünschten Schablonen zuschneiden.
2. Alle Teile wie auf der Vorlage angegeben gespiegelt anzeichnen und innerhalb der vorgezeichneten Linie ausschneiden.
3. Alle Teile wie eine Ziehharmonika falten, deren Falten etwa 2,5 cm breit sind.
4. Alle Ziehharmonikas zur Hälfte falten und wieder öffnen. Dann eine Sterngröße nach der anderen zusammensetzen und dafür die Schritte 5–7 wiederholen.
5. Den inneren Streifen jeder Ziehharmonika großzügig mit dem Klebestift bestreichen.
6. Die bestrichene Seite der Länge nach zur Hälfte falten. Kurz festhalten, bis die Flächen gut aneinanderhaften.

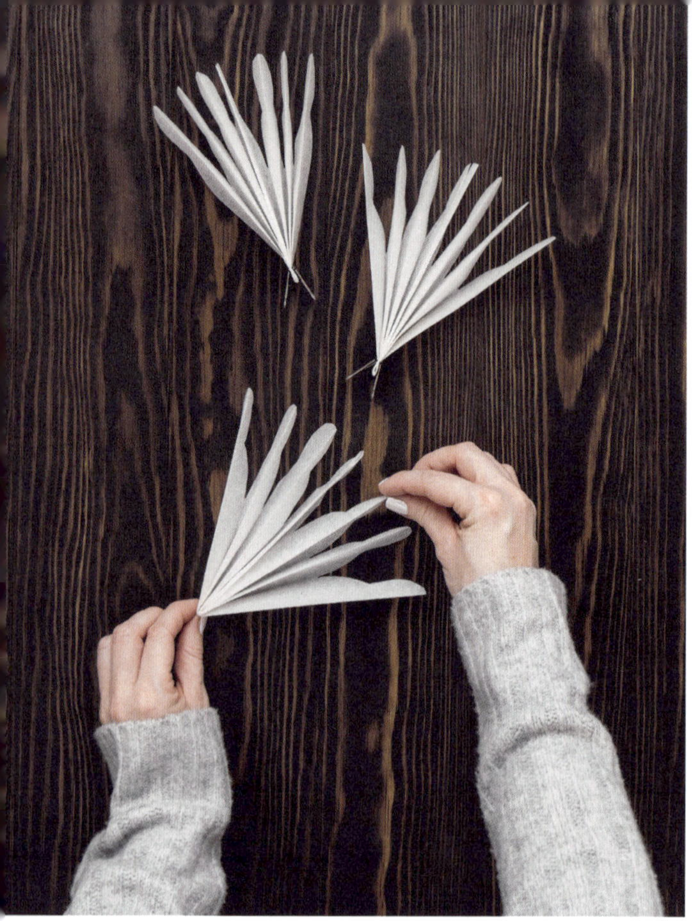

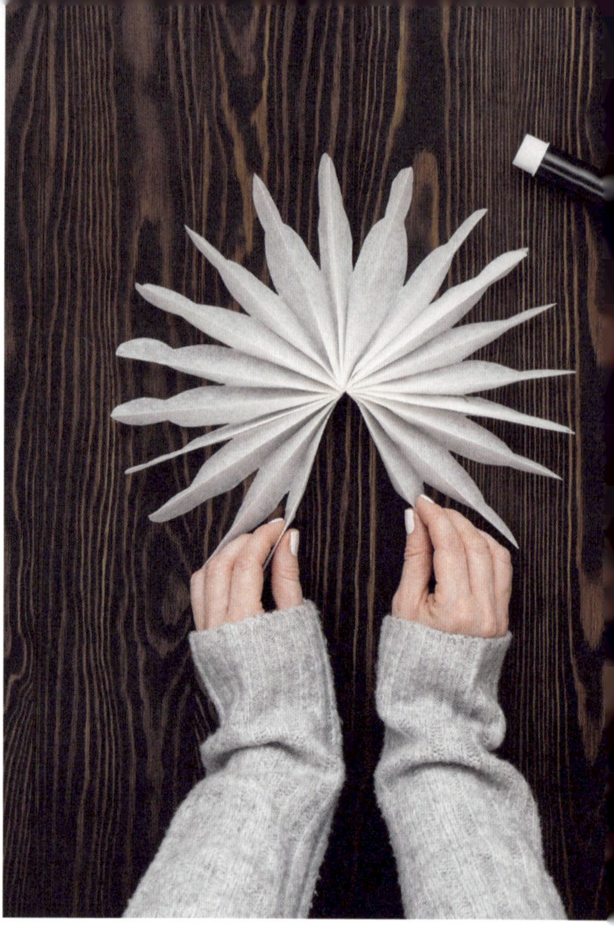

7. Die Ziehharmonika auffalten und prüfen, ob nur die innere Falte verklebt wurde.
8. Jetzt je zwei Ziehharmonikas seitlich aneinanderkleben. Kurz festhalten, bis die Flächen gut aneinanderhaften. Auffalten, um zu prüfen, ob nur die mittlere Falte verklebt wurde.
9. Dann je nach Sterngröße 3, 4 oder 5 Ziehharmonikas zu einem Stern zusammenkleben.
10. Damit die Schneeflocken stabiler werden und sich leichter zusammenkleben lassen, pro Schneeflocke zwei Kreise aus kräftigerem Papier ausschneiden. Die Kreise mit Kraftkleber mittig an der Vorder- und Rückseite aller Schneeflocken befestigen. Ausnahme ist die oberste kleine Schneeflocke. Sie wird nur auf der Rückseite mittig mit einem stabilisierenden Kreis beklebt.

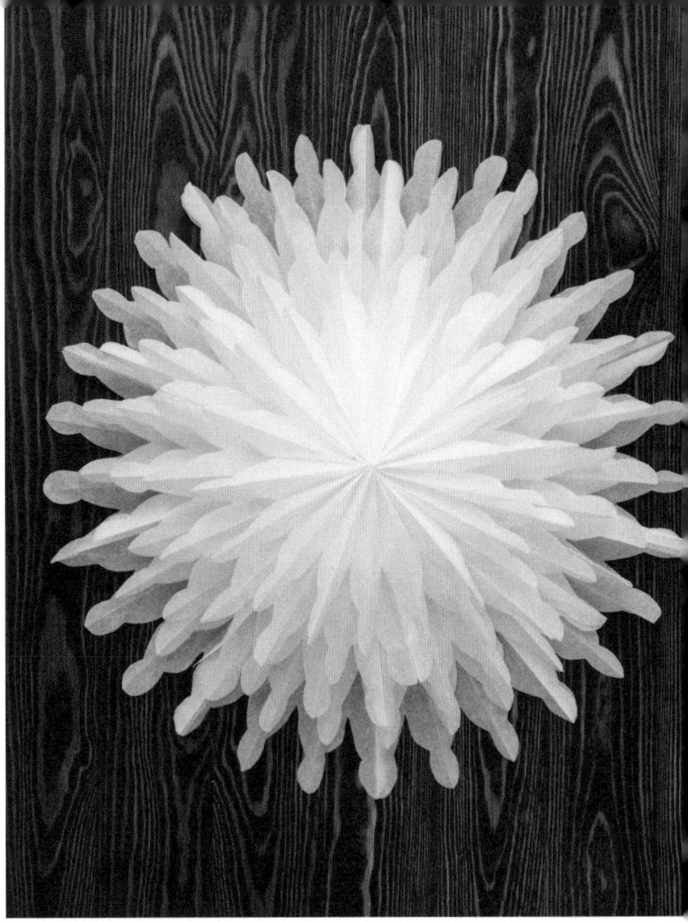

11. Die Kreise nochmals mit Kraftkleber bestreichen und die Schneeflocken in der Größe absteigend aufeinanderkleben. Am Schluss die kleine Schneeflocke ankleben und den Kleber aushärten lassen.
12. 12. Für eine „Schneeflockenlampe" zwei gleich große Kristalle herstellen und der Anleitung auf Seite 83 folgen.

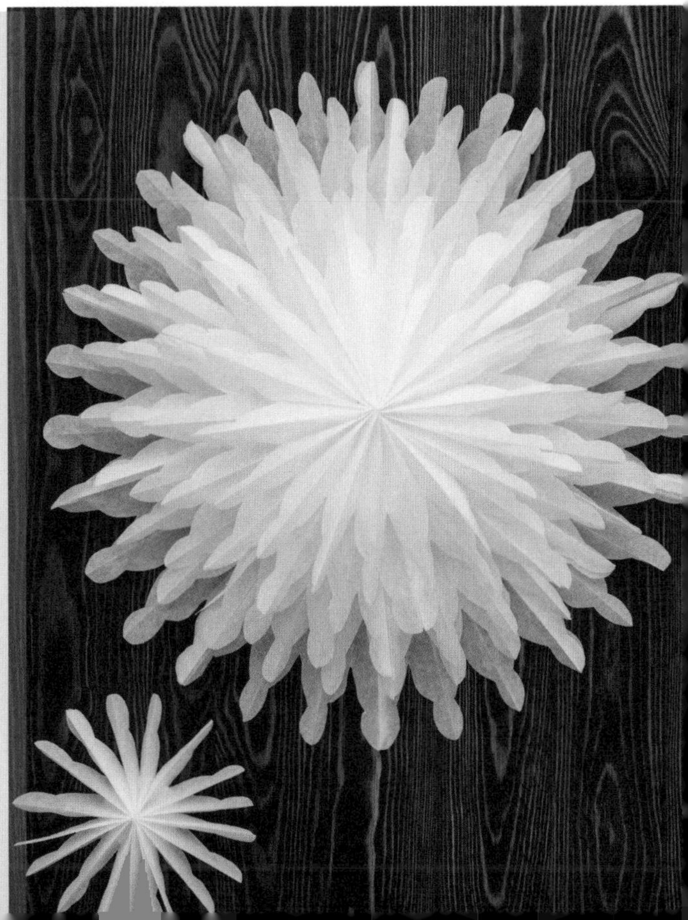

VORLAGEN SCHNEEFLOCKE

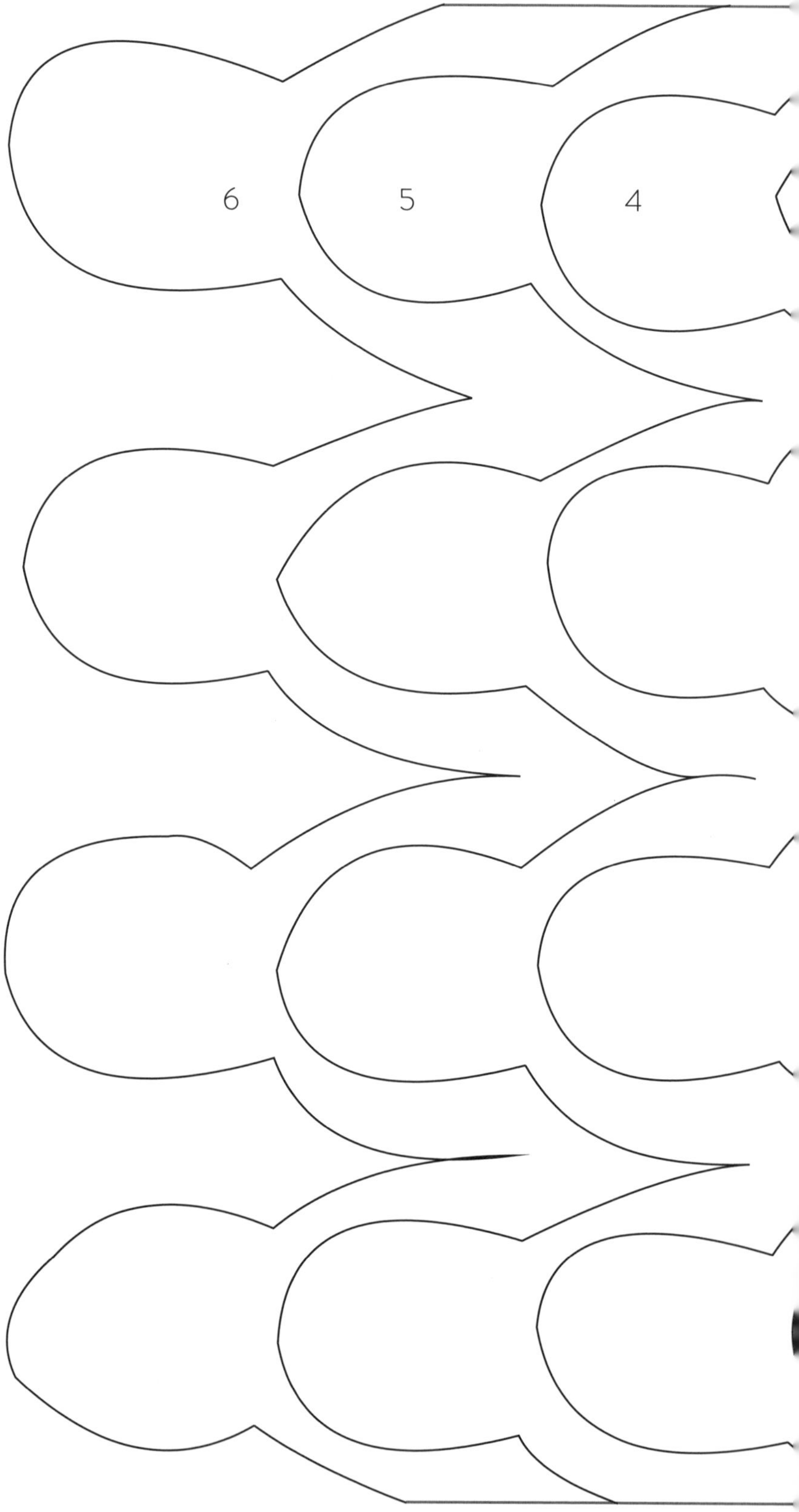

DIE VORLAGEN IM VERHÄLTNIS 1:1 (100 %) ABPAUSEN. MAN KANN SIE AUCH IN ANDERE GRÖSSEN UMSKALIEREN.

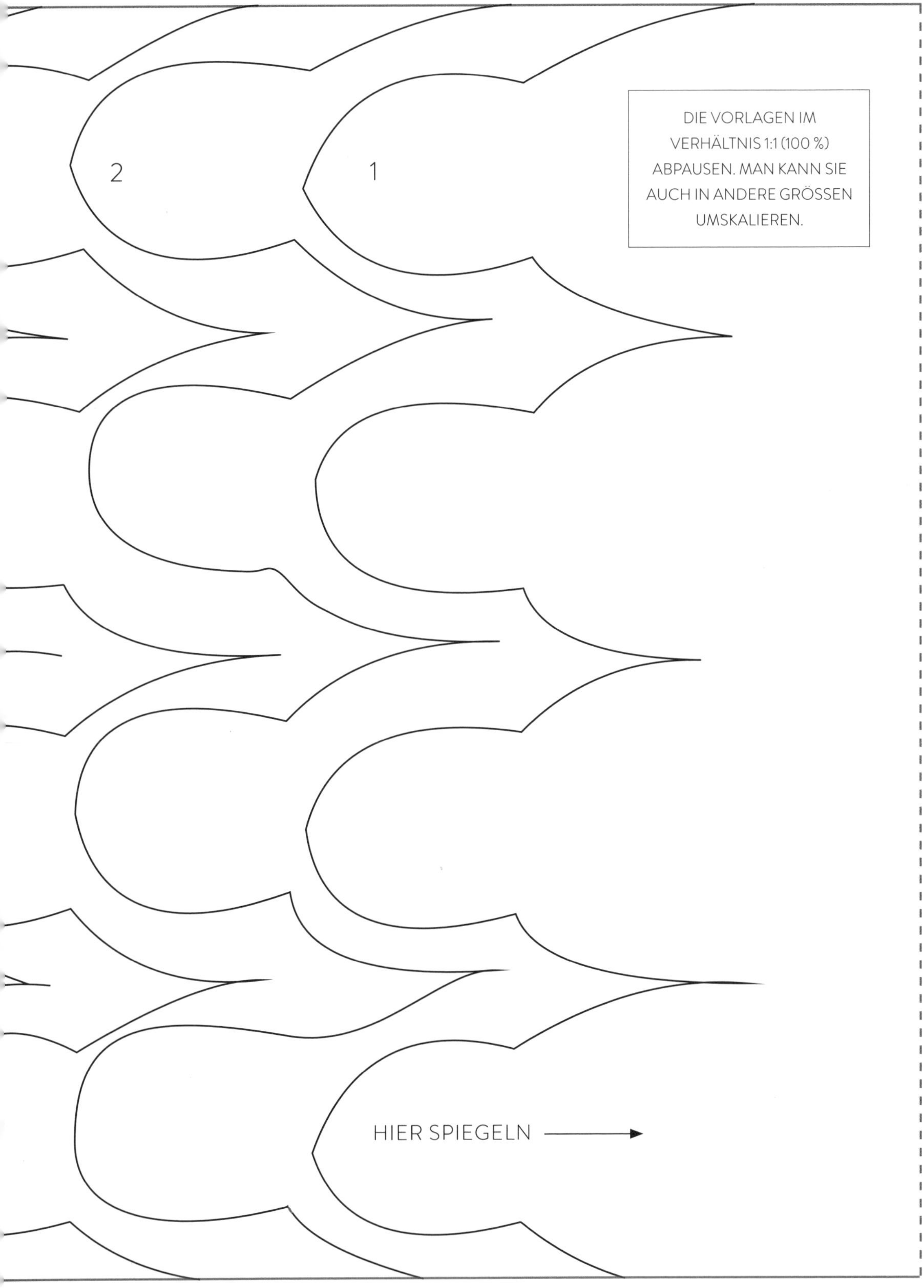

EISBLUME

Die Eisblume ist ein Adventsstern mit unterschiedlich langen Spitzen. Weil die Spitzen etwas breiter und abgerundet sind, wirkt der Stern gleichzeitig weich und stachelig.

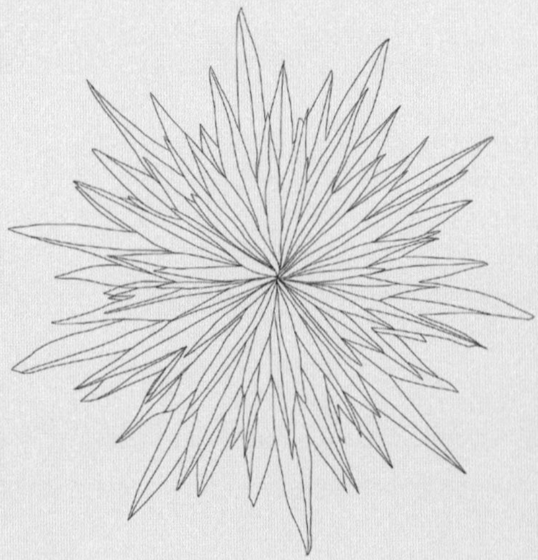

Schwierigkeitsgrad: Mittel
Arbeitszeit: 3 Stunden (dreilagiger Stern)
Die Eisblume wirkt nicht nur dreilagig, sondern auch zweilagig mit Vorlage 1 und 3 sehr schön.
Eisblume mit Vorlage 1 (36 cm Ø):
4x zuschneiden
Eisblume mit Vorlage 2 (48 cm Ø):
4x zuschneiden
Eisblume mit Vorlage 3 (59 cm Ø):
5x zuschneiden
Die Seite mit der geklebten Naht ist die Rückseite der Sterne und Teile.

SIE BENÖTIGEN:

Weißes Backpapier oder Butterbrotpapier
kräftigeres Papier
Klebestift
Kraftkleber

SO GEHT'S:

1. Die gewünschten Schablonen zuschneiden.
2. Alle Teile wie auf der Vorlage angegeben gespiegelt anzeichnen und innerhalb der vorgezeichneten Linie ausschneiden.
3. Alle Teile wie eine Ziehharmonika falten, deren Falten etwa 2,5 cm breit sind.
4. Alle Ziehharmonikas zur Hälfte falten und wieder öffnen. Dann eine Sterngröße nach der anderen zusammensetzen und dafür die Schritte 5–7 wiederholen.
5. Die innere Falte jeder Ziehharmonika großzügig mit dem Klebestift bestreichen. Es darf kein Klebstoff auf die anderen Falten gelangen.
6. Die bestrichene Seite der Länge nach mittig falten. Kurz festhalten, bis die Flächen gut anei-

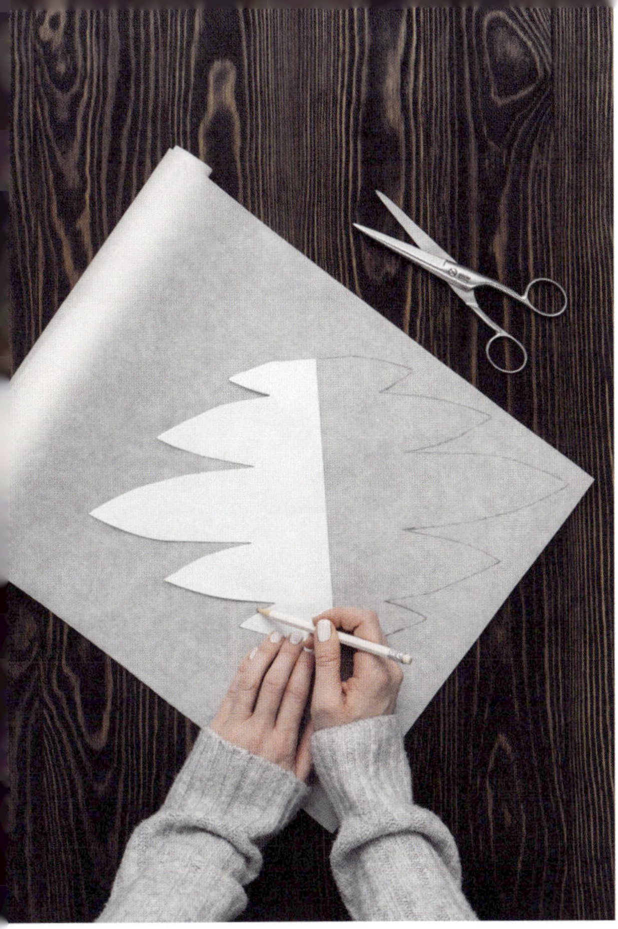
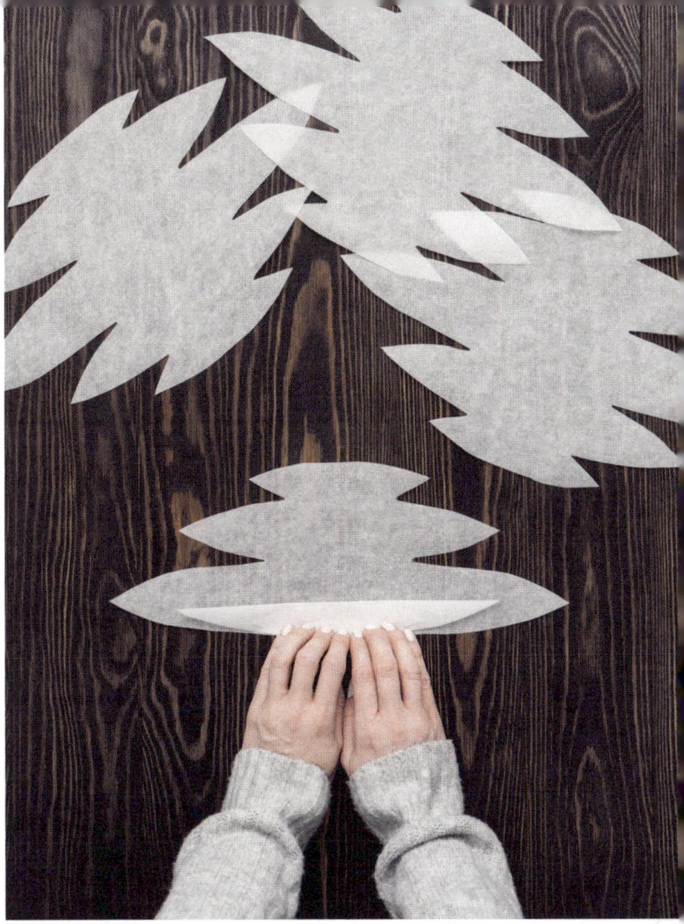
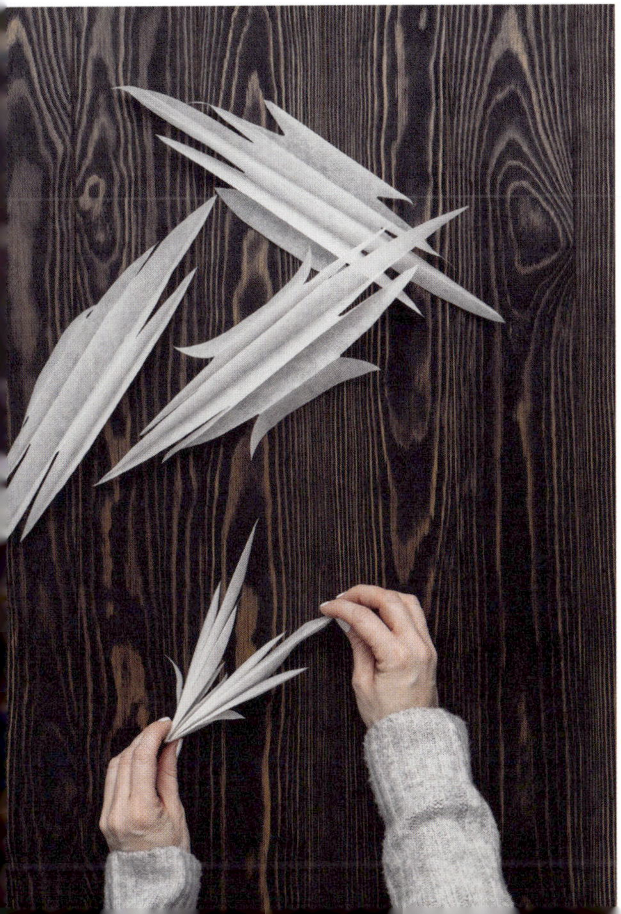
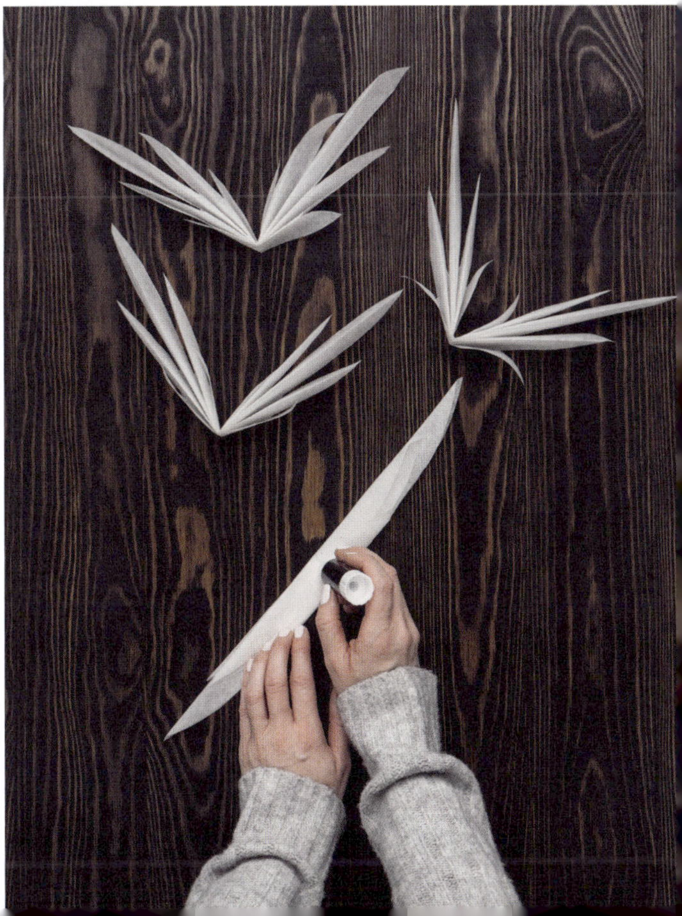

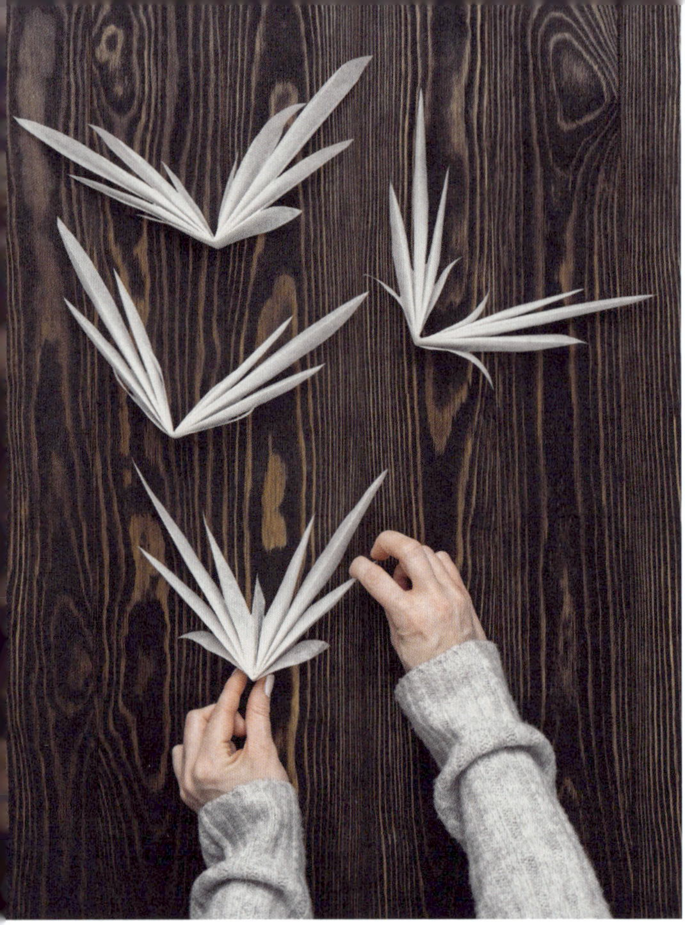

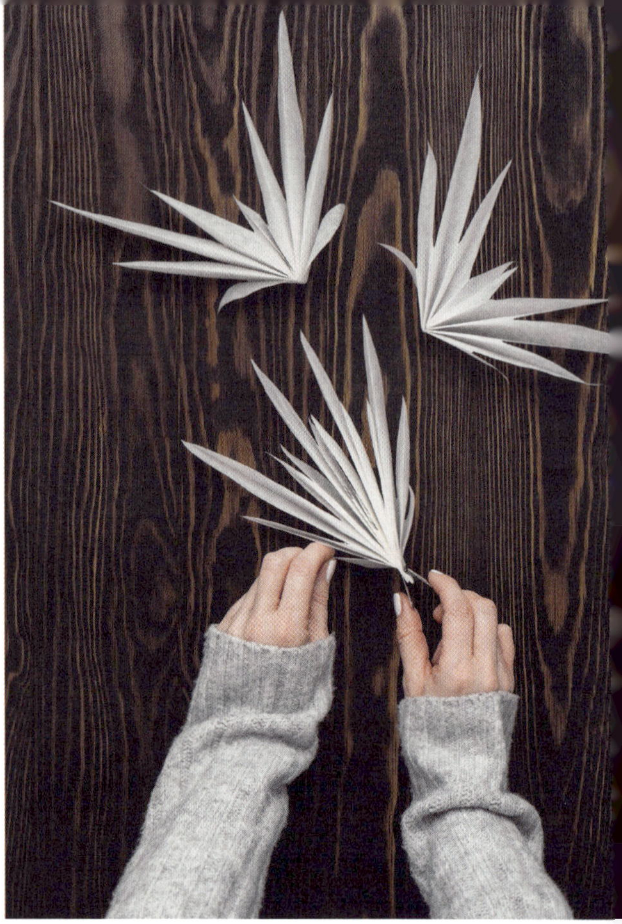

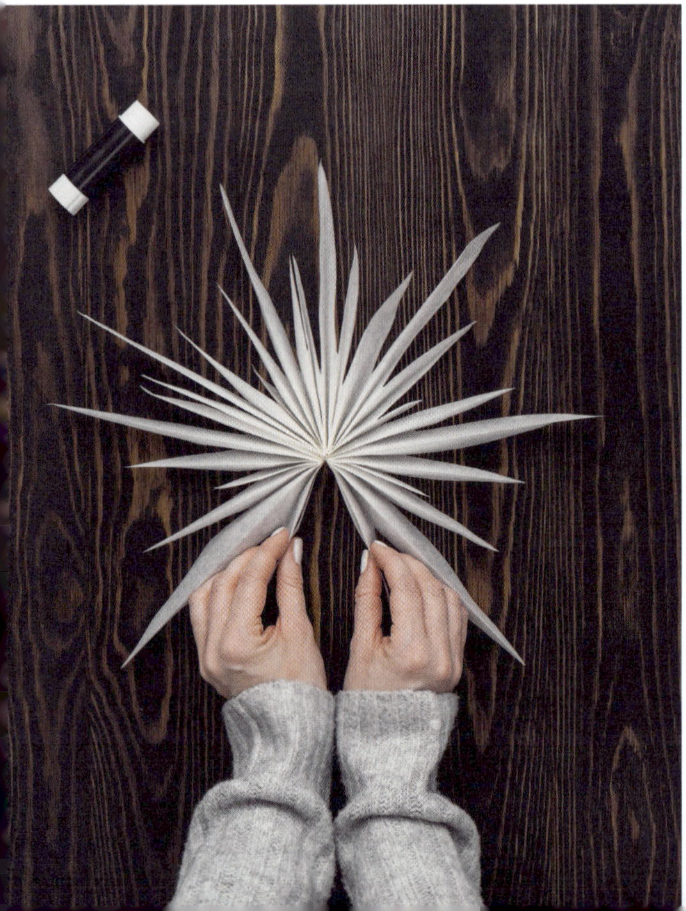

nanderhaften.

7. Die Ziehharmonika auffalten und prüfen, ob nur die innere Falte verklebt wurde.
8. Jetzt je zwei Ziehharmonikas seitlich aneinanderkleben. Kurz festhalten, bis die Flächen gut aneinanderhaften. Auffalten, um zu prüfen, ob nur die mittlere Falte verklebt wurde.
9. Dann je nach Sterngröße 4 oder 5 Ziehharmonikas zu einer Eisblume zusammenkleben.
10. Damit die Eisblumen stabiler werden und sich leichter zusammenkleben lassen, pro Eisblume zwei Kreise aus kräftigerem Papier ausschneiden. Die Kreise mit Kraftkleber mittig an der Vorder- und Rückseite aller Eisblumen befestigen. Ausnahme ist die oberste kleine Eisblume. Sie wird nur auf der Rückseite mittig mit einem stabilisierenden Kreis beklebt.
11. Die Kreise nochmals mit Kraftkleber bestreichen und die Eisblumen in der Größe absteigend aufeinander kleben. Am Schluss die kleine Eisblume ankleben und den Kleber aushärten lassen.
12. Für eine „Eisblumenlampe" zwei gleich große Sterne herstellen und der Anleitung auf Seite 83 folgen.

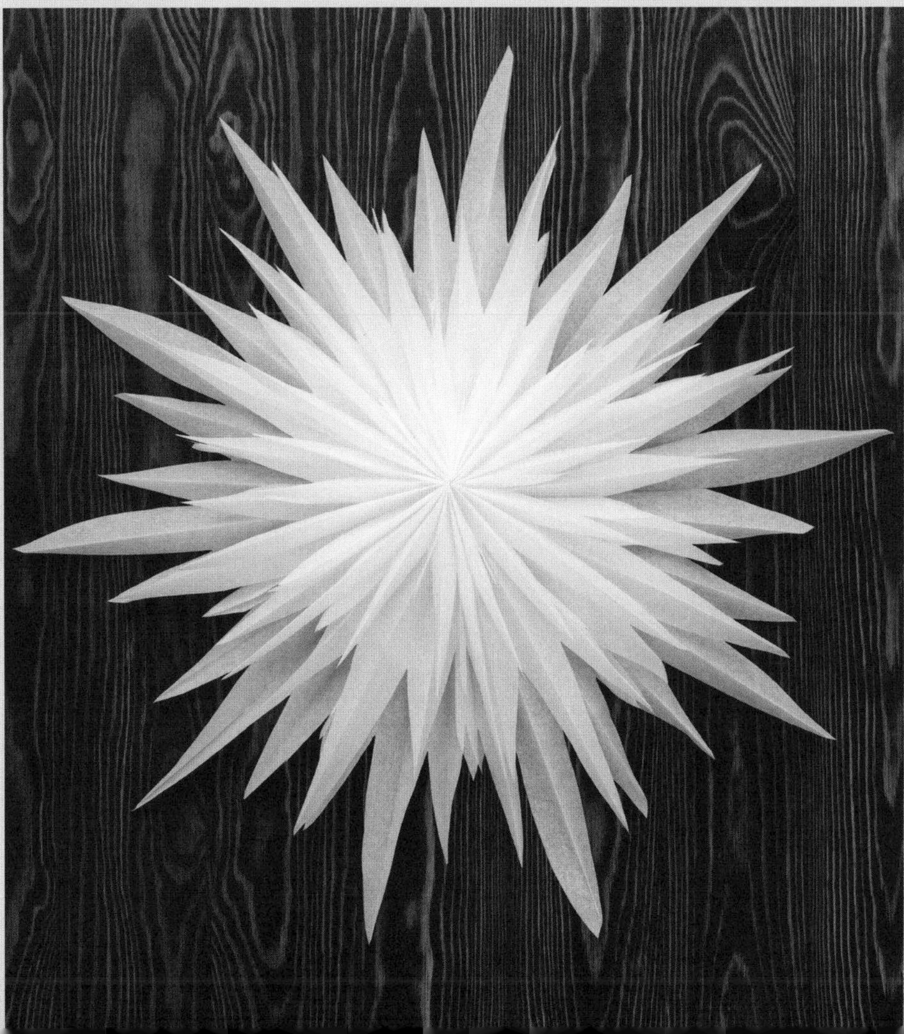

VORLAGE EISBLUME

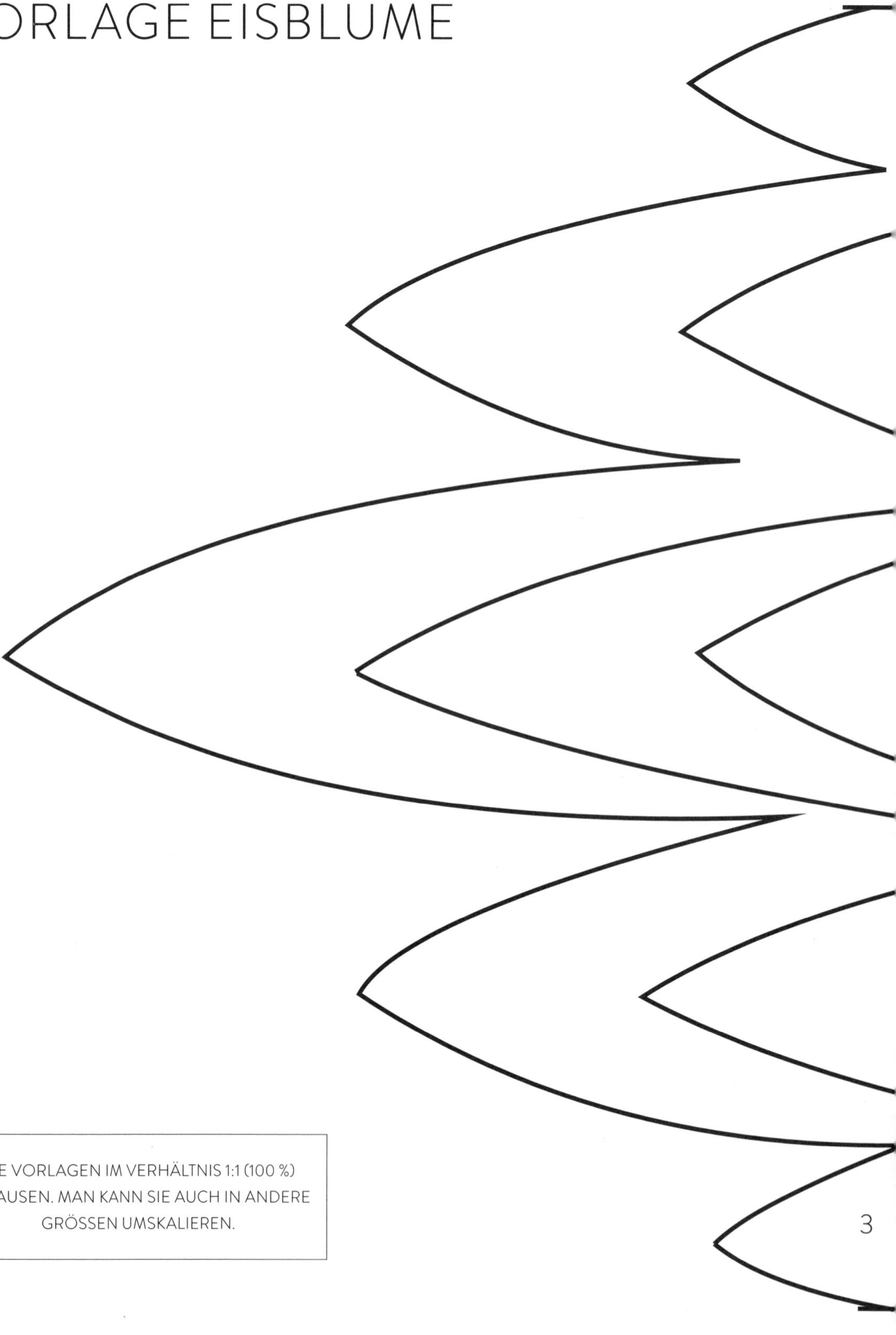

DIE VORLAGEN IM VERHÄLTNIS 1:1 (100 %) ABPAUSEN. MAN KANN SIE AUCH IN ANDERE GRÖSSEN UMSKALIEREN.

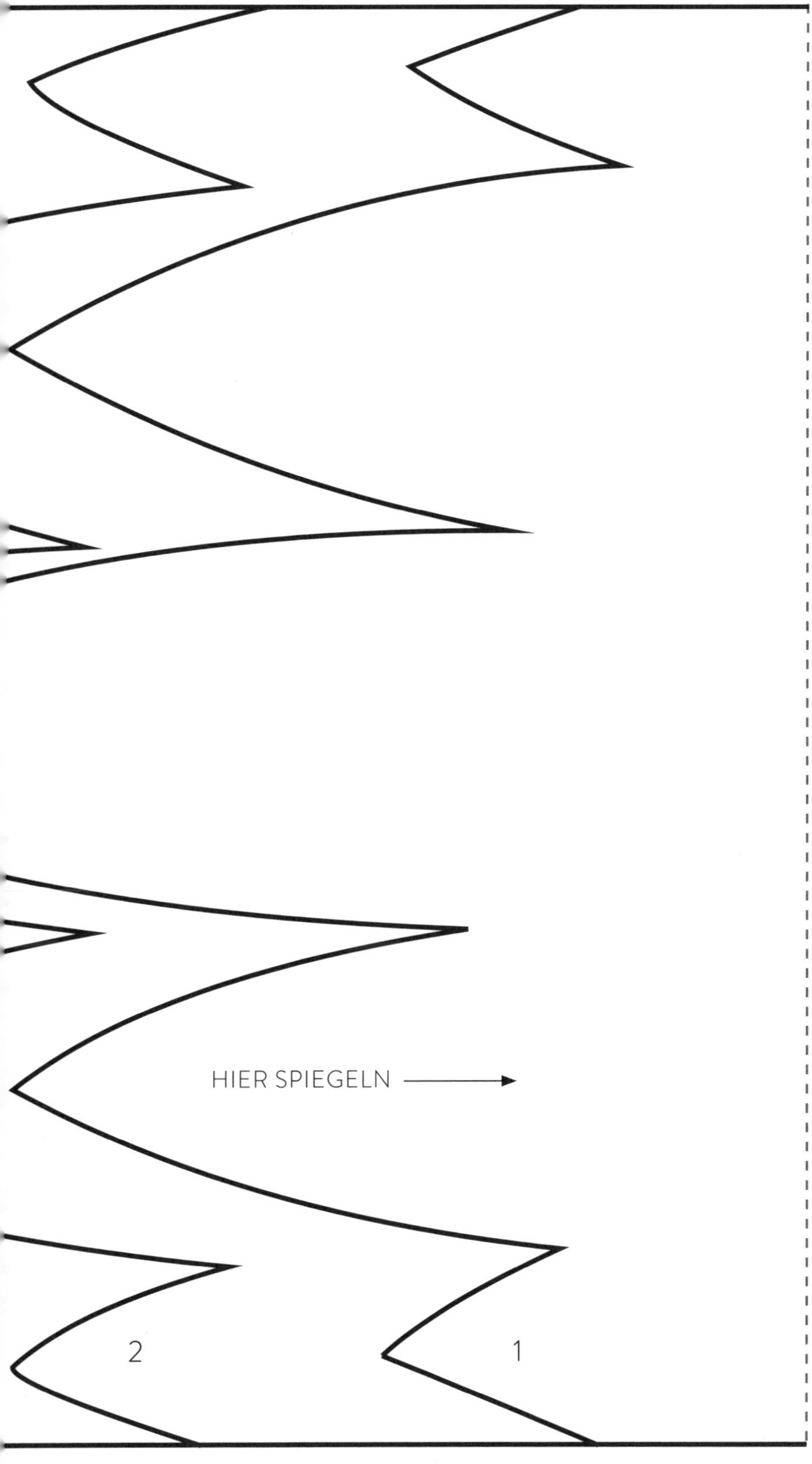
HIER SPIEGELN
2
1

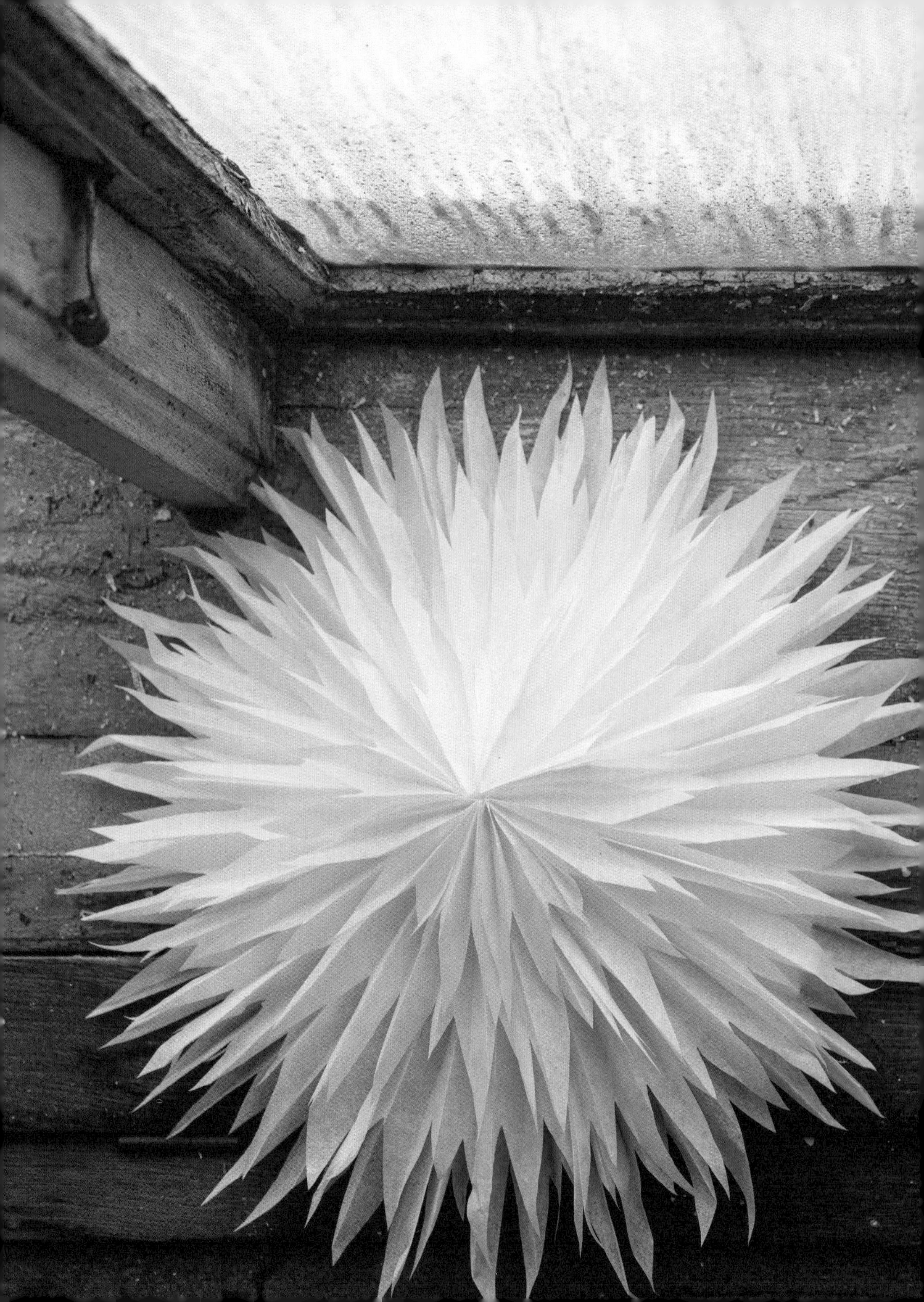

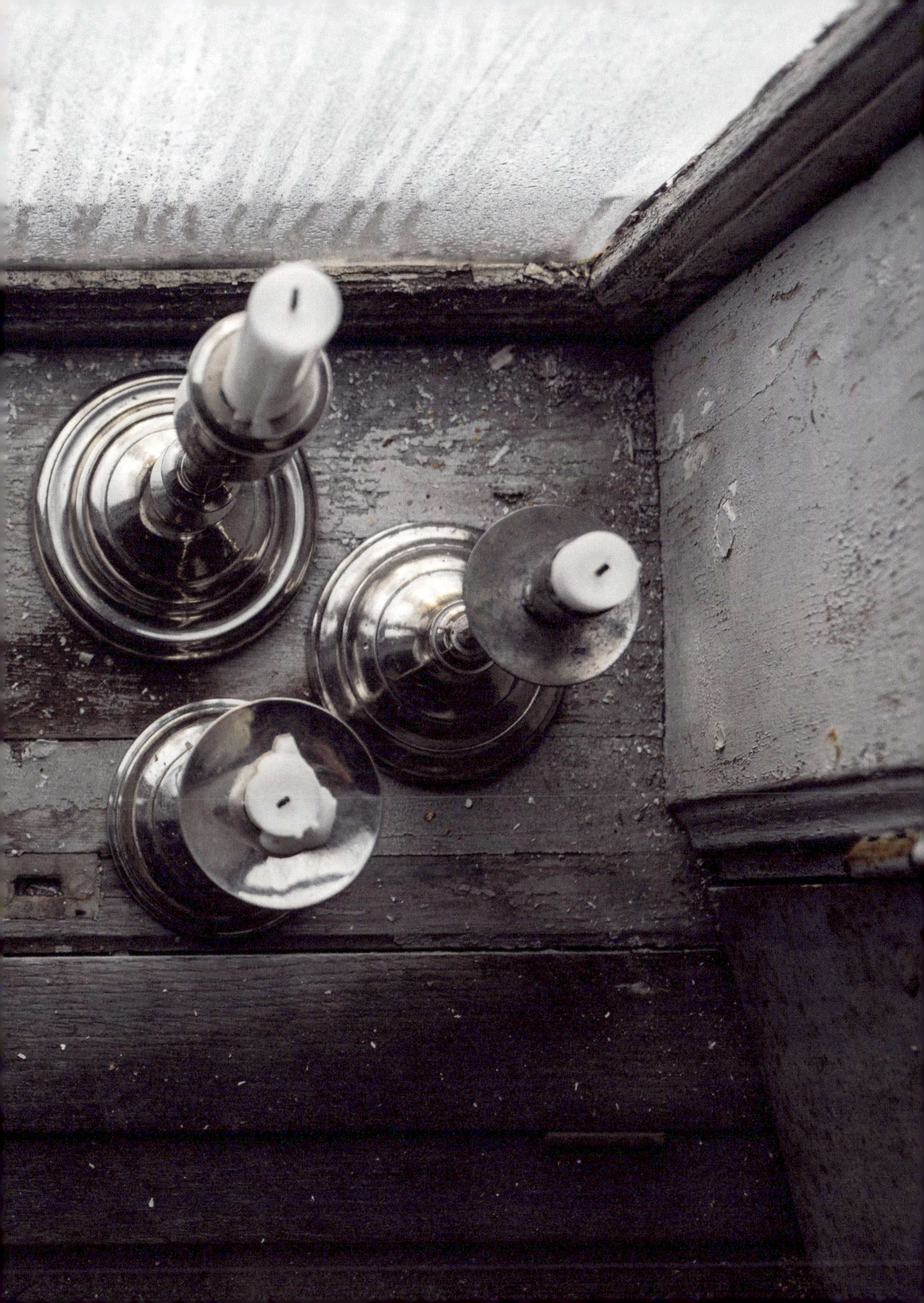

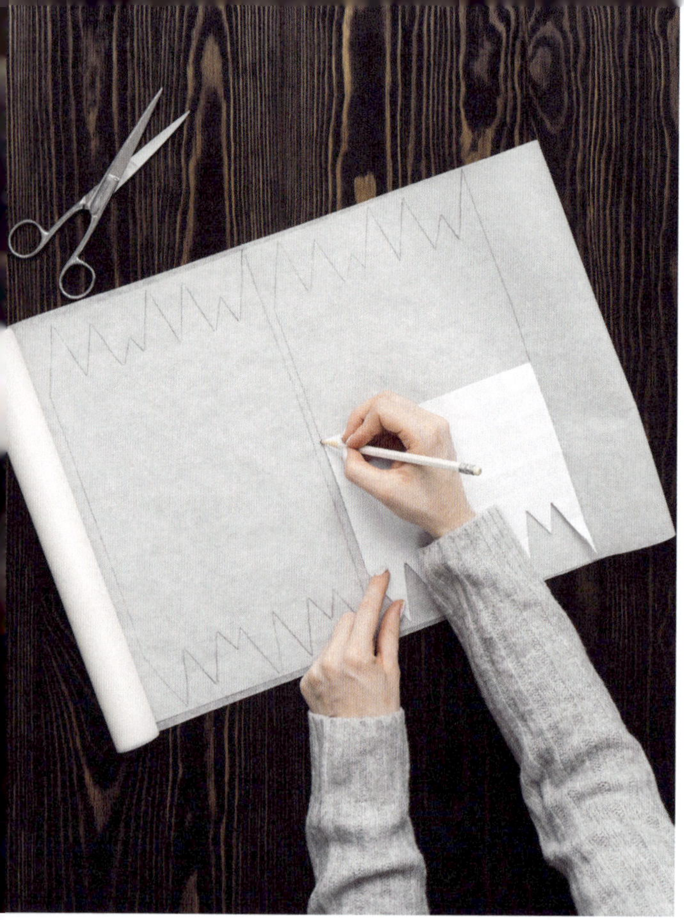
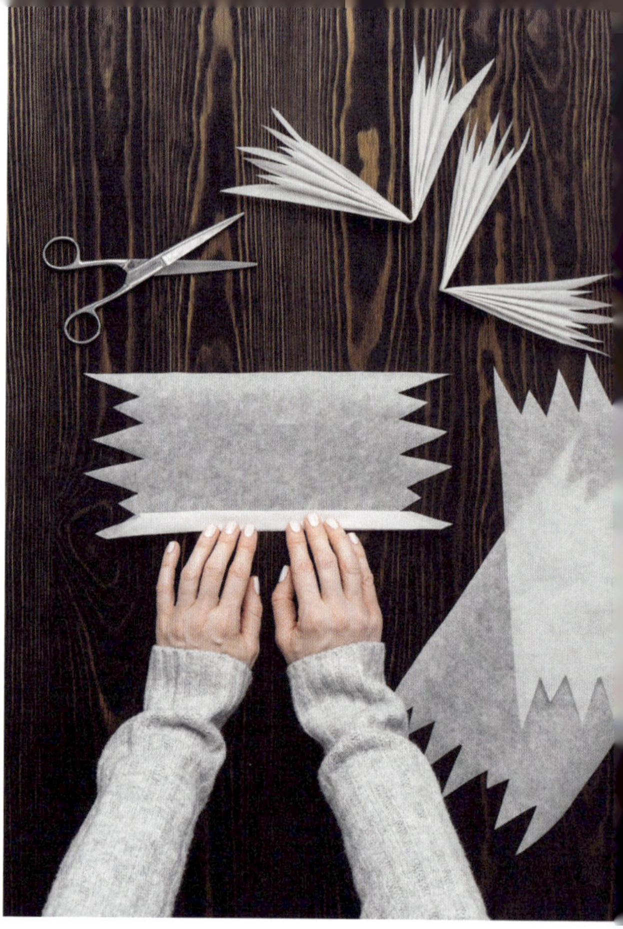
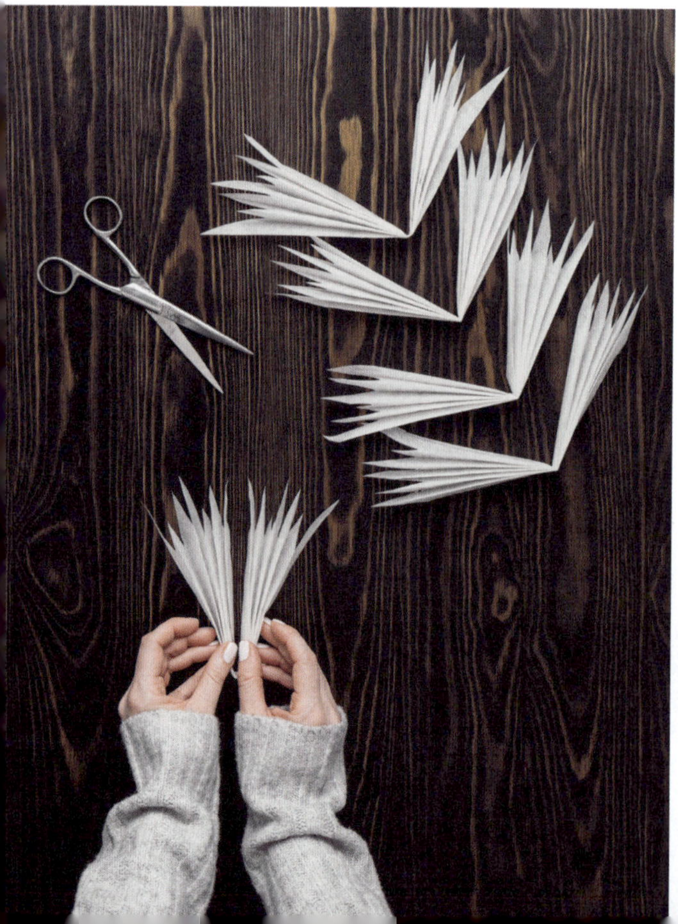
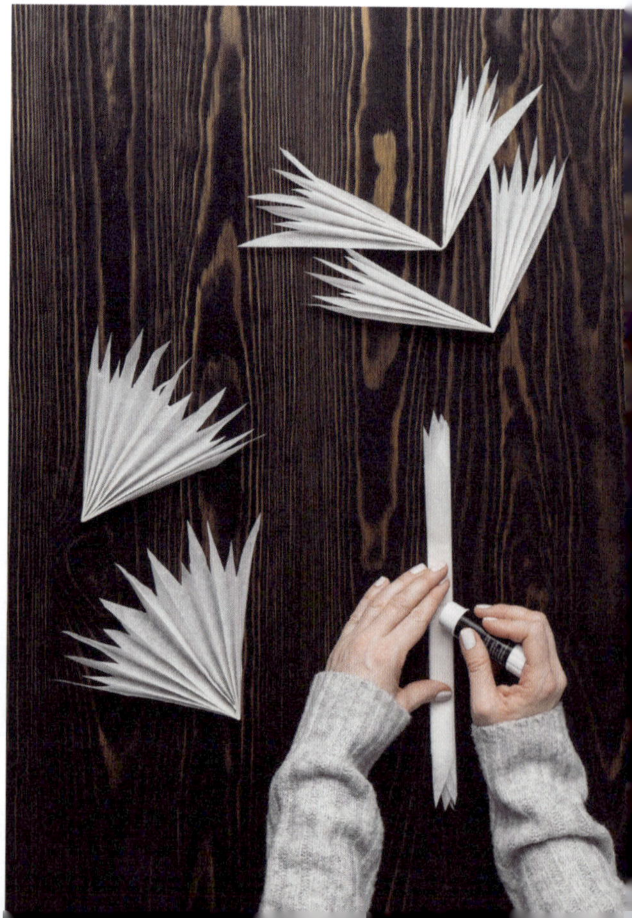

SCHNEESTERN

Kein anderer Stern hat so viele Vorlagen in unterschiedlichen Größen wie der Schneestern. Je nachdem, für welche Größen und wie viele Sternlagen Sie sich entscheiden, fällt das Ergebnis ganz unterschiedlich aus. Sie haben die Wahl!

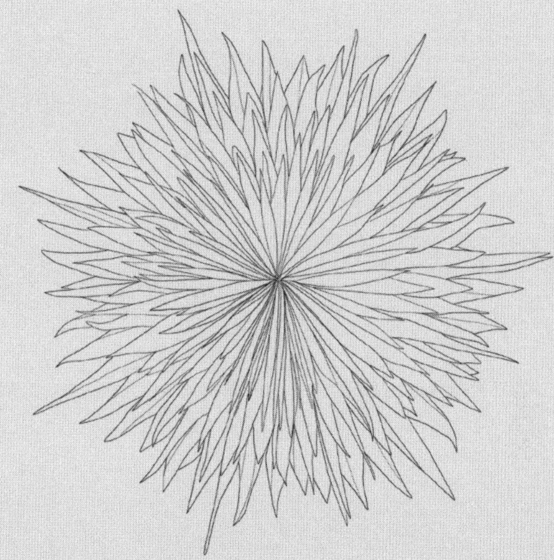

Schwierigkeitsgrad: Mittel
Arbeitszeit: 4 Stunden (dreilagiger Stern)
Schneestern mit Vorlage 1 (12 cm Ø): 5x
Schneestern mit Vorlage 2 (16 cm Ø): 5x
Schneestern mit Vorlage 3 (20 cm Ø): 5x
Schneestern mit Vorlage 4 (24 cm Ø): 5x
Schneestern mit Vorlage 5 (28 cm Ø): 5x
Schneestern mit Vorlage 6 (32 cm Ø): 5x
Schneestern mit Vorlage 7 (36 cm Ø): 5x
Schneestern mit Vorlage 8 (40 cm Ø): 10x
Schneestern mit Vorlage 9 (49 cm Ø): 10x
Schneestern mit Vorlage 10 (59 cm Ø): 10x
Die Seite mit der geklebten Naht ist die Rückseite der Sterne und Teile.

SIE BENÖTIGEN:

Weißes Backpapier oder Butterbrotpapier
kräftigeres Papier
Klebestift
Kraftkleber

SO GEHT'S:

1. Die gewünschten Schablonen zuschneiden.
2. Alle Teile wie auf der Vorlage angegeben gespiegelt anzeichnen und innerhalb der vorgezeichneten Linie ausschneiden.
3. Alle Teile wie eine Ziehharmonika falten, deren Falten 1–1,5 cm breit sind.
4. Alle Ziehharmonikas zur Hälfte falten und wieder öffnen. Dann eine Sterngröße nach der anderen zusammensetzen und dafür die Schritte 5–7 wiederholen.
5. Die innere Falte jeder Ziehharmonika großzügig mit dem Klebestift bestreichen. Es darf kein

Klebstoff auf die anderen Falten gelangen.

6. Die bestrichene Seite der Länge nach mittig falten. Kurz festhalten, bis die Flächen gut aneinanderhaften.
7. Die Ziehharmonika auffalten und prüfen, ob nur die innere Falte verklebt wurde.
8. Jetzt je zwei Ziehharmonikas seitlich aneinanderkleben. Kurz festhalten, bis die Flächen gut aneinanderhaften. Auffalten, um zu prüfen, ob nur die mittlere Falte verklebt wurde.
9. Dann je nach Sterngröße 5 oder 10 Ziehharmonikas zu einem Stern zusammenkleben.
10. Damit die Schneesterne stabiler werden und sich leichter zusammenkleben lassen, pro Schneestern zwei Kreise aus kräftigerem Papier ausschneiden.
11. Die Kreise mit Kraftkleber mittig an der Vorder- und Rückseite aller Schneesterne befestigen. Ausnahme ist der oberste kleine Schneestern. Er wird nur auf der Rückseite mittig mit einem stabilisierenden Kreis beklebt.
12. Die Kreise nochmals mit Kraftkleber bestreichen und die Sterne in der Größe absteigend aufeinander kleben. Am Schluss den kleinen Schneestern ankleben und den Kleber aushärten lassen.
13. Für eine „Schneesternlampe“ zwei gleich große Sterne herstellen und der Anleitung auf Seite 83 folgen.

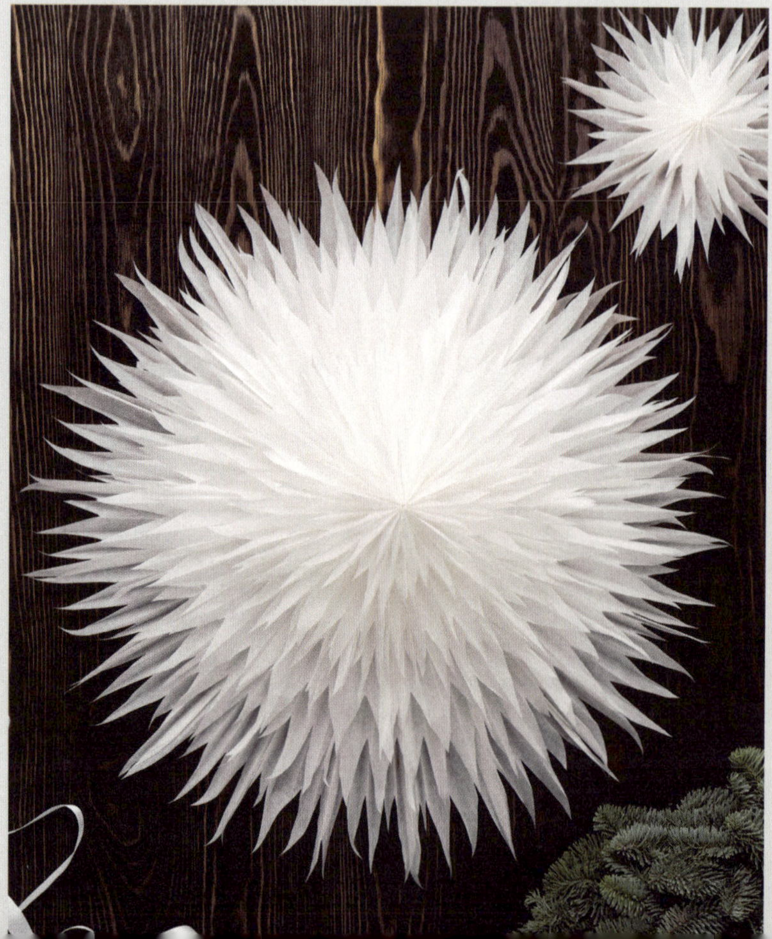

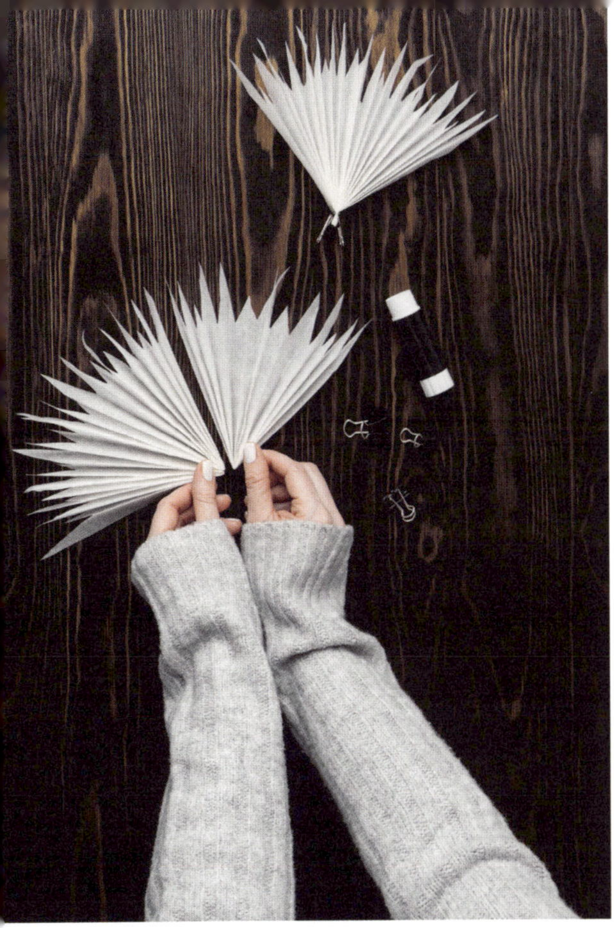
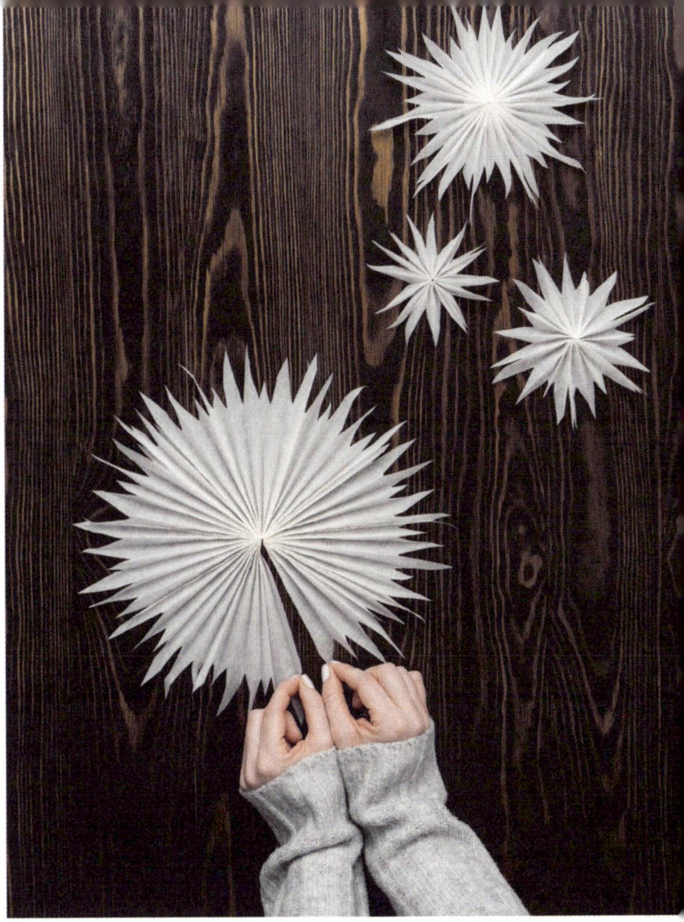
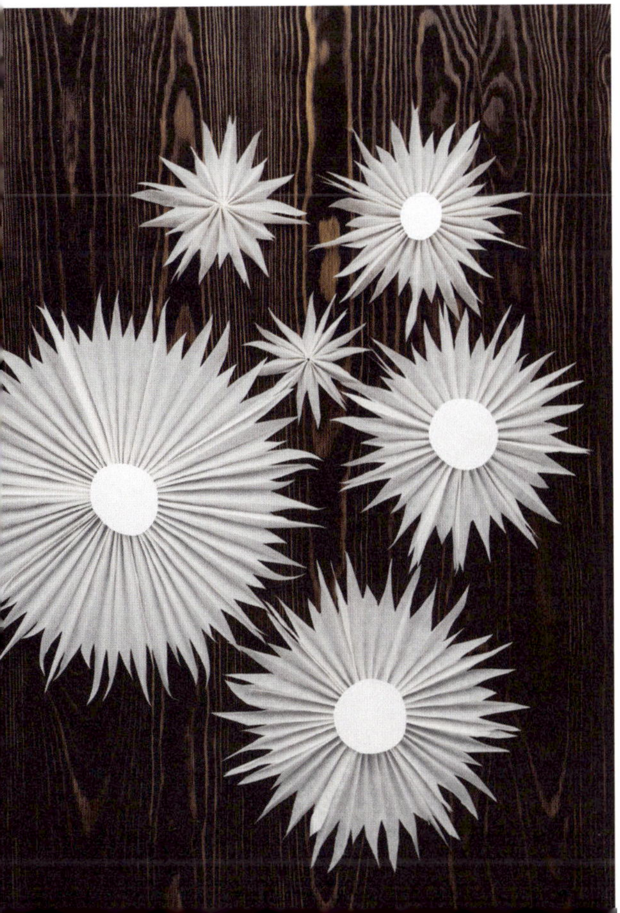
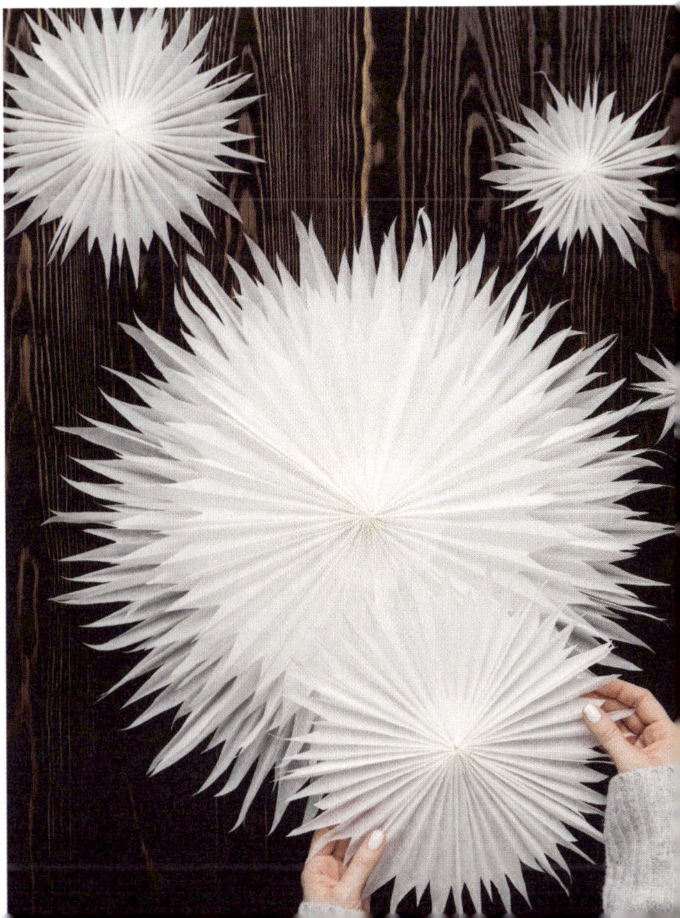

VORLAGE SCHNEESTERN

DIE VORLAGEN IM VERHÄLTNIS 1:1 (100 %) ABPAUSEN. MAN KANN SIE AUCH IN ANDERE GRÖSSEN UMSKALIEREN.

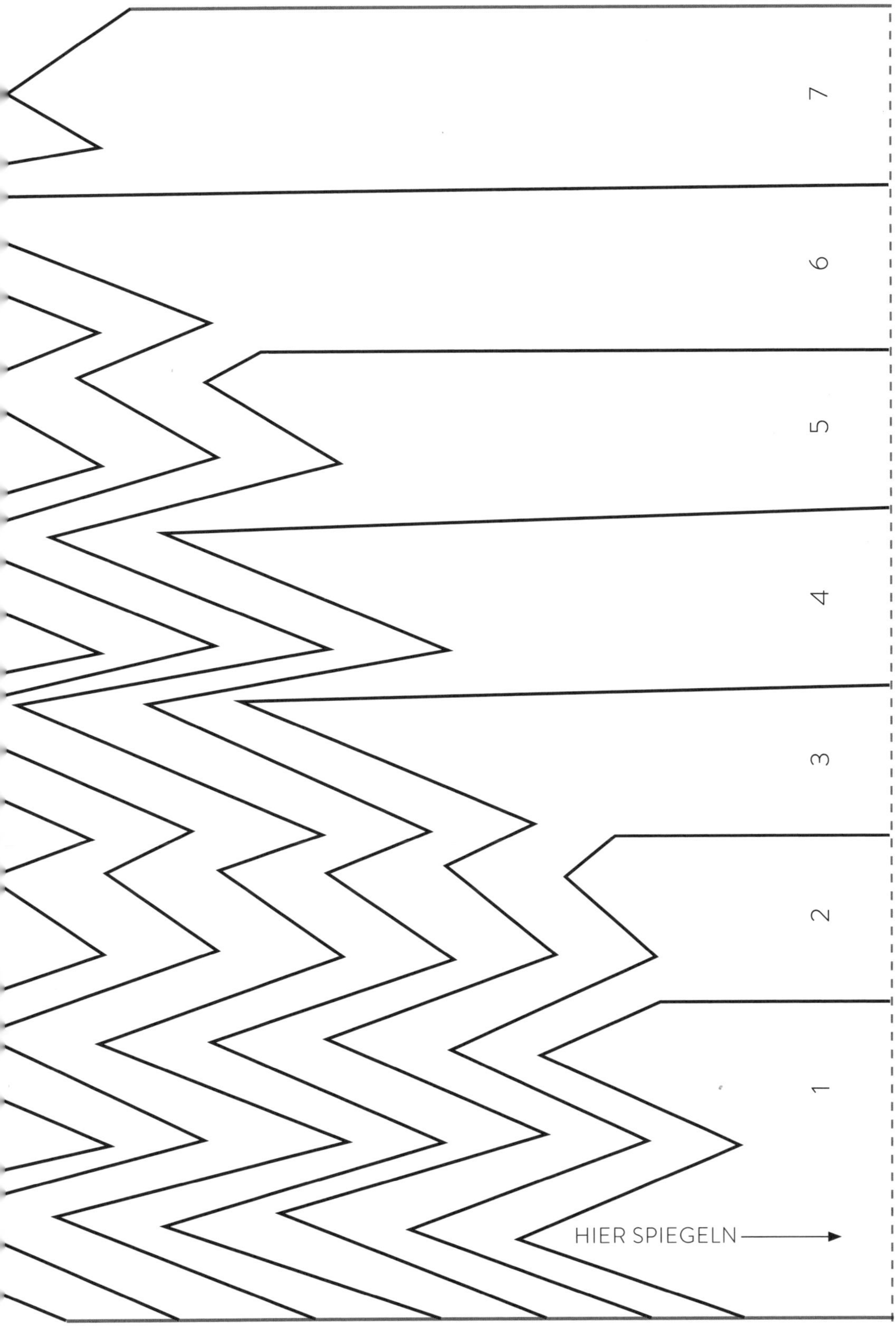
7
6
5
4
3
2
1
HIER SPIEGELN

VORLAGE SCHNEESTERN

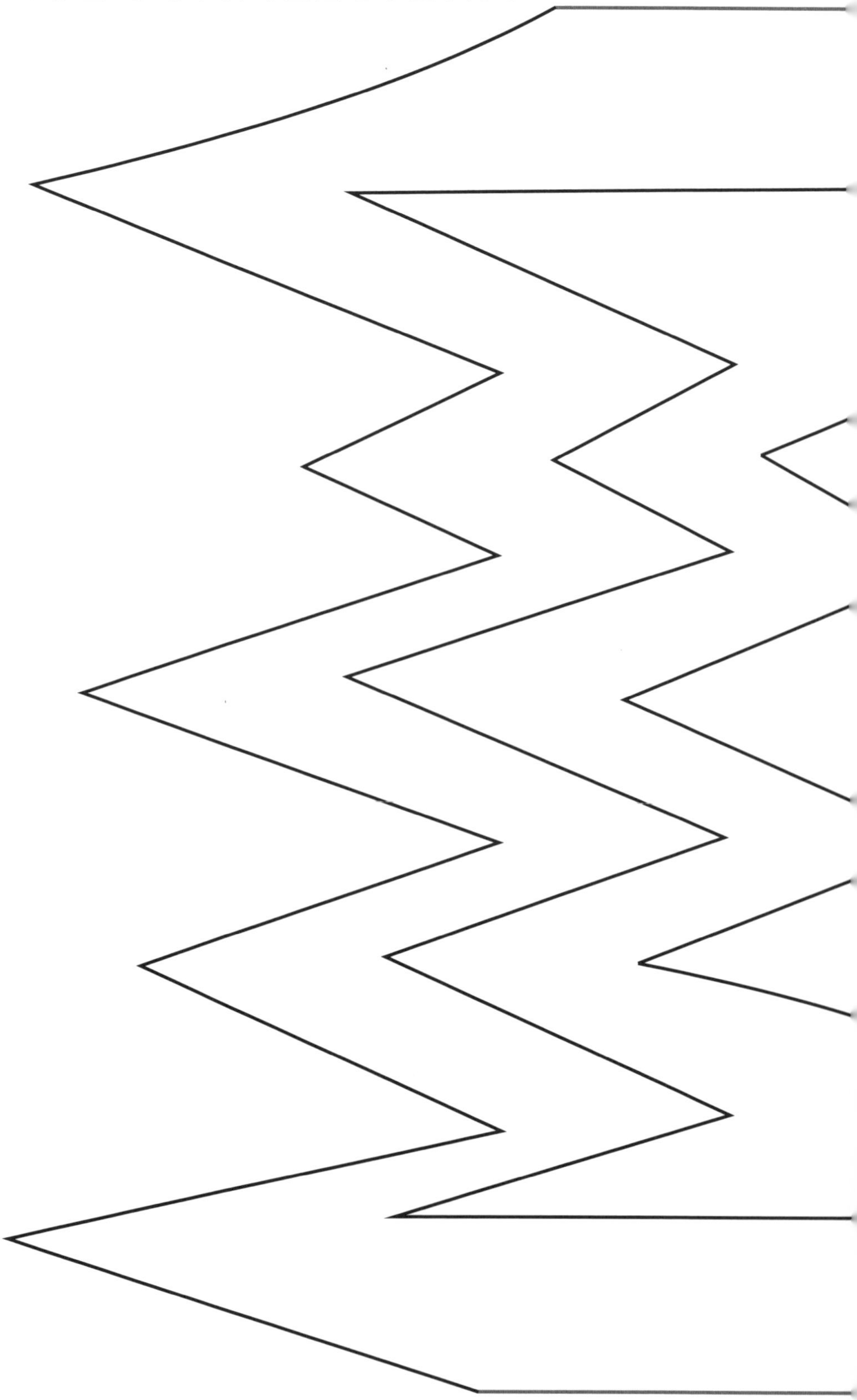

DIE VORLAGEN IM VERHÄLTNIS 1:1 (100 %) ABPAUSEN. MAN KANN SIE AUCH IN ANDERE GRÖSSEN UMSKALIEREN.

10

HIER SPIEGELN → 9

8

POLARSTERN

Der Polarstern ist bauschig und symmetrisch aufgebaut und verströmt im Fenster eine herrliche Adventsstimmung, von der auch die Passanten draußen profitieren.

Schwierigkeitsgrad: Mittel/schwer
Arbeitszeit: 6 Stunden (dreilagige Sterne)
Um die richtige Stacheloptik zu kreieren, werden für den Polarstern viele verschiedene
Teile zusammengeklebt. Man kann die Teile auch reduzieren und zum Beispiel sechsmal die Vorlagen 1, 2 und 3 sowie achtmal die Vorlagen 4 und 5 ausschneiden. Das geht zwar schneller, führt aber auch zu einer anderen Optik.
Polarstern mit Vorlage 1 (15 cm Ø): 8x zuschneiden
Polarstern mit Vorlage 2 (22 cm Ø): 10x zuschneiden
Polarstern mit Vorlage 3 (30 cm Ø): 12x zuschneiden
Polarstern mit Vorlage 4 (37 cm Ø): 14x zuschneiden
Polarstern mit Vorlage 5 (44 cm Ø): 16x zuschneiden
Polarstern mit Vorlage 6 (52 cm Ø): 18x zuschneiden
Polarstern mit Vorlage 7 (59 cm Ø): 20x zuschneiden
Die Seite mit der geklebten Naht ist die Rückseite der Sterne und Teile.

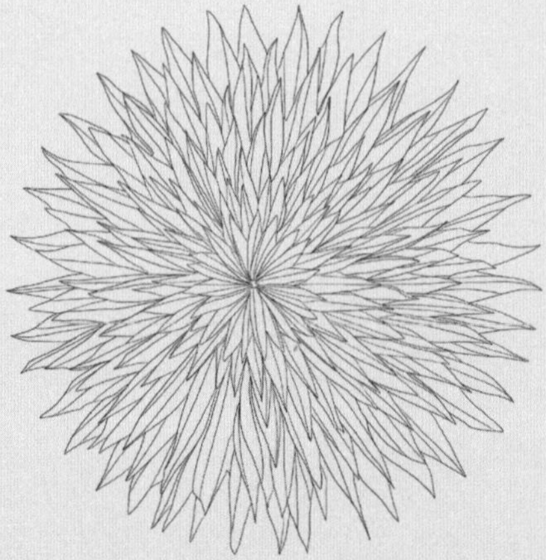

SIE BENÖTIGEN:
weißes Backpapier oder Butterbrotpapier
kräftigeres Papier
Klebestift
Kraftkleber

SO GEHT'S:
1. Die gewünschten Schablonen zuschneiden.
2. Alle Teile wie auf der Vorlage angegeben gespiegelt anzeichnen und innerhalb der vorgezeichneten Linie ausschneiden. Die Spitzen schön spitz zuschneiden.
3. Alle Teile wie eine Ziehharmonika falten, deren Falten etwa 1–1,5 cm breit sind.
4. Alle Ziehharmonikas zur Hälfte falten und wieder öffnen. Dann eine Sterngröße nach der anderen

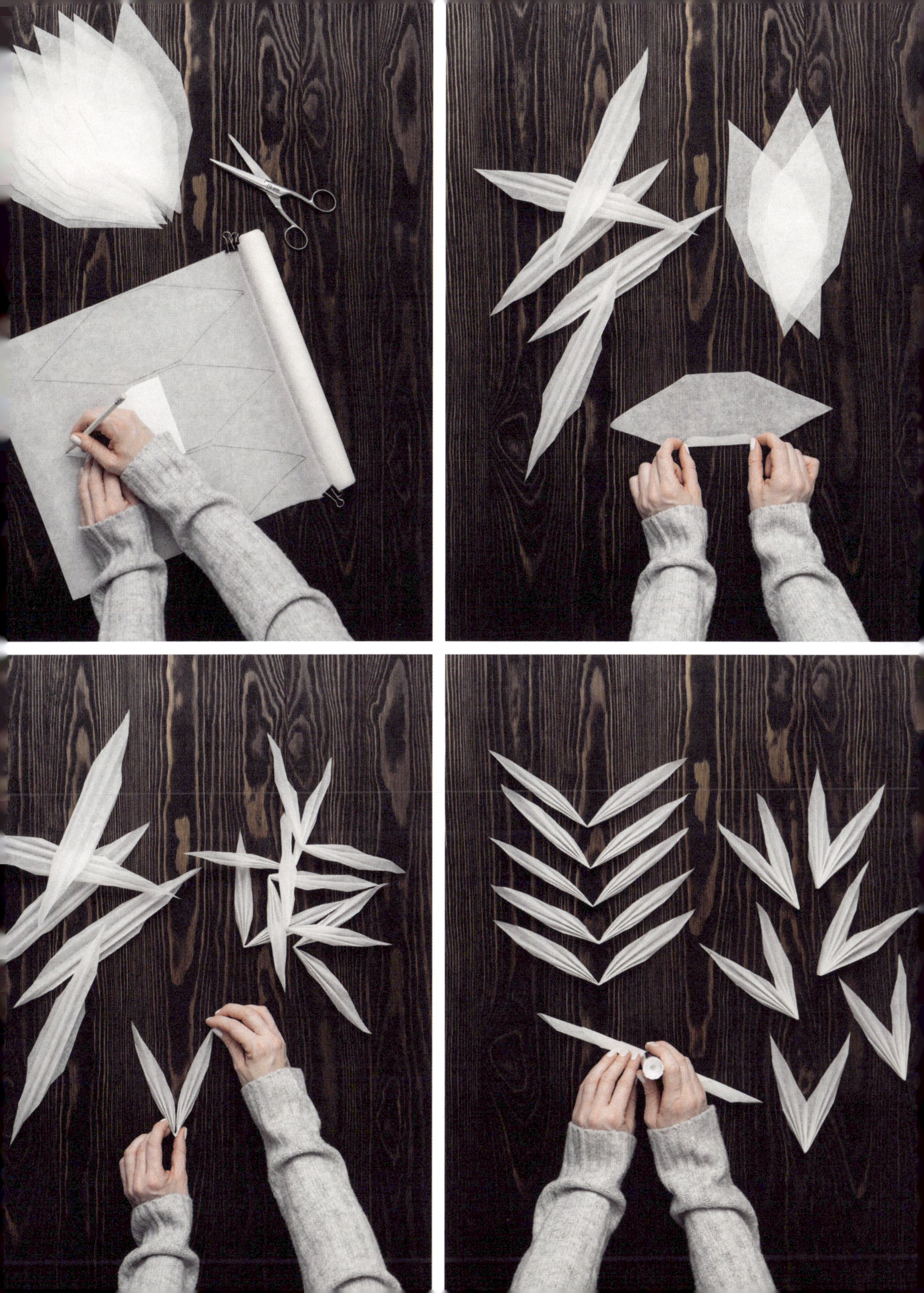

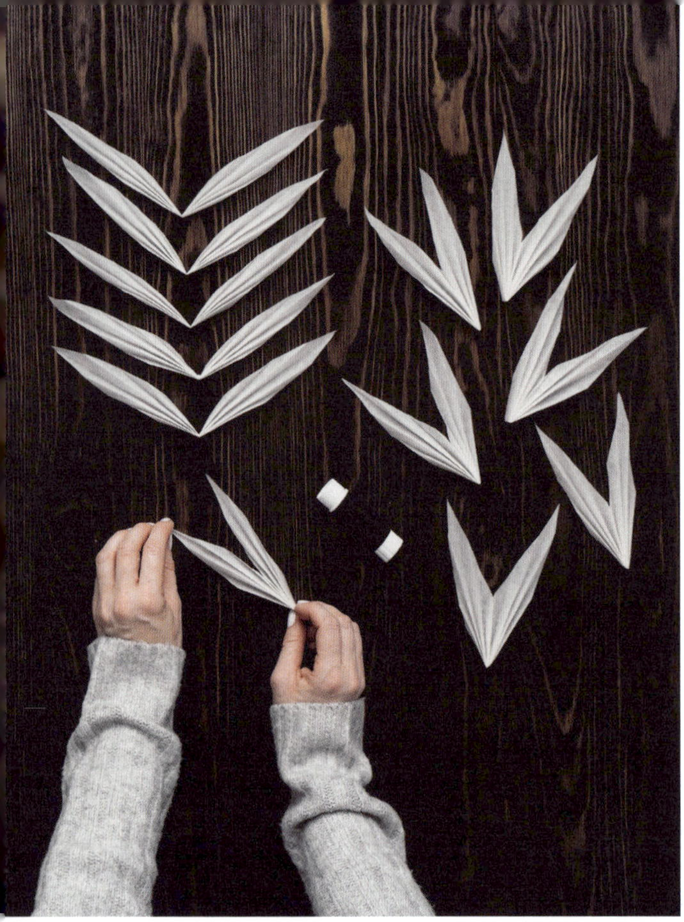
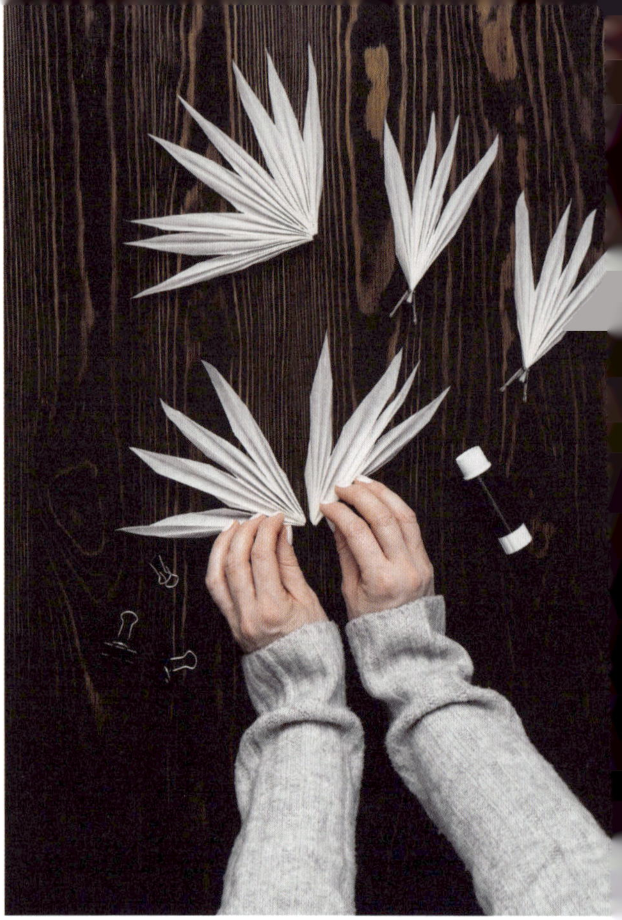
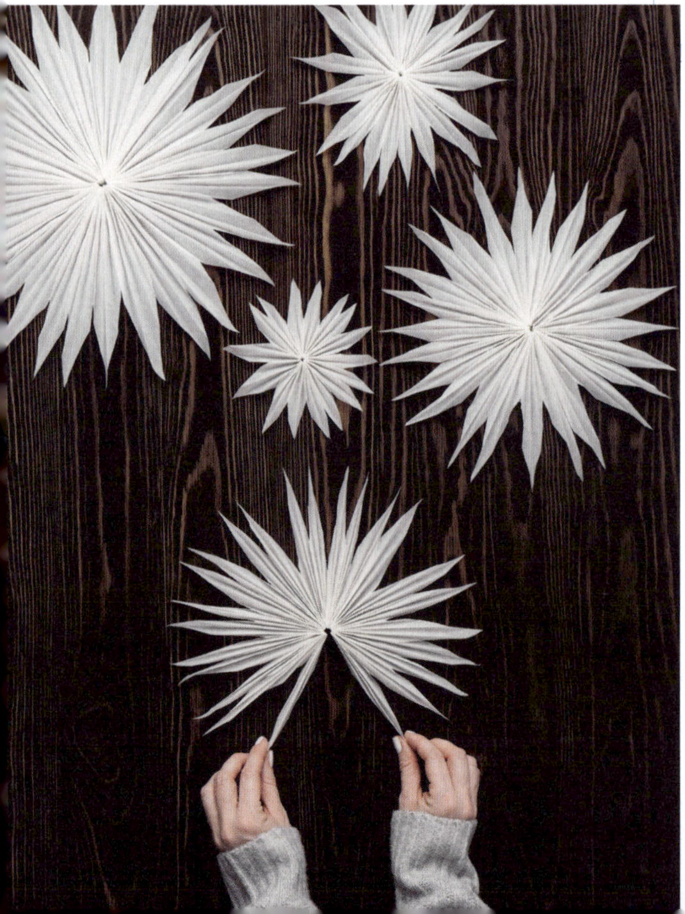

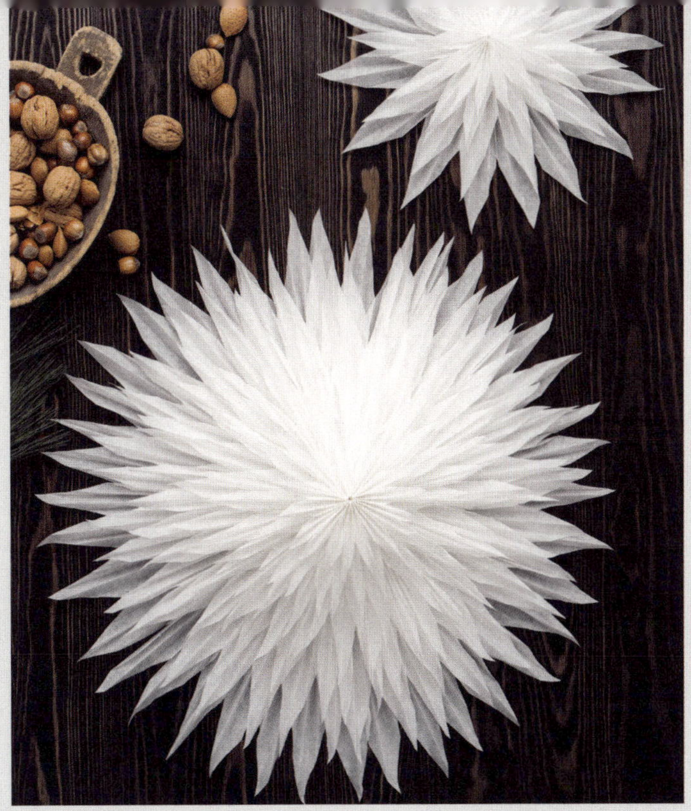

zusammensetzen und dafür die Schritte 5–7 wiederholen.

5. Den inneren Streifen jeder Ziehharmonika großzügig mit dem Klebestift bestreichen und darauf achten, dass nur die kurze erste Falte bestrichen wird.
6. Die bestrichene Seite der Länge nach mittig falten. Kurz festhalten, bis die Flächen gut aneinanderhaften.
7. Die Ziehharmonika auffalten und prüfen, ob nur die innere Falte verklebt wurde.
8. Die Polarsterne einzeln zusammensetzen und dazu zuerst je zwei Ziehharmonikas und dann die Viererpaare zusammenkleben, bis der Stern fertig ist. Kurz festhalten, bis die Flächen gut aneinanderhaften. Auffalten, um zu prüfen, ob nur die mittlere Falte verklebt wurde.
9. Damit die Polarsterne stabiler werden und sich leichter zusammenkleben lassen, pro Stern zwei Kreise aus kräftigerem Papier ausschneiden.
10. Die Kreise mit Kraftkleber mittig an der Vorder- und Rückseite aller Polarsterne befestigen. Ausnahme ist der oberste kleine Polarstern. Er wird nur auf der Rückseite mittig mit einem stabilisierenden Kreis beklebt.
11. Die Kreise nochmals mit Kraftkleber bestreichen und die Sterne in der Größe absteigend aufeinanderkleben. Am Schluss den kleinen Polarstern ankleben und den Kleber aushärten lassen.
12. Für eine „Polarsternlampe" zwei gleich große Sterne herstellen und der Anleitung auf Seite 83 folgen.

VORLAGE POLARSTERN

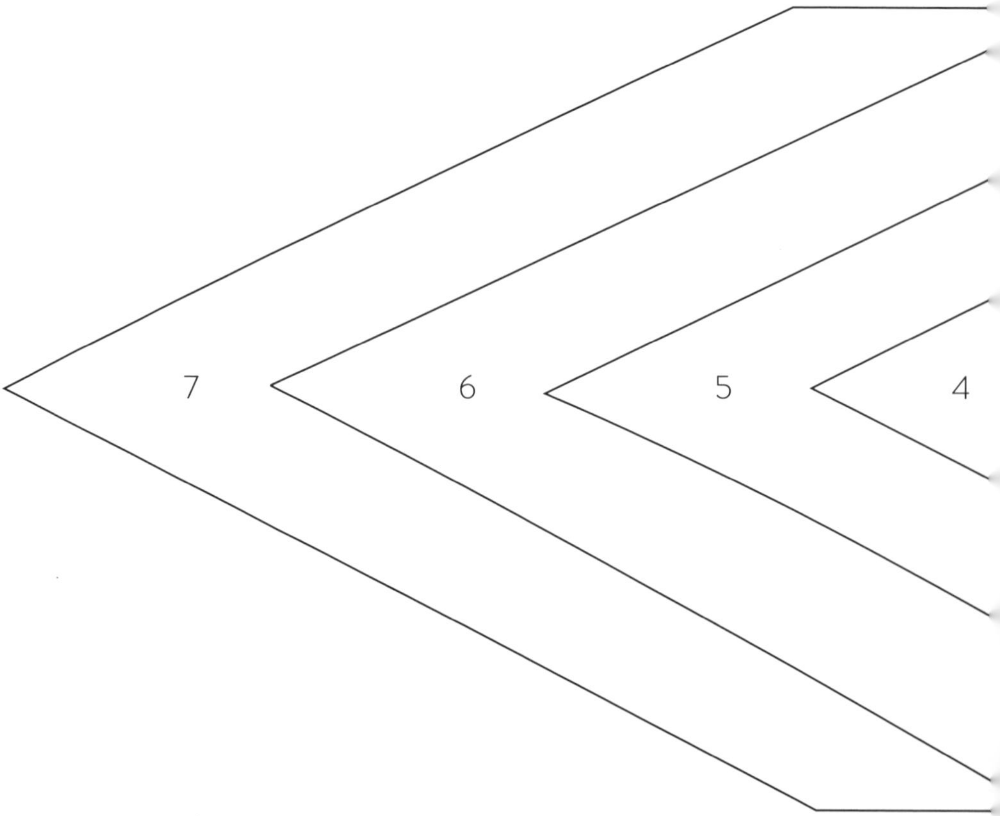

DIE VORLAGEN IM VERHÄLTNIS 1:1 (100 %) ABPAUSEN. MAN KANN SIE AUCH IN ANDERE GRÖSSEN UMSKALIEREN.

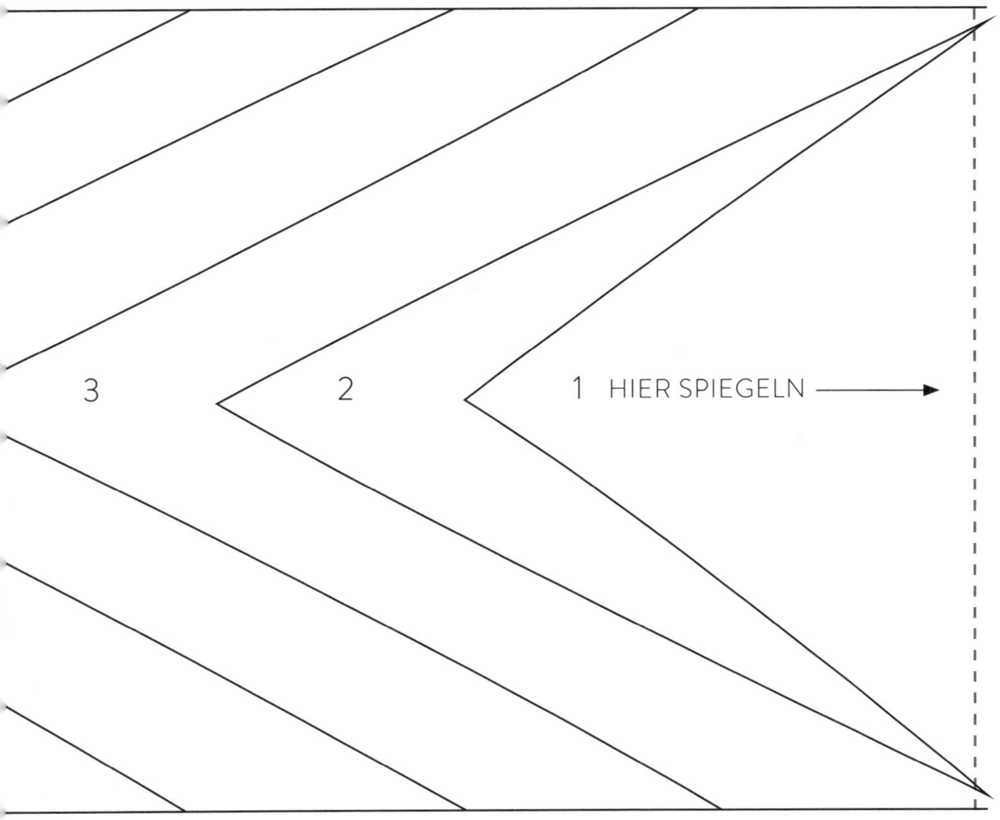

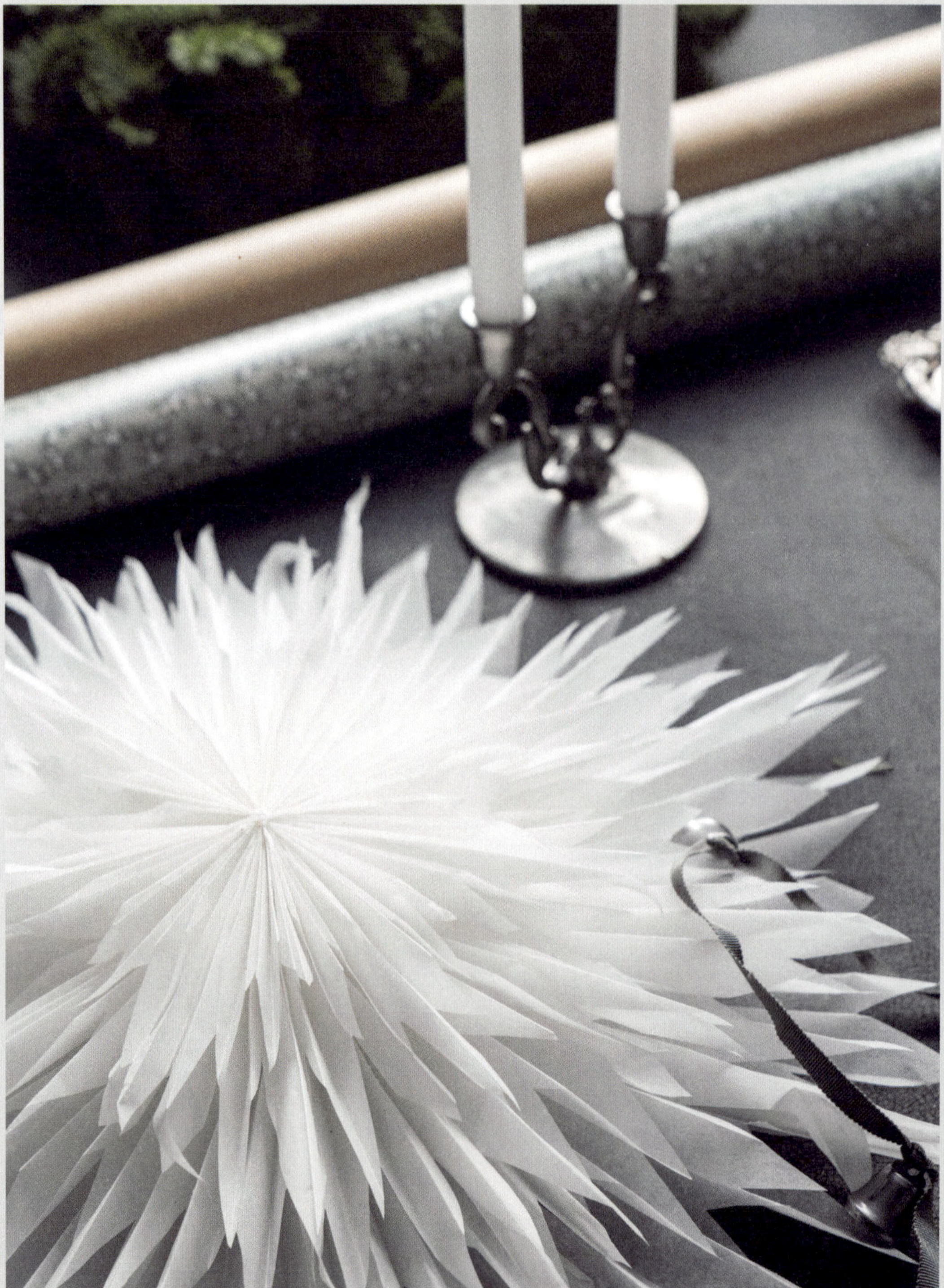

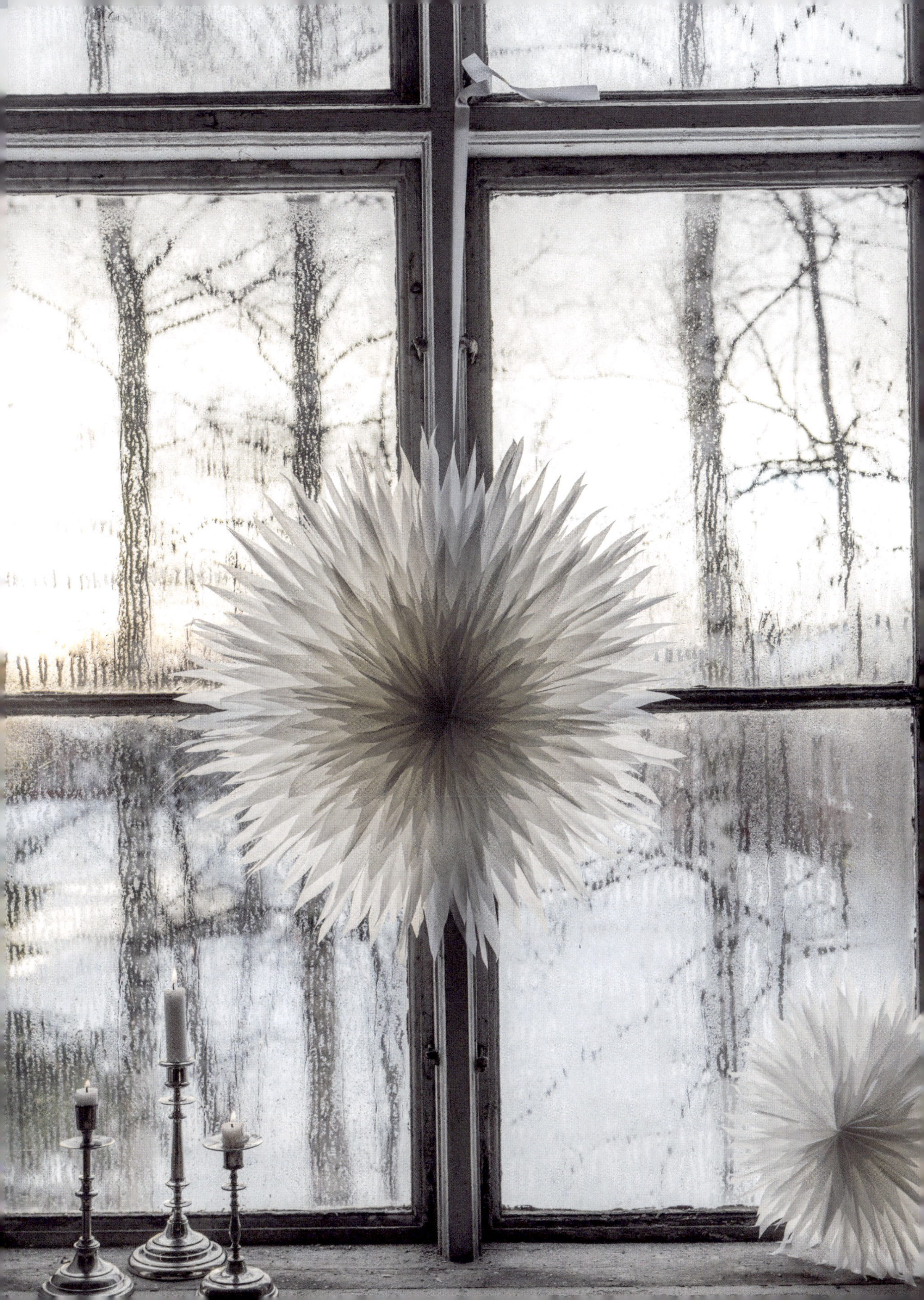

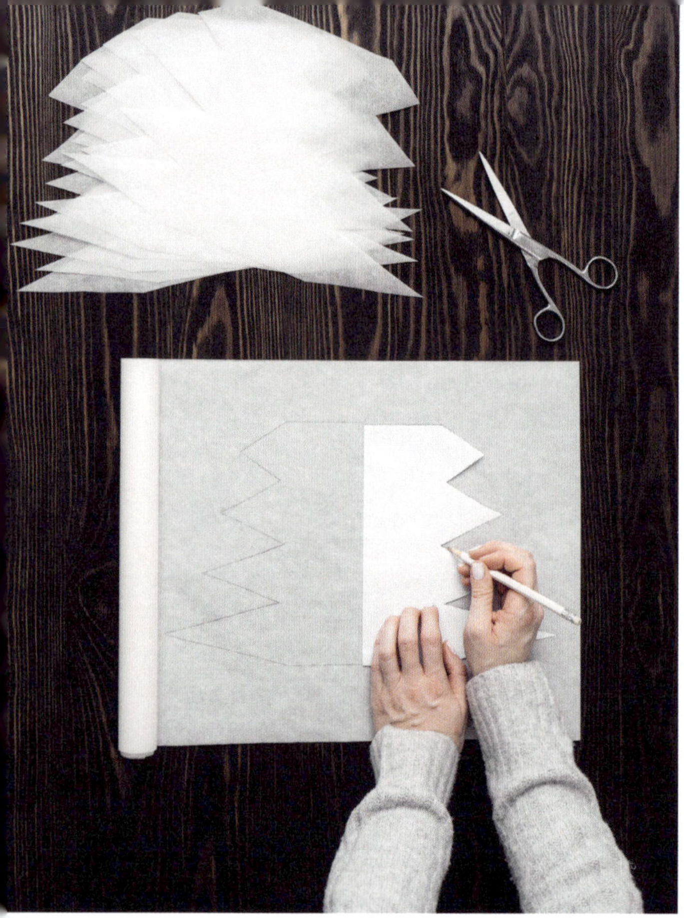
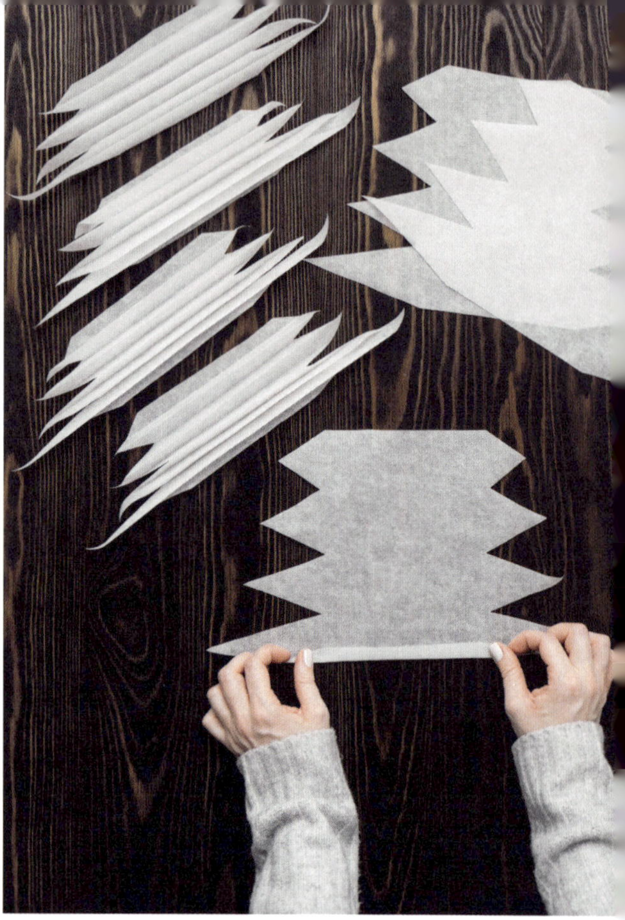
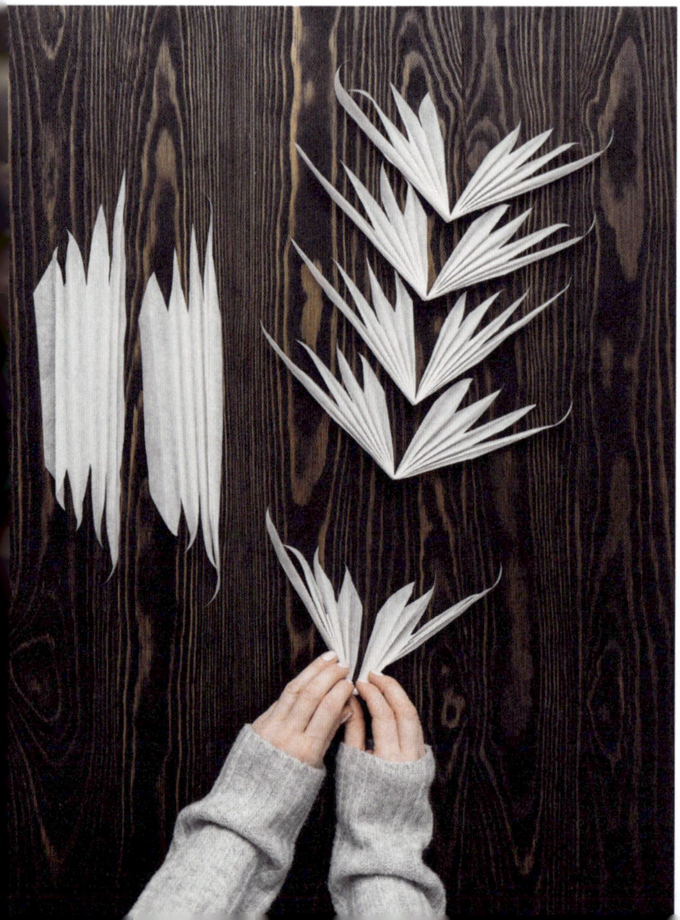
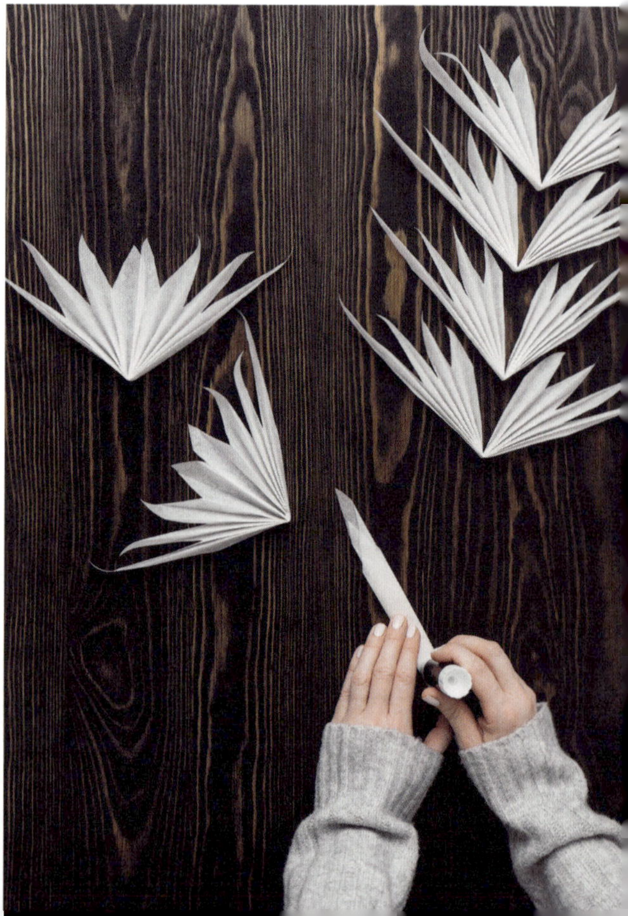

EISZAPFEN

Eiszapfen entstehen, wenn tropfendes Schmelzwasser wieder gefriert. Diese Adventsdekoration wirkt wie ein ganzer Stern aus Eiszapfen, die sich gegenseitig überlappen und unterschiedlich lange Spitzen bilden.

Schwierigkeitsgrad: Mittel
Arbeitszeit: 4 Stunden (dreilagiger Stern)
Der Eiszapfen wirkt aufgrund seiner unregelmäßigen Spitzen nicht nur etwas rauer, das Ausschneiden der Vorlagen dauert auch etwas länger. Man kann ihn mit fünf Lagen herstellen, zwei oder drei Lagen sind aber ebenso schön.
Eiszapfen mit Vorlage 1 (29 cm Ø): 7x
Eiszapfen mit Vorlage 2 (37 cm Ø): 7x
Eiszapfen mit Vorlage 3 (44 cm Ø): 7x
Eiszapfen mit Vorlage 4 (52 cm Ø): 7x
Eiszapfen mit Vorlage 5 (59 cm Ø): 7x
Die Seite mit der geklebten Naht ist die Rückseite der Sterne und Teile.

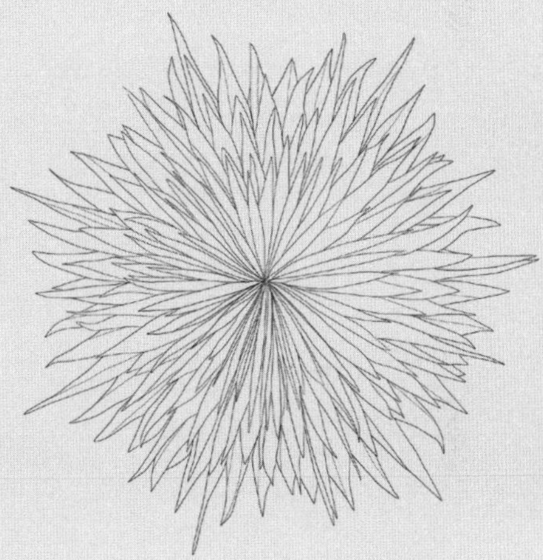

SIE BENÖTIGEN:
weißes Backpapier oder Butterbrotpapier
kräftigeres Papier
Klebestift
Kraftkleber

SO GEHT'S:
1. Die gewünschten Schablonen zuschneiden.
2. Alle Teile wie auf der Vorlage angegeben gespiegelt anzeichnen und innerhalb der vorgezeichneten Linie ausschneiden. Die Spitzen schön spitz zuschneiden.
3. Die Teile quer legen und mit der breiten Seite beginnen. Dann wie eine Ziehharmonika falten, deren Falten etwa 1–1,5 cm breit sind.
4. Alle Ziehharmonikas zur Hälfte falten, sodass die kurzen Seiten innen liegen, und wieder öffnen. Dann eine Sterngröße nach der anderen zusammensetzen und dafür die Schritte 5–7 wiederholen.

5. Den inneren Streifen jeder Ziehharmonika großzügig mit dem Klebestift bestreichen und darauf achten, dass nur die kurze erste Falte bestrichen wird.
6. Die bestrichene Seite der Länge nach mittig falten. Kurz festhalten, bis die Flächen gut aneianderhaften.
7. Die Ziehharmonika auffalten und prüfen, ob nur die innere Falte verklebt wurde.
8. Jetzt je zwei Ziehharmonikas seitlich aneinanderkleben. Kurz festhalten, bis die Flächen gut aneinanderhaften. Auffalten, um zu prüfen, ob nur die mittlere Falte verklebt wurde.
9. Die Ziehharmonika-Paare dann zu Sternen mit je 7 Ziehharmonikas zusammenkleben.
10. Damit die Sterne stabiler werden und sich leichter zusammenkleben lassen, pro Stern zwei Kreise aus kräftigerem Papier ausschneiden.
11. Die Kreise mit Kraftkleber mittig an der Vorder- und Rückseite aller Sterne befestigen. Ausnahme ist der oberste kleine Stern. Er wird nur auf der Rückseite mittig mit einem stabilisierenden Kreis beklebt.
12. Die Kreise nochmals mit Kraftkleber bestreichen und die Sterne in der Größe absteigend aufeinander kleben. Am Schluss den kleinen Stern ankleben und den Kleber aushärten lassen.
13. Für eine „Eiszapfenlampe“ zwei gleich große Sterne herstellen und der Anleitung auf Seite 83 folgen.

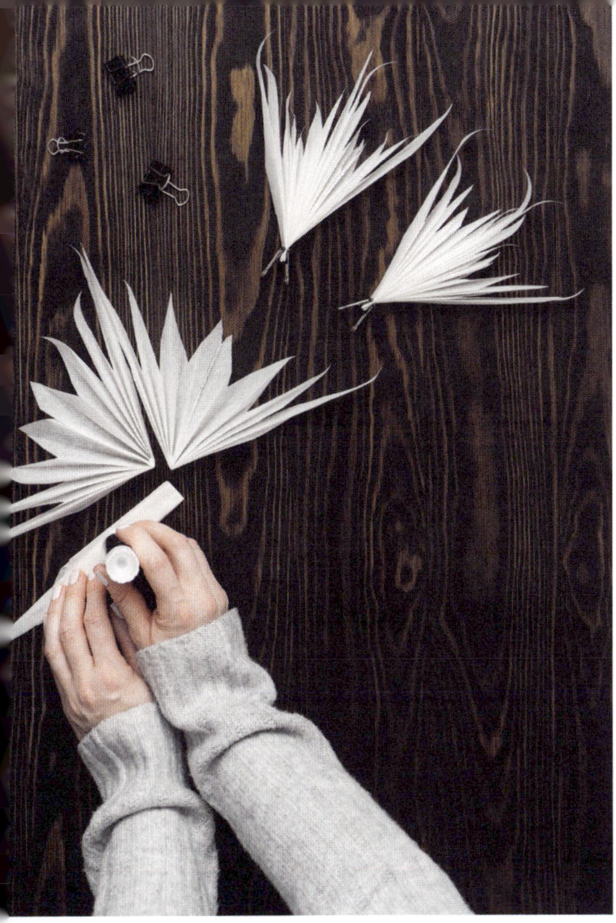
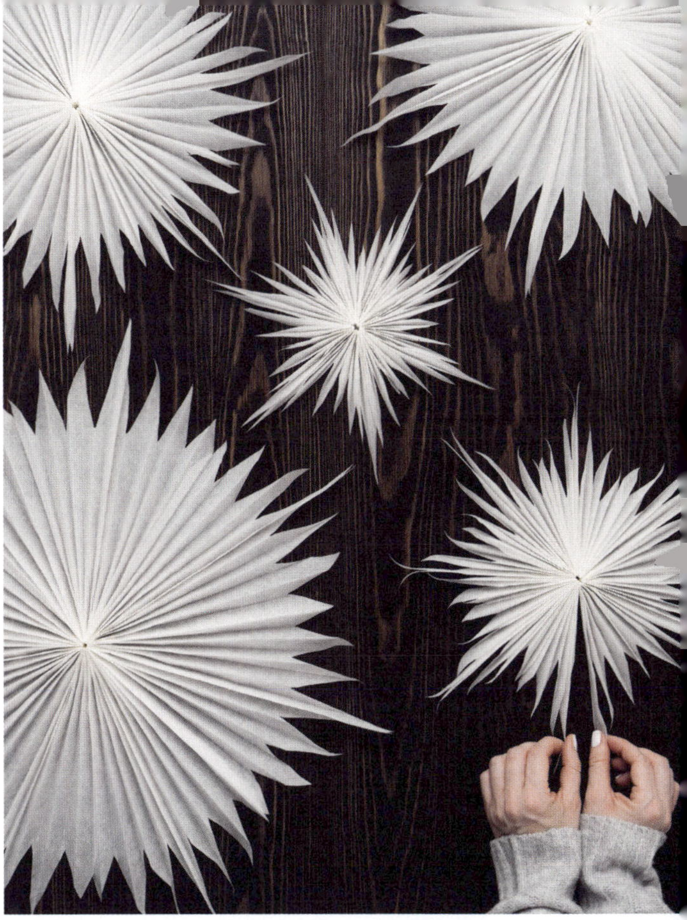
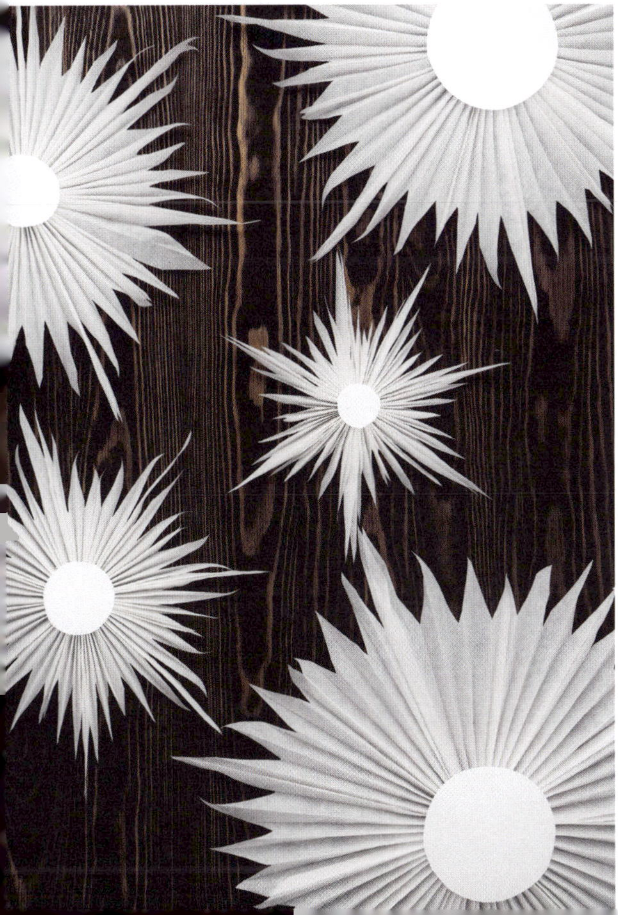
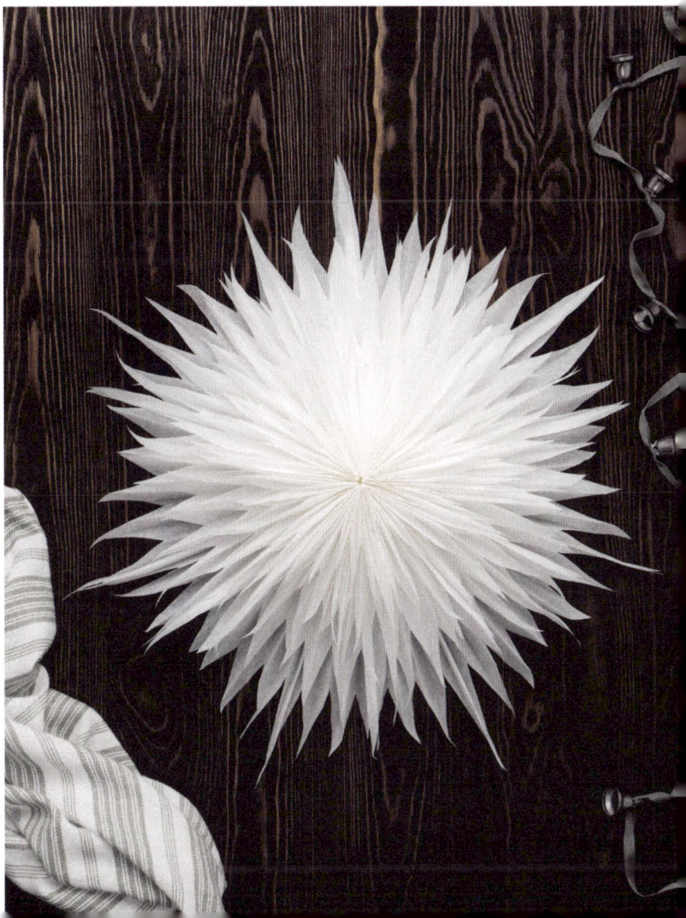

VORLAGE EISZAPFEN

DIE VORLAGEN IM VERHÄLTNIS 1:1 (100 %) ABPAUSEN. MAN KANN SIE AUCH IN ANDERE GRÖSSEN UMSKALIEREN.

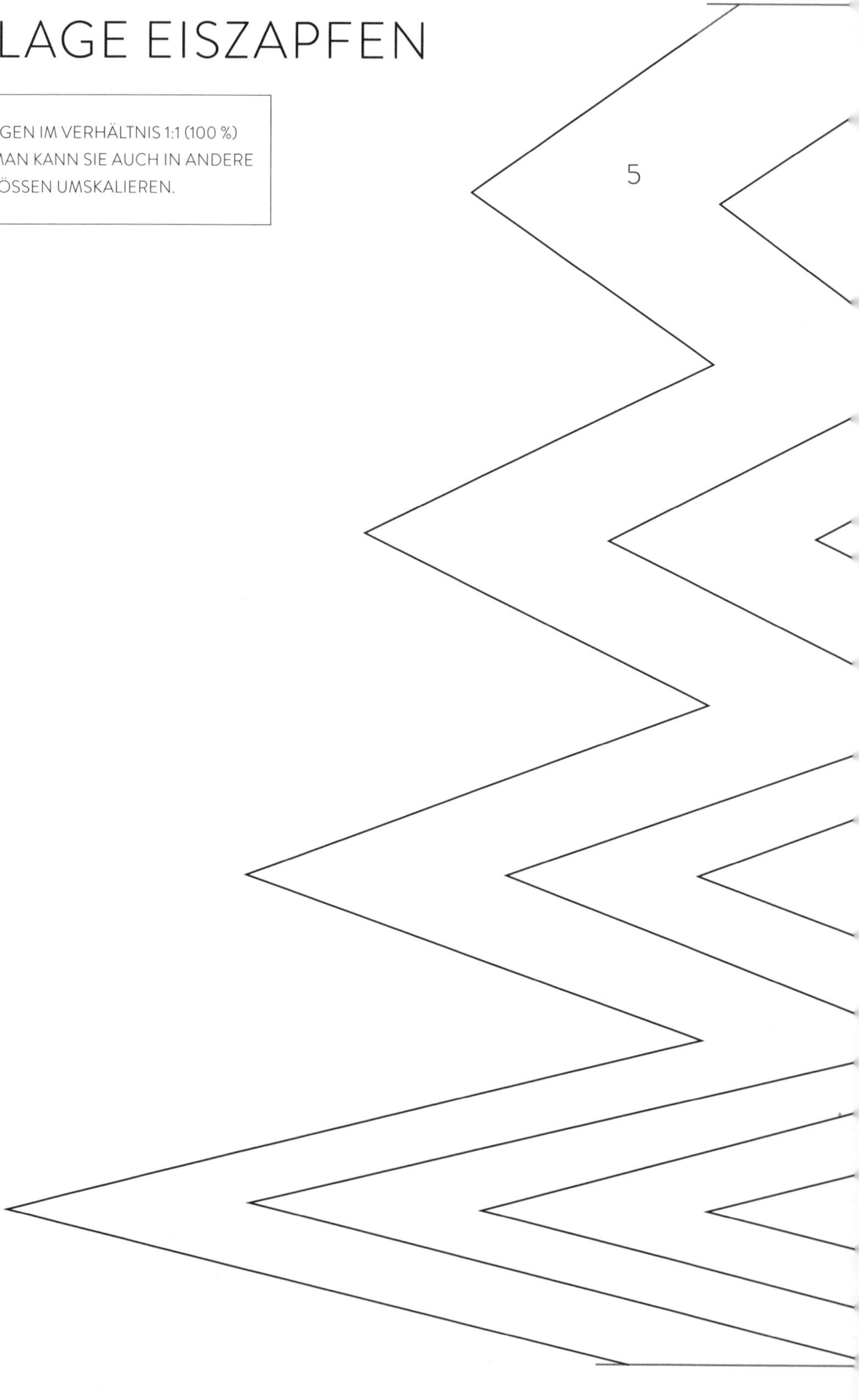

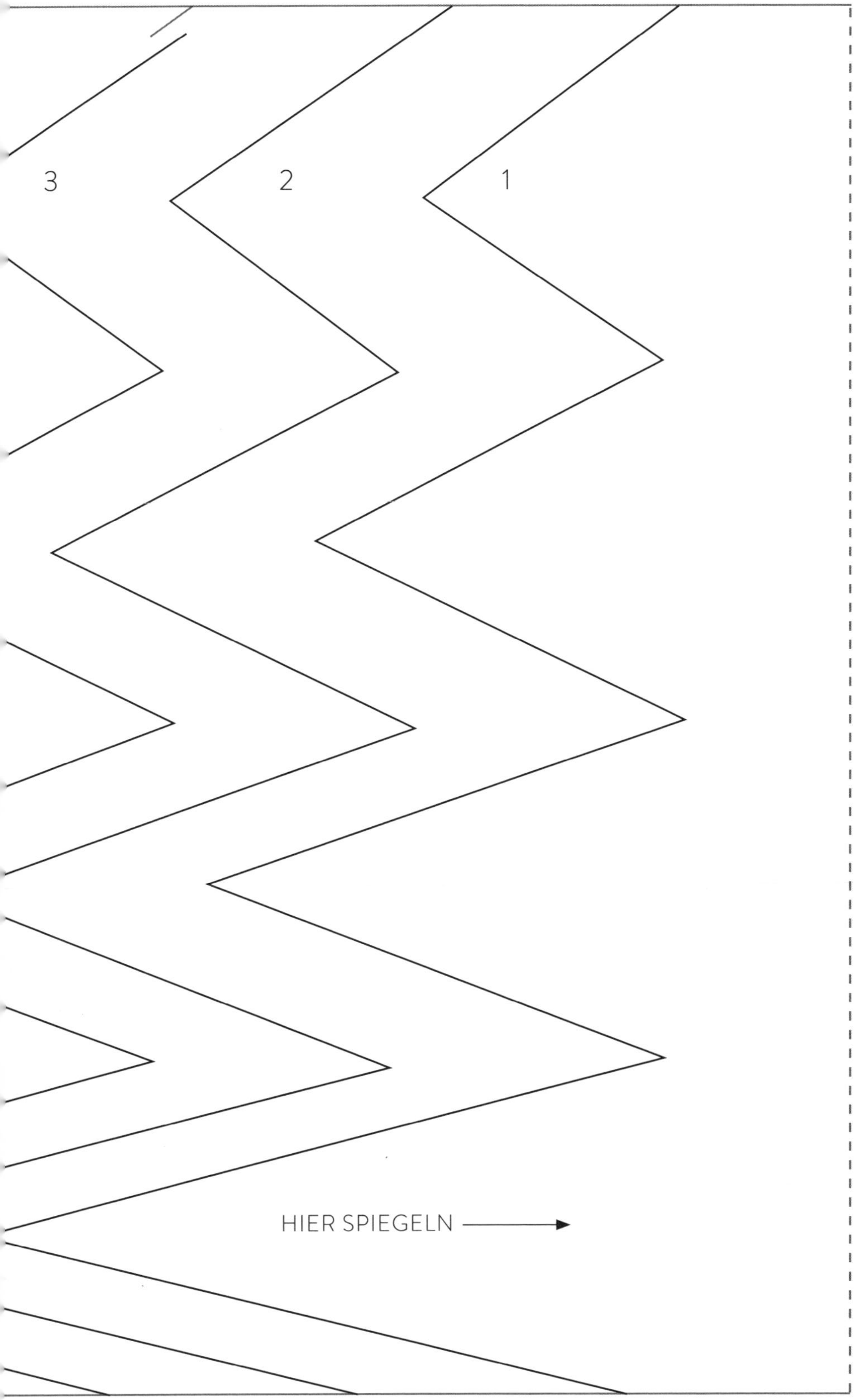
3
2
1
HIER SPIEGELN

TÜTENSTERN

Das Basteln von Tütensternen ist schnell erledigt – warum also nicht einfach das ganze Haus mit ihnen dekorieren? Im Fenster aufgehängt oder im Regal aufgestellt machen sie sich besonders gut.

Schwierigkeitsgrad: Leicht
Arbeitszeit: 30 Minuten

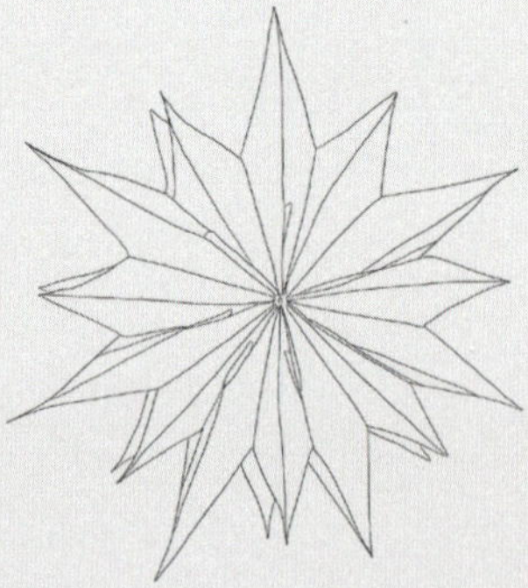

SIE BENÖTIGEN:

8 Papiertüten (12 cm x 20 cm)
Klebestift
Band zum Aufhängen

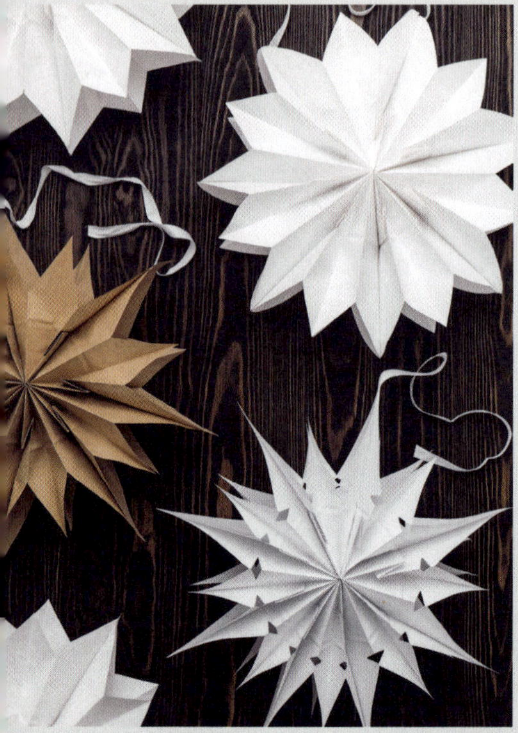

Tütensterne lassen sich nicht beleuchten.

SO GEHT'S:

1. Man kann die Tüten rechteckig lassen (dann wird der Stern rund) oder in einer Form nach Wunsch beschneiden. Zum Beispiel rund oder spitz zulaufend oder mit einem seitlichen Loch oder zwei seitlichen Löchern.
2. Die gewünschte Form auf 8 Tüten übertragen und ausschneiden; die geschlossene Seite der Papiertüte zeigt nach unten.
3. Die Tüten senkrecht in der Mitte und waagerecht am unteren Rand in Form eines umgedrehten T mit Kleber bestreichen.
4. 7 Tüten nacheinander an den unteren geschlossenen Kanten und ggf. in der Mitte aufeinander kleben, sodass ein Stapel entsteht.
5. Soll ein Band zur Aufhängung angebracht werden, dieses zwischen der 7. und 8. Tüte einlegen.
6. Wenn alle Tüten zusammengeklebt sind, den Stern auseinanderziehen und an den langen Seiten zusammenkleben

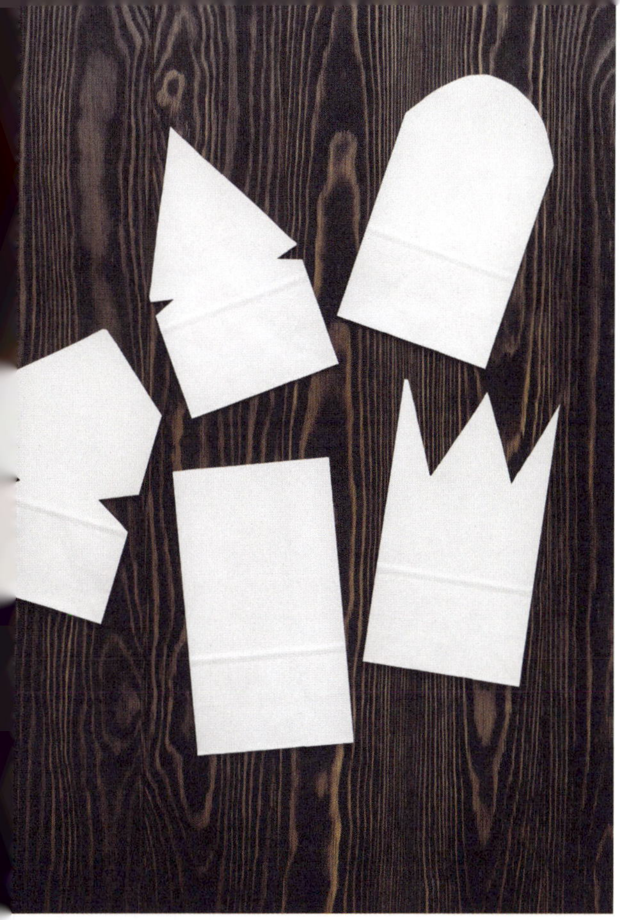

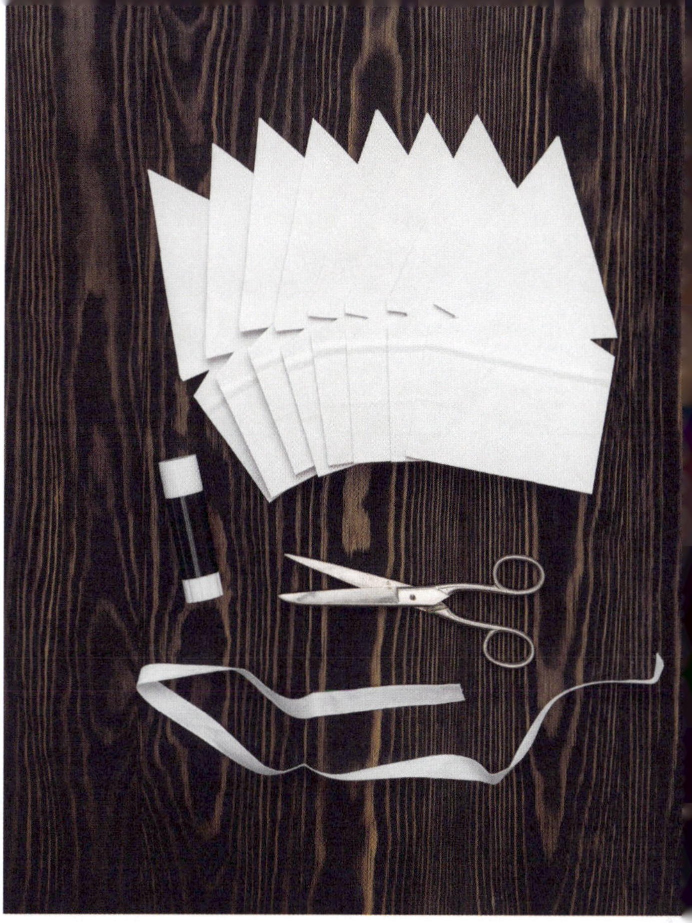

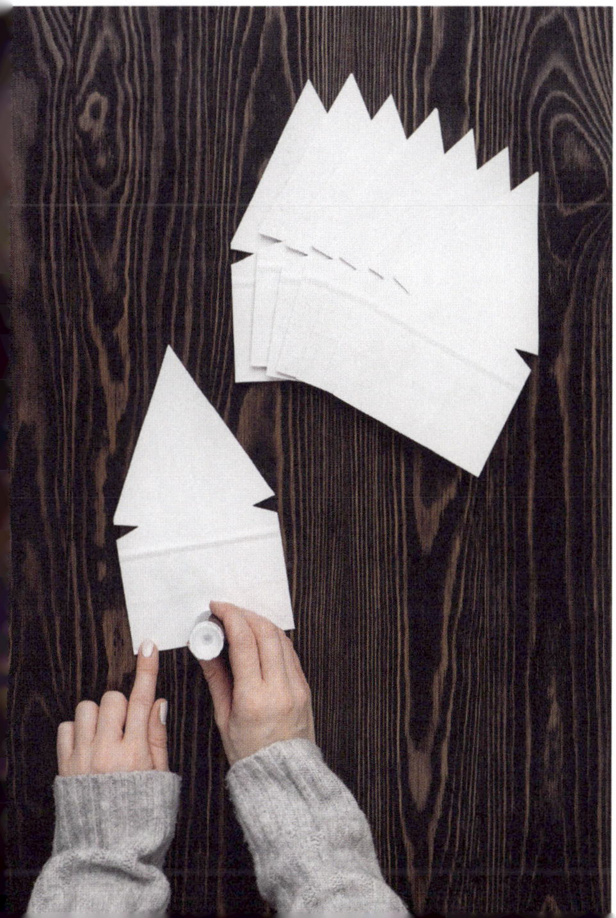

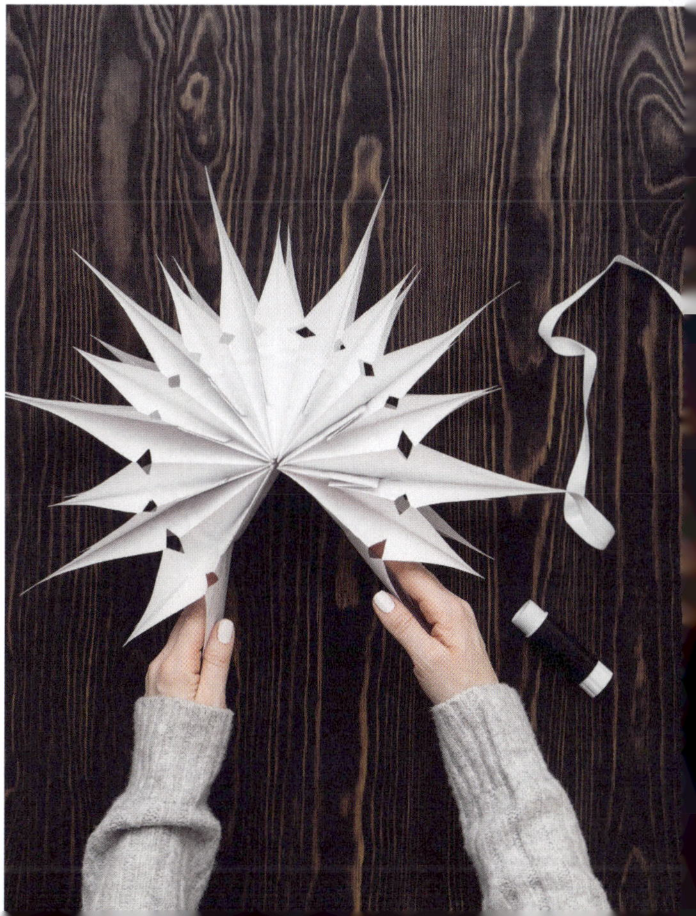

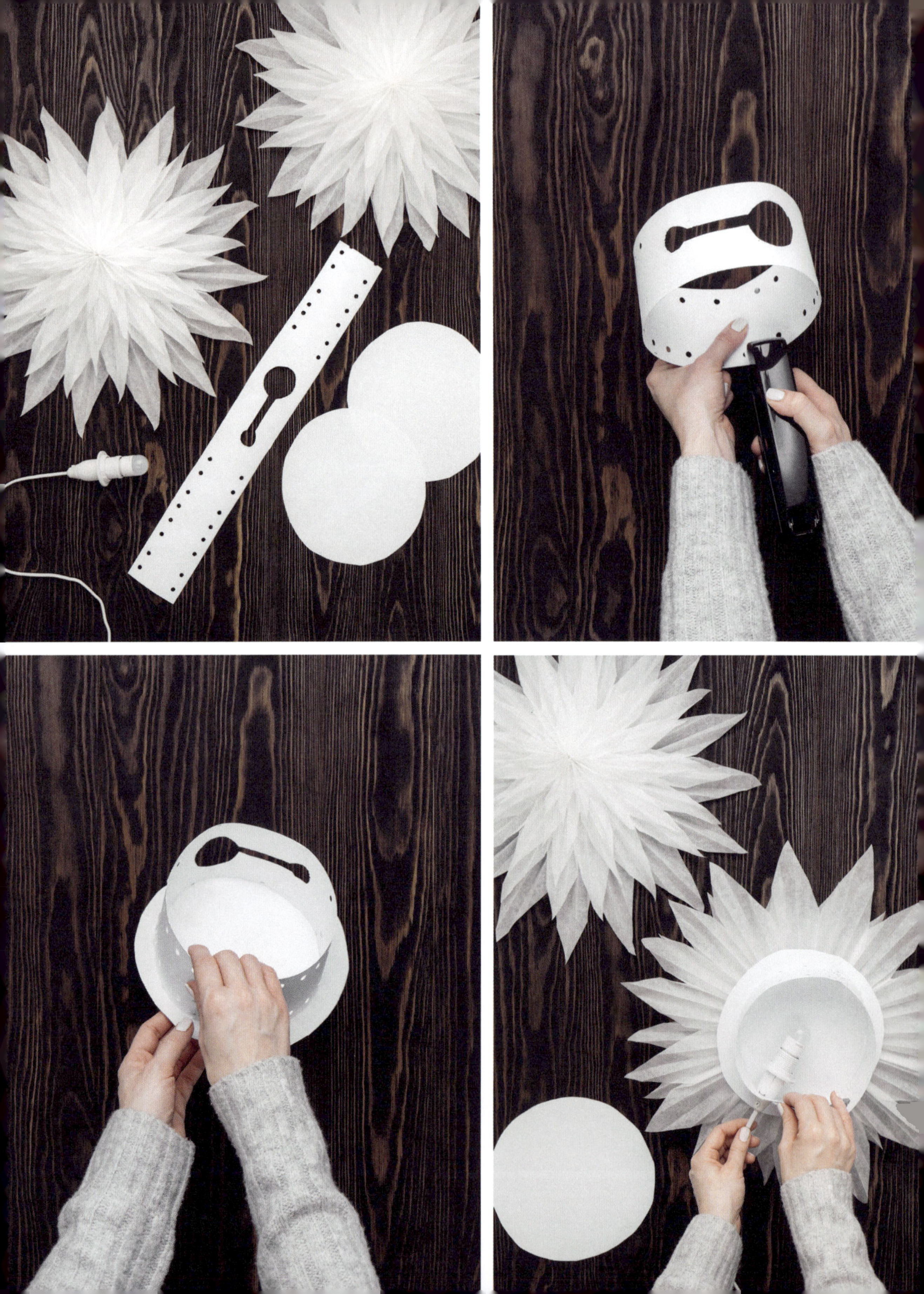

STERNE BELEUCHTEN

Selbstgemachte Adventssterne aus Backpapier erfordern eine Menge Zeit und Geduld. Deshalb haben sie einen Ehrenplatz im Fenster verdient – am besten beleuchtet!

Schwierigkeitsgrad: Mittel

Arbeitszeit: 1 Stunde

Voraussetzung für einen Stern mit Beleuchtung sind zwei fertige identische Sterne. Dabei muss der Durchmesser des größten Sterns mindestens 30 cm betragen. Zudem sollten die Sterne aus mindestens drei Lagen bestehen. Der Schneestern auf dem Bild (siehe Seite 59) hat fünf Lagen.

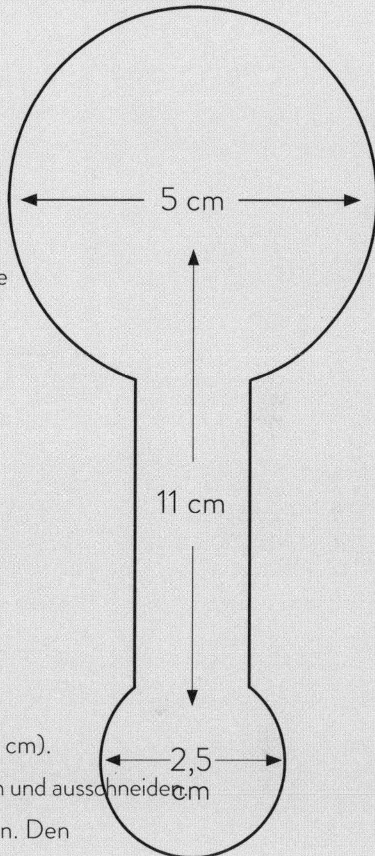

SIE BENÖTIGEN:

dünner Karton
kräftigeres Papier
Kraftkleber
Lampenfassung mit Kabel
kleine LED-Leuchte, ca. 2,3 W

SO GEHT'S:

1. Aus dünnem Karton einen Streifen ausschneiden (7 cm x 50 cm).
2. Mithilfe der Vorlage mittig das Loch für die Fassung aufzeichnen und ausschneiden.
3. Am Rand des Streifens mit einem Locher Löcher ausstanzen. Den mittleren Teil aussparen.
4. Aus dem Fotokarton zwei Kreise mit ca. 20 cm Durchmesser ausschneiden.
5. Den Streifen zu einem Ring formen (großzügig überlappen) und festtackern.
6. Mittels Kraftkleber den Ring oben und unten mit einem Papierkreis bekleben.
7. Die Sterne oben und unten auf die Kreise kleben und den Kleber aushärten lassen.
8. Die Lampenfassung durch das große Loch im Gehäuse einfädeln und zum kleineren Loch hinüberschieben. Eine kleine LED-Glühlampe einsetzen und achtgeben, dass die Leuchte nicht am Papier anliegt. Auf dem Foto haben wir nur einen Stern angeklebt, um zu zeigen, wie die Fassung angebracht werden muss.
9. Jetzt kann der Stern aufgehängt werden!

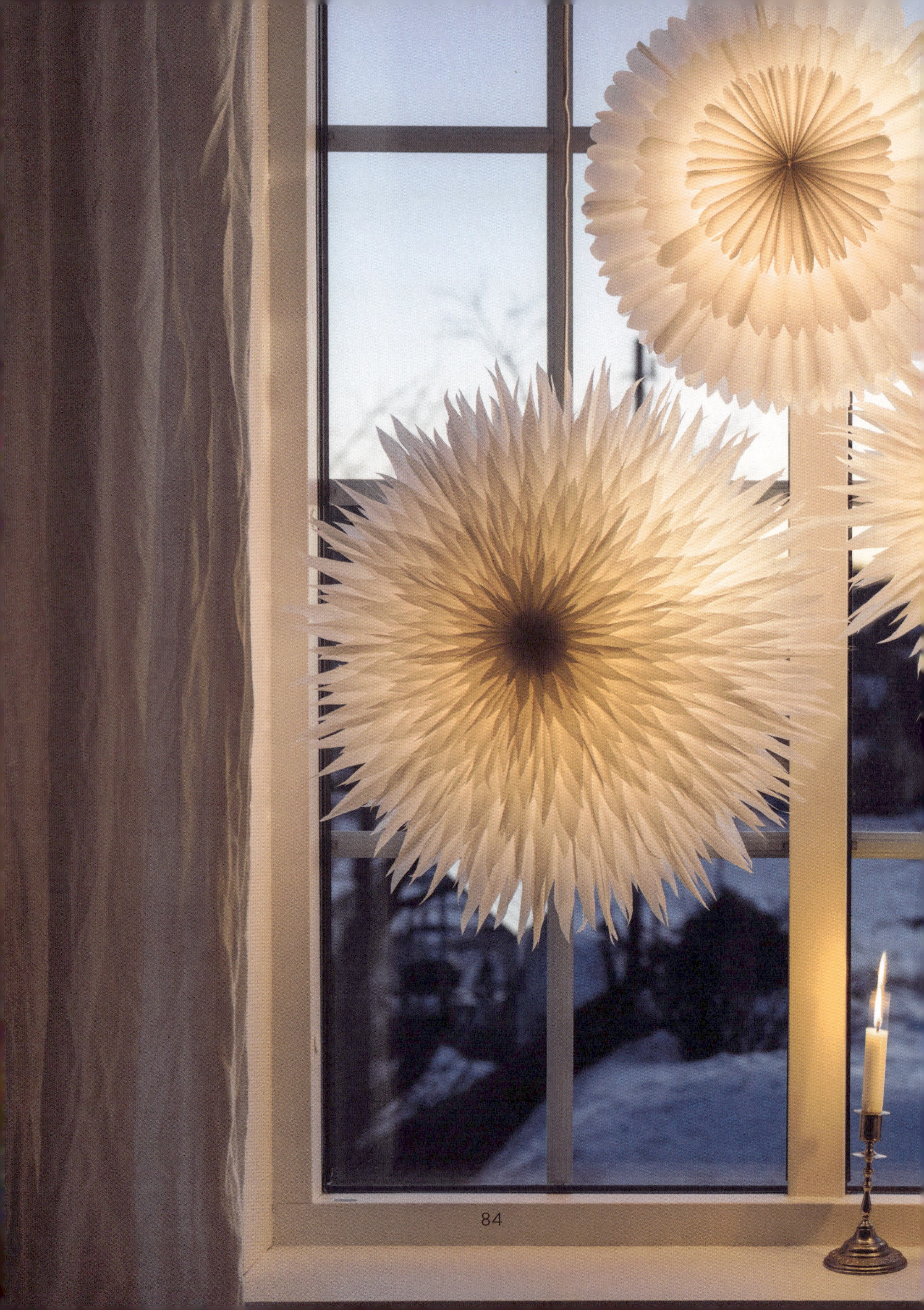

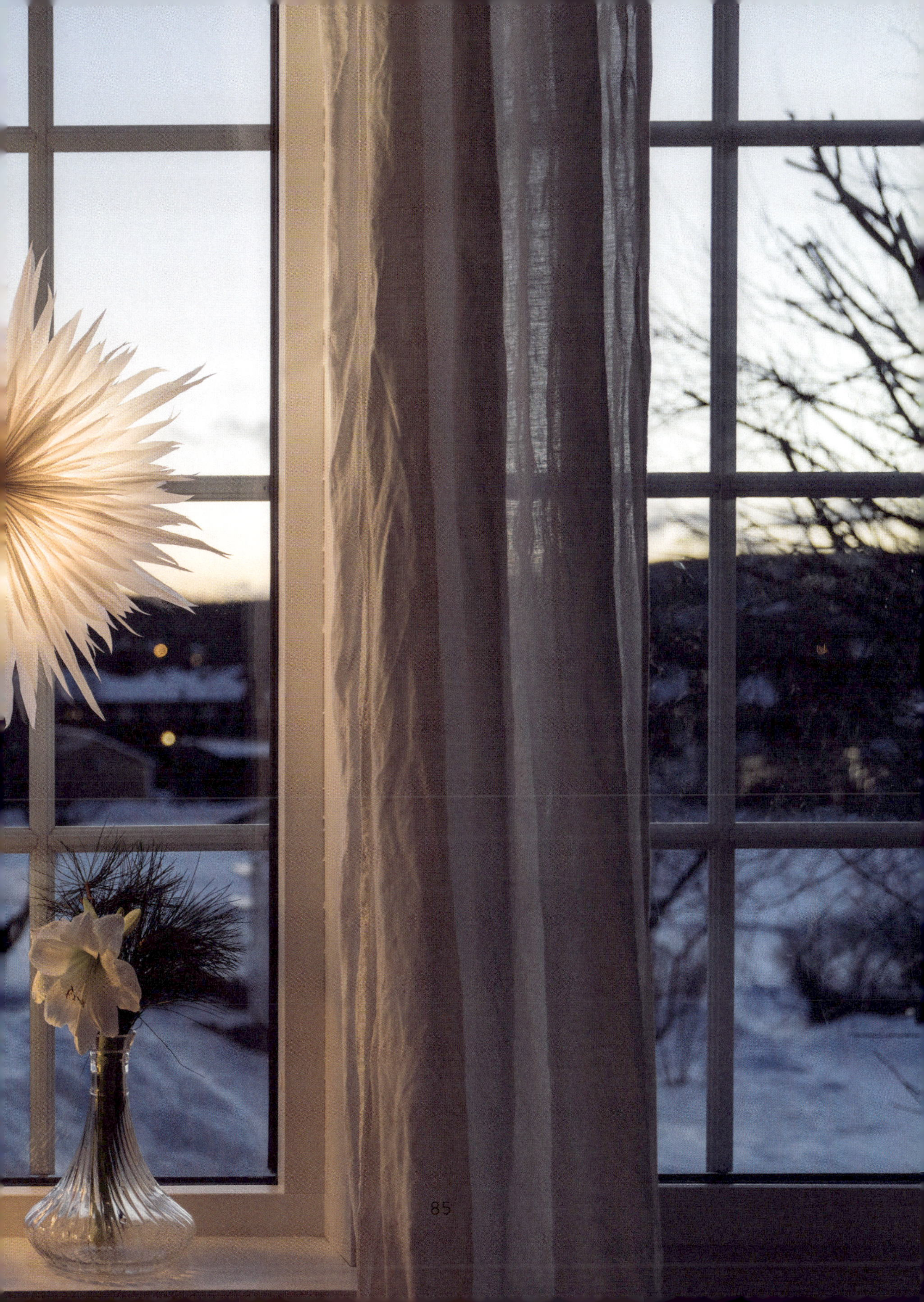

WEIHNACHTEN

Festliche Dekoration mit Kugeln und Girlanden

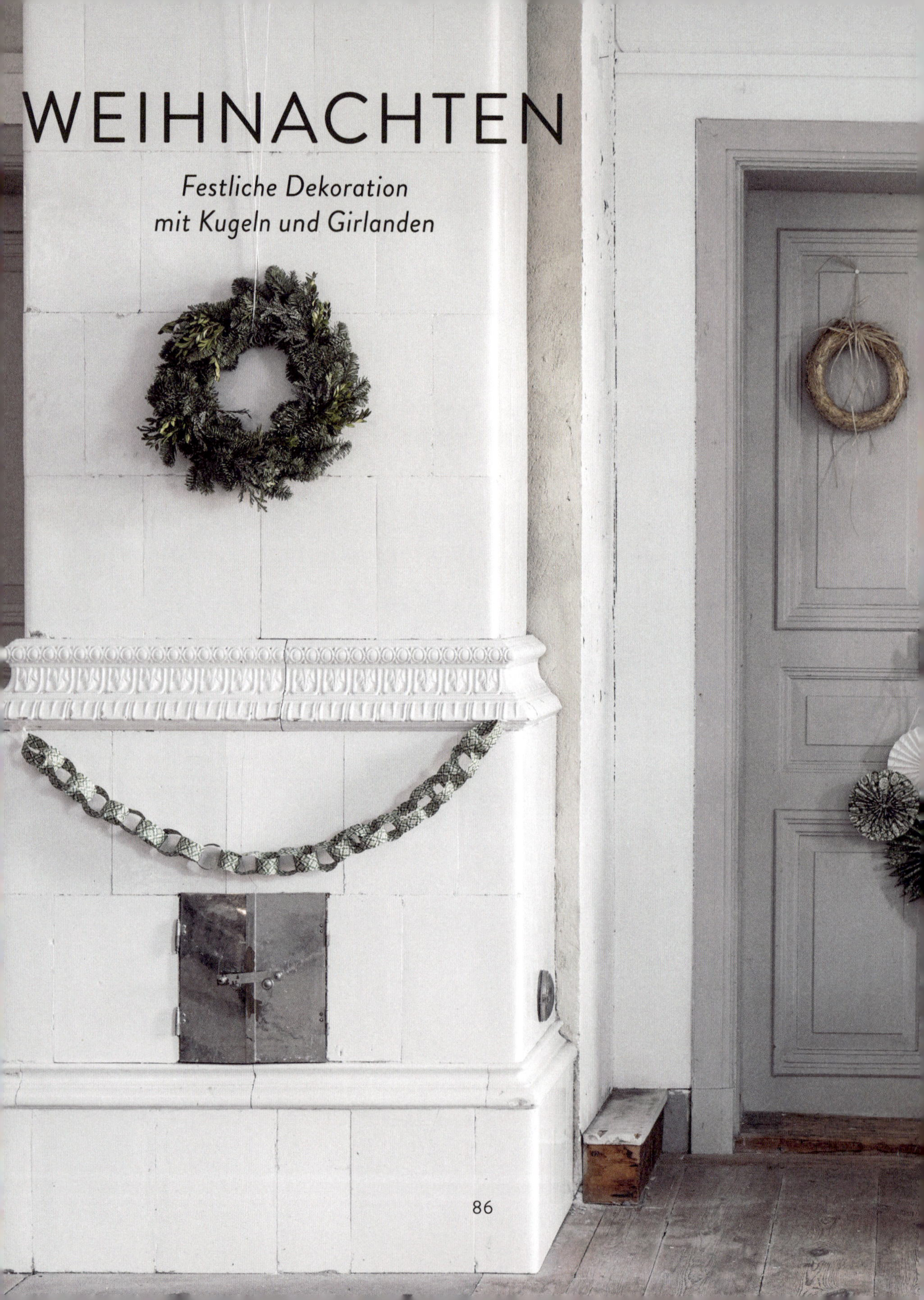

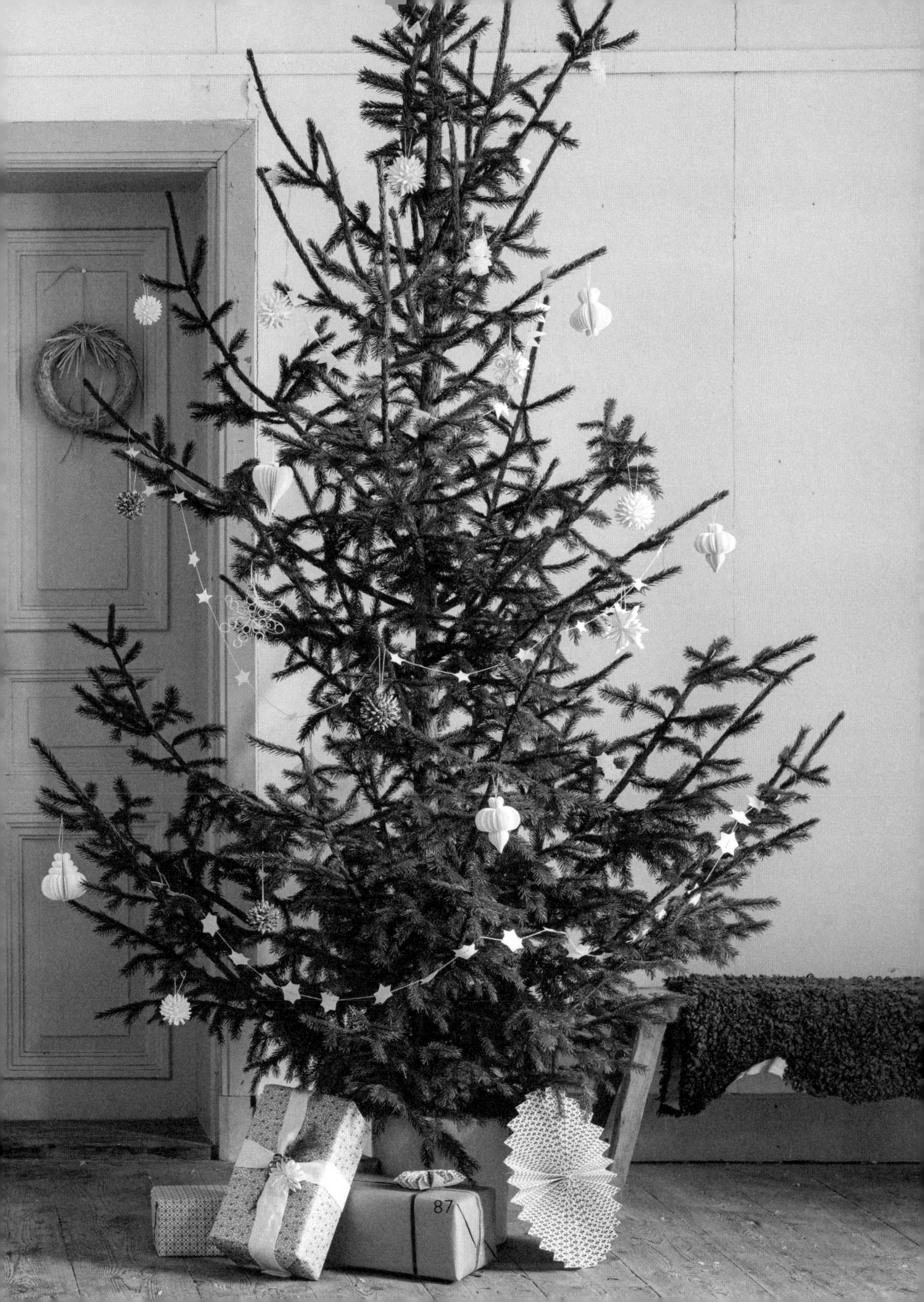

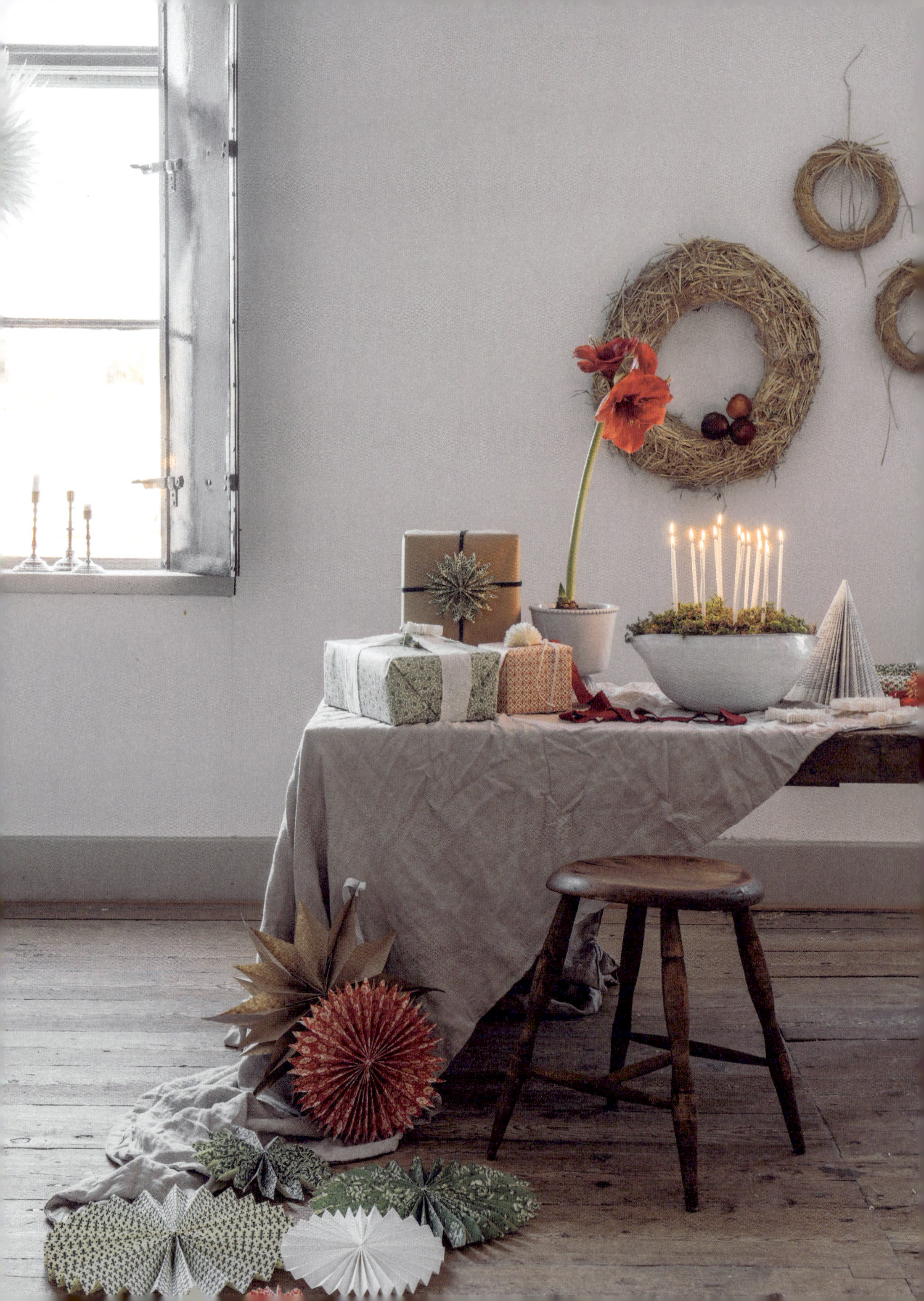

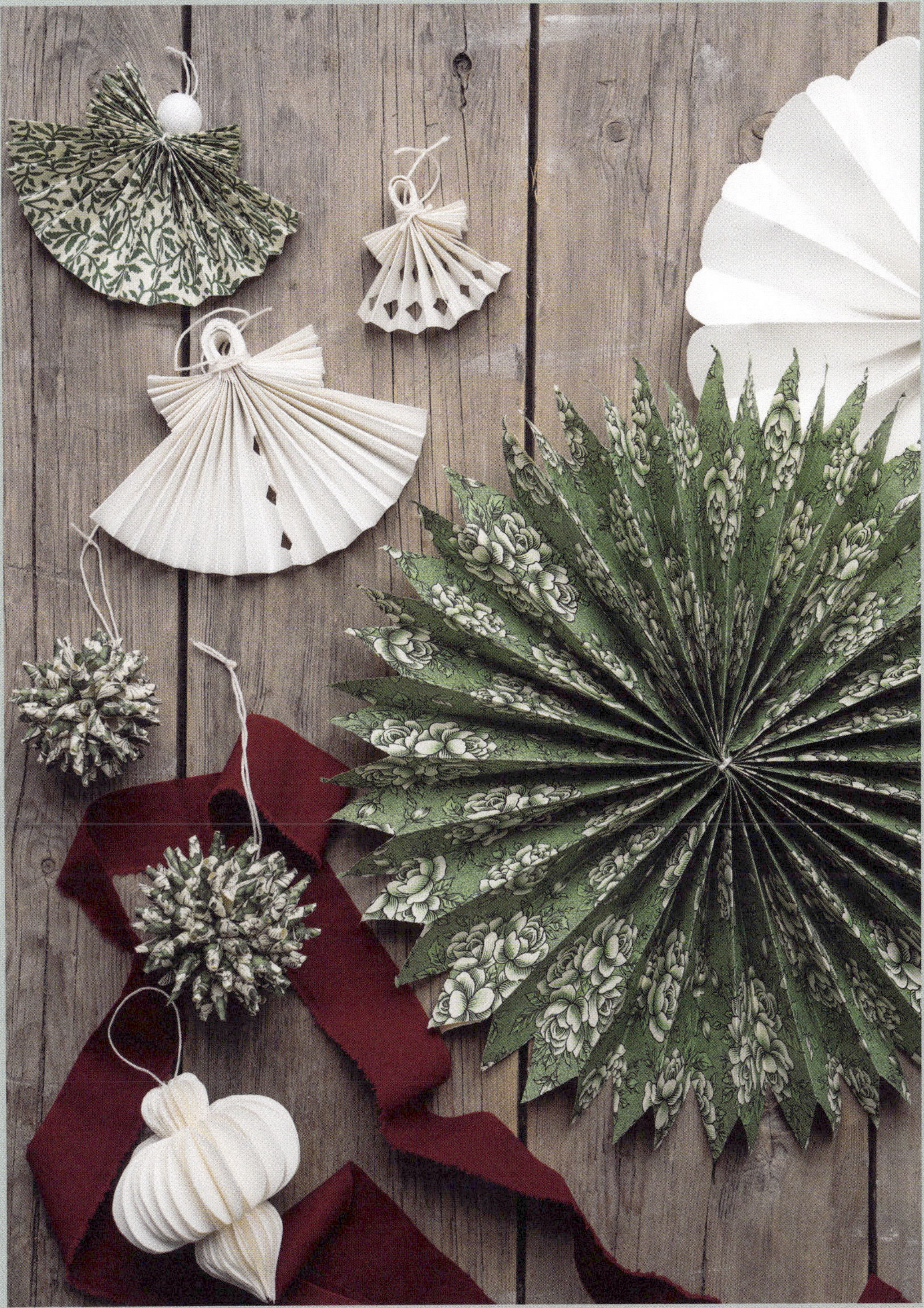

WEIHNACHTSBAUMSPITZE

Ohne Stern auf der Spitze ist der Weihnachtsbaum nicht perfekt. Man kann ihn auch aus Papier herstellen – und das ist gar nicht so schwierig.

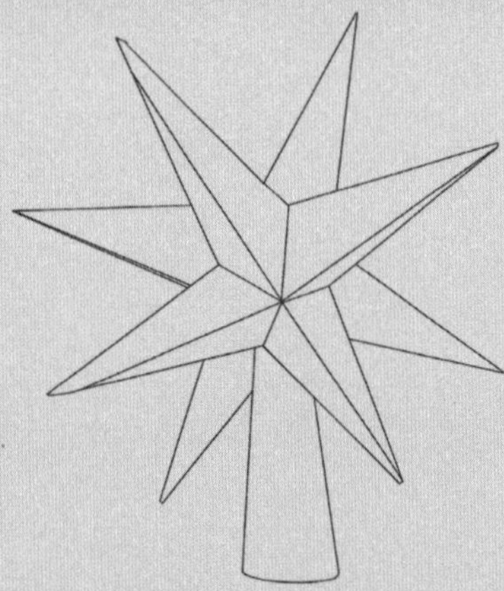

Schwierigkeitsgrad: Mittel
Arbeitszeit: 1 Stunde

SIE BENÖTIGEN:

kräftigeres Papier
Klebestift
Kraftkleber

SO GEHT'S:

1. Aus dem kräftigeren Papier zwei Quadrate mit 20 cm Seitenlänge ausschneiden.
2. Ein Quadrat diagonal zu einem Dreieck falten auf wieder aufklappen. Zur entgegengesetzten Ecke ebenfalls zu einem Dreieck falten und wieder öffnen.
3. Das Blatt zur Hälfte falten, wieder öffnen, zur anderen Hälfte falten und öffnen. Es sind nun acht Knicke entstanden, die von der Mitte des Blatts ausgehen.
4. Die gerade verlaufenden Knicke etwa 5 cm nach innen einschneiden.
5. Alle Ecken zu Spitzen falten, indem man die Seiten bis zum diagonalen Knick faltet.
6. Die eine Hälfte der Spitzen mit Klebstoff bestreichen und die andere Hälfte darauf ankleben. Mit dem zweiten Quadrat wiederholen.
7. Jetzt sollten zwei Sterne mit vier Spitzen entstanden sein.
8. Ein A4-Blatt aus demselben Papier zu einem Kegel aufrollen (siehe Foto Seite 92).
9. Die Längsseiten mit Kleber bestreichen, damit der Kegel zusammenhält.
10. Den Boden des Kegels mit einer Schere begradigen.

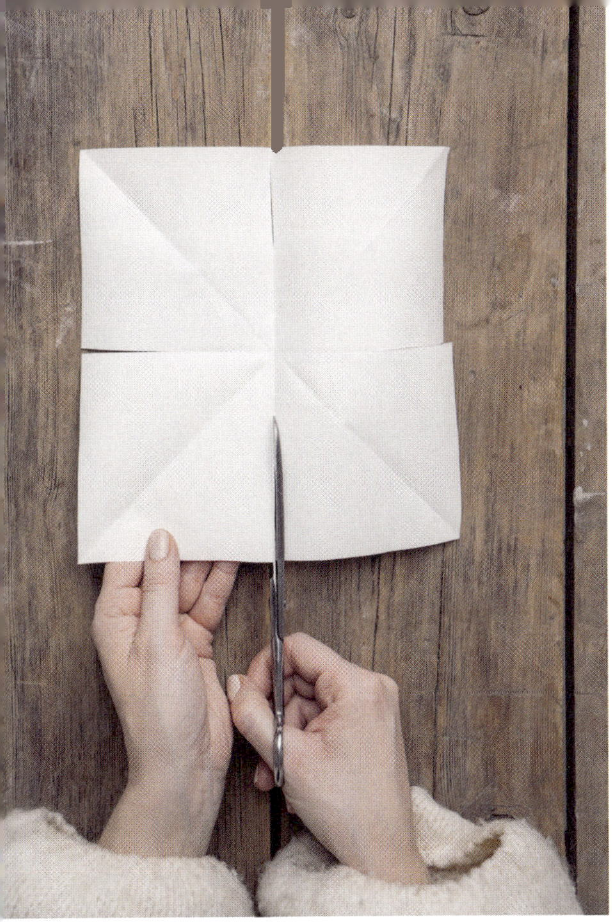
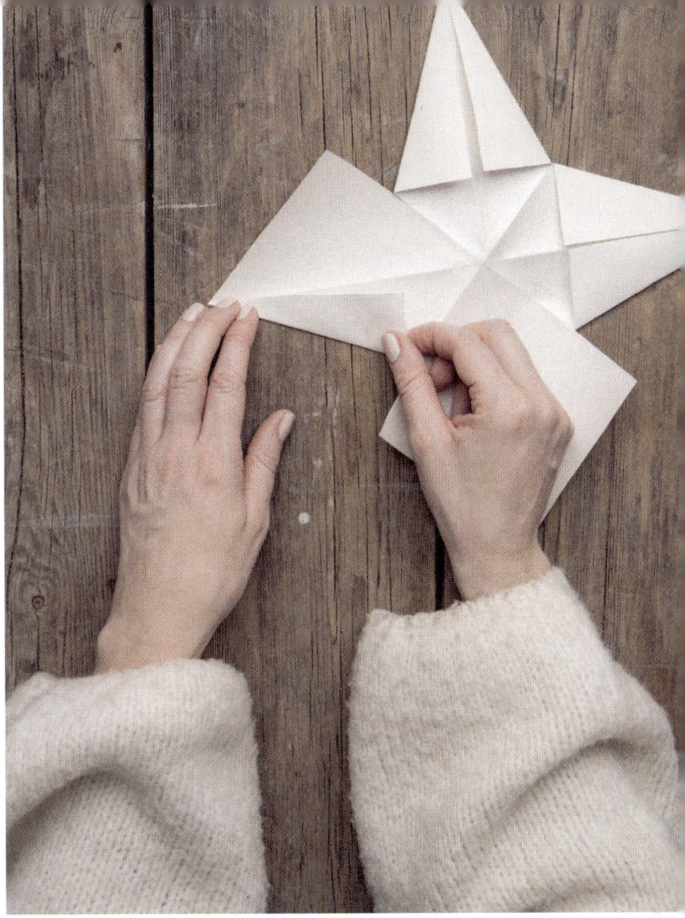
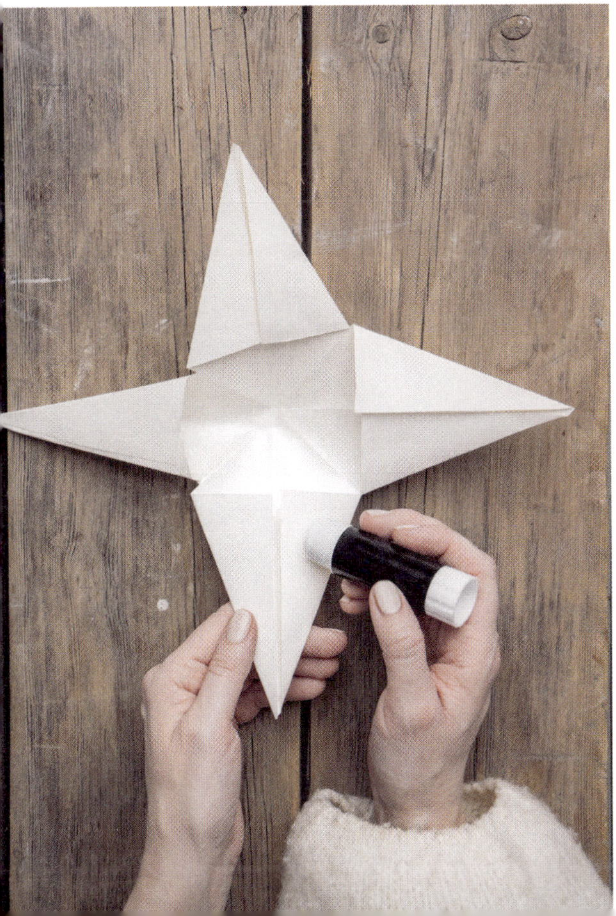
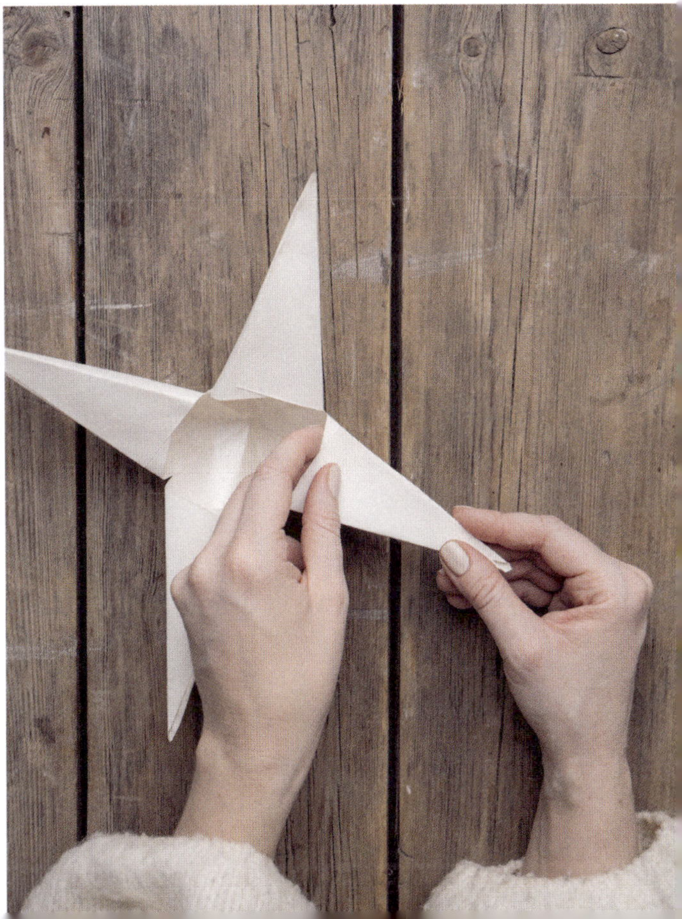

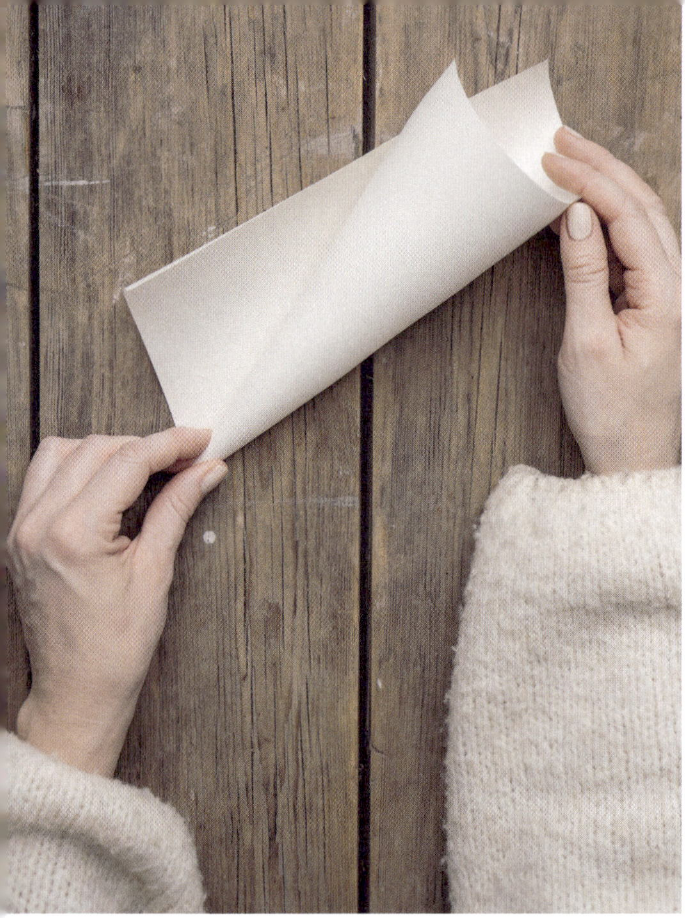

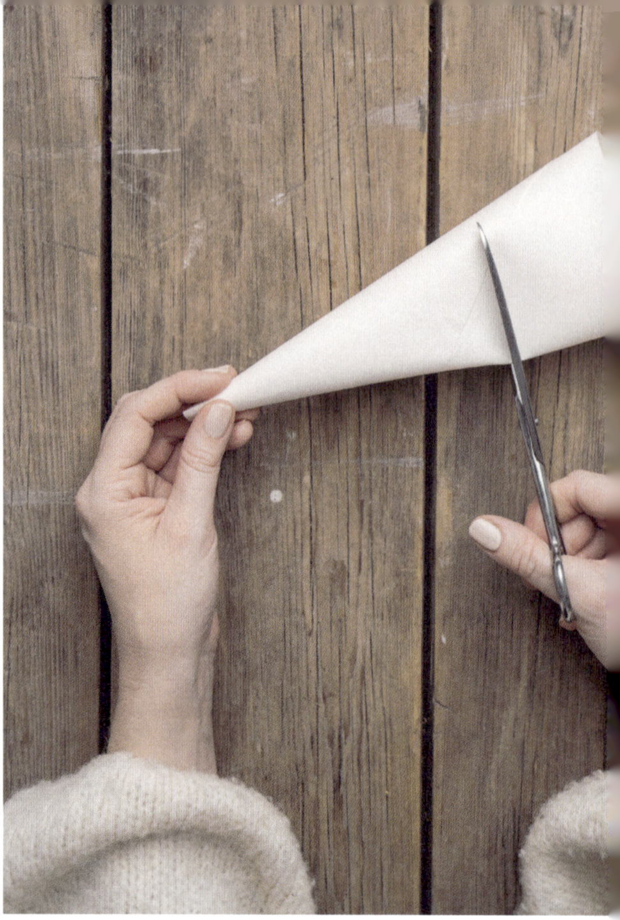

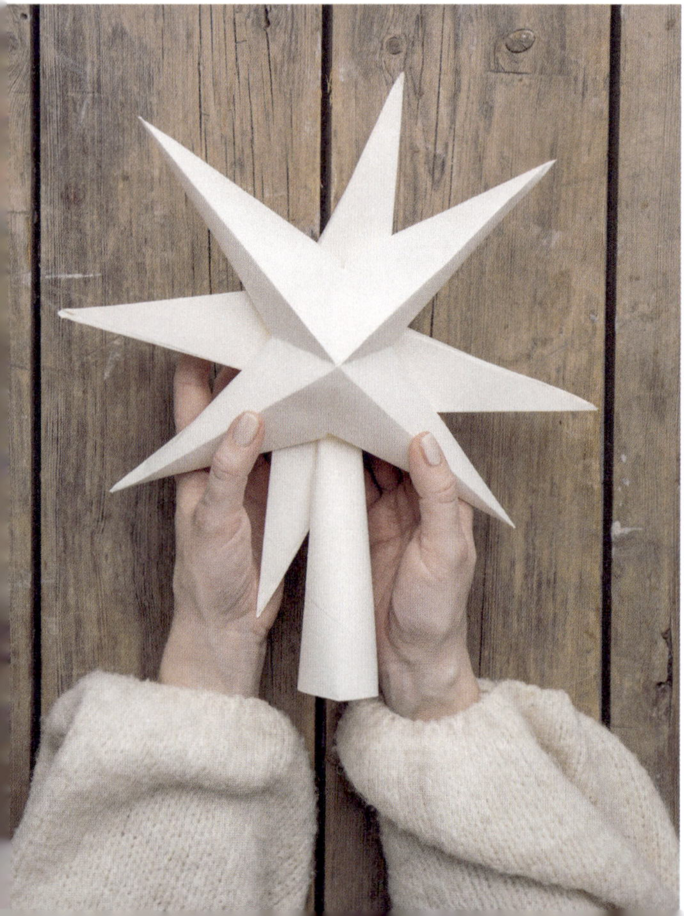

11. Die Kegelspitze mit Kraftkleber an der Unterseite eines Stern ankleben.
12. Die Unterseite des zweiten Sterns leicht versetzt am Kegel und am ersten Stern ankleben.

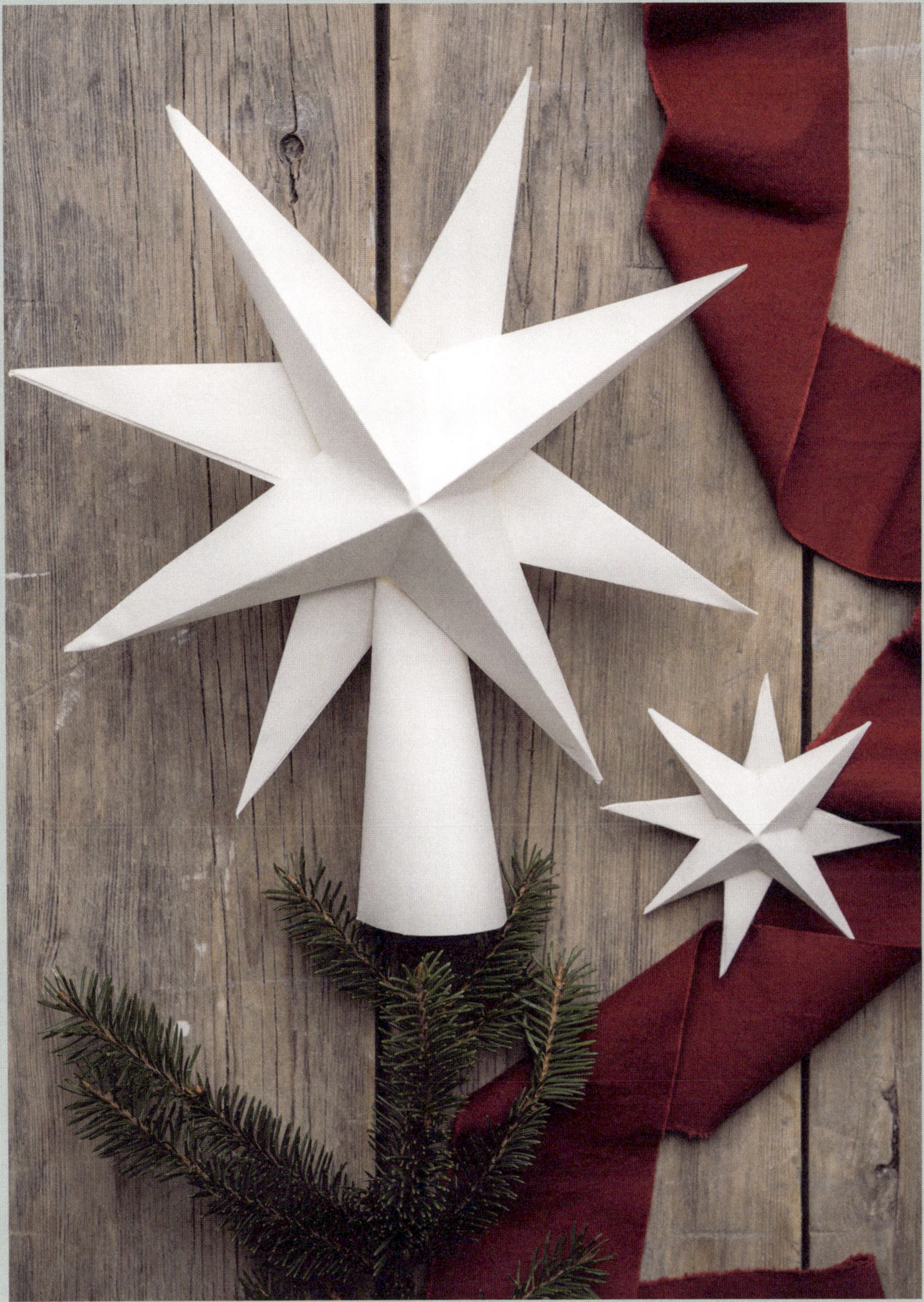

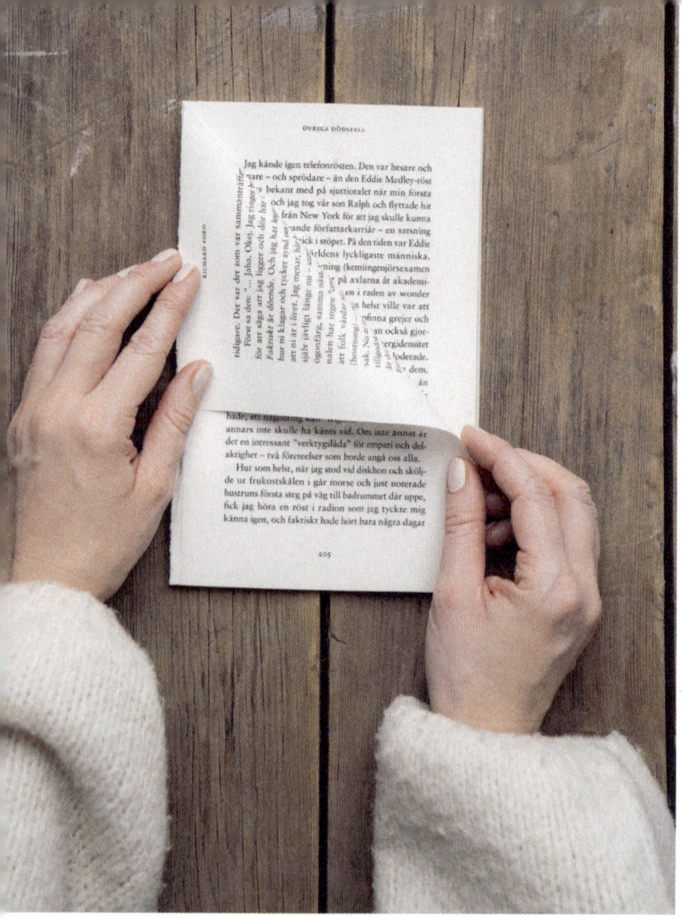

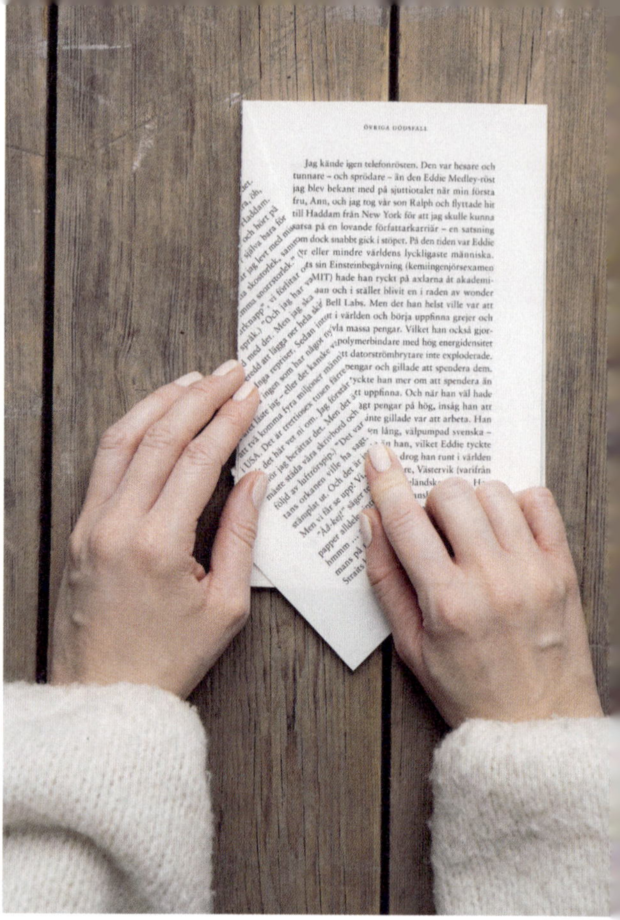

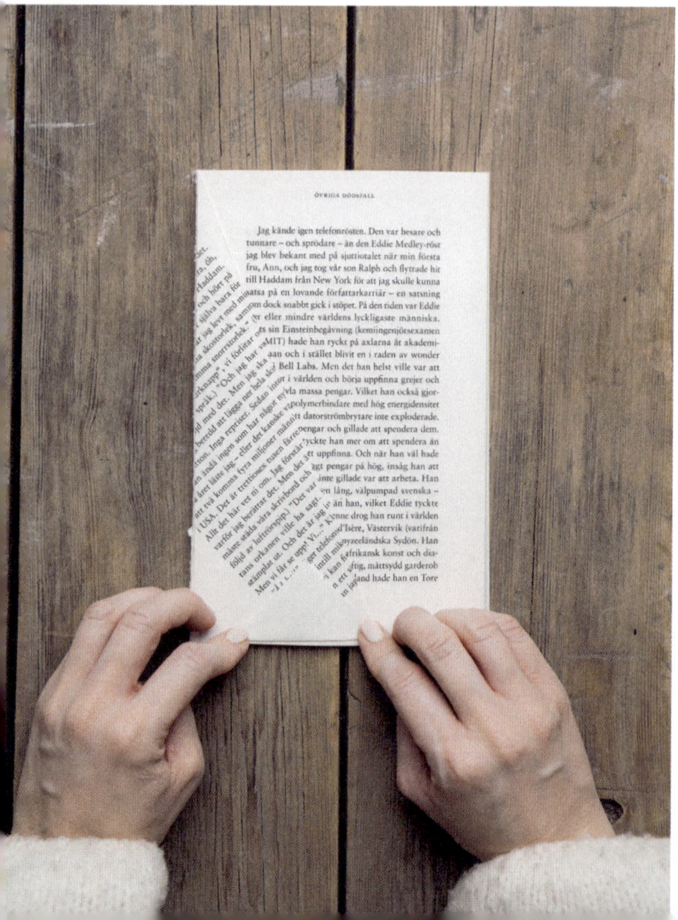

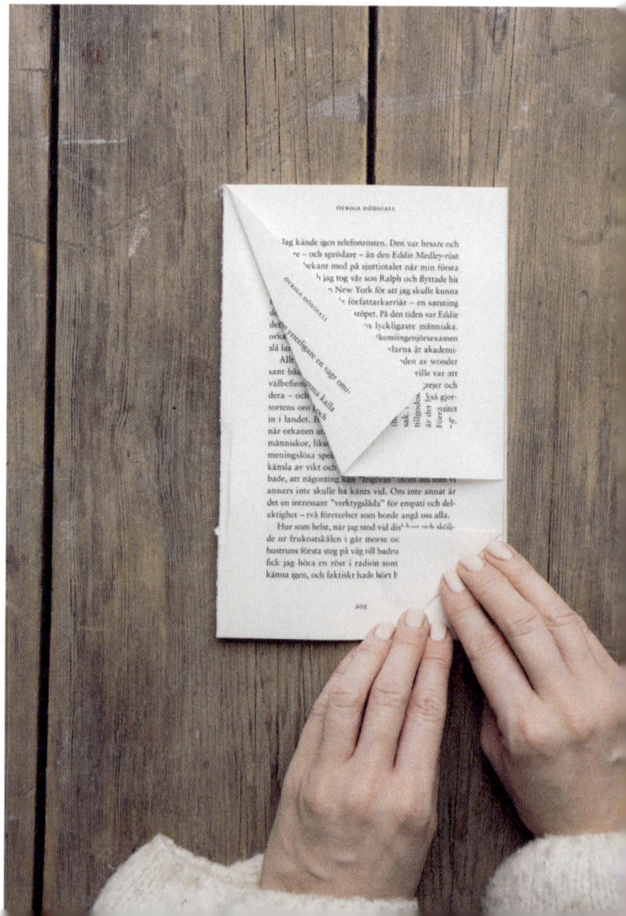

BUCH-TANNENBAUM

Alte Bücher lassen sich in wunderschöne Tannenbäume verwandeln. Ob Hard- oder Softcover spielt keine Rolle, es gilt nur, ein Buch in der passenden Größe zu finden.

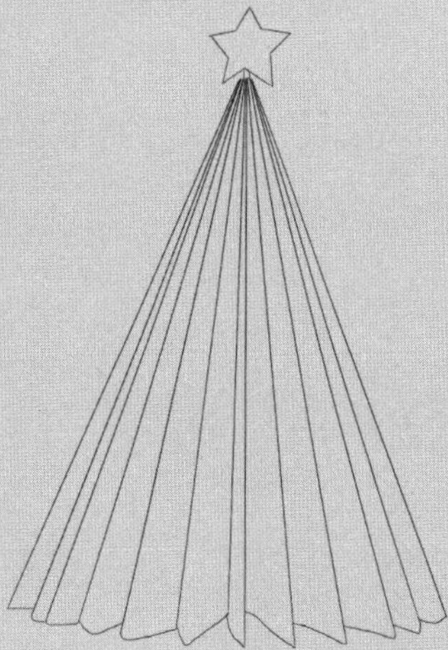

Schwierigkeitsgrad: Leicht
Arbeitszeit: 30 Minuten

SIE BENÖTIGEN:

ein Buch
für einen Stern (optional): Papier,
Klebestift, Zahnstocher

SO GEHT'S:

1. Den Bucheinband ablösen und entsorgen.
2. Aus dem Innenteil Einheiten von 40–70 Seiten heraustrennen. Je nach Anzahl der Seiten wird der Tannenbaum unterschiedlich dicht.
3. Die erste Seite von oben rechts zum Buchrücken falten.
4. Die diagonale Seite nochmals zum Buchrücken falten.
5. Das untere überlappende Dreieck nach oben falten, um einen Falz herzustellen.
6. Die Seite aufklappen und das untere Dreieck nach innen falten.
7. Die Seite wieder zuklappen.
8. Die Seite umblättern und die Schritte 3–7 für die restlichen Buchseiten wiederholen. Dann die Buchseiten so in Form drücken, dass eine stehende Tanne entsteht.
9. Um den Baum noch mit einem Stern zu schmücken, zwei Sterne aus Papier ausschneiden und mit einem Zahnstocher dazwischen zusammenkleben.
10. Den Stern in die Baumspitze stecken.

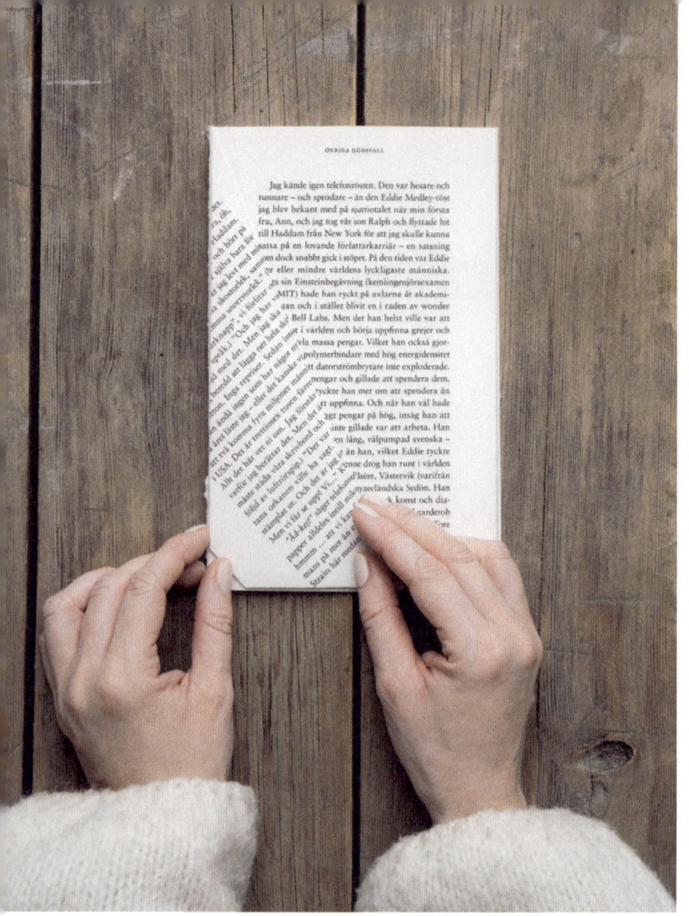

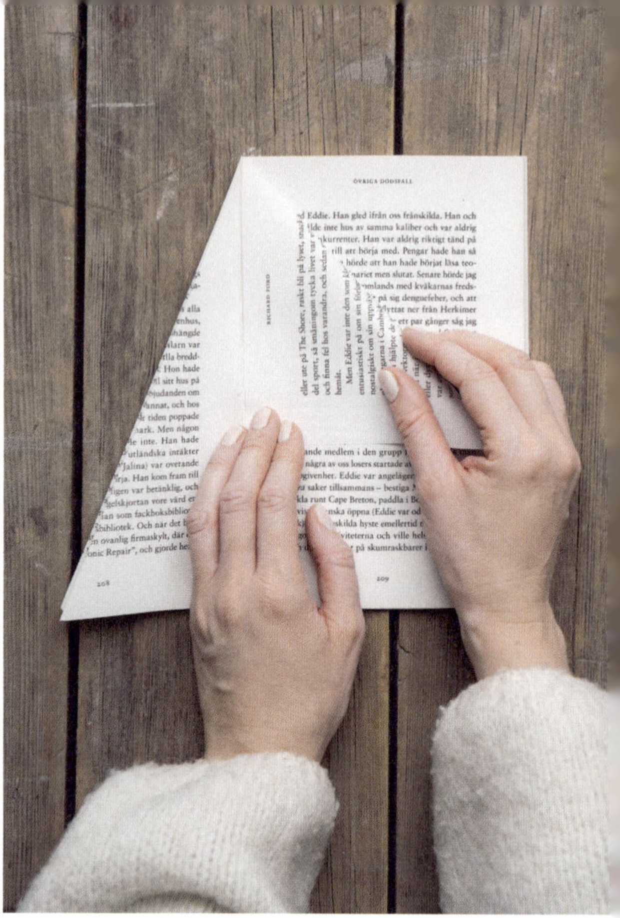

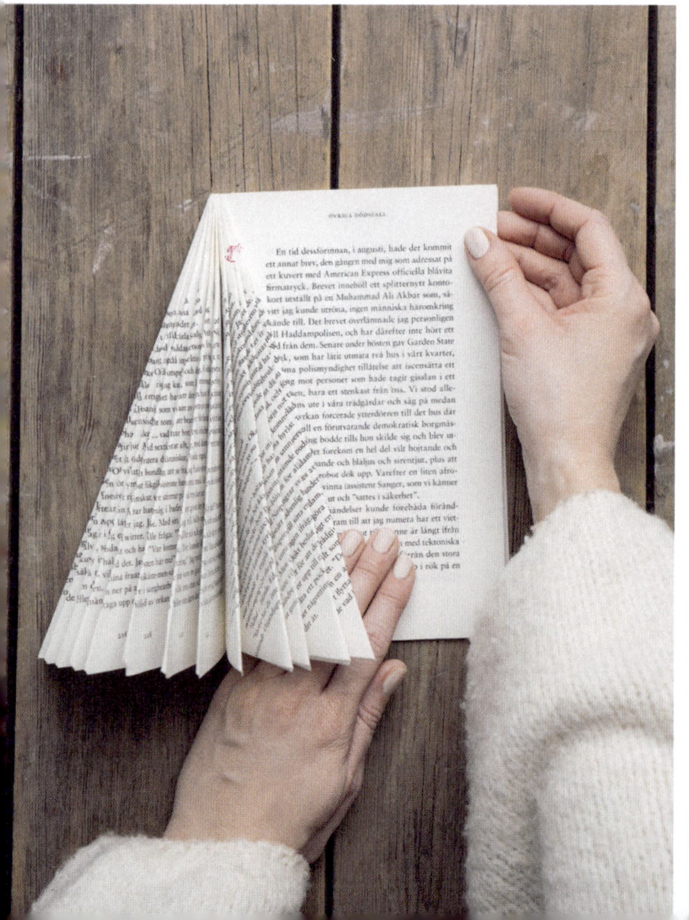

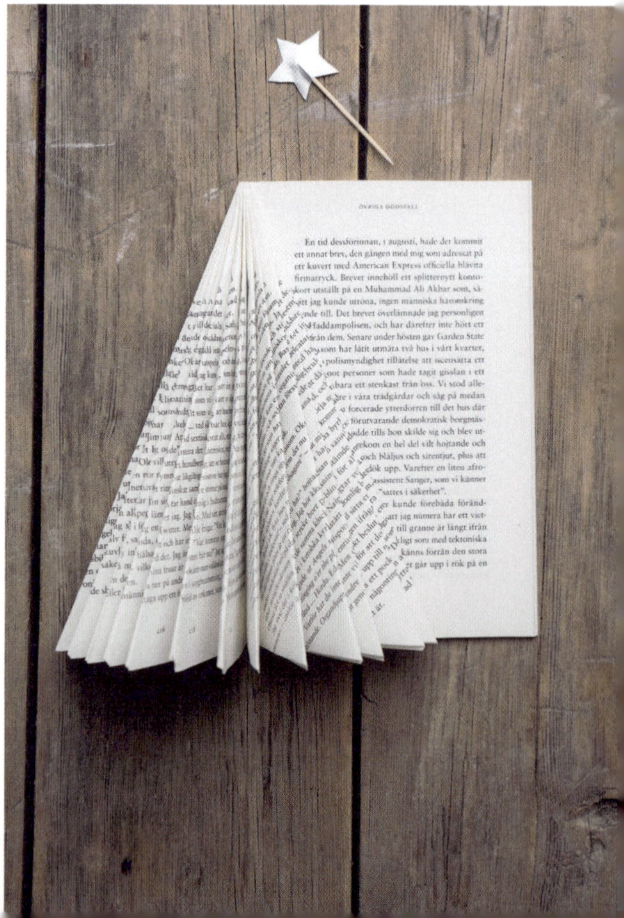

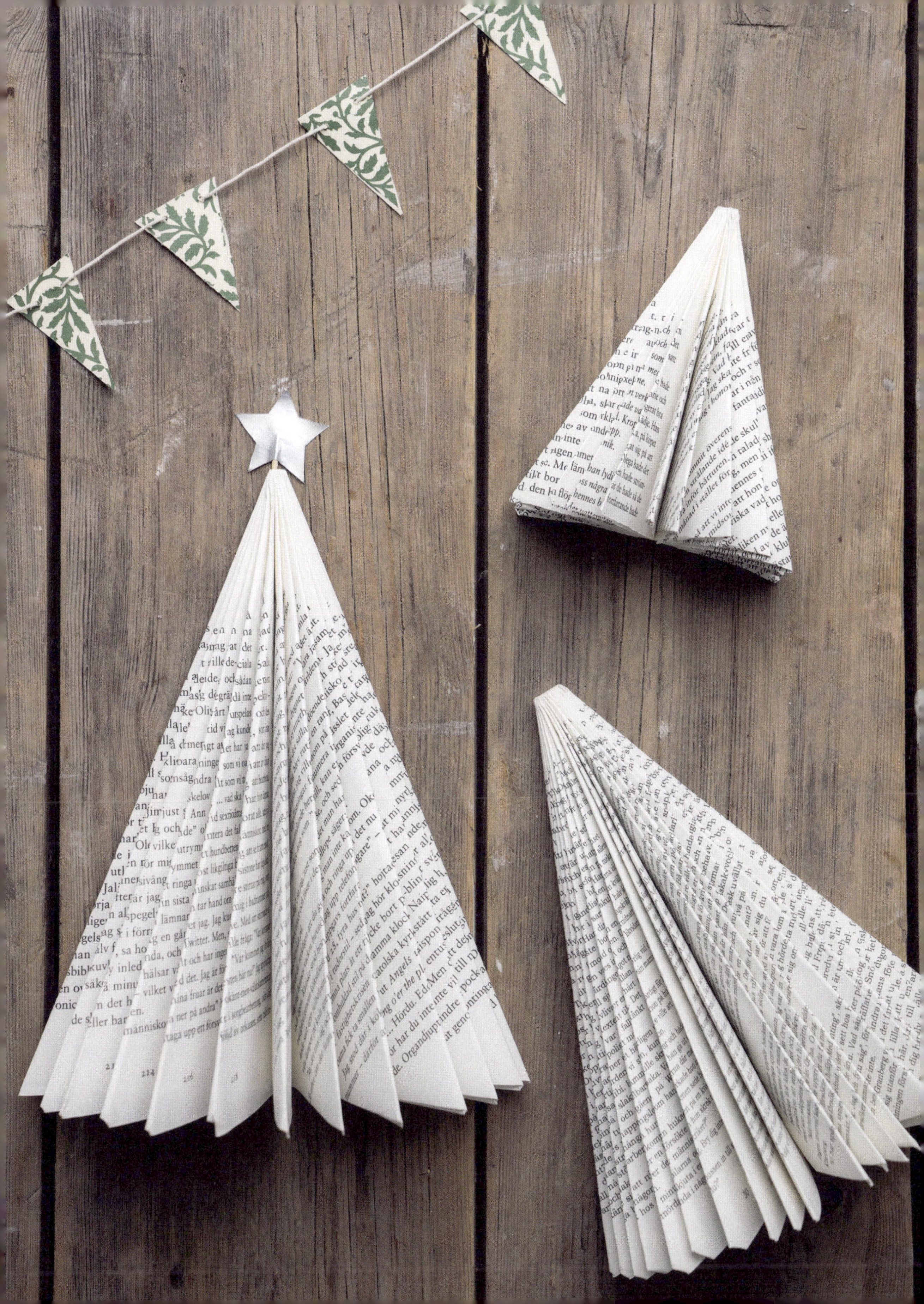

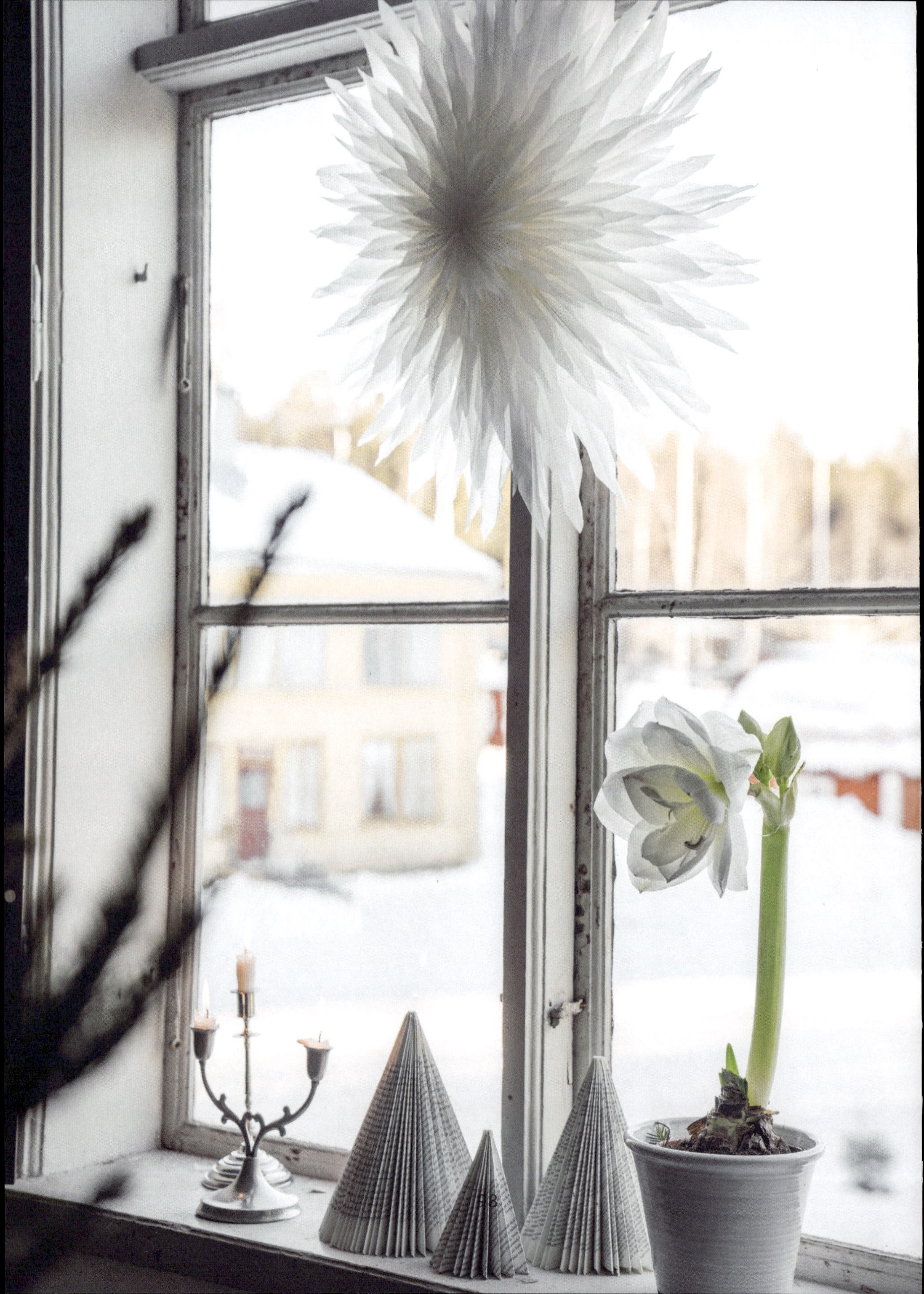

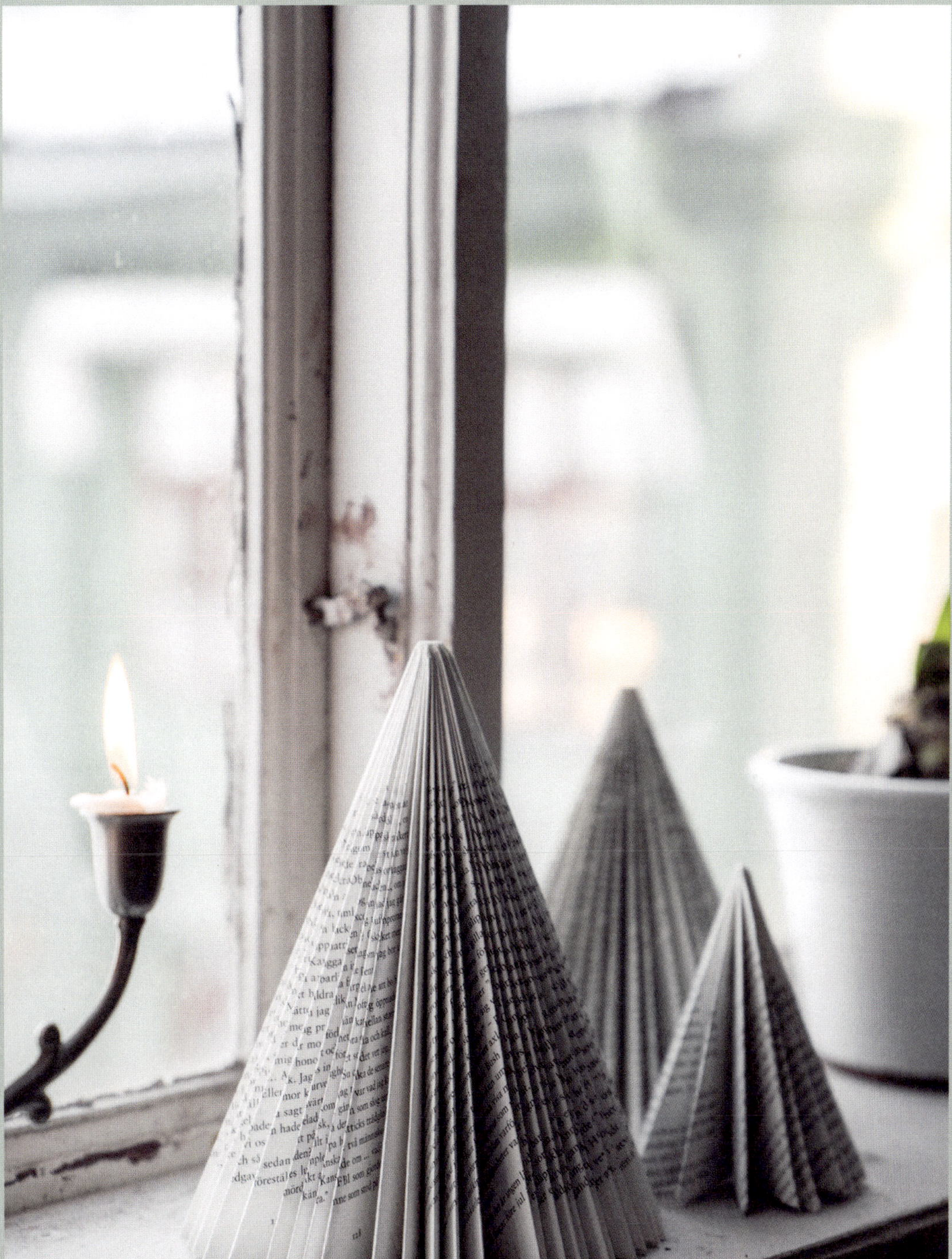

GIRLANDEN

Mit festlichen Girlanden schafft man eine gemütliche Weihnachtsstimmung. Man kann sie in den Weihnachtsbaum, an die Wand oder auch über den Esstisch hängen. Übrigens eignen sich Plätzchenausstecher sehr gut als Schablonen.

Schwierigkeitsgrad: Leicht
Arbeitszeit: 1 Stunde

SIE BENÖTIGEN:

kräftigeres Papier in Farben und Mustern nach Wahl
Nadel und Schnur
Klebestift

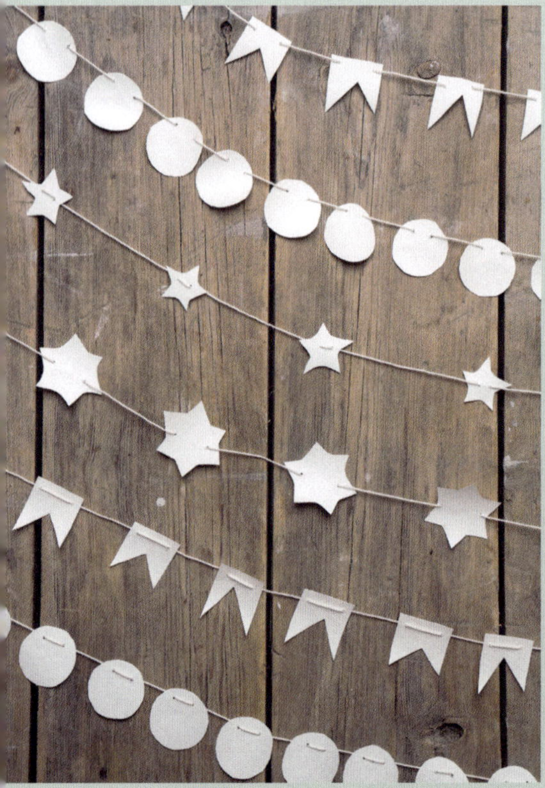

SO GEHT'S:

1. Für die Girlande eine Schablone in der gewünschten Form und Größe ausschneiden.
2. Falls das gewählte Papier nur auf einer Seite gemustert ist, je zwei Blätter mit den ungemusterten Seiten zusammenkleben.
3. Mithilfe der Schablone aus dem gewählten Papier die gewünschte Anzahl Teile ausschneiden.
4. Die Teile mit einer Nadel an eine Schnur nähen.
5. Die Teile im gewünschten Abstand auseinanderziehen und die Girlande aufhängen.
6. Für eine Kettengirlande einzelne Streifen ausschneiden. Einen Streifen zu einem Ring zusammenkleben. Einen zweiten Steifen einfädeln und ebenfalls zu einem Ring zusammenkleben. Wiederholen, bis die gewünschte Länge erreicht ist.

…en

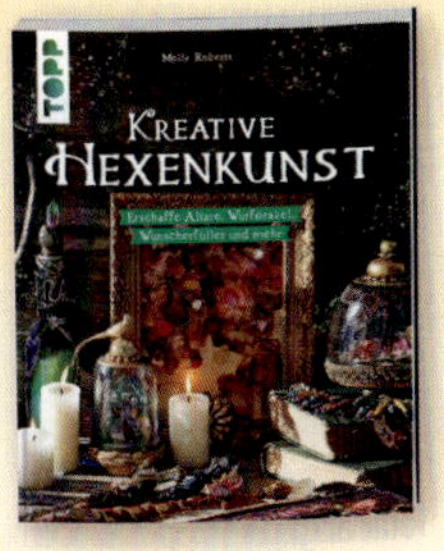

Kreative Hexenkunst
ISBN 978-3-7358-**5161**-1
128 S., SC, € (D) 20,00

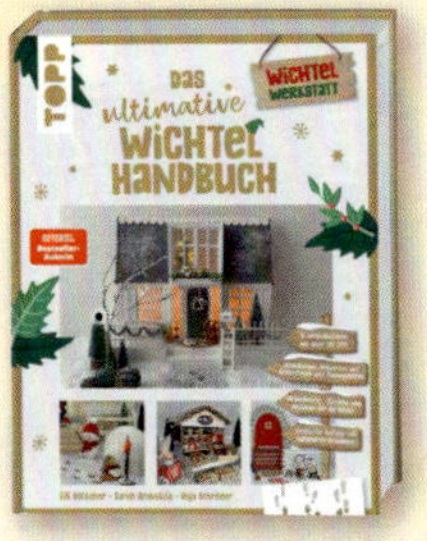

Das ultimative Wichtelhandbuch
ISBN 978-3-7358-**5183**-3
240 S., HC, € (D) 22,00

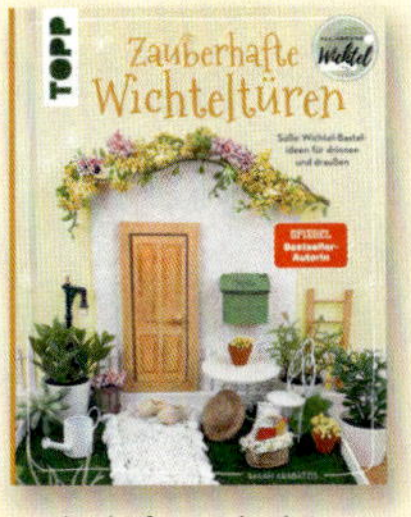

Zauberhafte Wichteltüren
ISBN 978-3-7358-**5123**-9
80 S., HC, € (D) 14,99

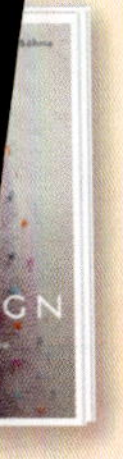

…**7040**-7
…24,00

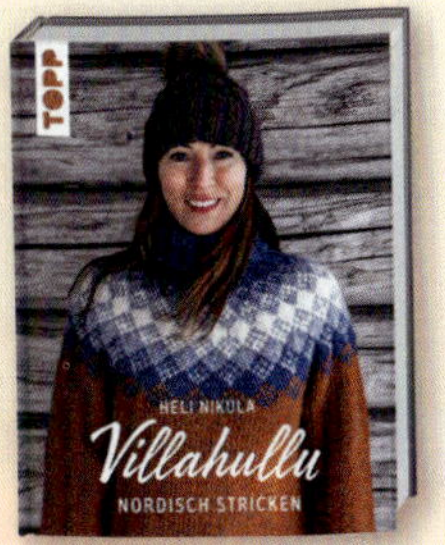

Villahullu – Nordisch stricken
ISBN 978-3-7358-**7070**-4
248 S., HC, € (D) 32,00

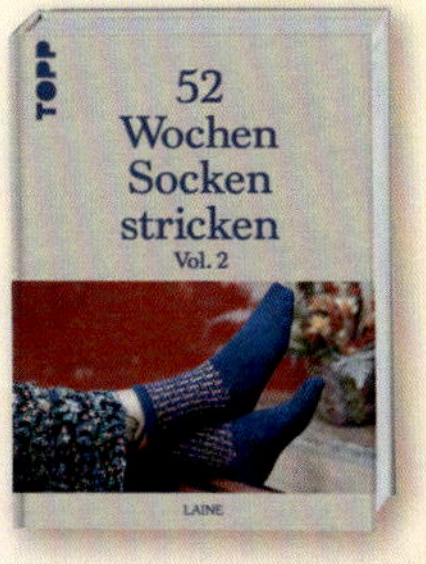

52 Wochen Socken stricken Vol. II
ISBN 978-3-7358-**7079**-7
256 S., HC, € (D) 40,00

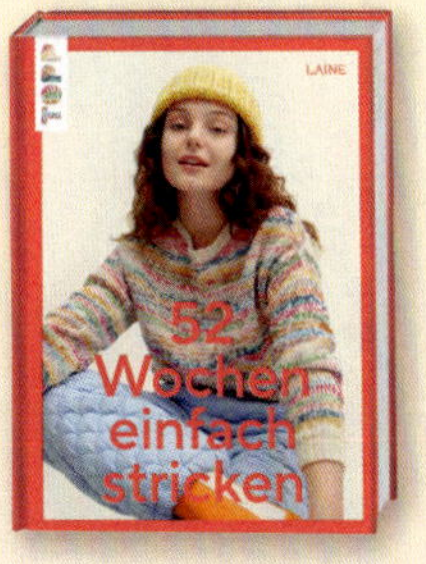

52 Wochen einfach stricken
ISBN 978-3-7358-**7060**-5
264 S., HC, € (D) 40,00

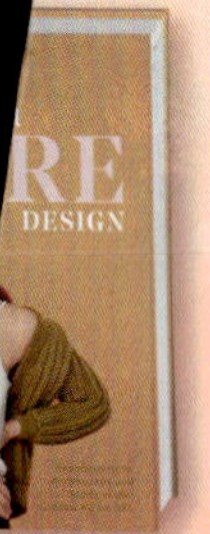

…Vitre Design
…-7358-**7053**-7
… € (D) 24,00

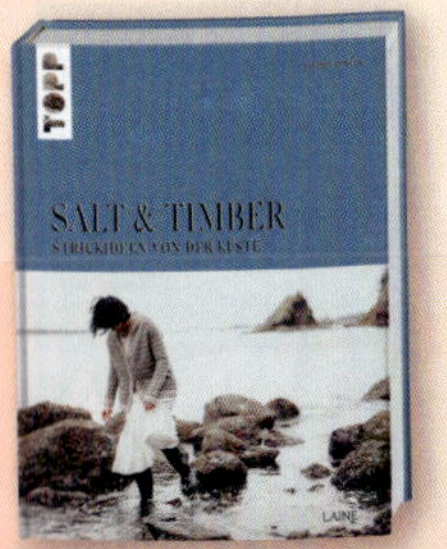

Salt and Timber (Laine)
ISBN 978-3-7358-**7062**-9
160 S., HC, € (D) 32,00

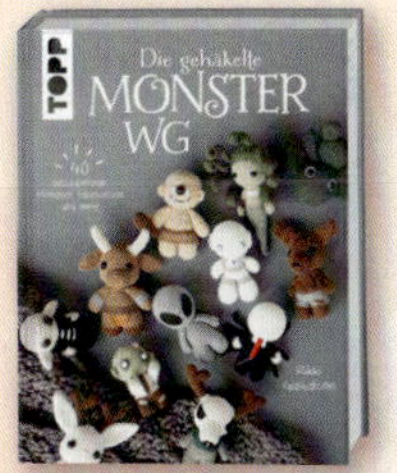

Die gehäkelte Monster WG
ISBN 978-3-7358-**7071**-1
176 S., HC, € (D) 24,99

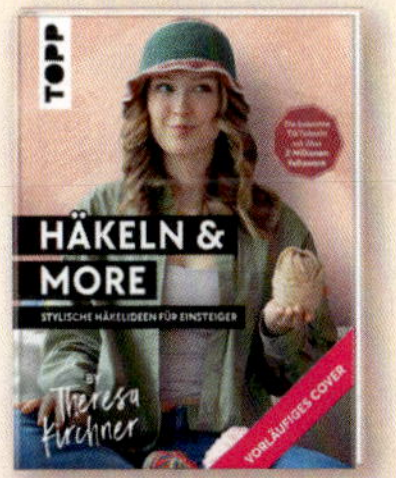

Häkeln & more by Theresa Kirchner
ISBN 978-3-7358-**9088**-7
112 S., HC, € (D) 15,99

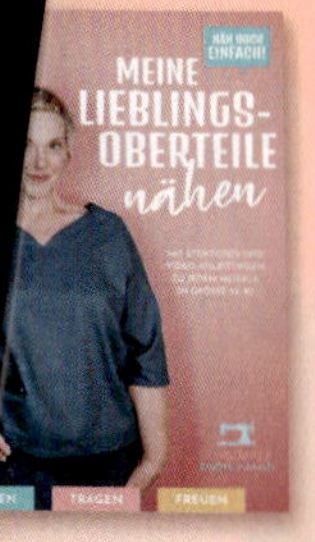

…doch einfach! Meine Lieblings-…teile nähen mit SewSimple
… 978-3-7358-**7037**-7
… S., HC, € (D) 24,00

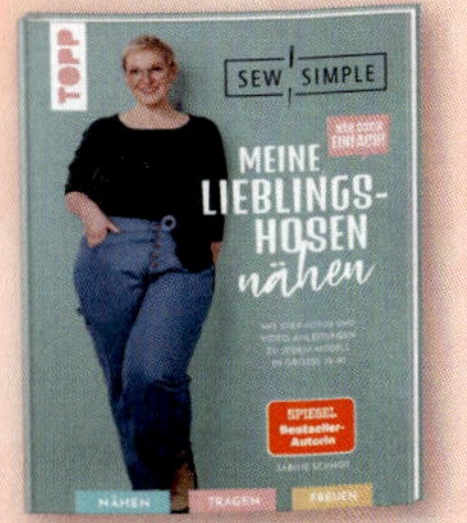

Näh doch einfach! Meine Lieblingshosen nähen mit SewSimple
ISBN 978-3-7358-**7057**-5
112 S., HC, € (D) 24,00

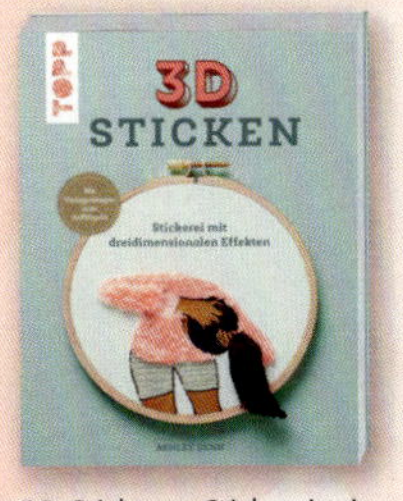

3D Sticken – Stickerei mit dreidimensionalen Effekten
ISBN 978-3-7358-**7066**-7
144 S., SC, € (D) 24,00

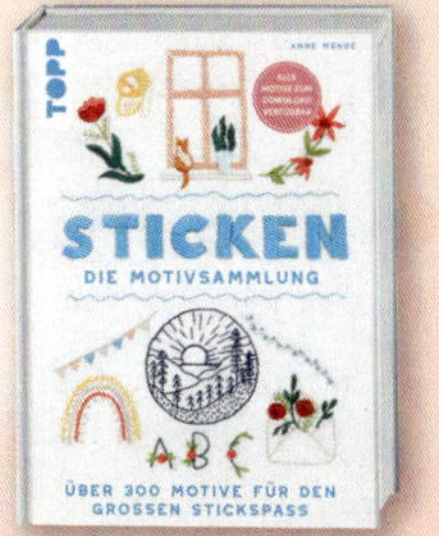

Sticken. Die Motivsammlung – über 300 Motive
ISBN 978-3-7358-**7056**-8
144 S., HC, € (D) 22,00

TOPP

SO BUNT WIE DAS LEBEN

Nachhaltigkeit

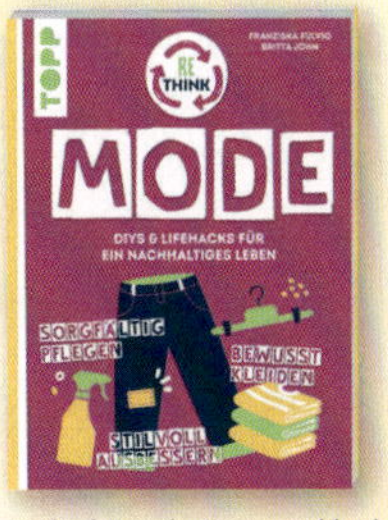

Rethink Mode. Bewusst kleiden, sorgfältig pflegen, stilvoll ausbessern.
ISBN 978-3-7358-**7077**-3
160 S., SC, € (D) 19,99

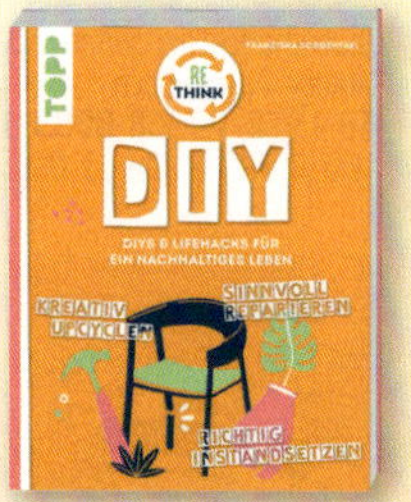

Rethink DIY. Sinnvoll reparieren, kreativ upcyclen, richtig instandsetzen.
ISBN 978-3-7358-**5189**-5
160 S., SC, € (D) 19,99

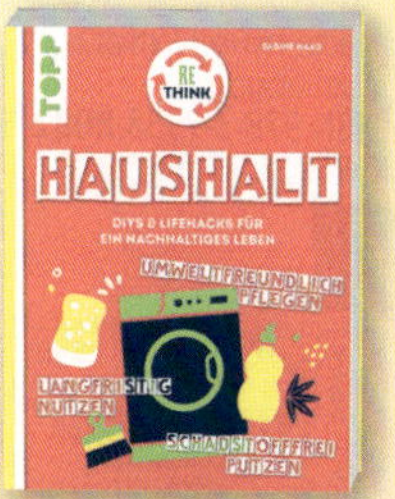

Rethink Haushalt. Schadstofffrei putzen, langfristig nutzen, umweltfreundlich pflegen.
ISBN 978-3-7358-**5187**-1
160 S., SC, € (D) 19,99

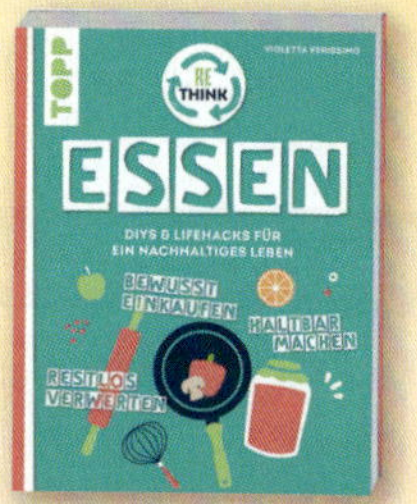

Rethink Essen. Bewusst einkaufen, restlos verwerten, haltbar machen.
ISBN 978-3-7358-**5184**-0
160 S., SC, € (D) 19,99

Wohnen & Kreativ Leben

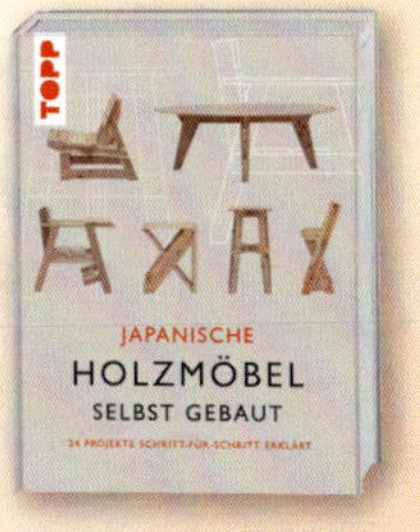

Japanische Holzmöbel selbst gebaut
ISBN 978-3-7358-**5163**-5
192 S., HC, € (D) 29,99

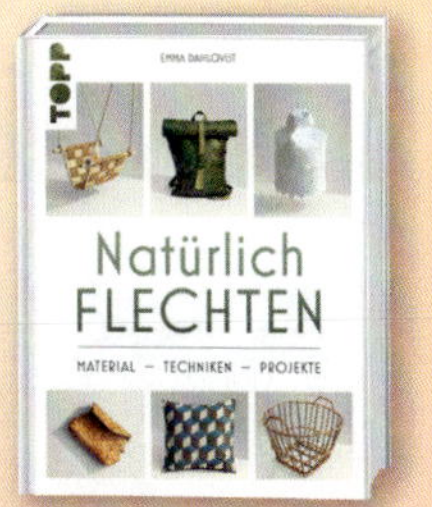

Natürlich Flechten
ISBN 978-3-7358-**5160**-4
144 S., HC, € (D) 24,00

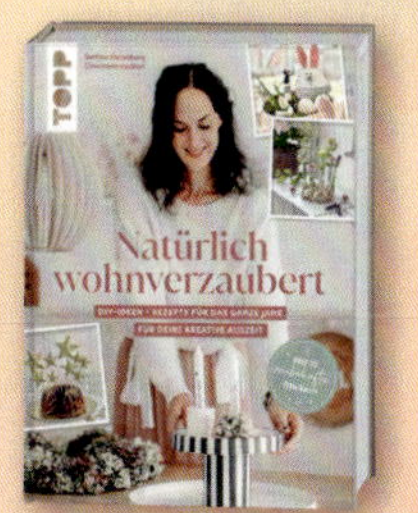

Natürlich wohnverzaubert mit Tina von @wohnverzaubert.
ISBN 978-3-7358-**5136**-9
160 S., HSC, € (D) 28,00

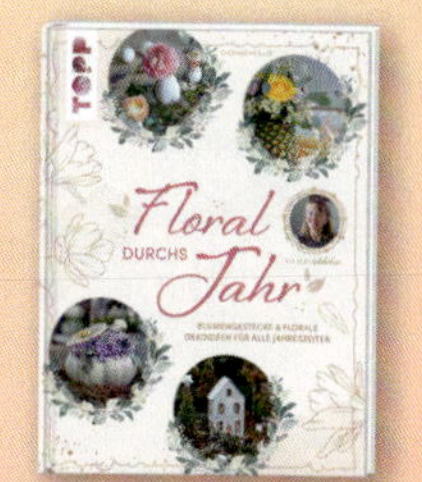

Floral durchs Jahr – Blumengestecke & florale Dekoideen für alle Jahreszeiten
ISBN 978-3-7358-**5120**-8
128 S., HSC, € (D) 19,99

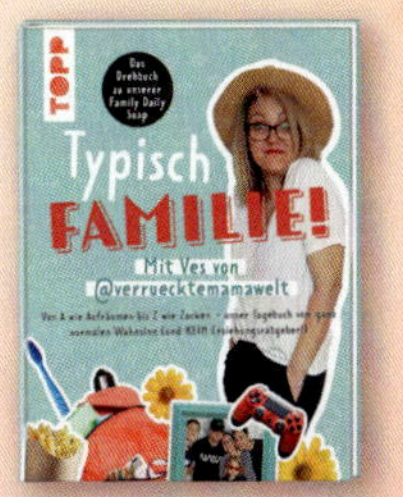

Typisch Familie! Mit Ves von @verruecktemamawelt. Das Drehbuch zur Family Daily Soap
ISBN 978-3-7358-**5138**-3
128 S., HC, € (D) 16,99

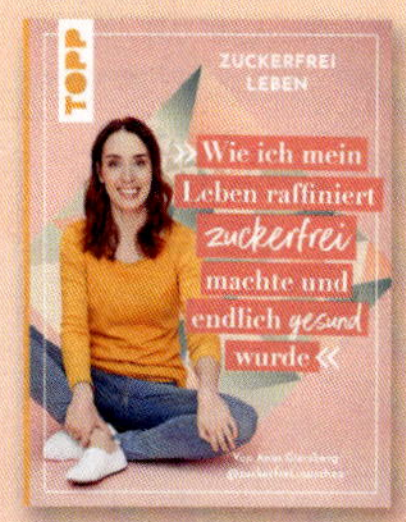

Zuckerfrei leben. Wie ich mein Leben raffiniert zuckerfrei machte und endlich gesund wurde.
ISBN 978-3-7358-**5107**-9
128 S., SC, € (D) 18,00

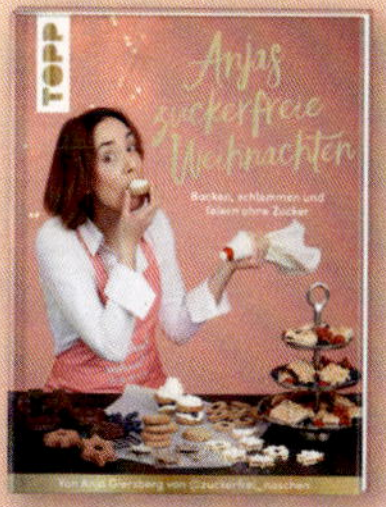

Anjas zuckerfreie Weihnachten. Von Anja Giersberg von @zuckerfrei_naschen
ISBN 978-3-7358-**5198**-7
128 S., HC, € (D) 19,99

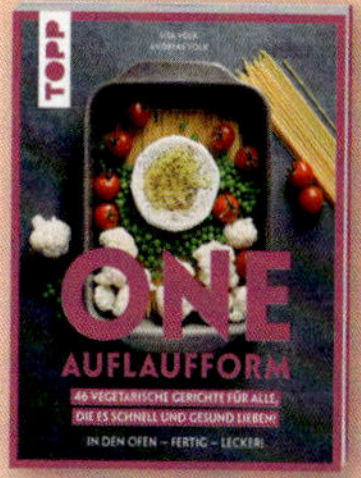

One Auflaufform – One-Pot-Gerichte für den Backofen
ISBN 978-3-7358-**5175**-8
112 S., SC, € (D) 16,00

Ausmalen

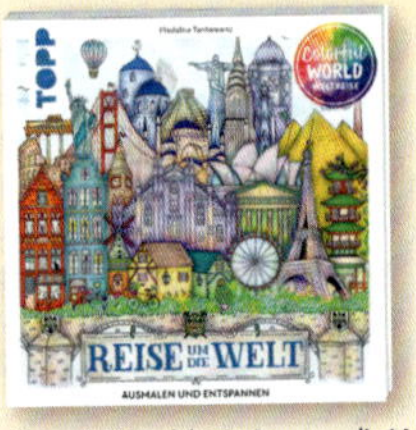

Colorful World - Reise um die Welt
ISBN 978-3-7358-**8070**-3
96 S., SC, € (D) 12,99

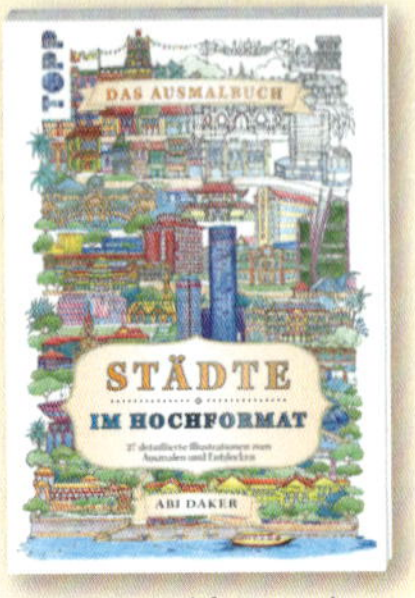

Städte im Hochformat - das Ausmalbuch
ISBN 978-3-7358-**8082**-6
64 S., SC, € (D) 15,00

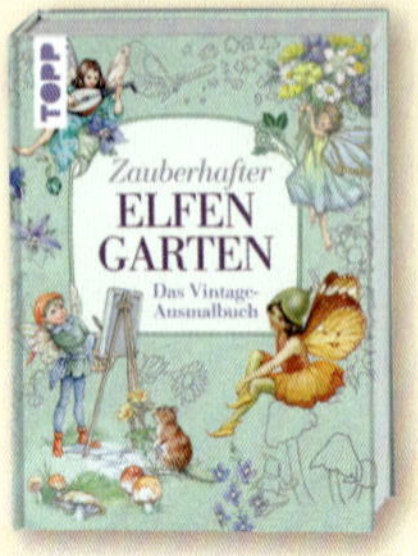

Zauberhafter Elfengarten – Das Vintage-Ausmalbuch
ISBN 978-3-7358-**8083**-3
160 S., HC, € (D) 22,00

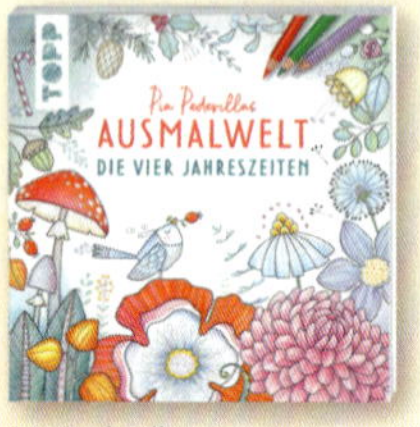

Pia Pedevillas Ausmalwelt - Die vier Jahreszeiten
ISBN 978-3-7358-**8094**-9
96 S., SC, € (D) 12,99

Malen & Zeichnen

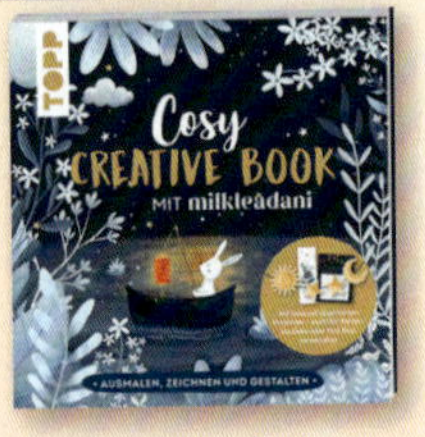

Cosy Creative Book mit Milkteadani
ISBN 978-3-7358-**8071**-0
96 S., SC, € (D) 14,00

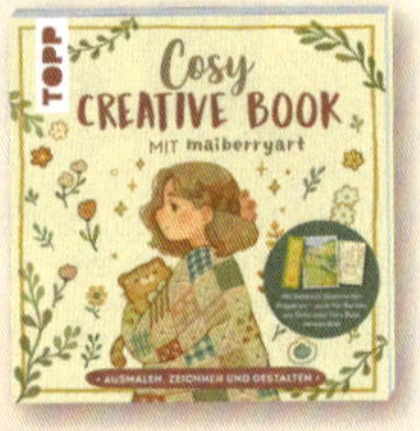

Cosy Creative Book mit maiberryart
ISBN 978-3-7358-**8066**-6
96 S., SC, € (D) 14,00

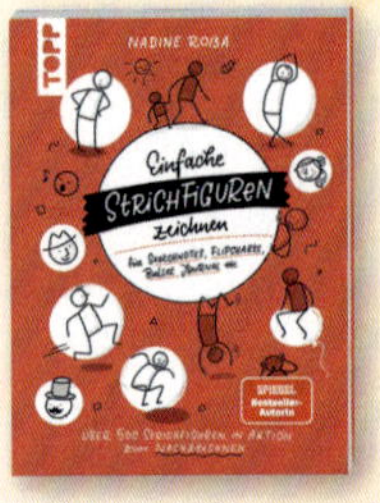

Einfache Strichfiguren zeichnen
ISBN 978-3-7358-**8073**-4
96 S., SC, € (D) 16,00

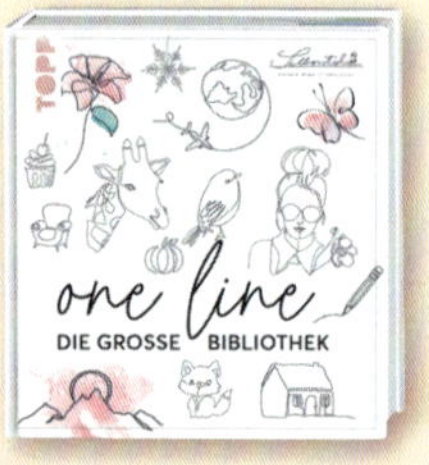

Die große One Line Bibliothek
ISBN 978-3-7358-**8068**-0
160 S., HC, € (D) 19,99

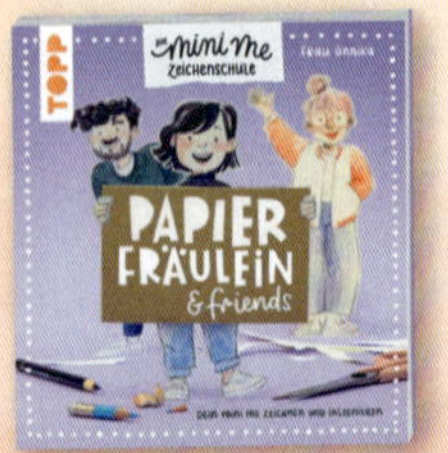

Papierfräulein & friends. Die Mini me Zeichenschule
ISBN 978-3-7358-**8074**-1
96 S., SC, € (D) 18,00

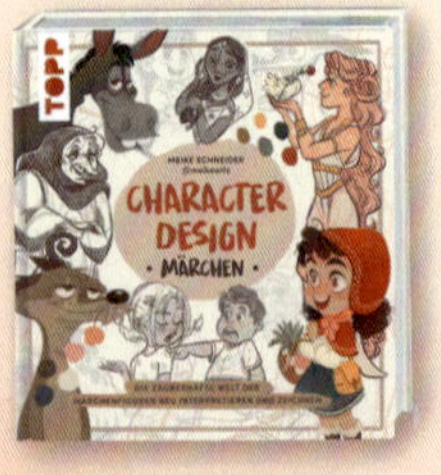

Character Design Märchen
ISBN 978-3-7358-**8075**-8
144 S., HC, € (D) 20,00

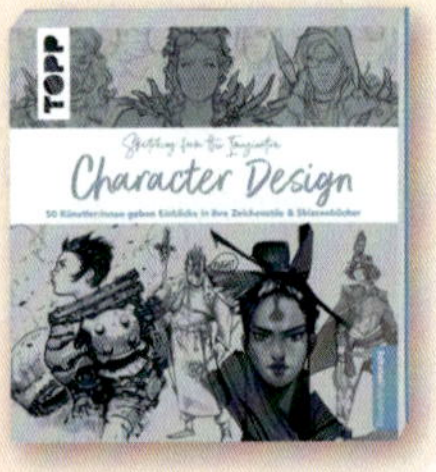

Sketching from the Imagination: Character Design – 50 Künstler:innen geben Einblicke in ihre Zeichenstile
ISBN 978-3-7358-**8092**-5
320 S., SC, € (D) 28,00

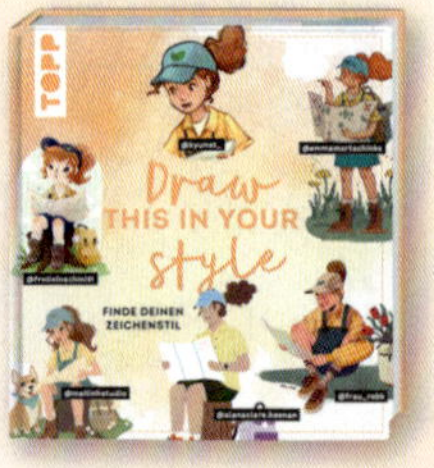

Draw this in your style
ISBN 978-3-7358-**8034**-5
160 S., HC, € (D) 22,00

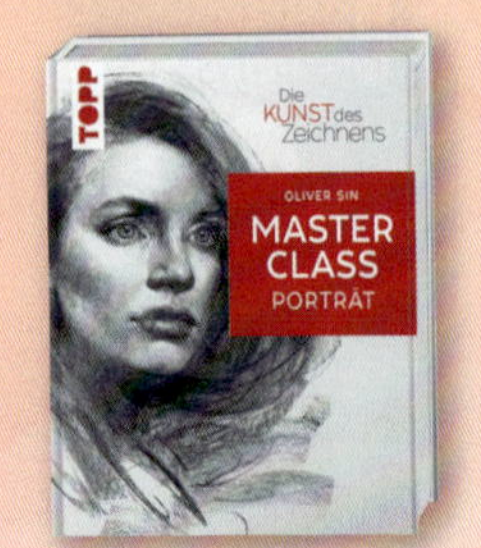

Die Kunst des Zeichnens Masterclass - Porträt
ISBN 978-3-7358-**8102**-1
160 S., HC, € (D) 25,00

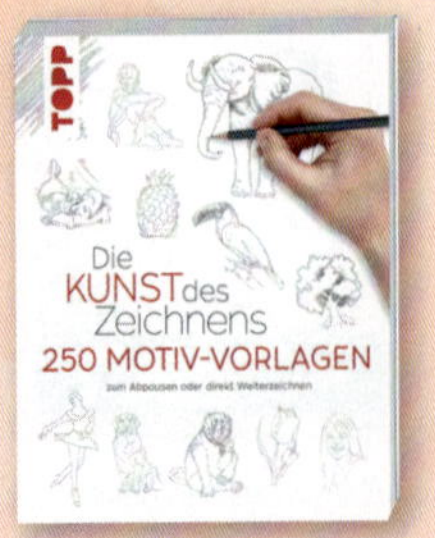

Die Kunst des Zeichnens 250 Motiv-Vorlagen
ISBN 978-3-7358-**8013**-0
160 S., SC, € (D) 14,99

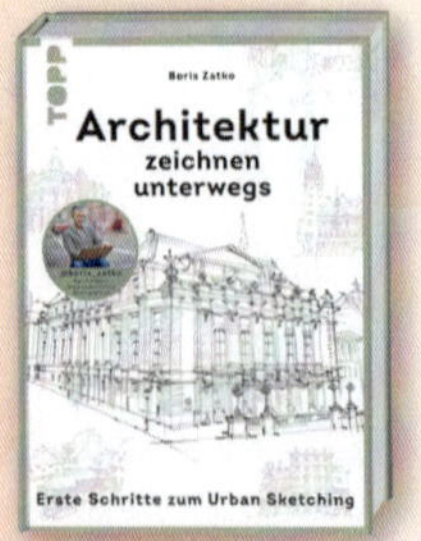

Architektur zeichnen unterwegs – Erste Schritte zum Urban Sketching. @boris_zatko
ISBN 978-3-7358-**8072**-7
144 S., HC, € (D) 22,00

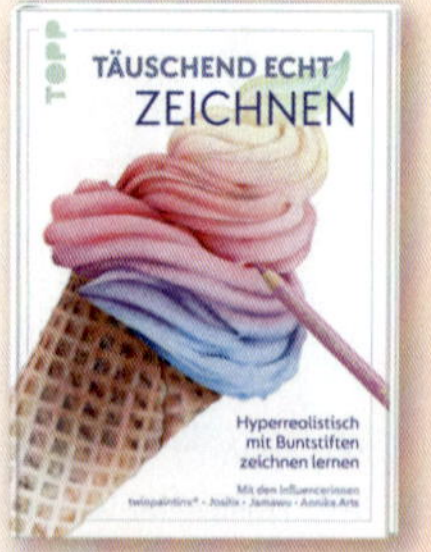

Täuschend echt zeichnen – Hyperrealistisch mit Buntstiften zeichnen lernen
ISBN 978-3-7358-**8049**-9
128 S., HC, € (D) 20,00

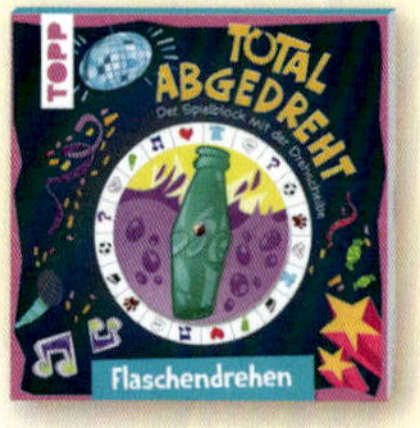

Total abgedreht! Spieleblock mit Drehscheibe - Flaschendrehen
ISBN 978-3-7724-**9093**-1
160 S., SC, € (D) 9,99

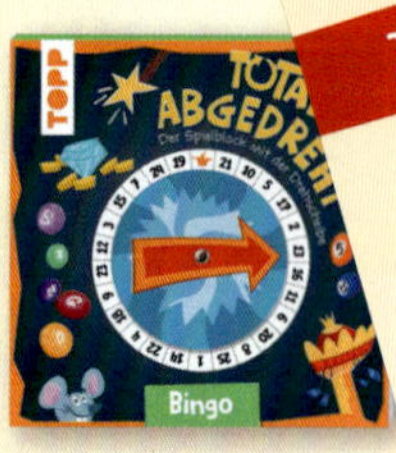

Total abgedreht! Spieleblock
Drehscheibe - Bingo 4
ISBN 978-3-7724-**9092**-5
160 S., SC, € (D) 9,99

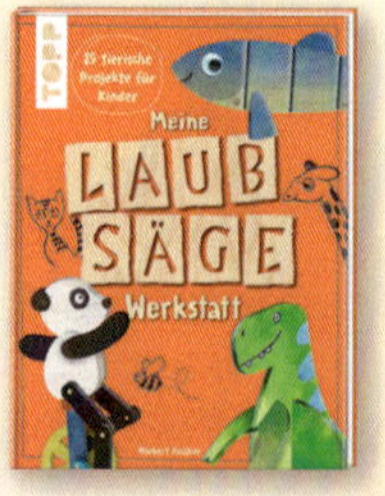

Meine Laubsäge-Werkstatt
ISBN 978-3-7724-**9027**-6
64 S., HC, € (D) 13,99

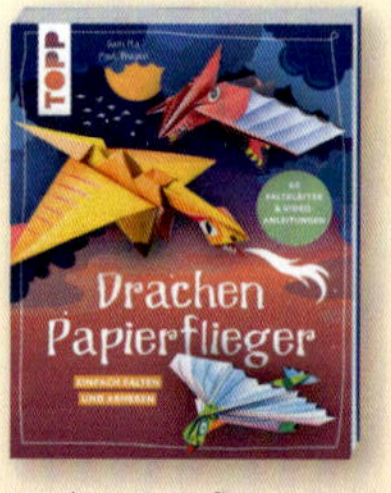

Drachen-Papierflieger – Mit 60 Faltblättern zum Sofort-Loslegen und Video-Faltanleitungen
ISBN 978-3-7724-**9097**-9
176 S., SC, € (D) 13,99

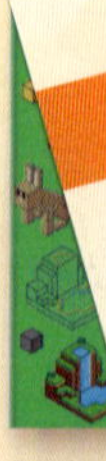

Das inoffiz
chenbuch
ISBN 978-3
80 S., HC, €

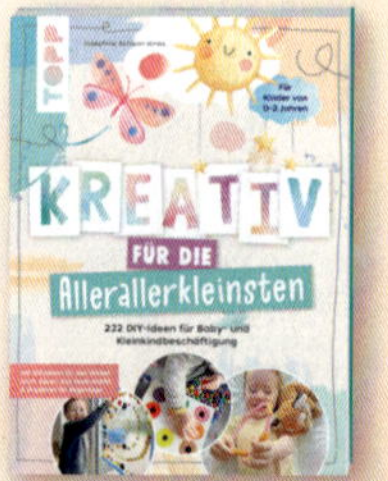

Kreativ für die Allerallerkleinsten. 222 DIY-Ideen für Baby- und Kleinkindbeschäftigung
ISBN 978-3-7358-**5141**-3
128 S., SC, € (D) 15,00

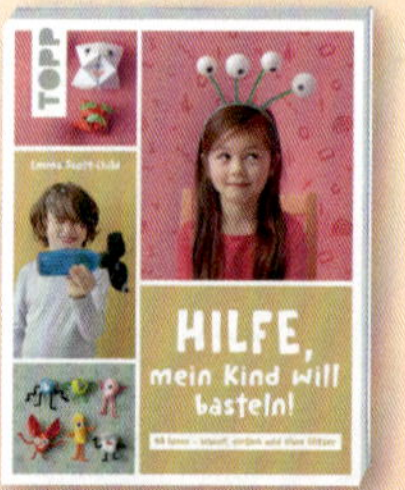

Hilfe, mein Kind will basteln! – 40 Bastelideen – schnell, einfach und ohne Glitzer
ISBN 978-3-7358-**9115**-0
192 S., HC, € (D) 16,99

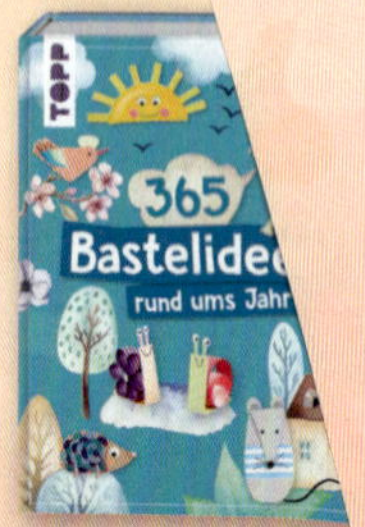

365 Rund-ums-Jahr-Bastel
ISBN 978-3-7358-**9025**-
208 S., HC, € (D) 24,99

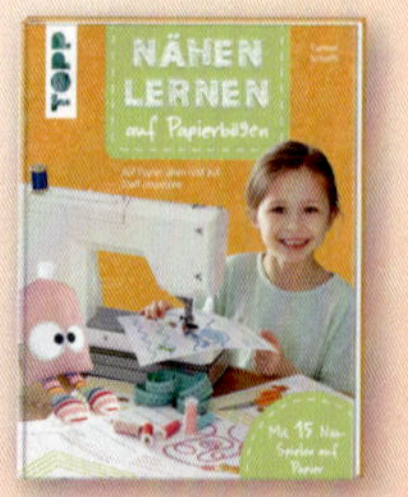

Nähen lernen auf Papierbögen
ISBN 978-3-7358-**9102**-0
64 S., HC, € (D) 14,99

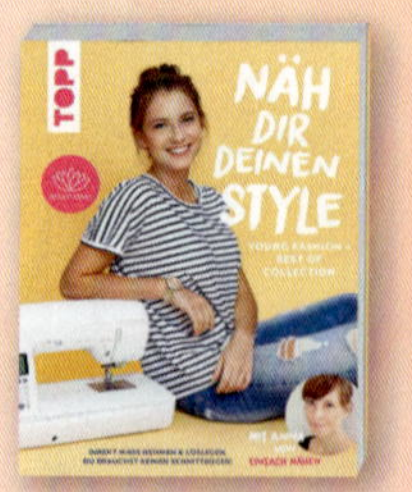

Näh dir deinen Style! Young Fashion - Best of Collection
ISBN 978-3-7724-**9101**-3
192 S., SC, € (D) 16,99

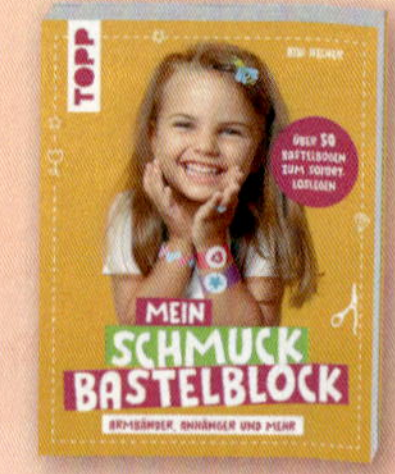

Mein Schmuckbastelblock
ISBN 978-3-7358-**9104**-4
160 S., SC, € (D) 12,99

Natu
ISBN
112 S

DIY / Basteln

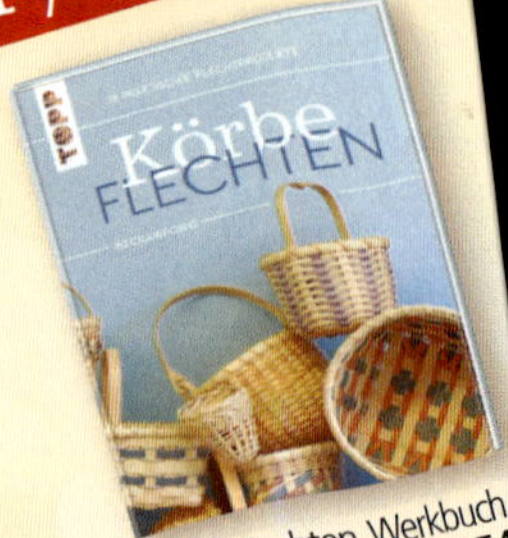

Körbe flechten. Werkbuch
ISBN 978-3-7358-**5154**-
96 S., HC, € (D) 19,99

Handarbeit

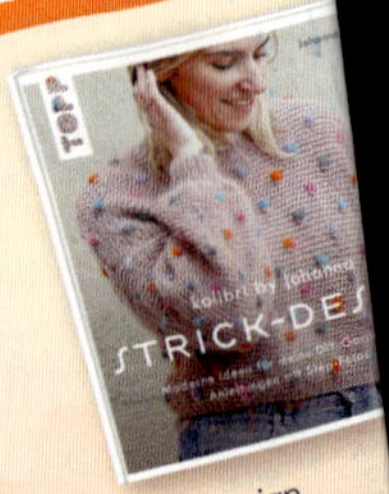

Strick-Design
ISBN 978-3-7358-
128 S., HC, € (D

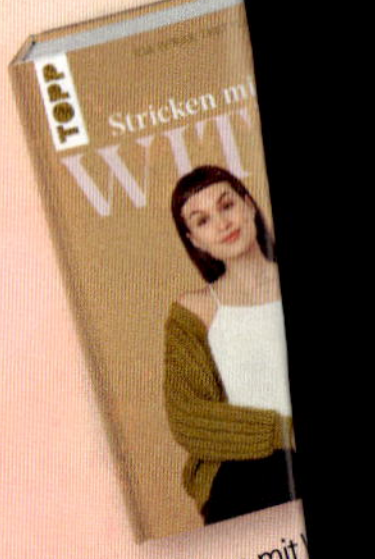

Stricken mit
ISBN 978-
176 S., HC

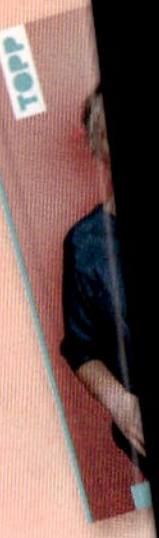

Näh
Obe
ISB
11

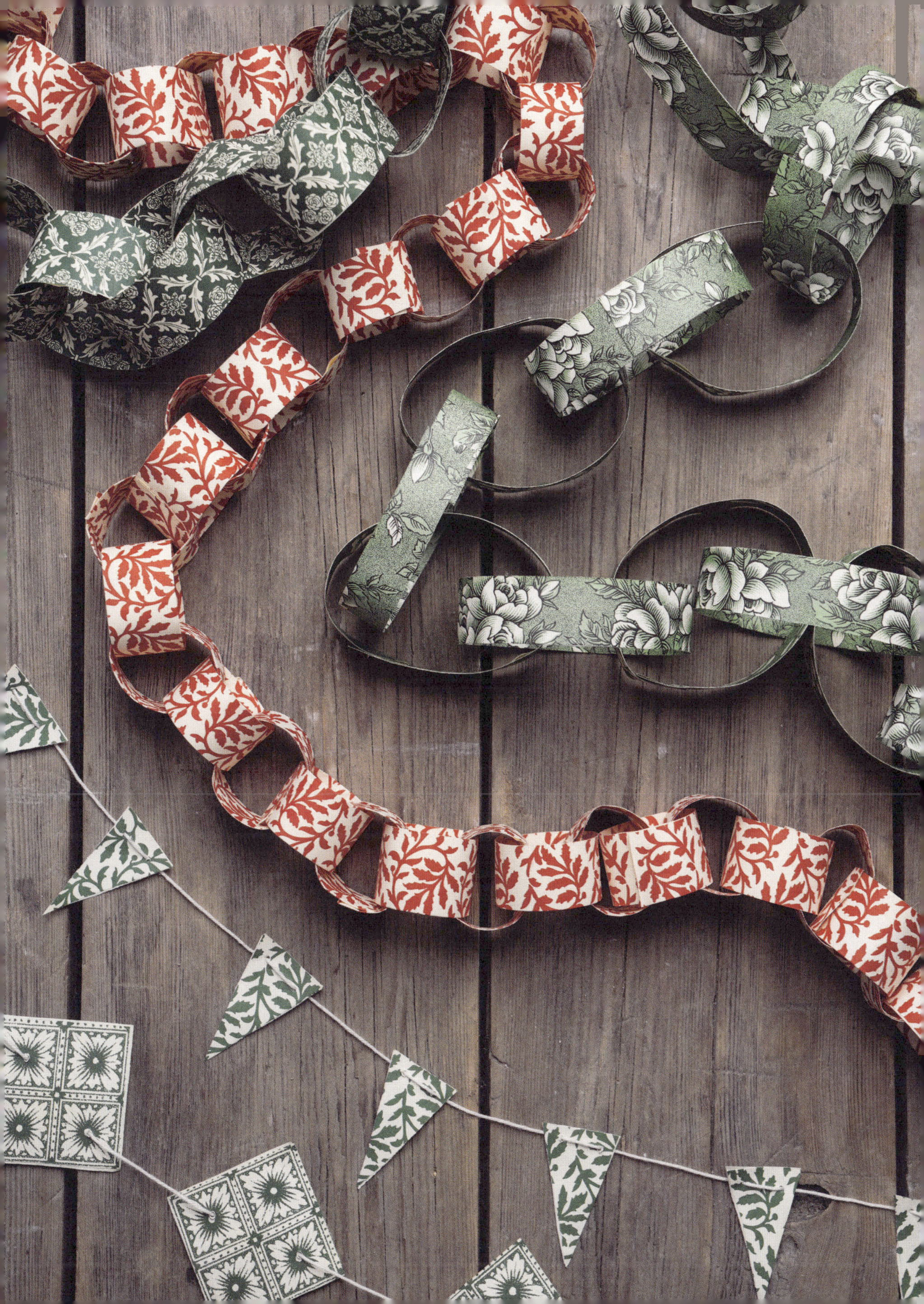

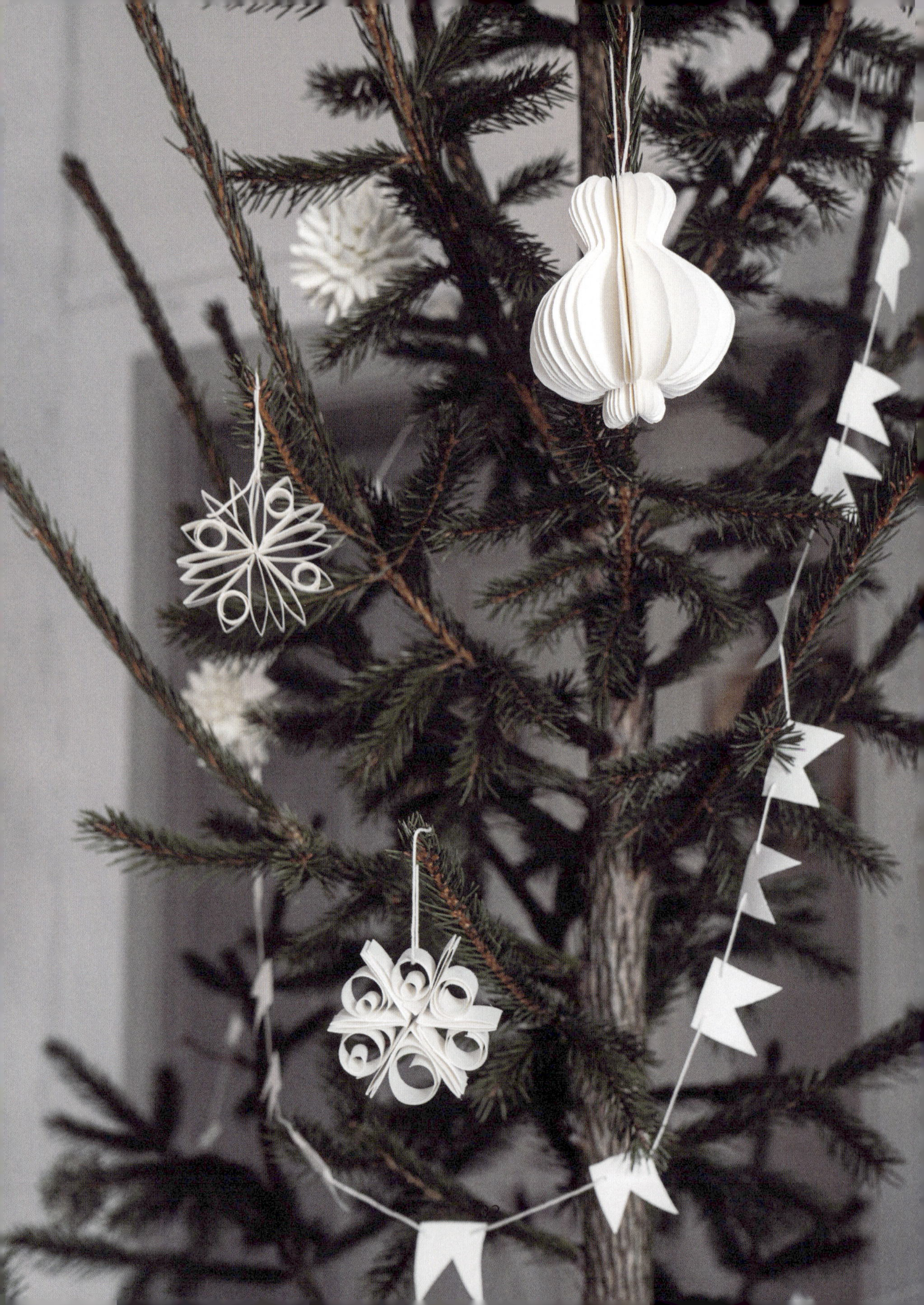

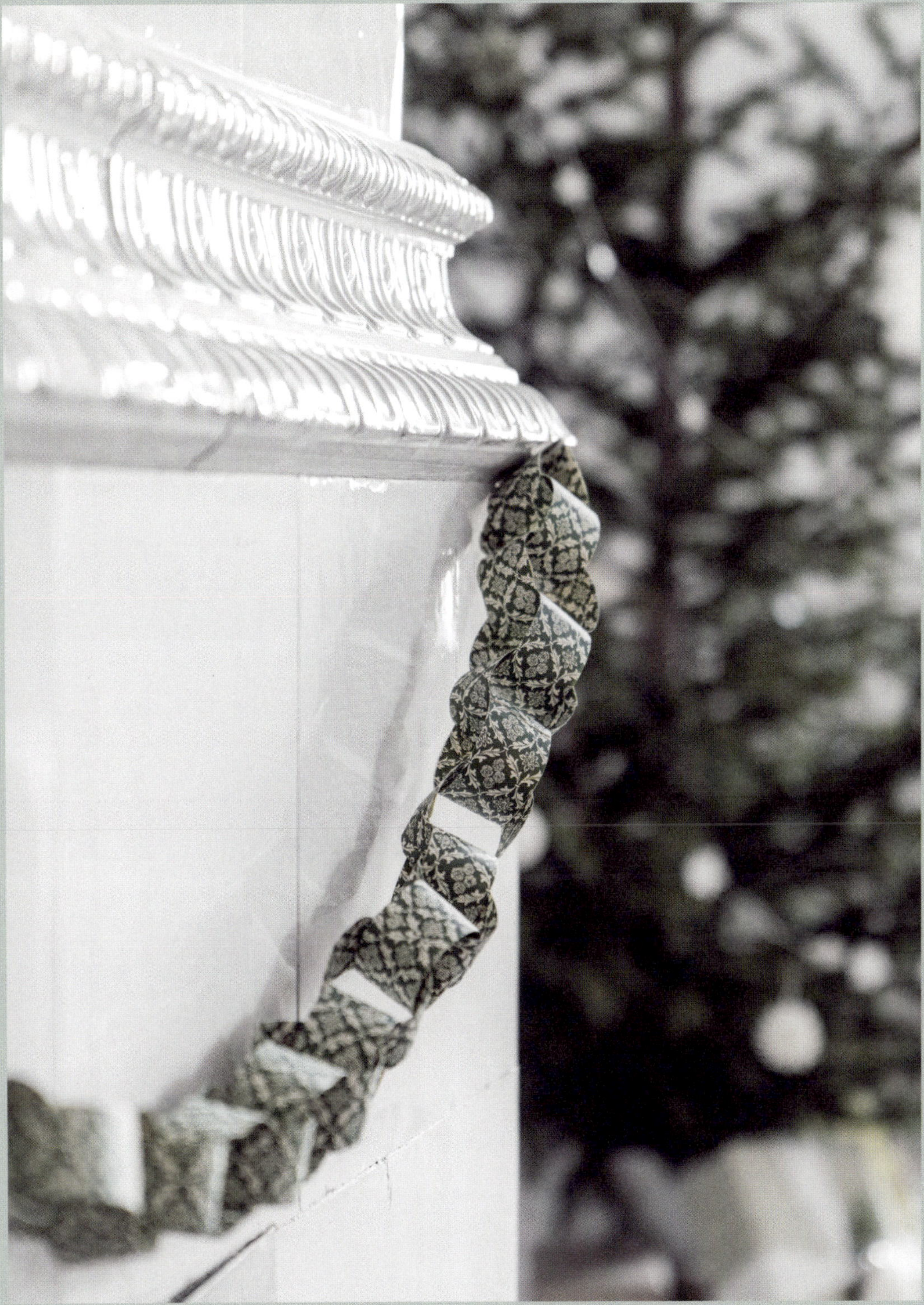

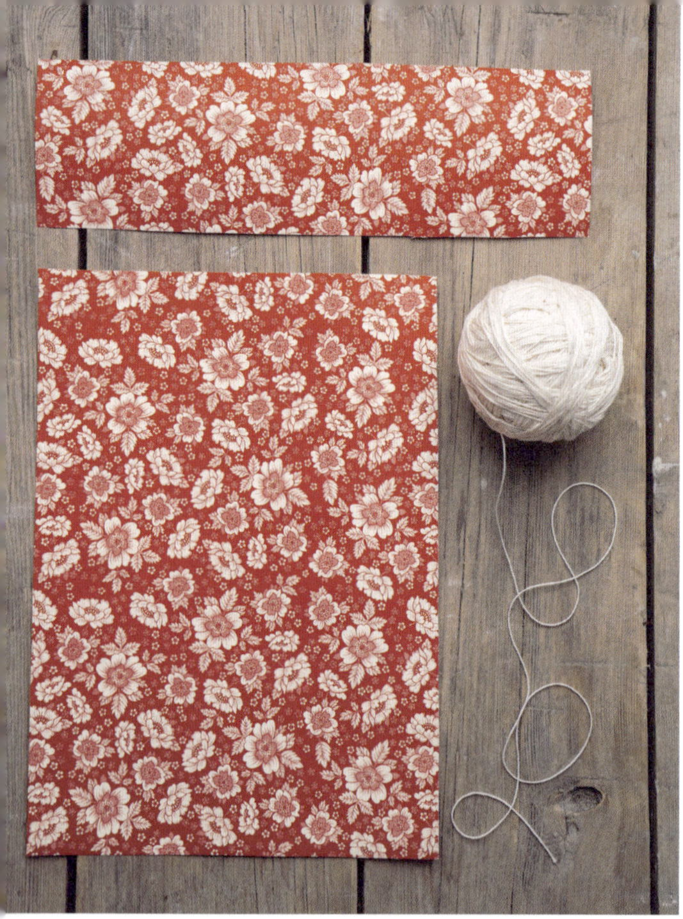
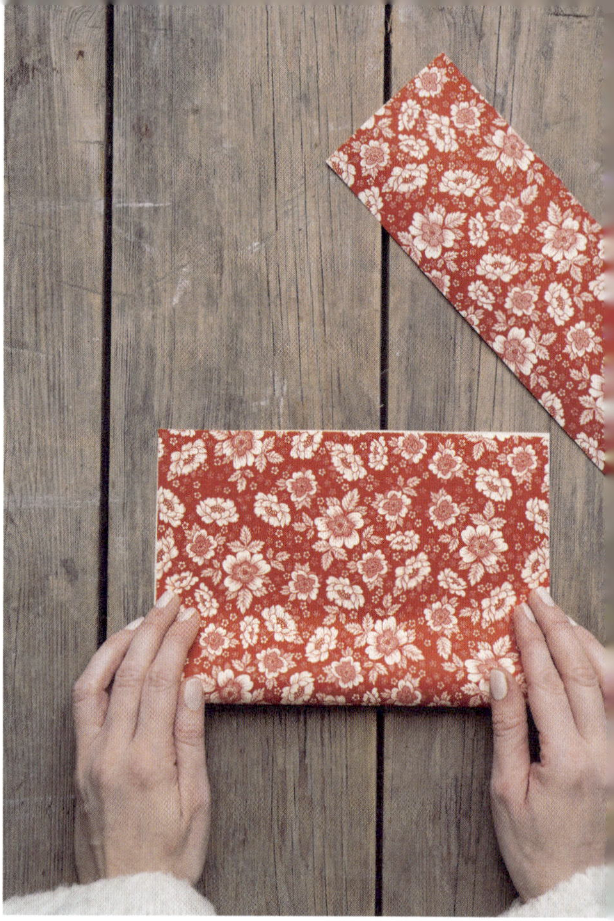
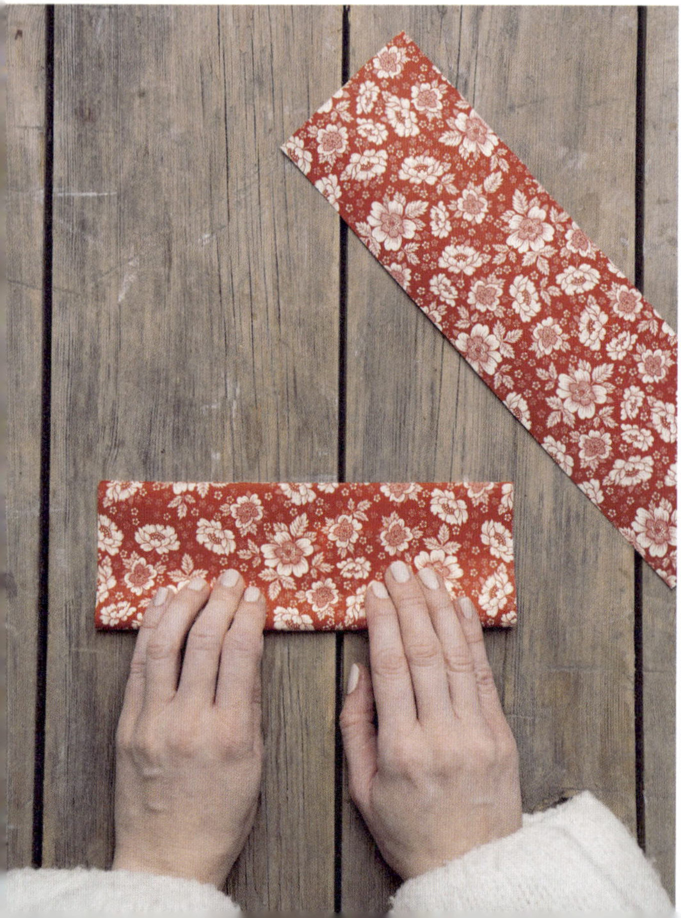
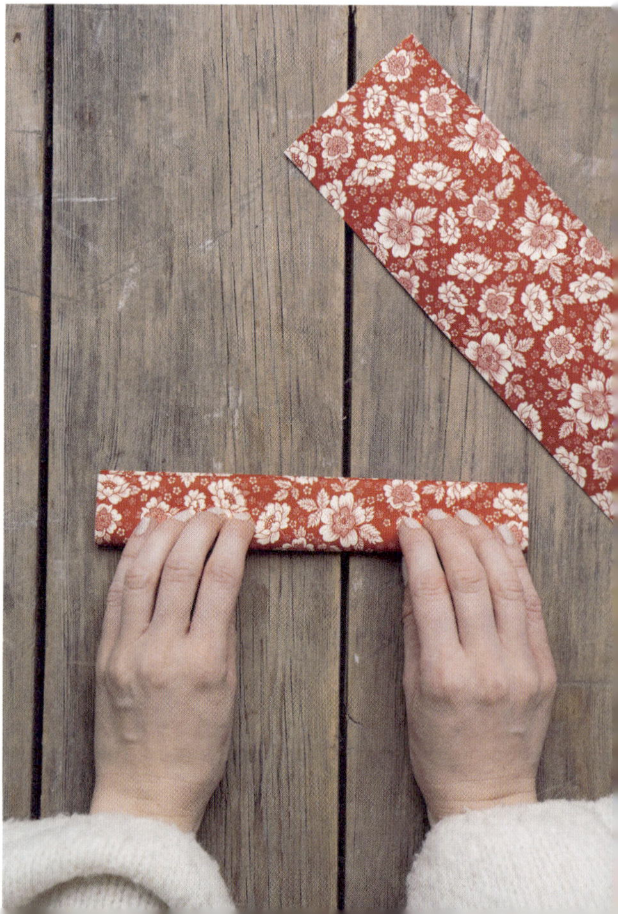

PAPIERENGEL

Diese goldigen Engel lassen sich aus Musterpapier nach Wahl herstellen und eignen sich für schöne Bastelstunden mit der ganzen Familie.

Schwierigkeitsgrad: Leicht
Arbeitszeit: 30 Minuten

Der Engelskopf lässt sich entweder durch eine gefaltete Papierschlaufe oder eine kleine Kugel herstellen. Das Papier sollte etwas dicker als Geschenkpapier sein.

SIE BENÖTIGEN:

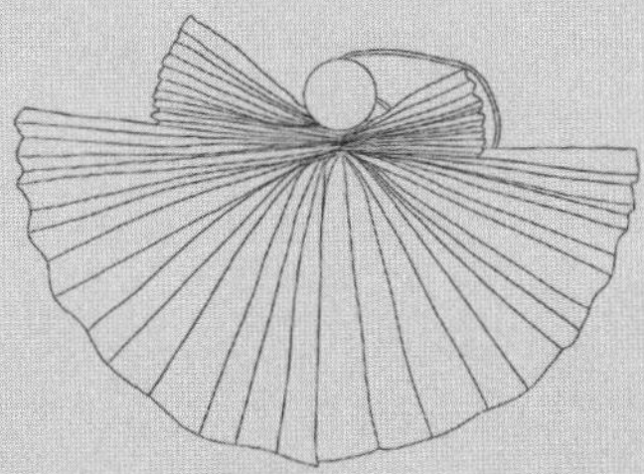

kräftigeres Papier in Farben und Mustern nach Wahl
dicker Faden oder Schnur
Klebestift
Stift oder Kugel für den Engelskopf

SO GEHT'S:

1. Zwei Blatt Papier in Farbe und Muster nach Wahl zuschneiden. Das eine Blatt sollte breiter sein als das andere, beide Blätter sollten jedoch die gleiche Länge aufweisen. Für das größere Blatt zum Beispiel ein A4-Blatt wählen und dann von einem weiteren A4-Blatt längs einen 15 cm breiten Streifen abscheiden.
2. Das große Blatt von der Querseite aus zur Hälfte falten. Dies noch zweimal wiederholen.
3. Das Blatt wieder öffnen und die Knicke als Hilfslinien für den nächsten Schritt verwenden.
4. Das Blatt wie eine Ziehharmonika auffalten. Schritte 2–4 mit dem kleinen Stück wiederholen.
5. Optional für ein Lochmuster jetzt in die kurze Seite der großen Ziehharmonika einzelne Dreiecke oder Kreise einschneiden. Alternativ an der Längsseite kleine Löcher einschneiden.
6. Für den Engel ohne Kugelkopf den Schritten 7–10 folgen, beim Engel mit Kugel den Schritten 10–14 folgen.
7. Die beiden Ziehharmonikas gefaltet aufeinanderlegen und mittig unter der größeren einen Stift platzieren. Die Ziehharmonikas zuklappen, sodass sie den Stift umschließen.
8. Für den Engelskopf die Ziehharmonikas unterhalb des Stifts ein paar Mal mit der Schnur um-

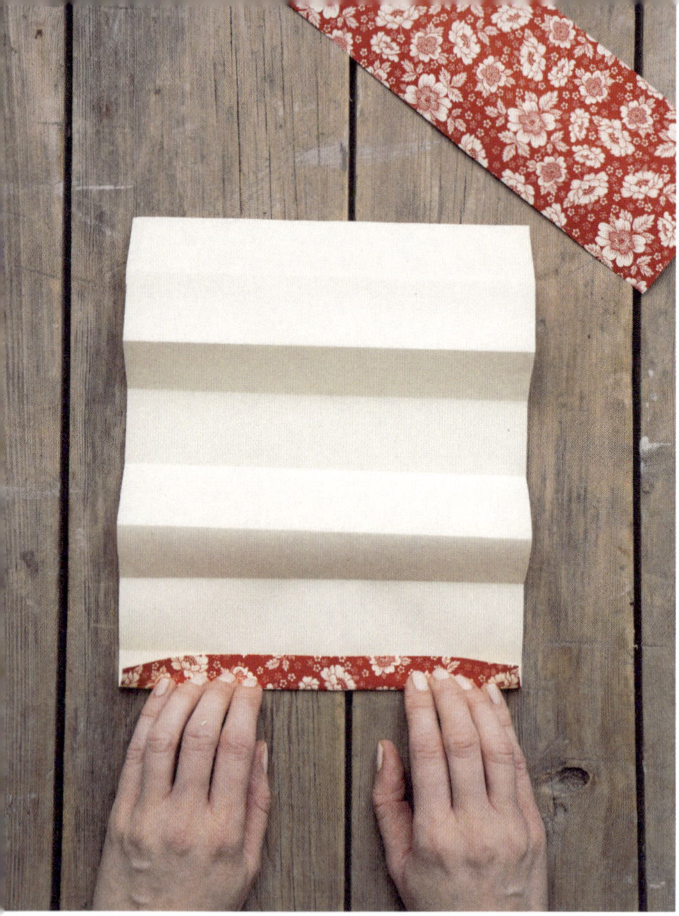
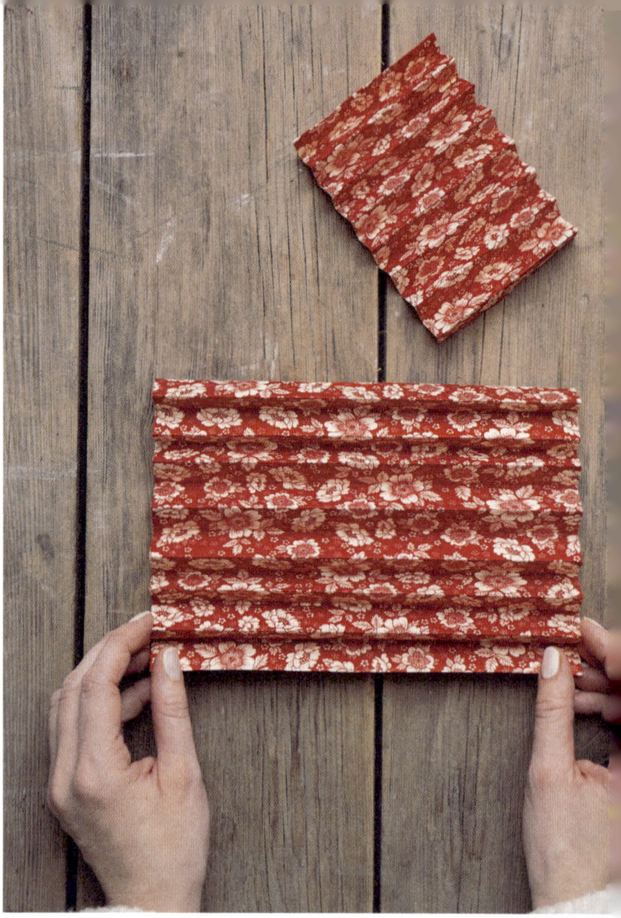

wickeln.

9. Den Stift entfernen, Arme und Kleid des Engels auseinanderfalten. Das Kleid mittig zusammenkleben.
10. Die große Ziehharmonika mittig falten.
11. Einen Faden durch die Kugel fädeln und diese mittig auf die kleine Ziehharmonika legen, die wiederum auf der großen Ziehharmonika liegt.
12. Den Faden mittig um beide Ziehharmonikas herumführen und auf der anderen Seite wieder durch die Kugel fädeln.
13. Die Kugel festziehen, dabei heben sich Arme und Kleid. Die Kugel gut festknoten.
14. Das Kleid des Engels mittig zusammenkleben.

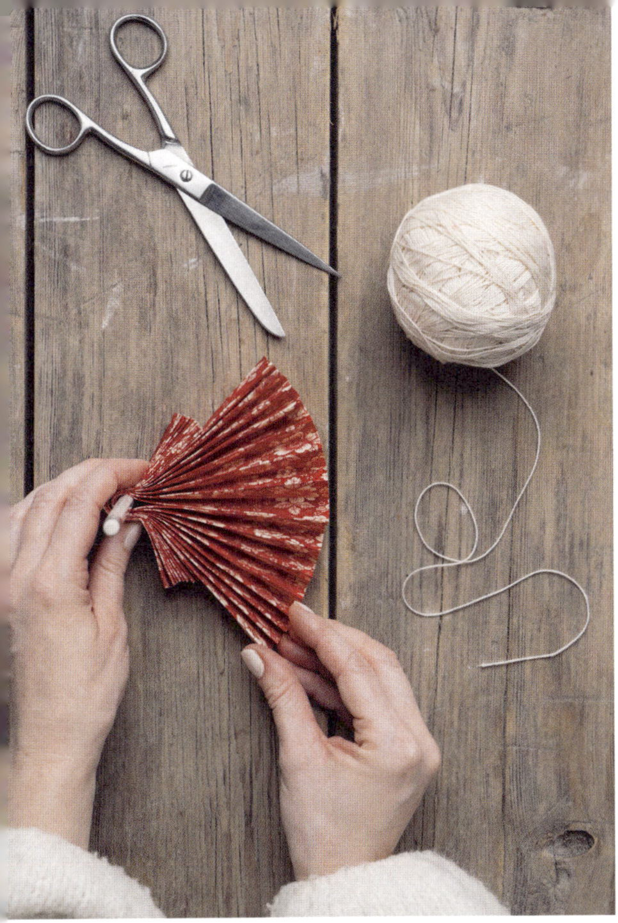
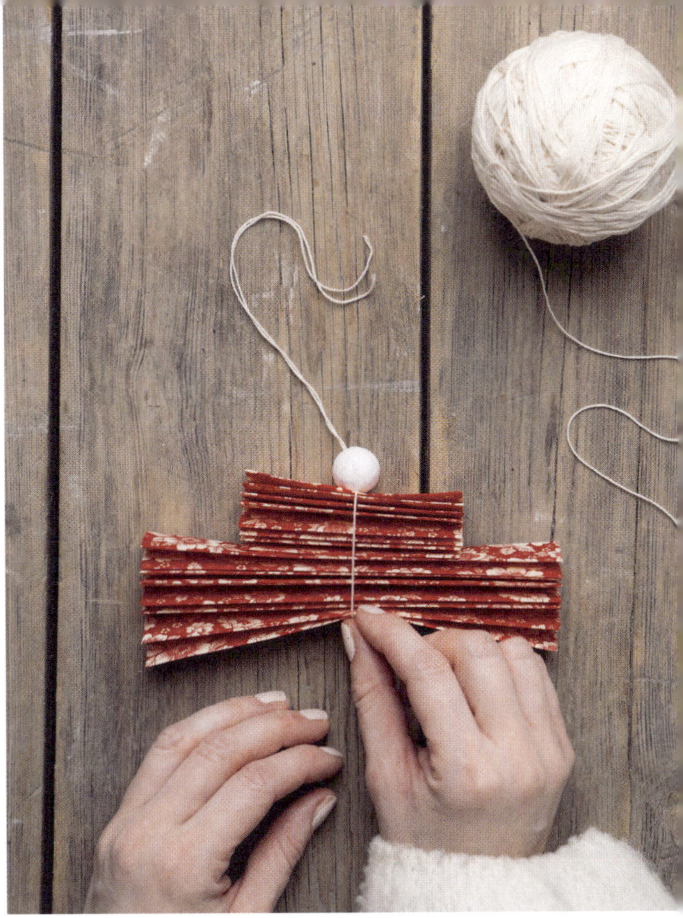
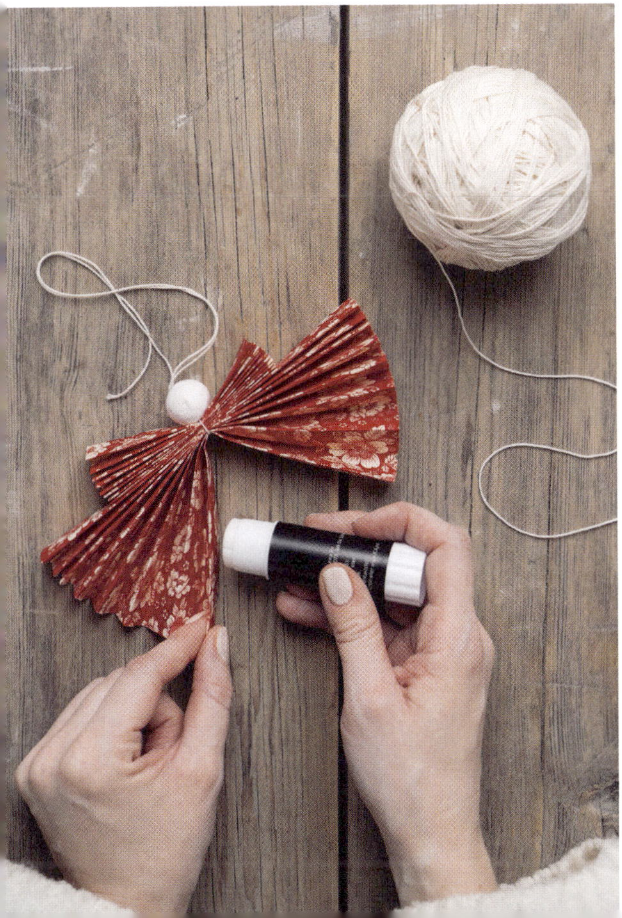
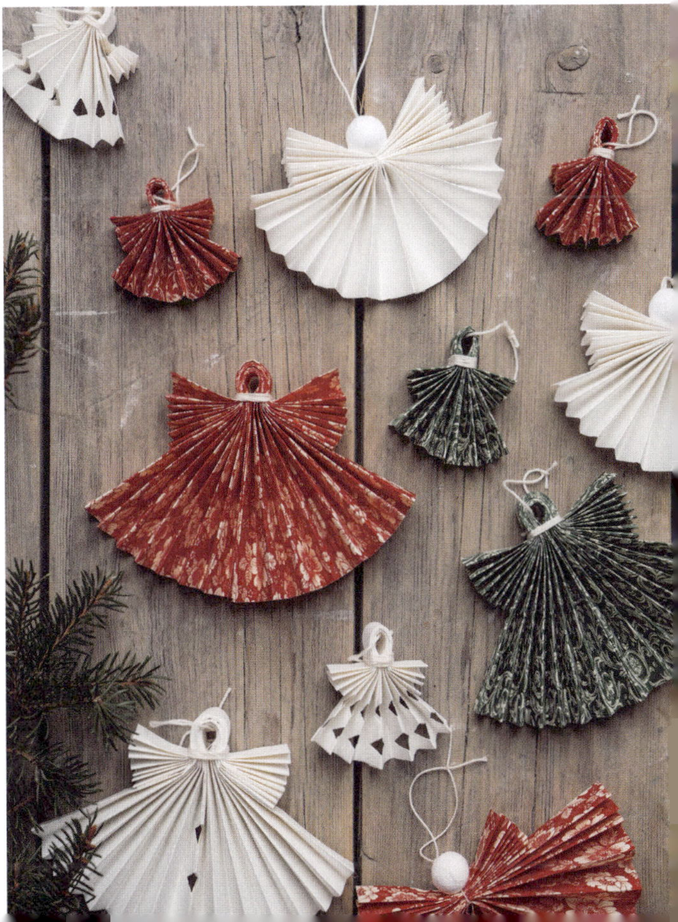

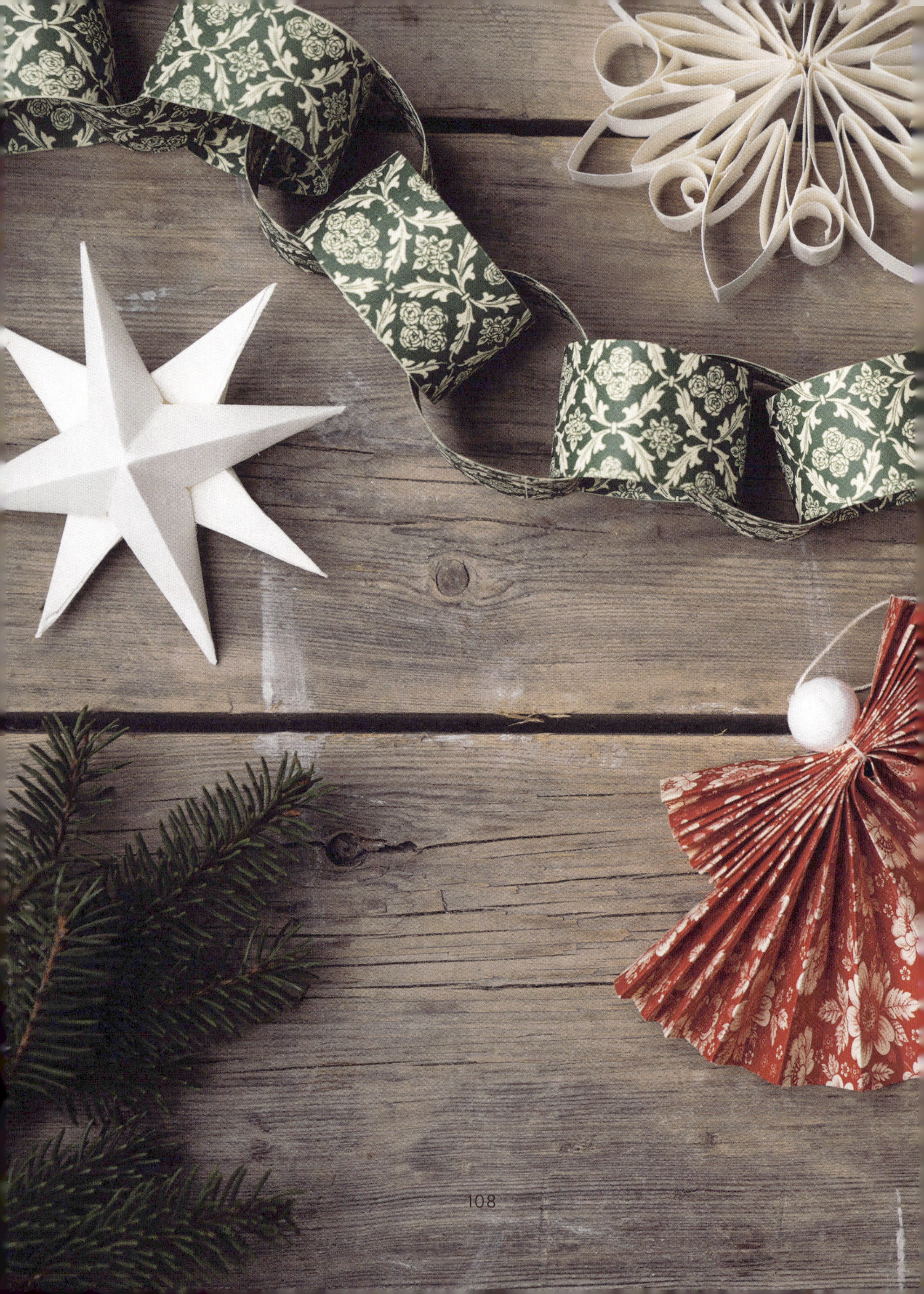

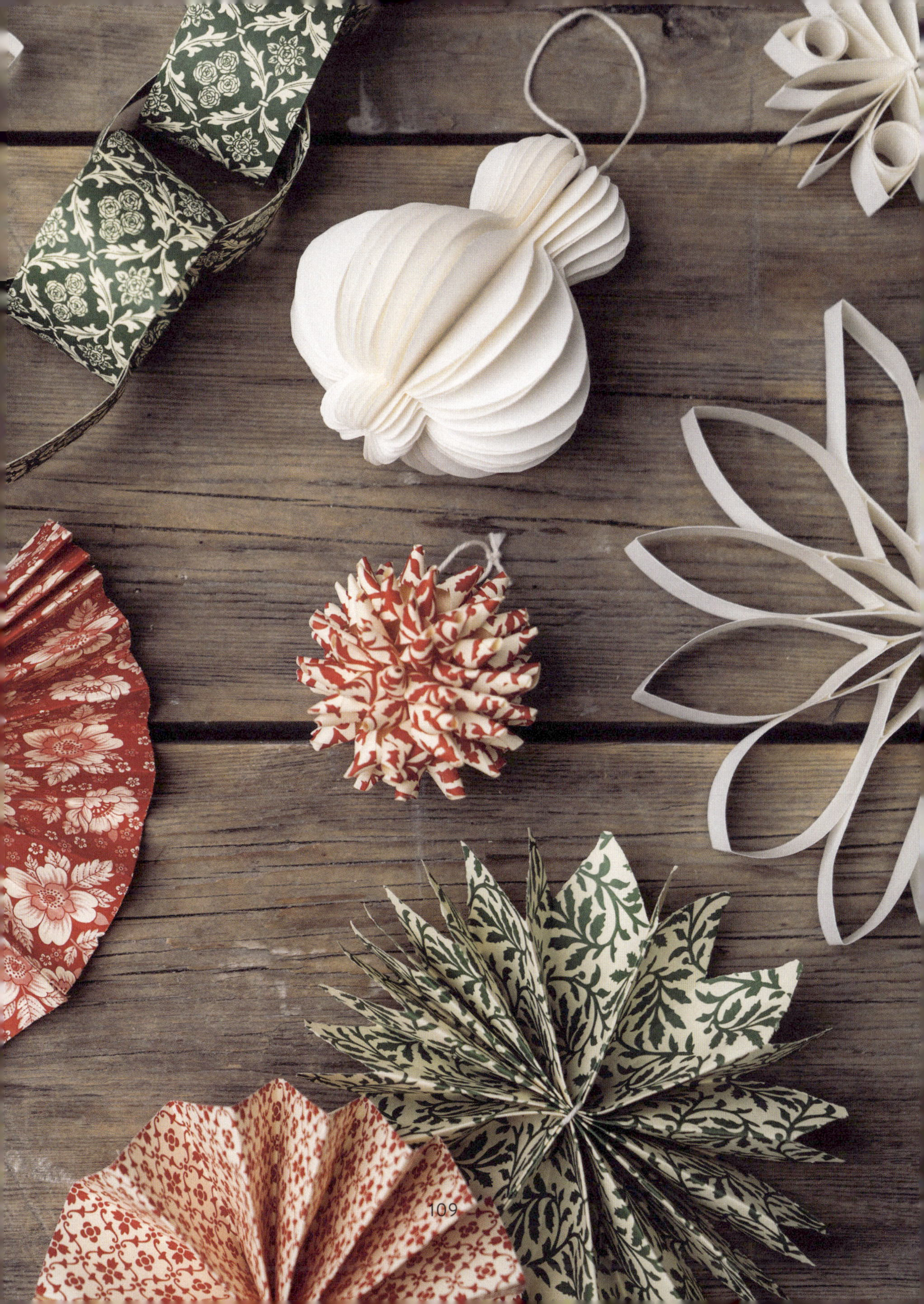

WINTERSTERN

Dieser Winterstern ist schnell gemacht. Experimentieren Sie mit Geschenkpapier, Tapete oder auch kräftigerem Bastelpapier. Die Größe, die Anzahl der Falten und die eingeschnittenen Muster lassen sich leicht variieren.

Schwierigkeitsgrad: Leicht
Arbeitszeit: 30 Minuten

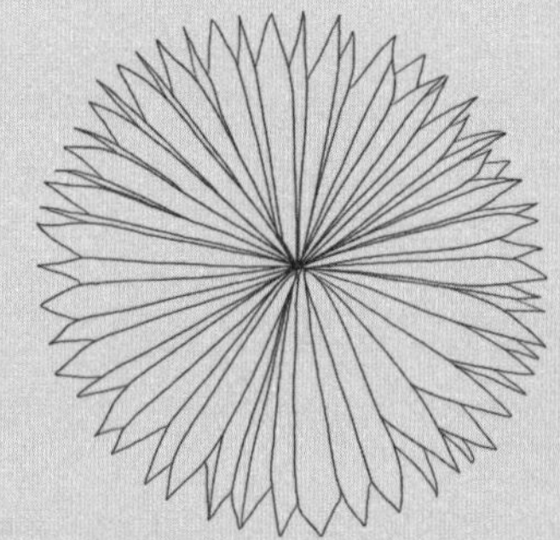

SIE BENÖTIGEN:

kräftigeres Papier in Farben und Mustern nach Wahl
Papier in Farben und Mustern nach Wahl
dicker Faden oder Schnur
Klebestift

SO GEHT'S:

1. Ein Stück Papier zuschneiden, das mindestens doppelt so lang wie breit ist. Für einen Stern mit engeren Falten muss das Papier noch etwas länger sein. Die Breite des Blatts entspricht dem Durchmesser und der Größe des Sterns.
2. Das Blatt von der Querseite aus zur Hälfte falten und dies noch zweimal wiederholen.
3. Das Blatt wieder öffnen und die Knicke als Hilfslinien für den nächsten Schritt verwenden.
4. Das Blatt wie eine Ziehharmonika auffalten.
5. Die Ziehharmonika zur Hälfte falten und wieder öffnen.
6. Mittig um die Ziehharmonika eine Schnur wickeln.

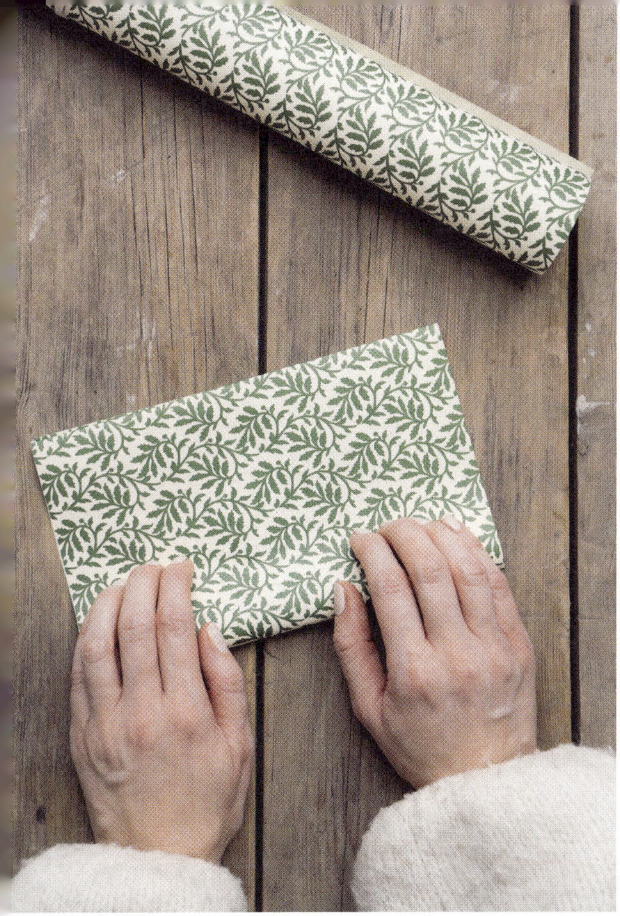
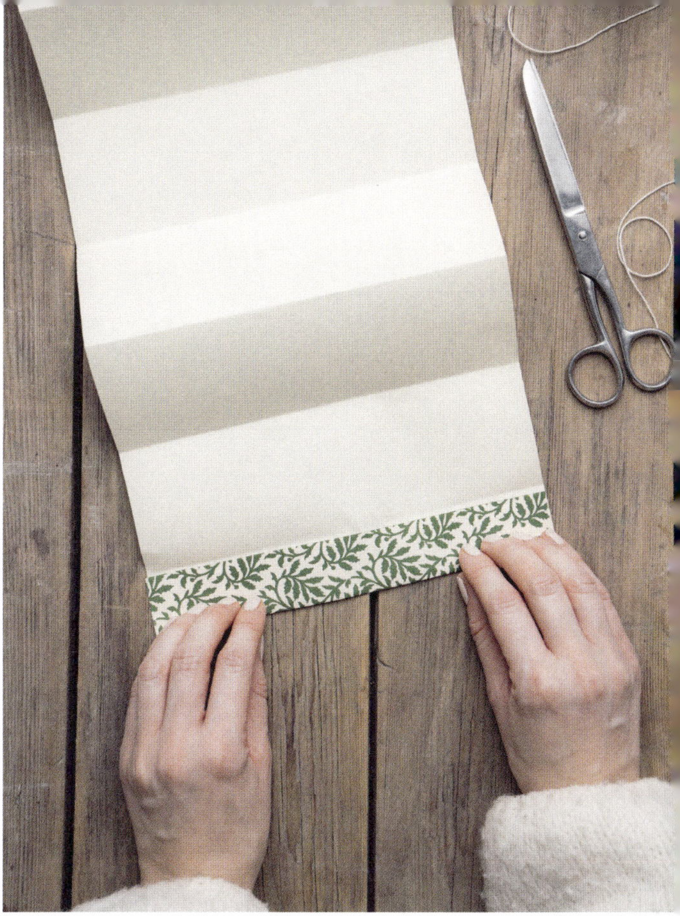
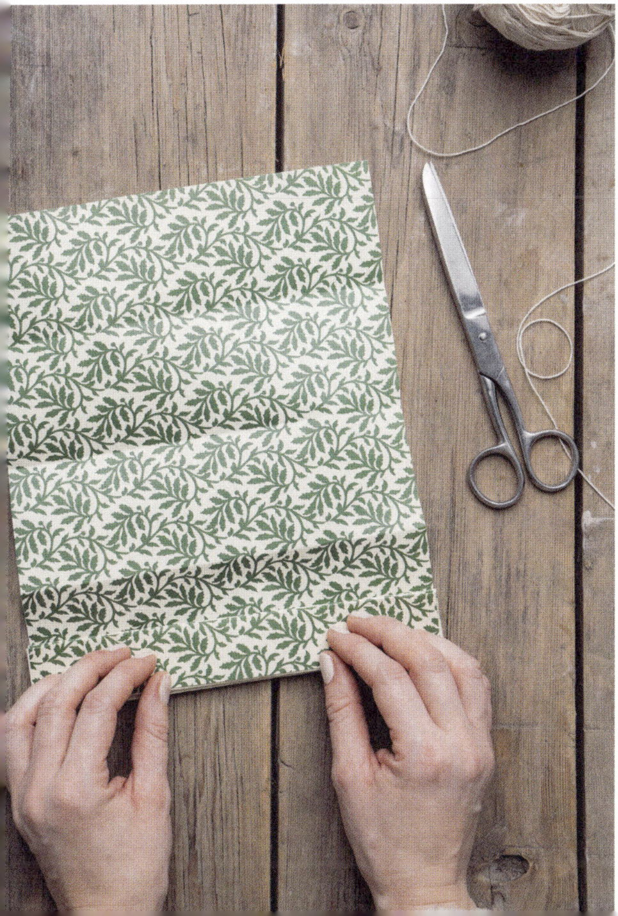
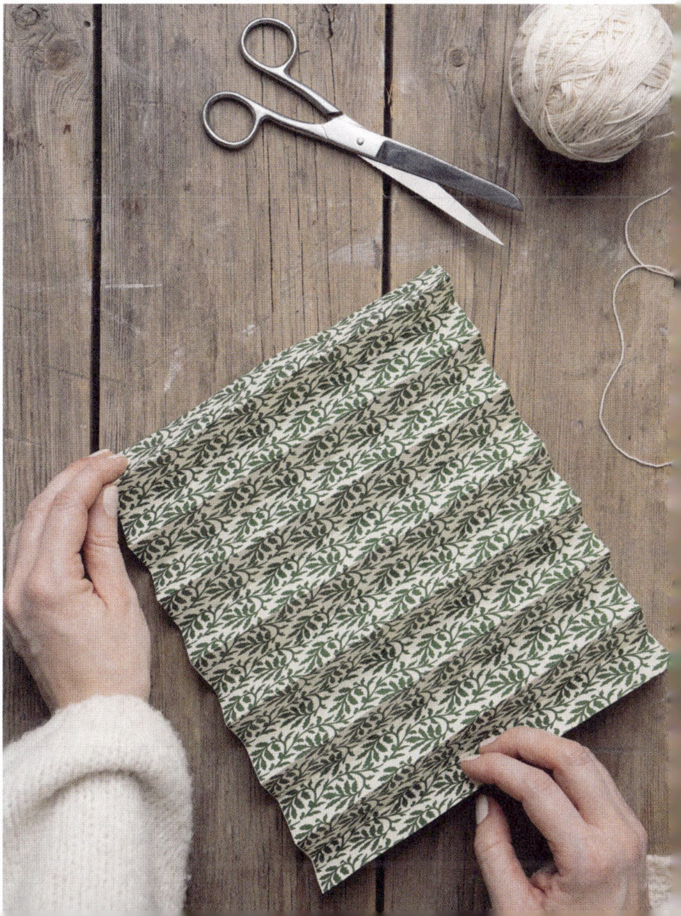

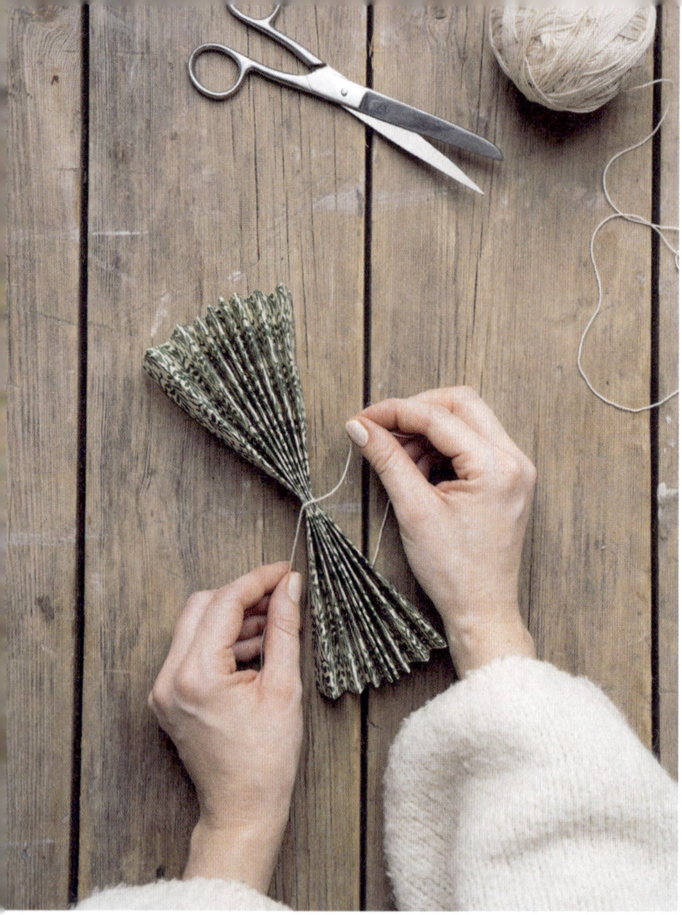

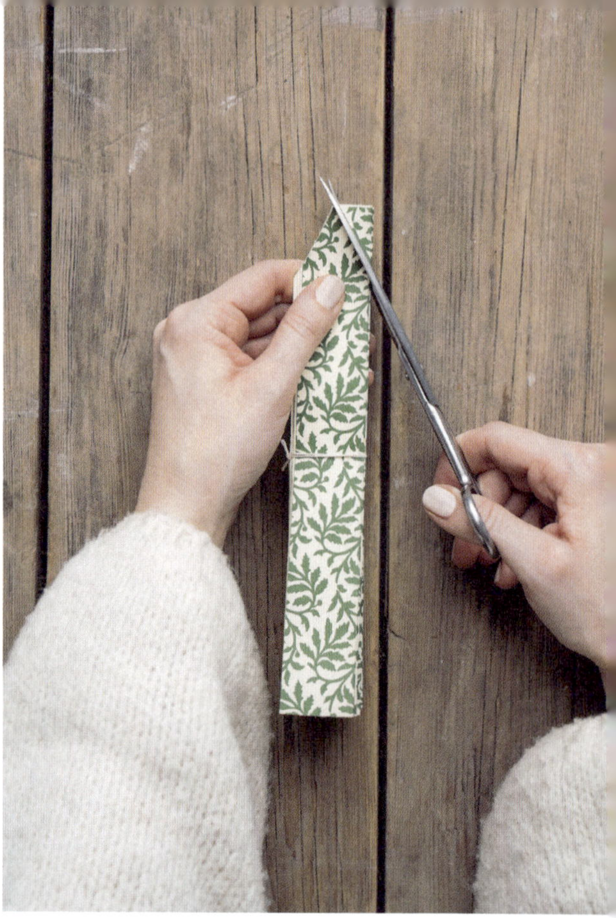

7. Die Enden der Ziehharmonika beschneiden (zum Beispiel Spitzen oder abgerundete Ecken).
8. Die lange Seite der Ziehharmonika mit Klebstoff bestreichen.
9. Die Ziehharmonika zu einem Stern auseinanderziehen, bis die beklebten Seiten sich treffen. Nach Wunsch hier noch eine Schur zur Aufhängung befestigen.

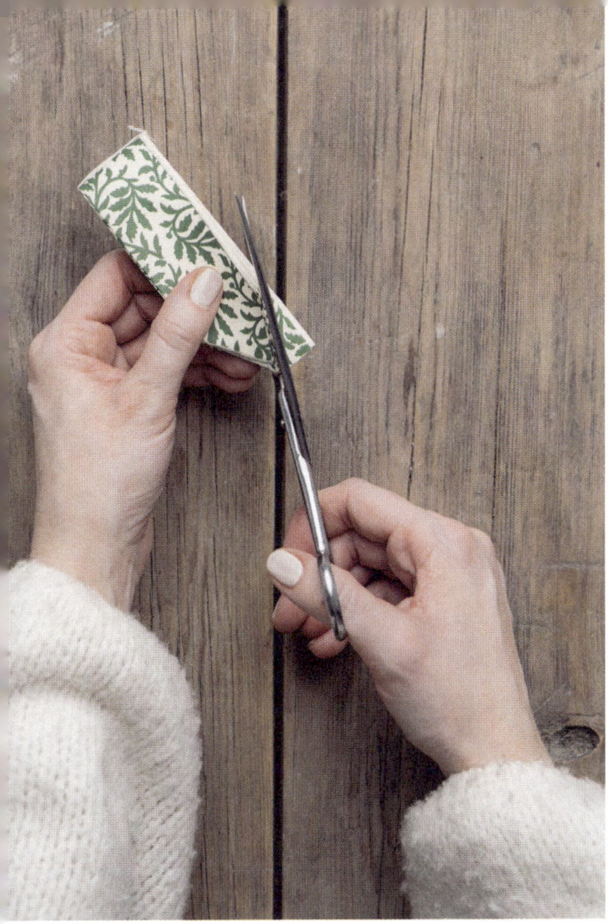
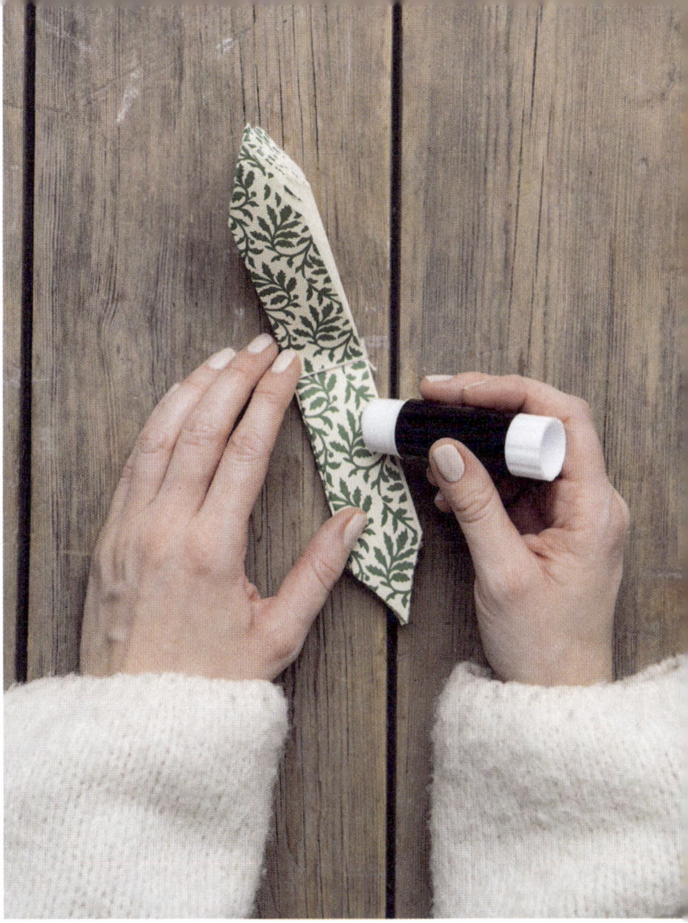
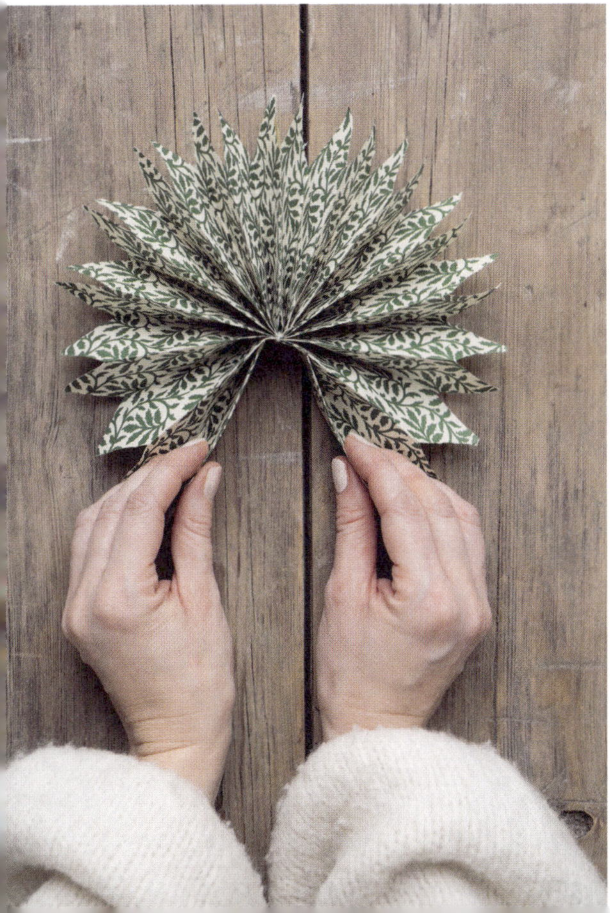
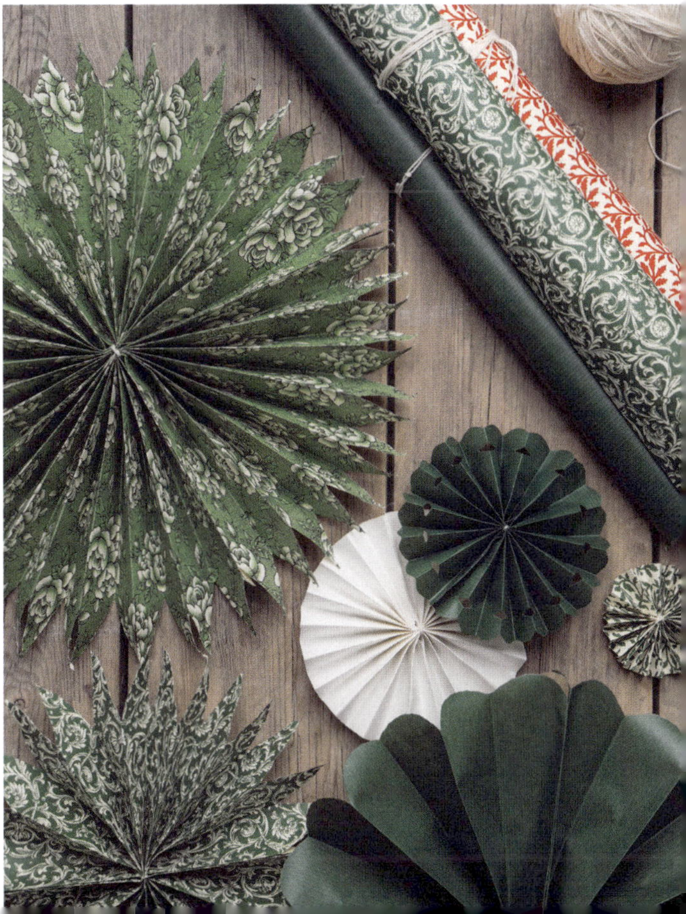

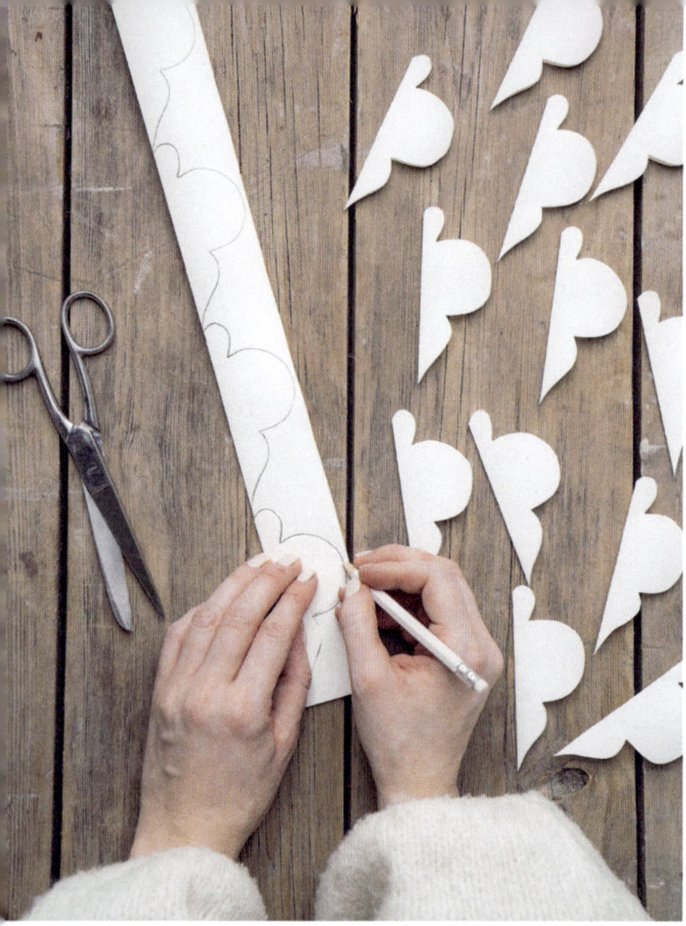

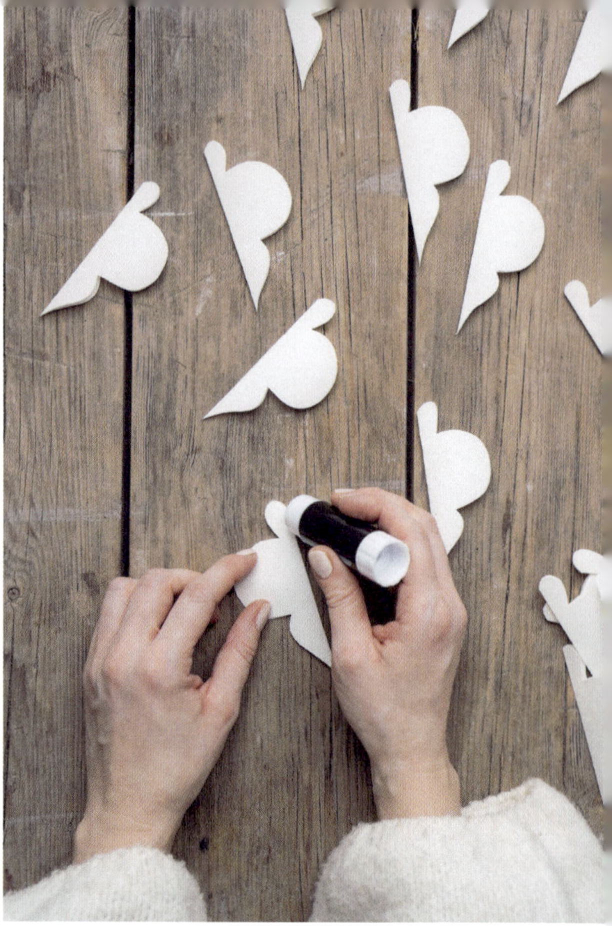

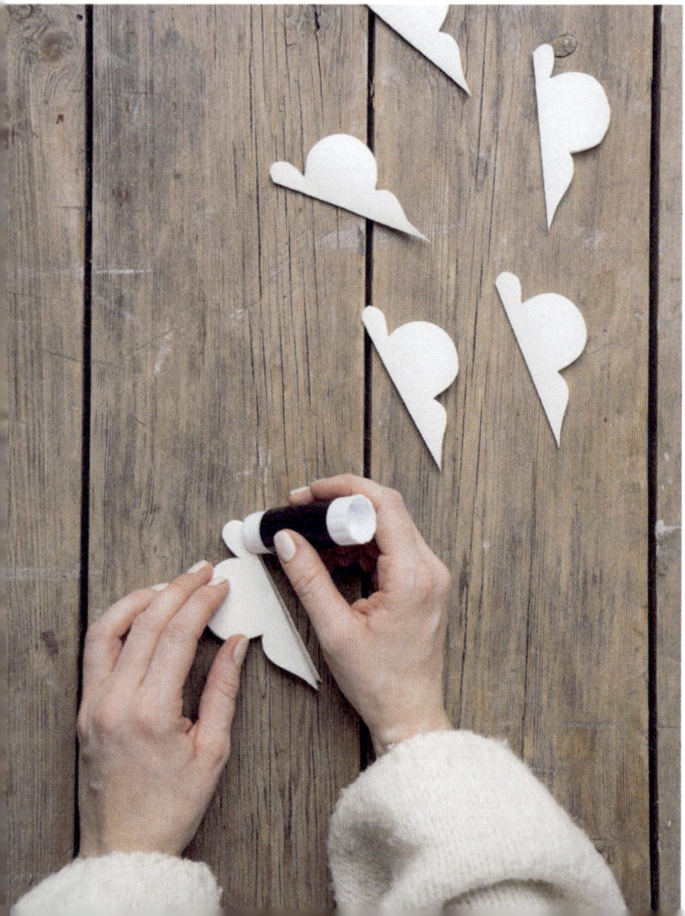

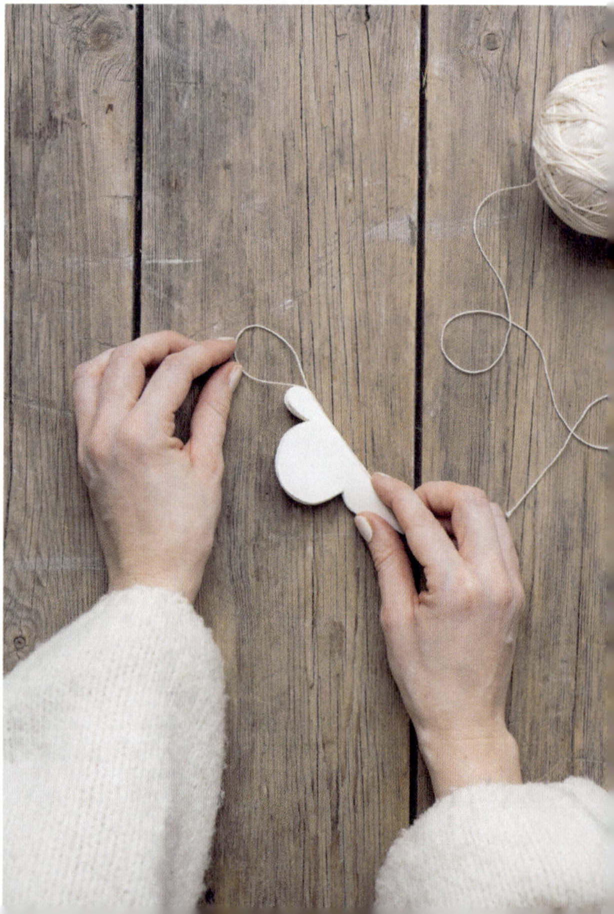

CHRISTBAUMKUGELN

Wie wäre es einmal mit diesen wunderschönen Christbaumkugeln aus Papier? Bei Form, Größe, Papierart und Farbe können Sie der Fantasie freien Lauf lassen!

Schwierigkeitsgrad: Leicht
Arbeitszeit: 1 Stunde
Maße der Christbaumkugeln:
8 cm Ø, Höhe 10 cm

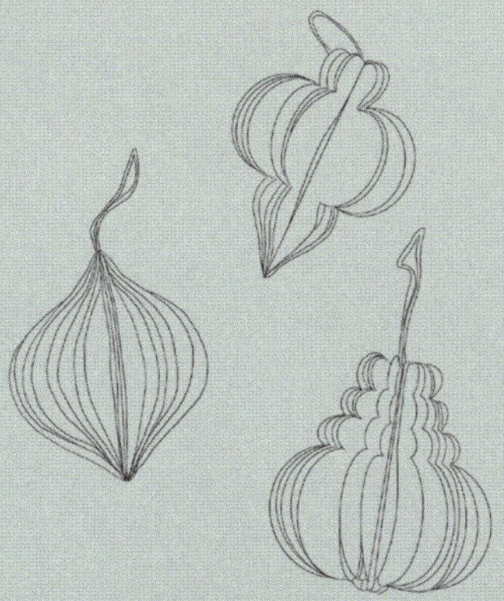

SIE BENÖTIGEN:

kräftigeres Papier
Klebestift
Kraftkleber
Schnur oder Schleifenband zur Aufhängung

SO GEHT'S:

1. Die Vorlage des gewünschten Modells abpausen und als Schablone zuschneiden.
2. Die Schablone mit der Längsseite an den Falz eines mittig gefalteten Papiers legen. Anzeichnen und ausschneiden. Diesen Vorgang wiederholen, bis 25 Teile ausgeschnitten sind.
3. Alle Teile am äußeren Falz mit Kleber bestreichen und übereinanderlegen, um sie zusammenzukleben.
4. Dann am „Rücken" des Stapels entlang eine Schnur zur Aufhängung ankleben.
5. Den Stapel oben und unten mit Klebstoff bestreichen, die Kugel auffalten und die Ober- und Unterseite zusammenkleben.

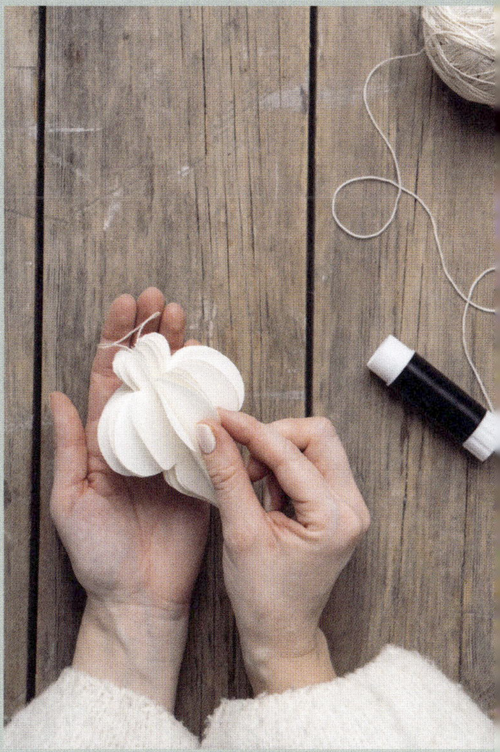

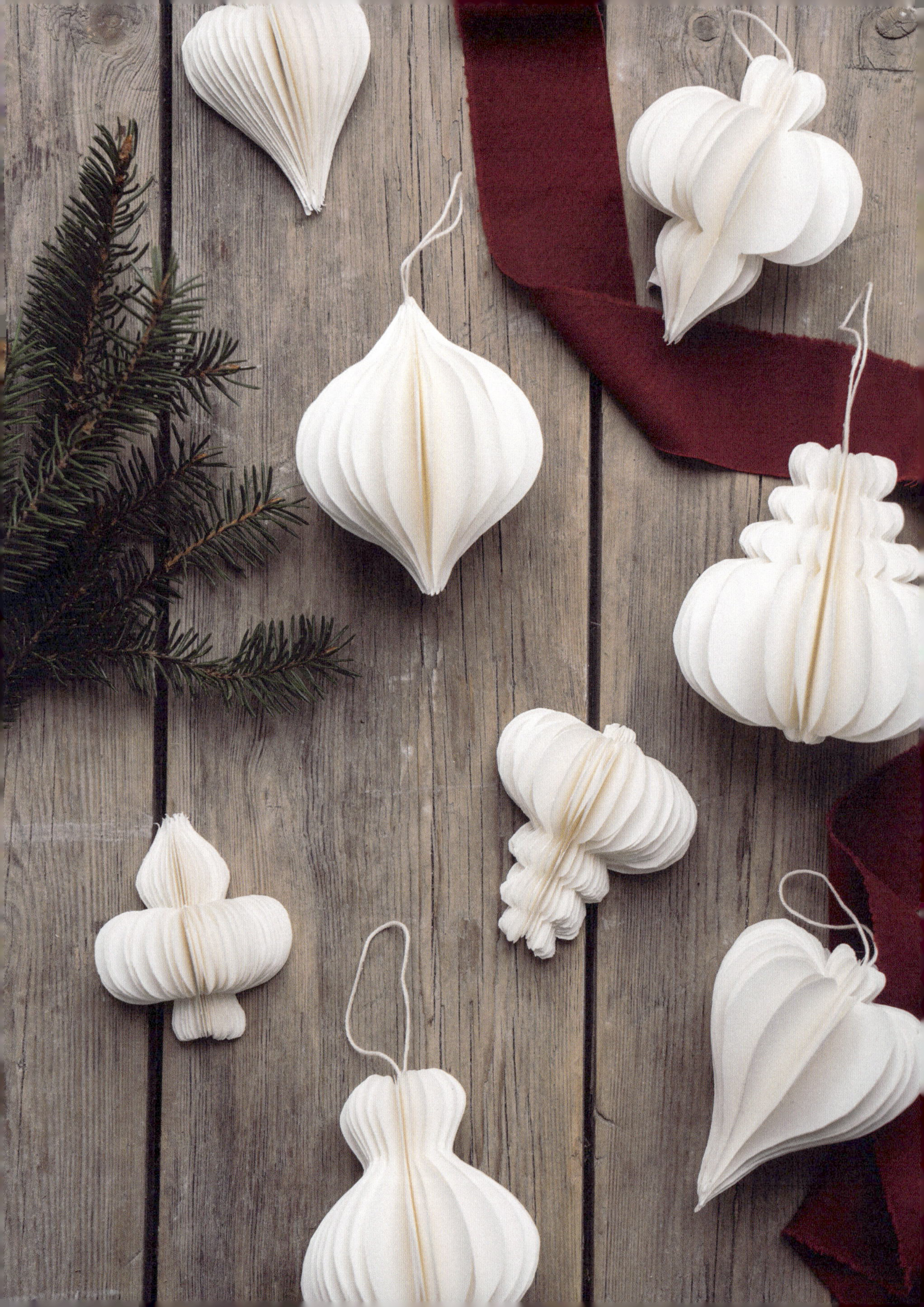

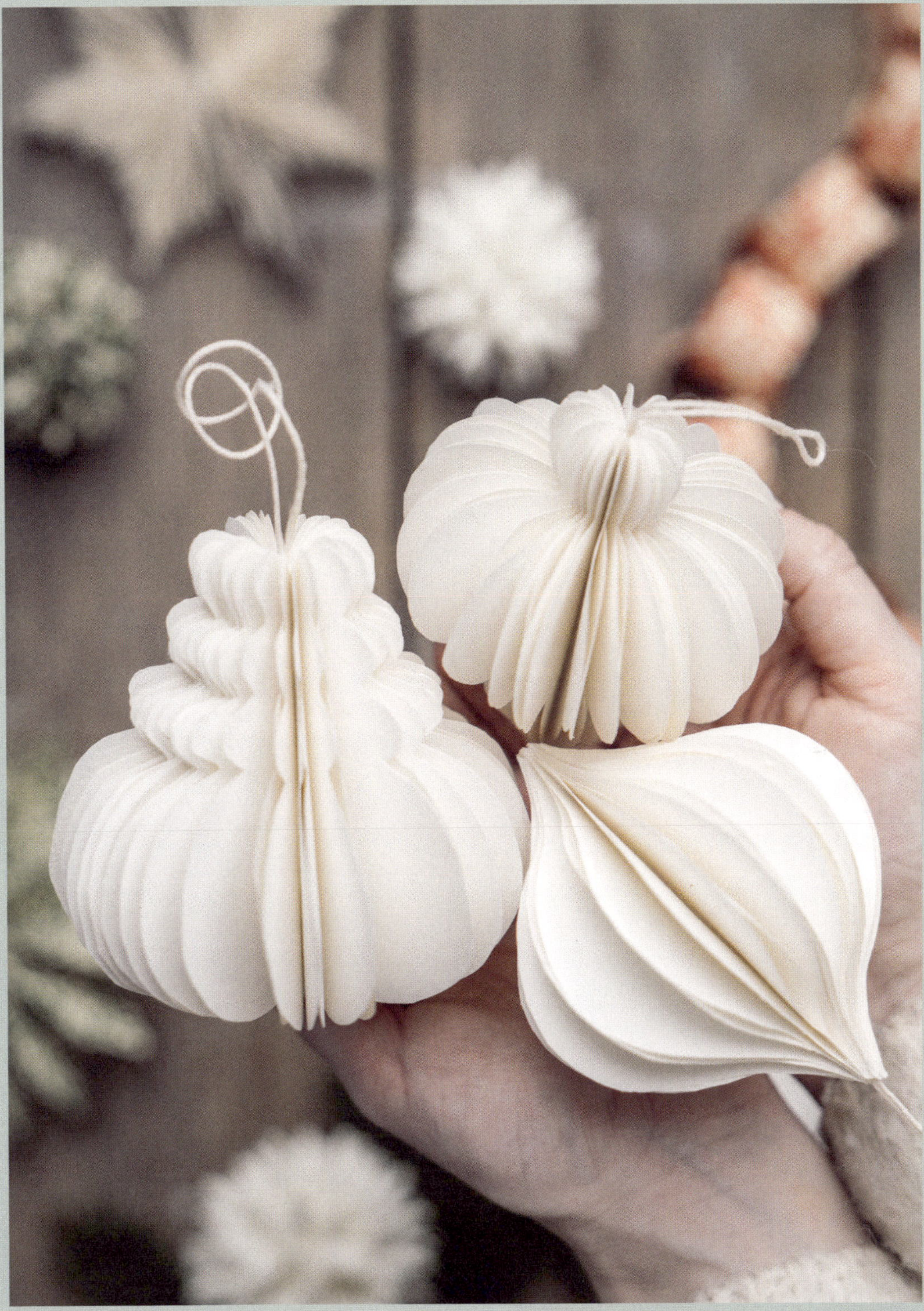

VORLAGEN FÜR CHRISTBAUMKUGELN

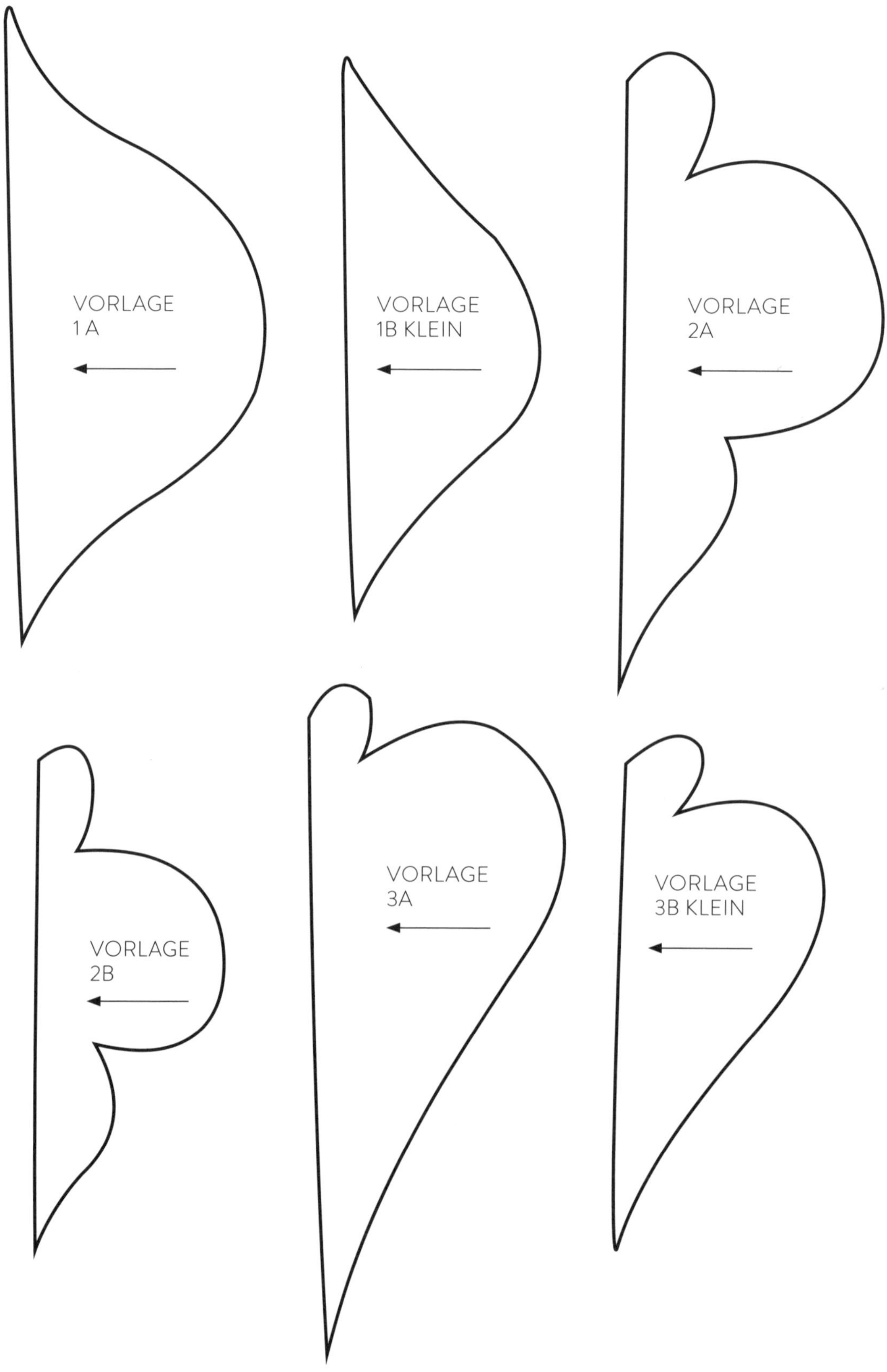

DIE VORLAGEN IM VERHÄLTNIS 1:1 (100 %) ABPAUSEN. MAN KANN SIE AUCH IN ANDERE GRÖSSEN UMSKALIEREN.

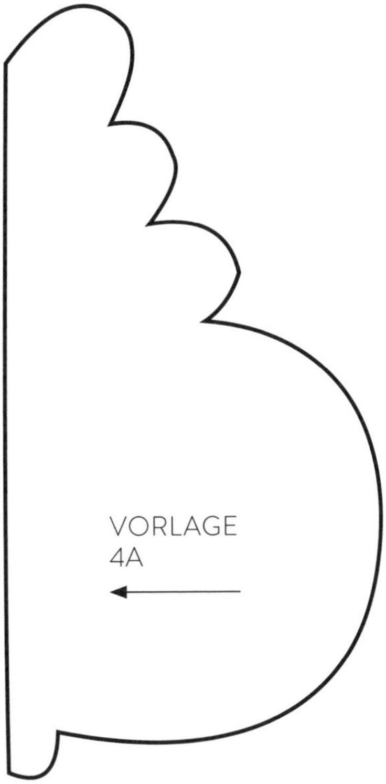

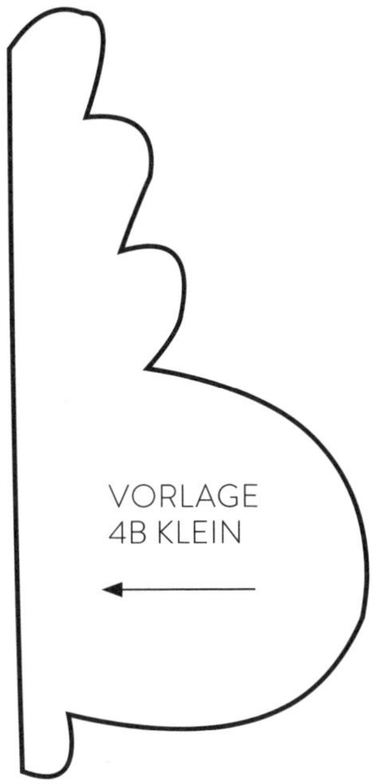

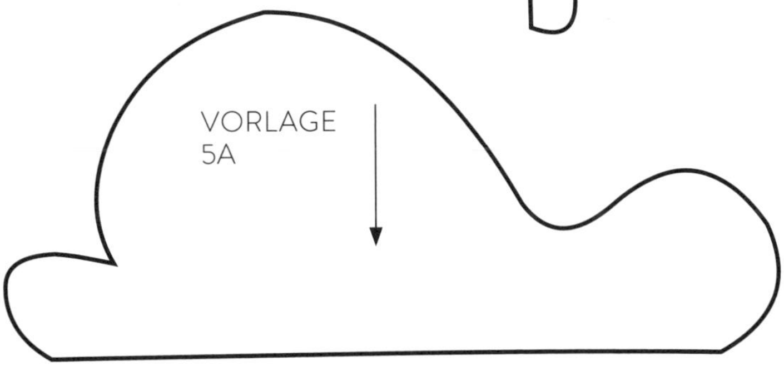

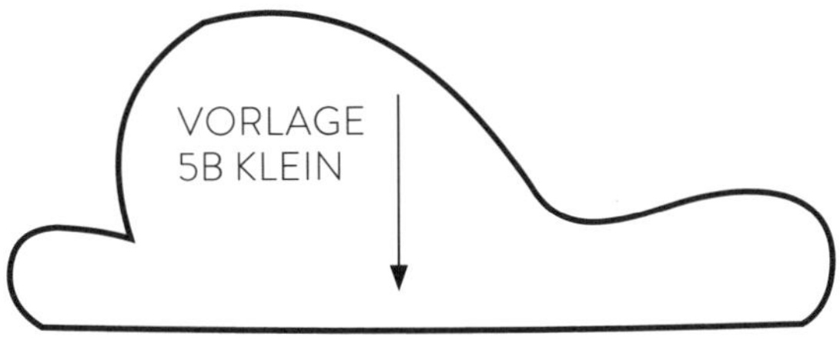

WEIHNACHTLICHER ANHÄNGER

Etwas Geduld und Fingerfertigkeit ist bei diesen zierlichen Papieranhängern gefragt, aber die Mühe lohnt sich. Ob klein, groß, rundlich oder spitz – sie lassen sich unendlich variieren!

Schwierigkeitsgrad: Mittel

Arbeitszeit: 1 Stunde

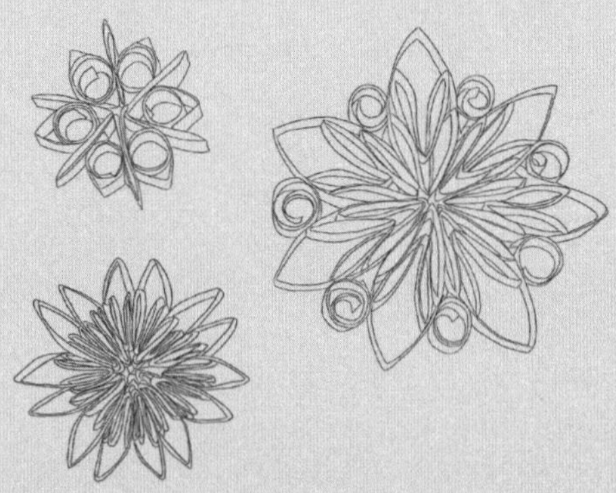

SIE BENÖTIGEN:

kräftigeres Papier

Klebestift

Kraftkleber

Häkel- oder Stricknadel

Schnur oder Schleifenband zur Aufhängung

SO GEHT'S:

1. Aus kräftigerem Papier 1 cm breite Streifen zuschneiden. Die Länge der Streifen legt fest, wie groß die Anhänger letztendlich werden. Für einen Anhänger mit 12 cm Durchmesser Streifen mit 15 cm Länge zuschneiden.
2. Die Anzahl der Streifen hängt vom Design ab. Beginnen Sie am besten mit 20 Stück.
3. Die Streifen leicht überlappend zu Ringen formen und zusammenkleben.
4. Die Ringe nach Wunsch weiter formen oder so lassen, wie sie sind. Zum Beispiel für eine Tropfenform leicht flach drücken oder die Ringe zur Hälfte falten.
5. Für kleine Spiralen die Streifen nicht zu Ringen formen, sondern offen lassen. Die Streifen eng um eine Stricknadel wickeln und das Ende festkleben, um die Spirale zu fixieren. Lockerer wird

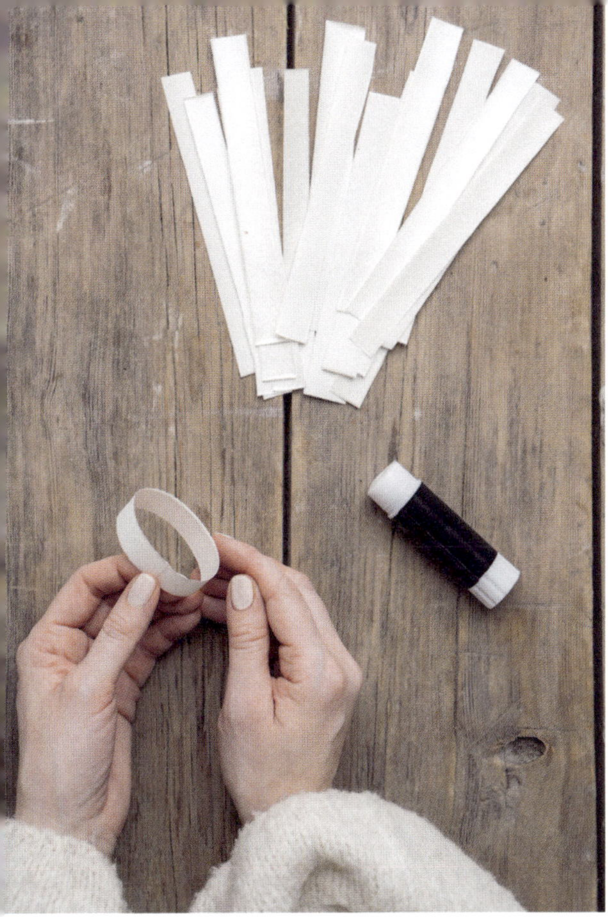
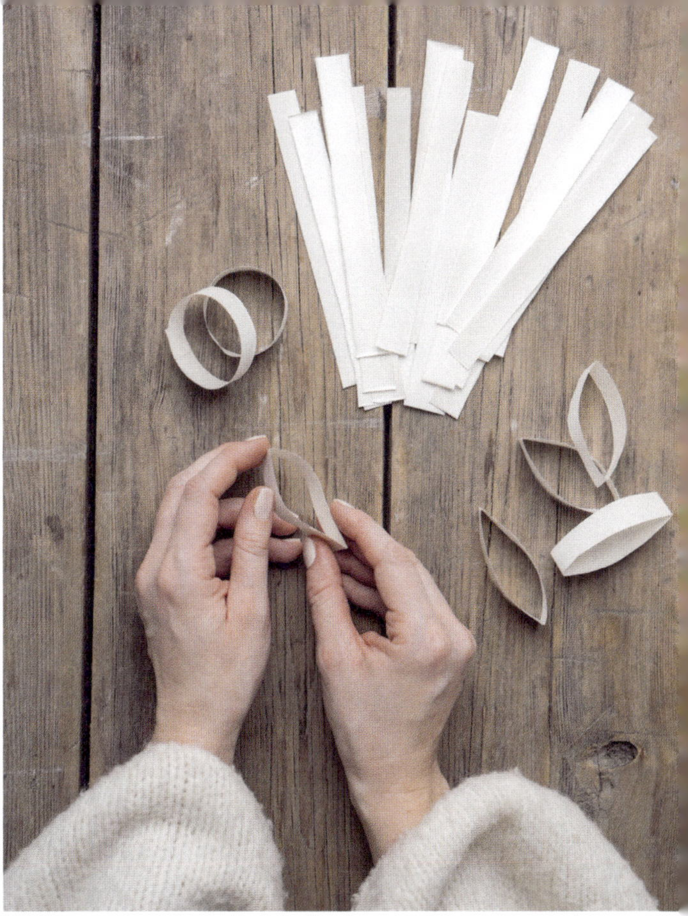
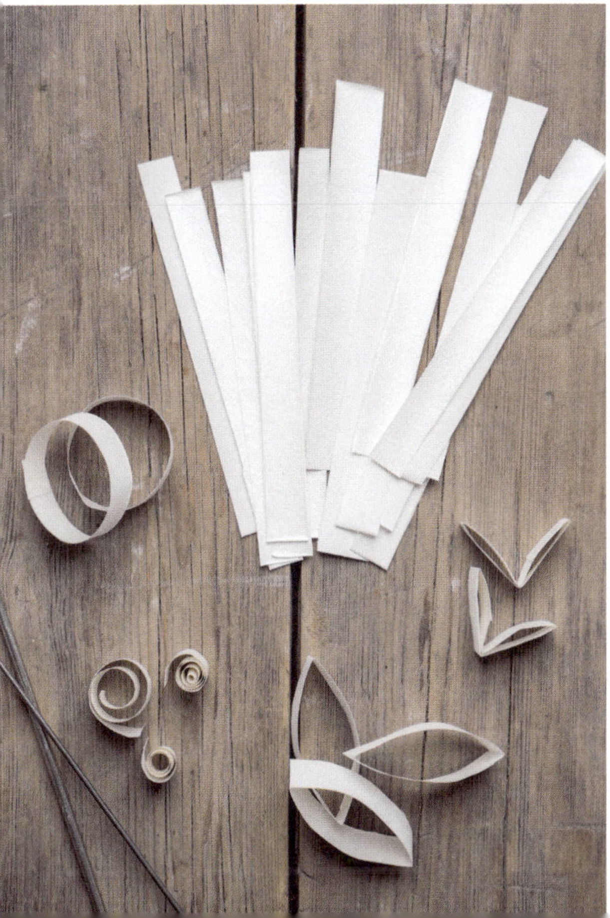
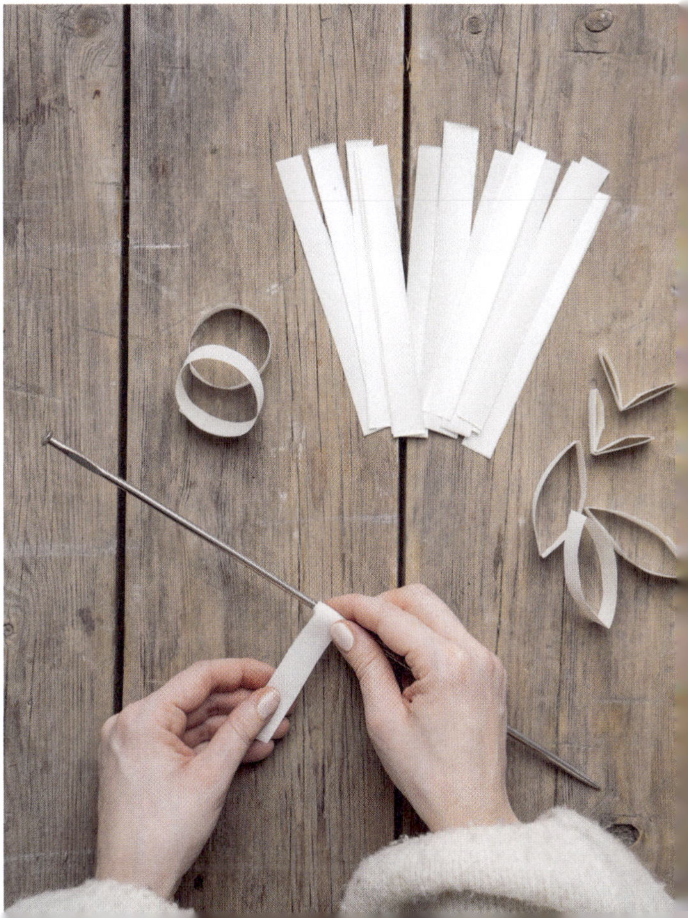

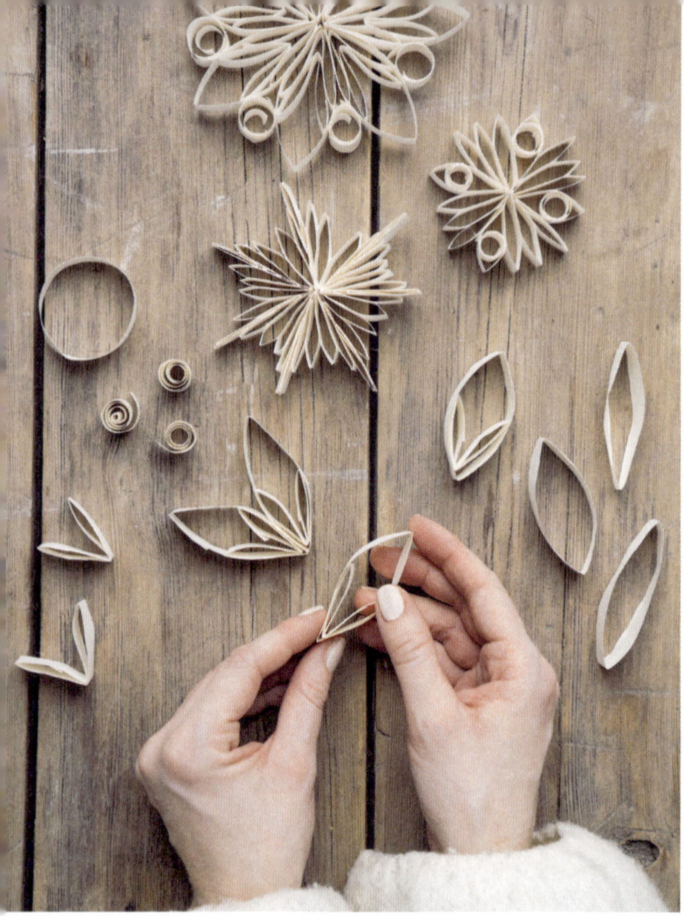

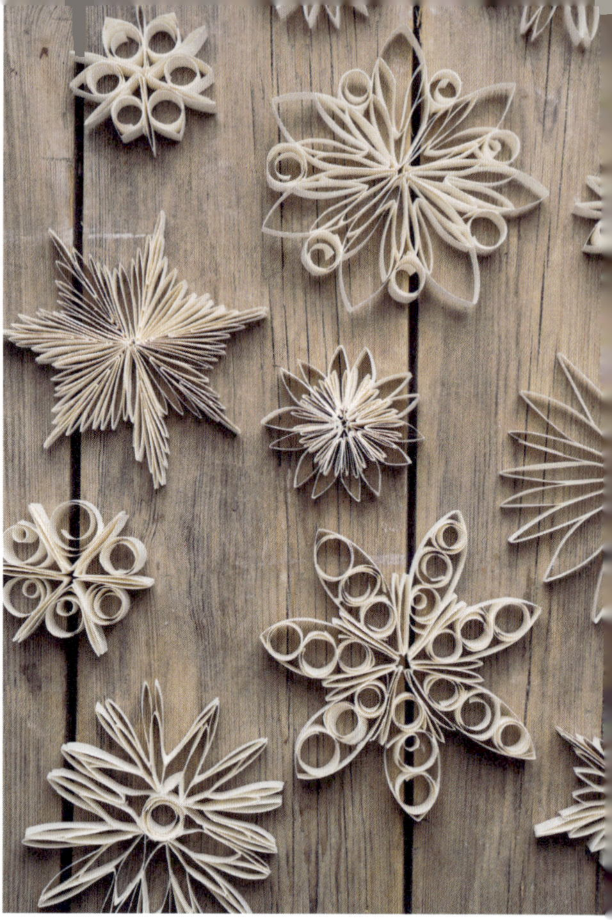

die Spirale, wenn man sie etwas loser aufwickelt.

6. Die einzelnen Formen zum gewünschten Design zusammensetzen. Dann Teil für Teil mit dem Klebestift zusammenkleben und so Sterne herstellen.
7. Die fertigen Sterne mittig mit Kraftkleber stabilisieren.
8. Zur Aufhängung auf eine Schnur auffädeln.

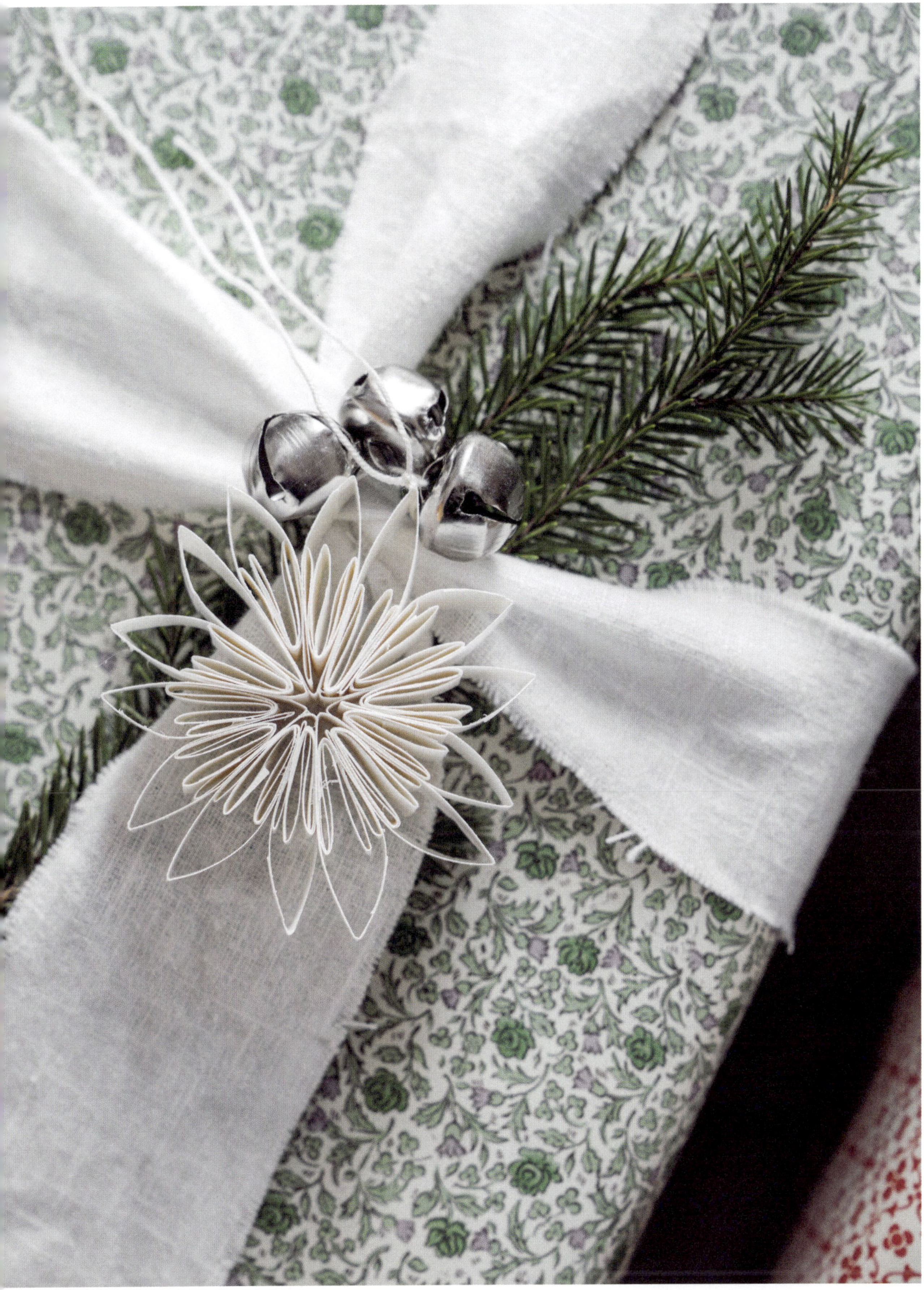

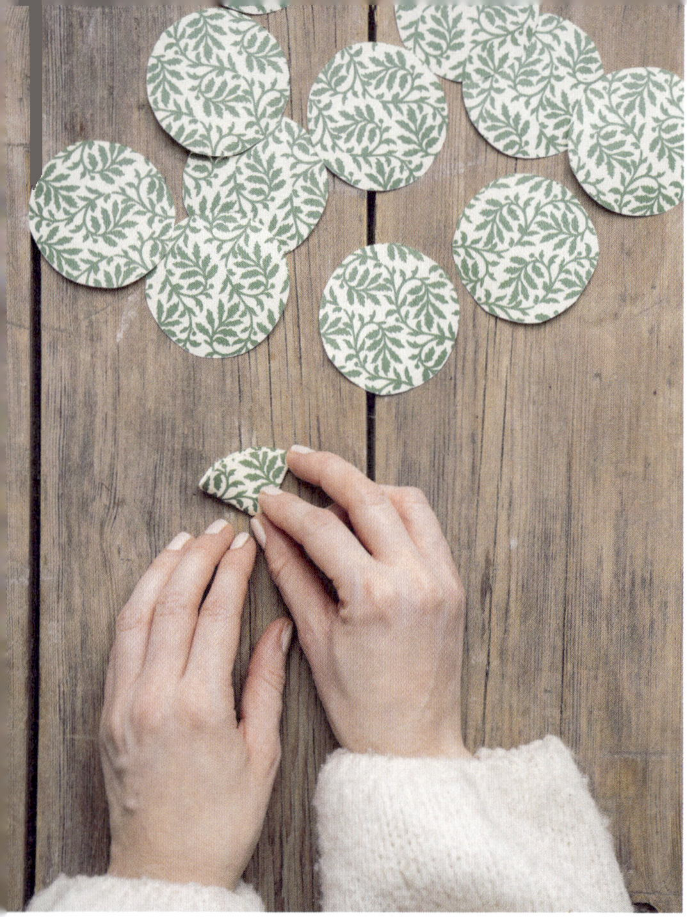
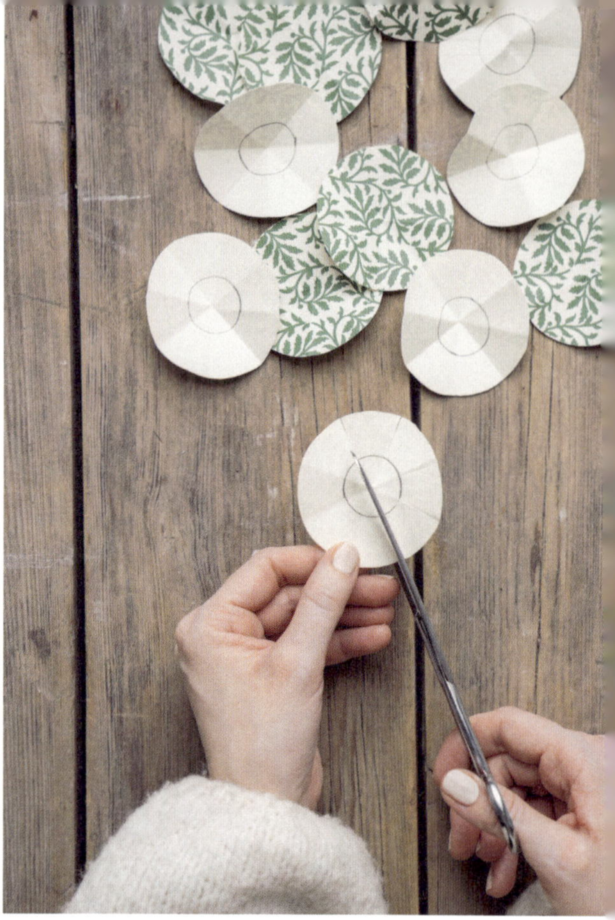
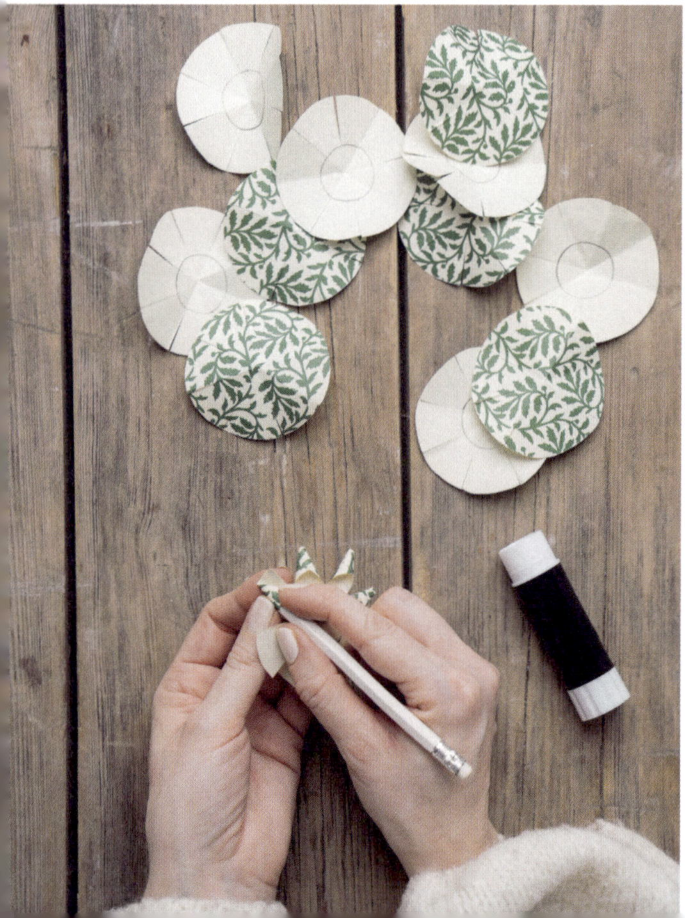
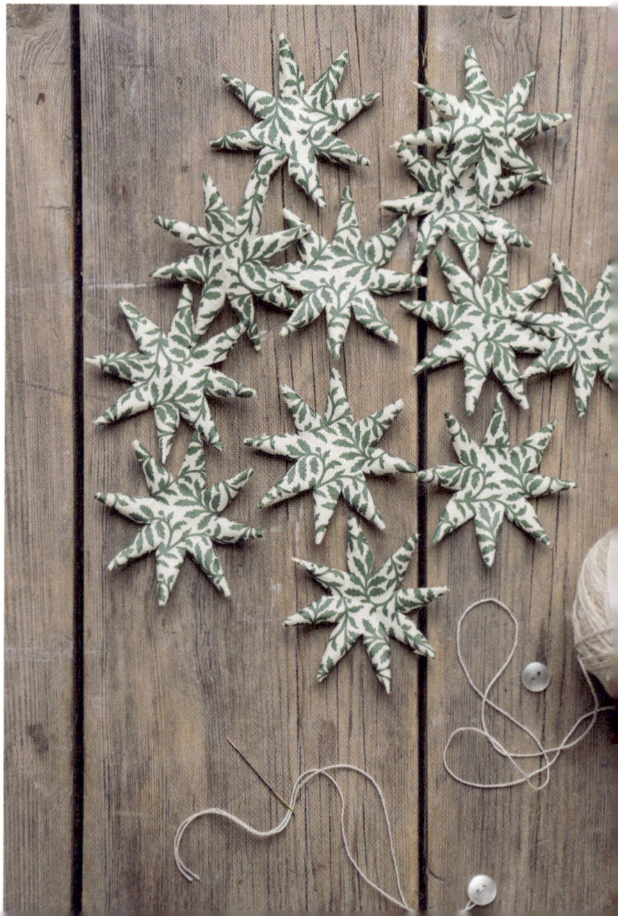

STERNENBOMMEL

Diese hübschen Papierbommeln stammen ursprünglich aus Polen und symbolisieren dort den Stern von Bethlehem. Sie sind in den vergangenen Jahren immer beliebter geworden und perfekt für den Weihnachtsbaum.

Schwierigkeitsgrad: Schwer

Arbeitszeit: 2 Stunden

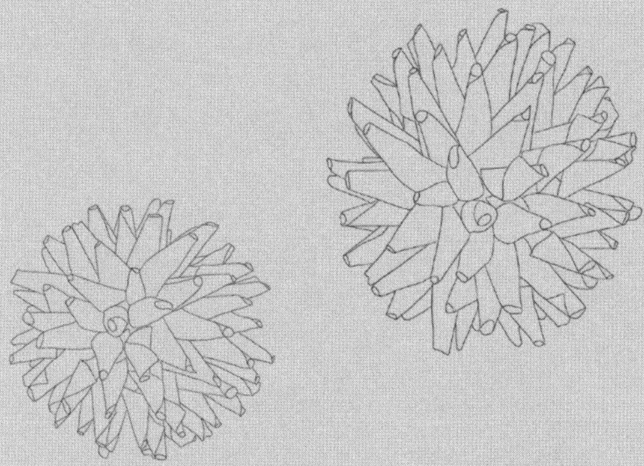

SIE BENÖTIGEN:

kräftigeres Papier

Klebestift

dicker Faden oder Schnur

kleine Knöpfe

SO GEHT'S:

1. 12 Kreise mit dem gewünschten Durchmesser aufzeichnen und ausschneiden. Für eine Sternenbommel mit 7 cm Durchmesser benötigen Sie zum Beispiel Kreise mit 8 cm Durchmesser.
2. Die Kreise dreimal zur Hälfte falten und wieder öffnen, um Achtel-Knicke zu kreieren.
3. Mittig eine 20-Cent-Münze auflegen und rundum anzeichnen.
4. Die Knicke bis zum eingezeichneten Kreis einschneiden.
5. Oben rechts in der Ecke einer der entstandenen Klappen etwas Kleber auftragen. Eine Bleistiftspitze an der linken Ecke ansetzen und das Papier bis zur rechten Ecke in Form einer Spitze aufrollen. Kurz festhalten, bis der Kleber ausgehärtet ist. Den Vorgang mit allen Klappen und allen Kreisen wiederholen.
6. Mit einer spitzen Nadel mittig ein Loch in jeden Stern stechen.
7. Einen der Knöpfe auf einen etwas dickeren, 40 cm langen Faden fädeln. Der Knopf sollte in der Mitte des Fadens liegen.
8. Beide Enden des Fadens auf die Nadel fädeln. Einen Stern mit der glatten Seite nach unten

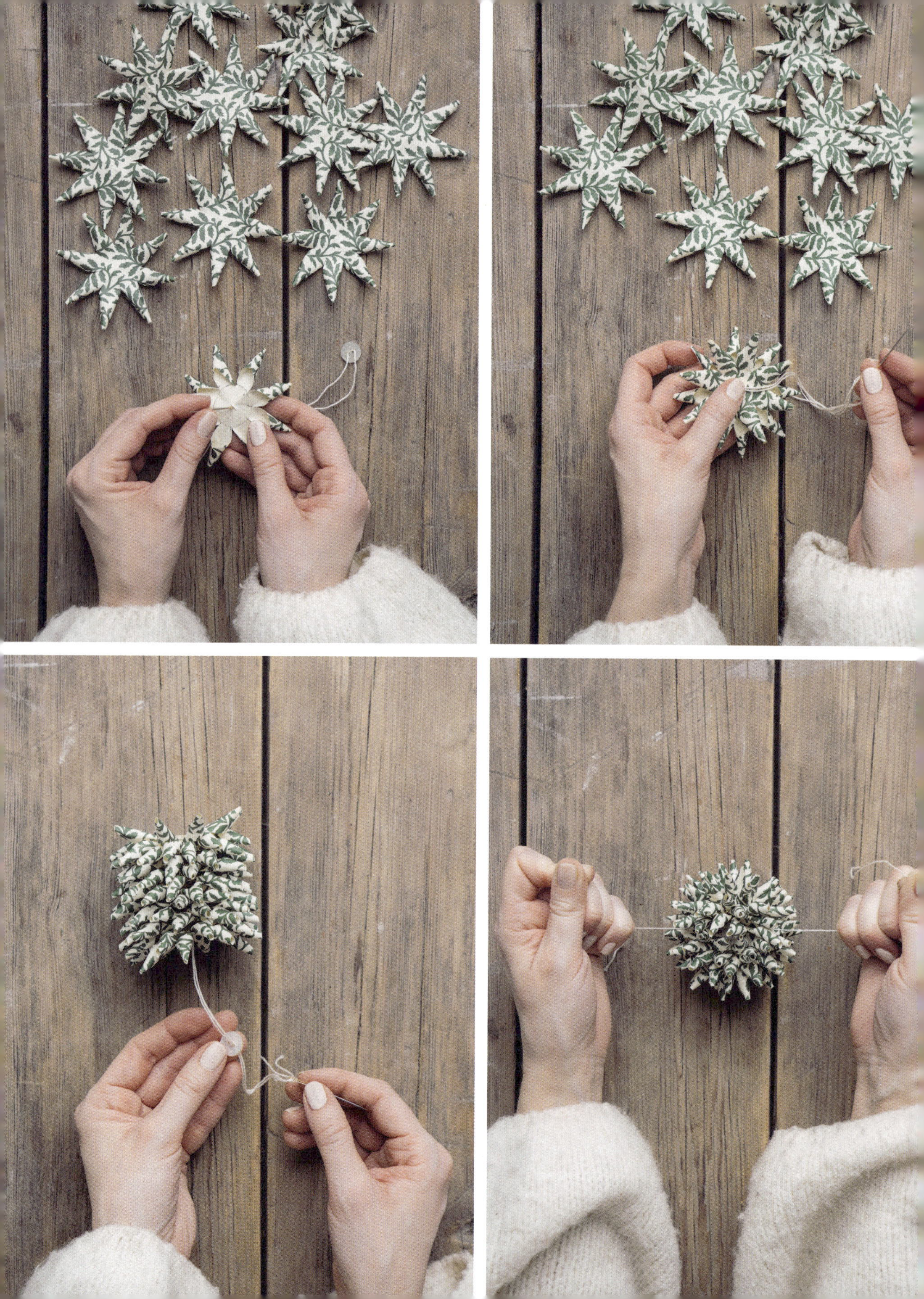

halten und die Nadel von oben durch das Loch im Stern stecken.

9. Nacheinander die restlichen elf Sterne auffädeln, mit der glatten Seite nach oben.
10. Dann oben am Sternenstapel ebenfalls einen Knopf auffädeln.
11. Kräftig an der Schnur ziehen, bis sich eine Bommel gebildet hat. Die Schnur mehrfach verknoten.
12. Für den Aufhänger einfach die Schnurenden verknoten, fertig!

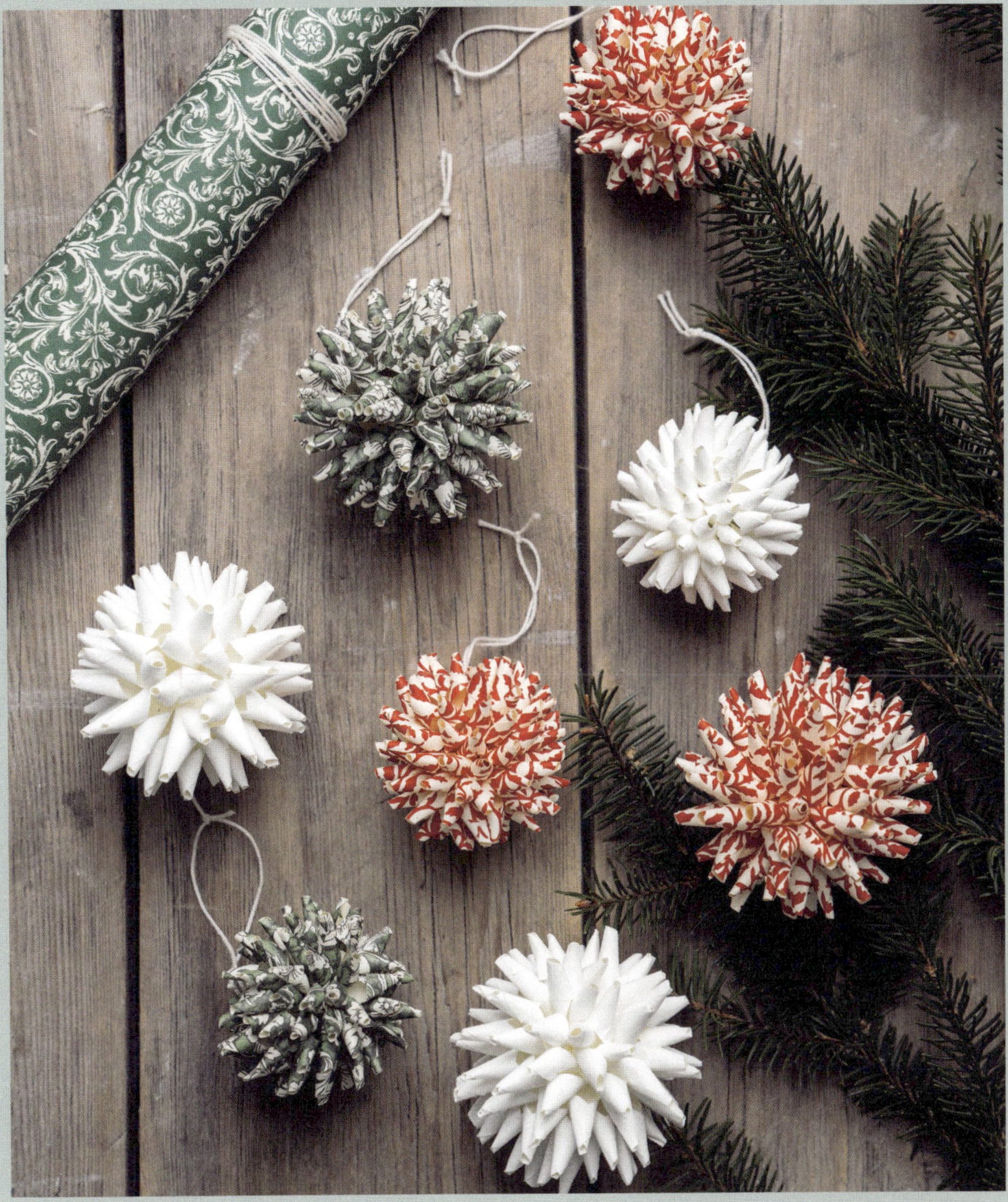

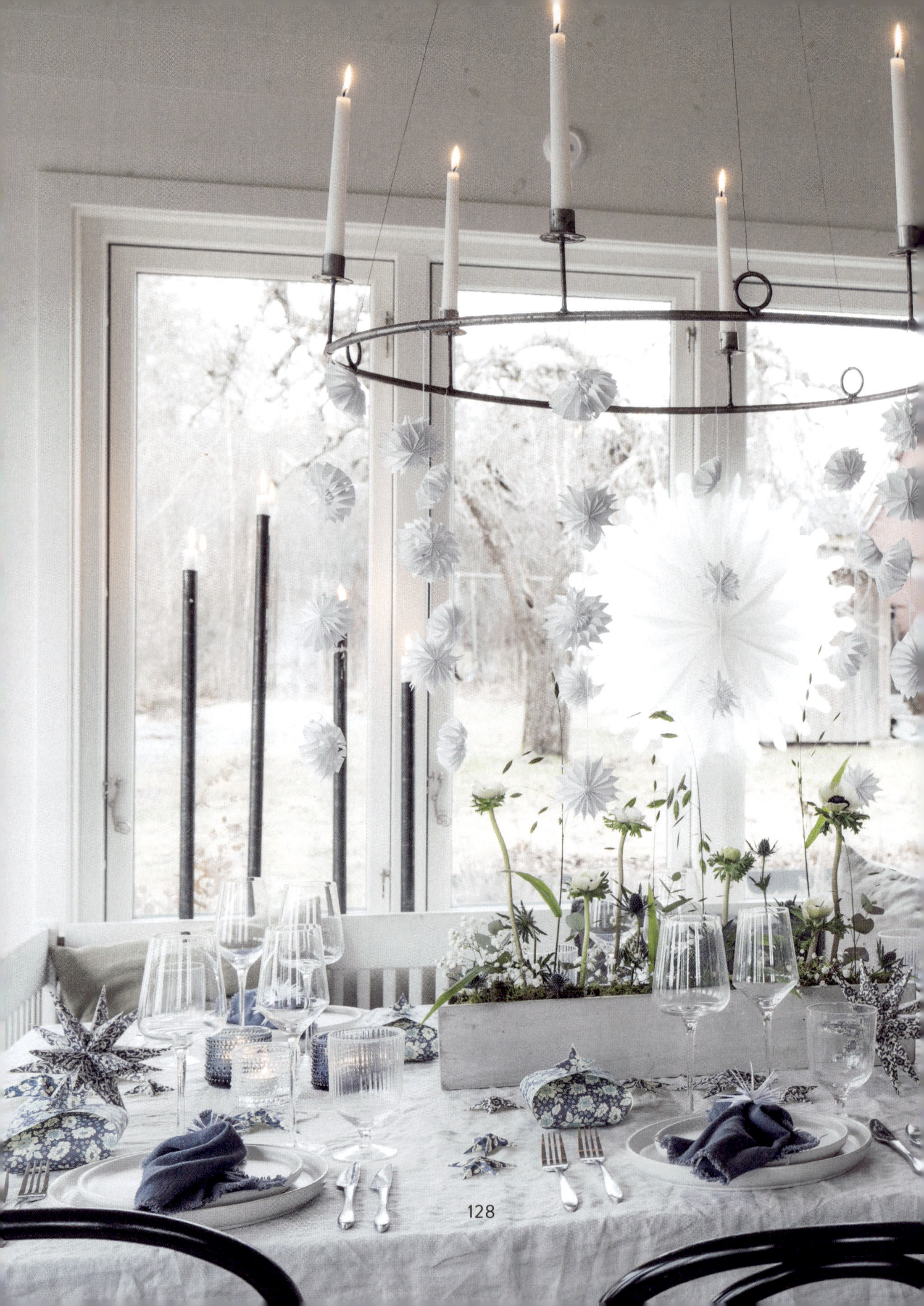

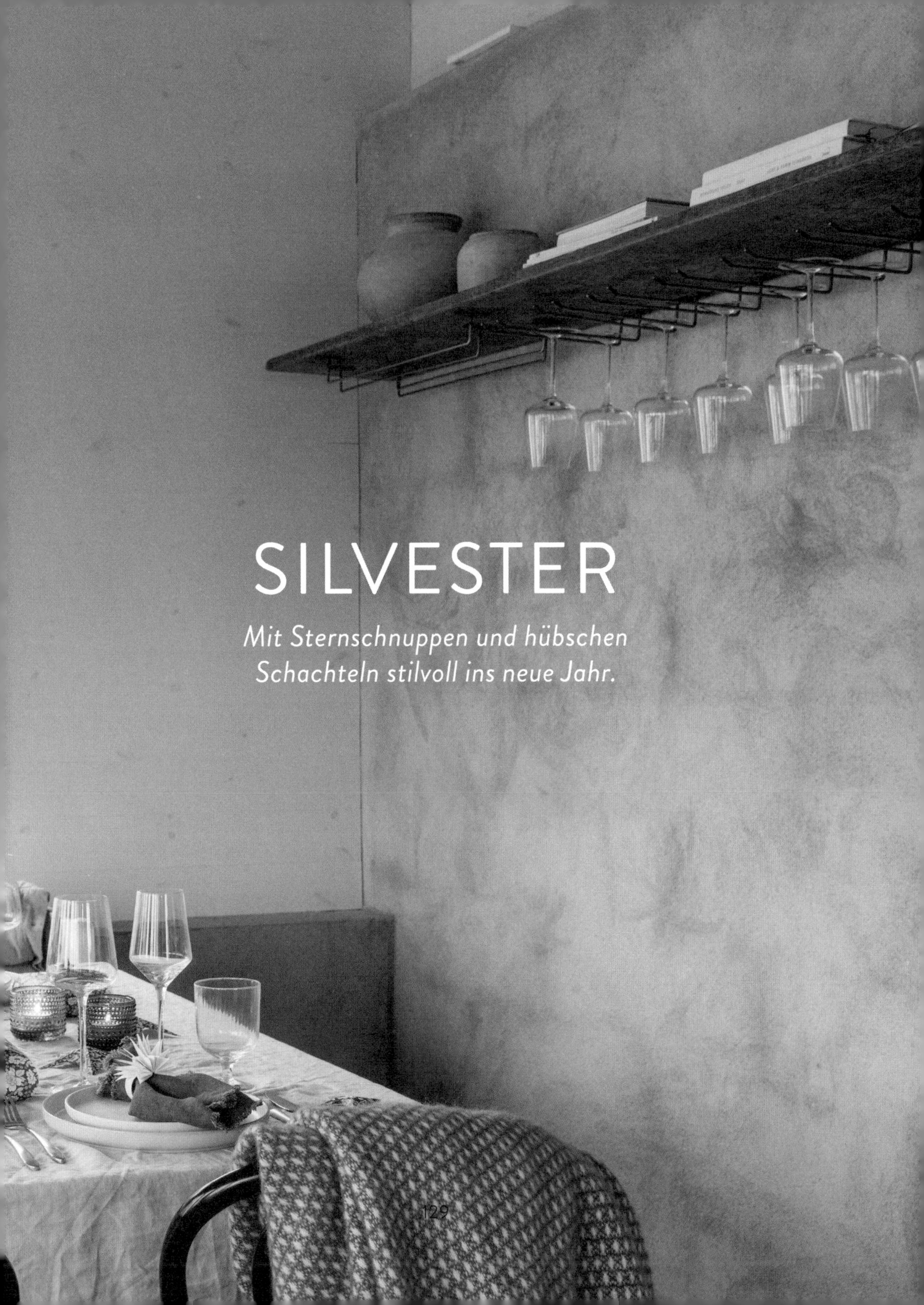

SILVESTER

Mit Sternschnuppen und hübschen Schachteln stilvoll ins neue Jahr.

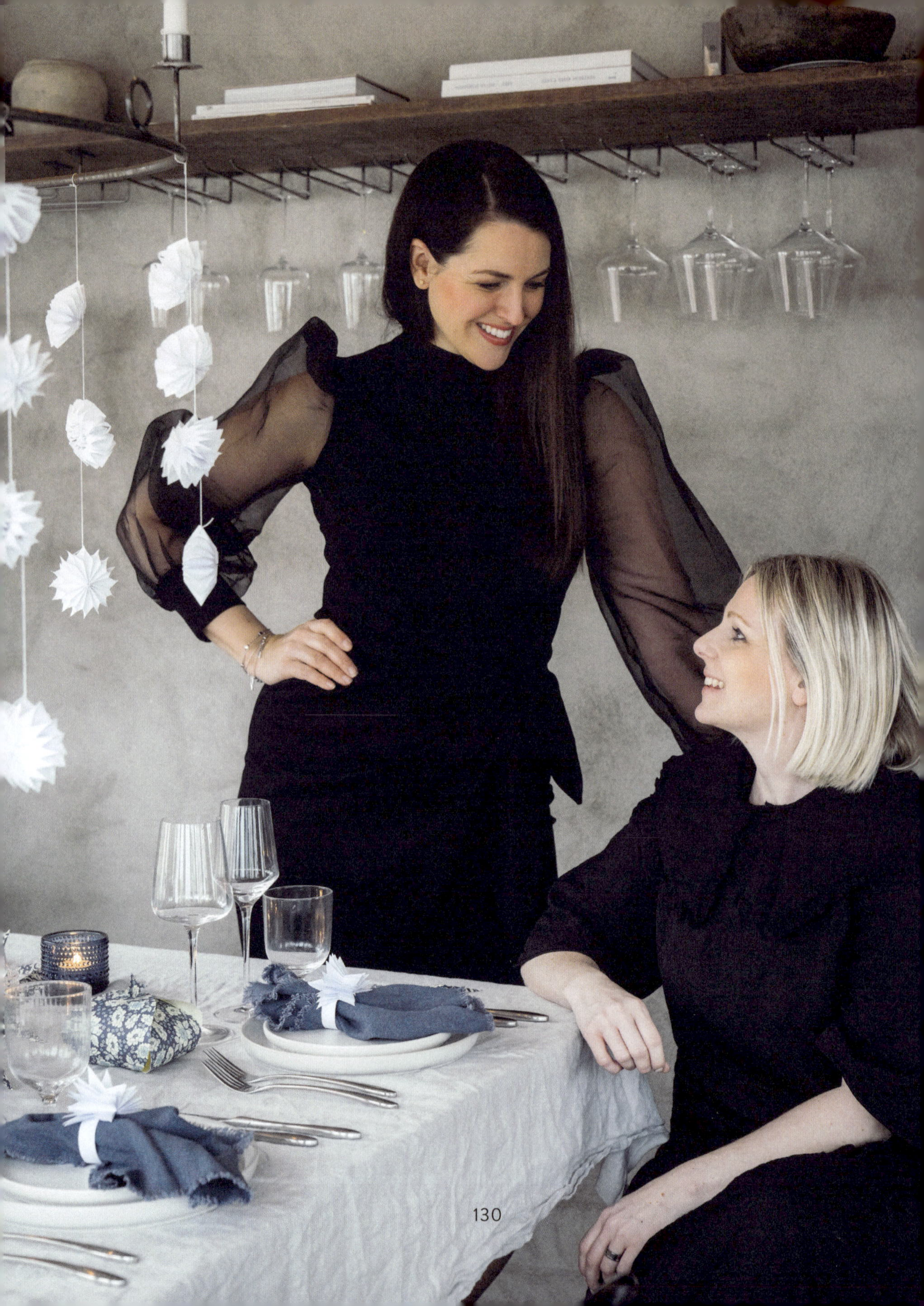

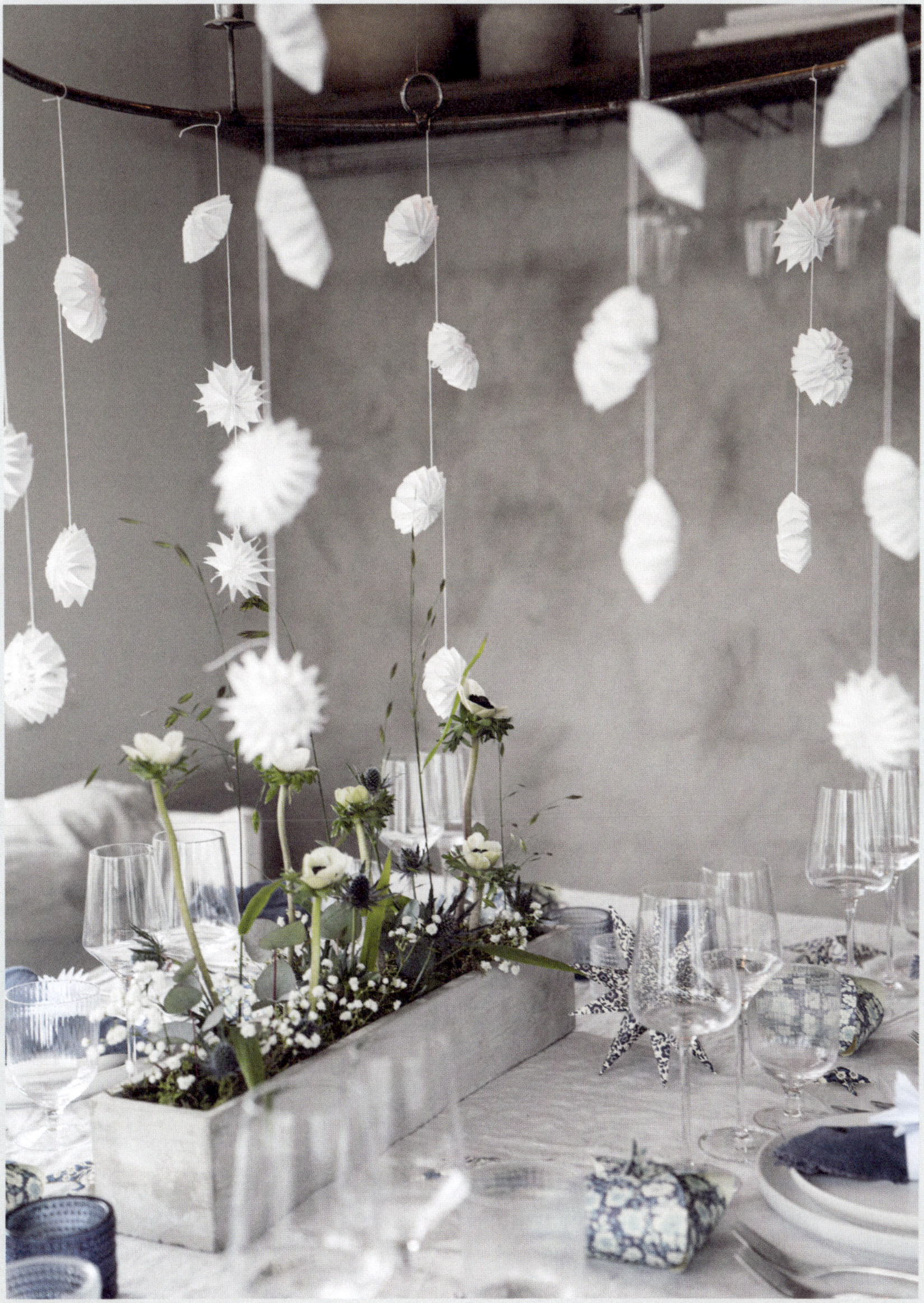

STERNSCHNUPPE

Ob an den Kronleuchter gehängt oder als Wand-Deko – Sternschnuppen aus Papiersternen sind auf dem gedeckten Silvestertisch ein aufsehenerregendes Detail!

Schwierigkeitsgrad: Mittel

Arbeitszeit: 1 Stunde pro Stern

Basteln Sie entweder eine ganze Sternschnuppe oder nur einzelne Sternenanhänger. Für eine Sternschnuppe benötigt man 30–40 Sterne. Wie man einen einzelnen Stern herstellt, erfahren Sie unten.

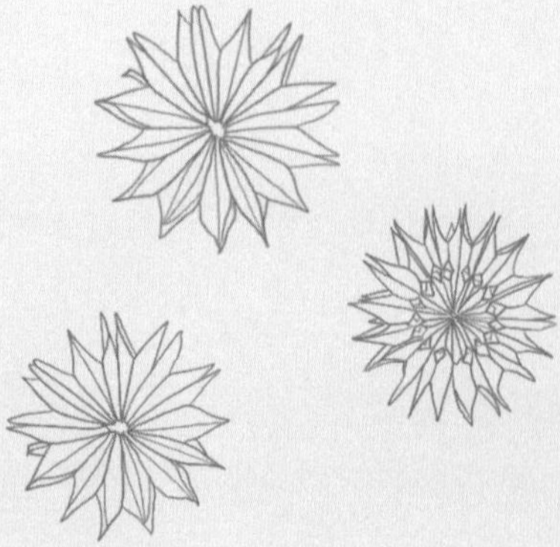

SIE BENÖTIGEN:

dünnes weißes Schreibpapier

Klebestift

Schnur oder Faden zur Aufhängung

SO GEHT'S:

1. Aus weißem Schreibpapier 8 Quadrate ausschneiden. Die Seitenlänge der Quadrate entspricht dem Durchmesser des fertigen Sterns. Hier haben die Quadrate 8 cm Seitenlänge.
2. Zwei gegenüberliegende Kanten der Quadrate 0,5 cm nach innen falten.
3. Dann alle Quadrate zur Hälfte falten, sodass die umgeklappten Laschen innen liegen. Wieder öffnen.
4. Die Laschen mit Klebstoff bestreichen und aufeinanderkleben, sodass ein Rechteck entsteht. Achtgeben, dass wirklich nur die Laschen verklebt werden.
5. Alle Teile von der Querseite aus zur Hälfte falten.
6. Die offene Seite der Quadrate im gewünschten Design beschneiden. Gerne eigene Varianten ausprobieren.

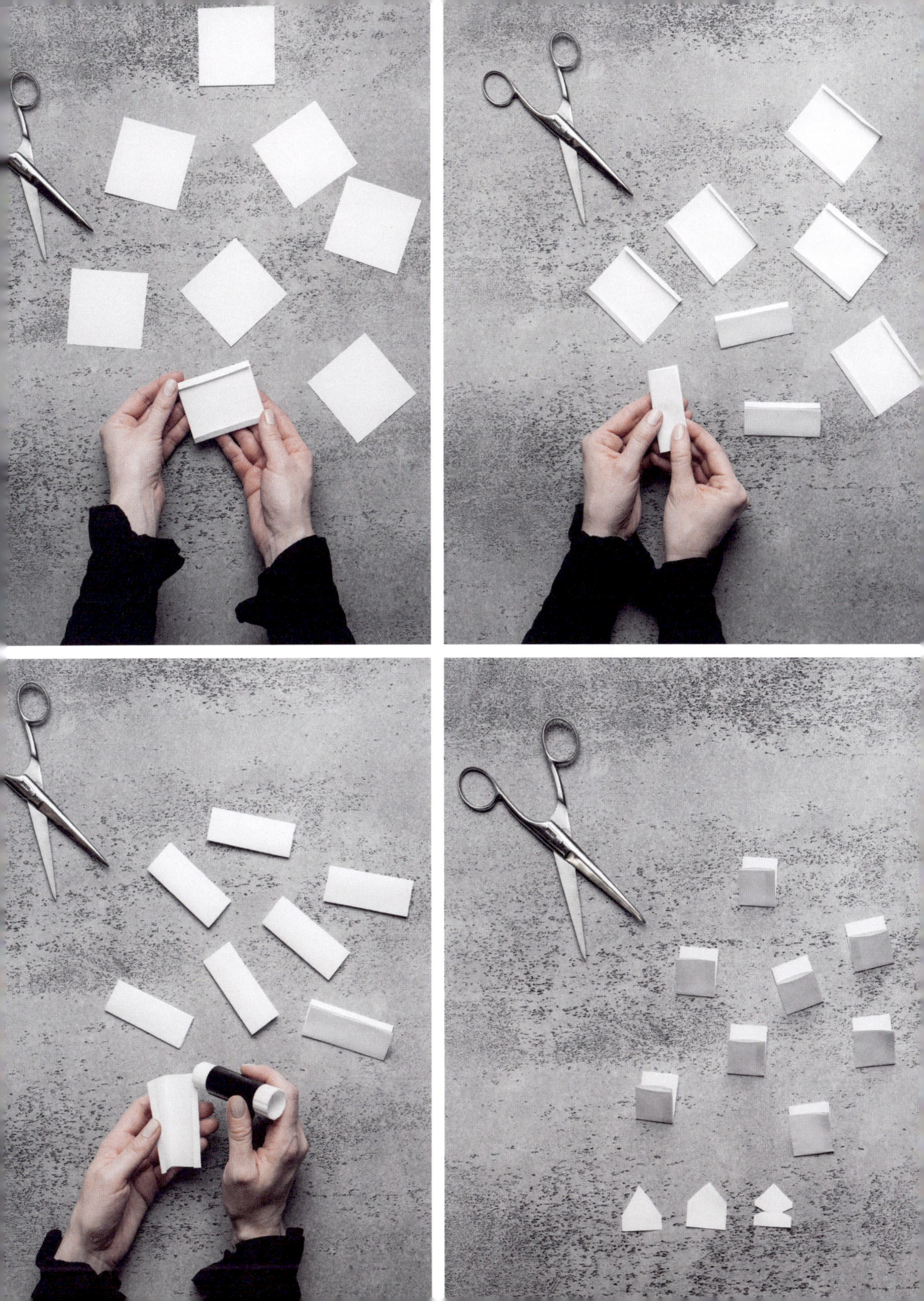

7. Die Teile aufklappen und mittig auf dem Knick sowie als Linie entlang der Mitte des Papiers ein Kreuz aus Klebstoff auftragen. Wieder zuklappen und zusammendrücken. Vorsicht, nicht die gesamte Innenseite zusammenzukleben.
8. Aus diesen acht identischen Teilen wird jetzt ein Stern zusammengesetzt.
9. Jedes Teil in einer senkrechten, mittigen Linie und einer waagerechten Linie am unteren Rand (wie ein umgedrehtes T) mit Kleber bestreichen. Alle Teile zusammenkleben.
10. Den Stern vorsichtig auffalten und zusammenkleben.
11. Für eine Sternschnuppe einen Faden mit einer Nadel durch zwei gegenüberliegende Spitzen eines Sterns stechen und so mehrere Sterne auffädeln.

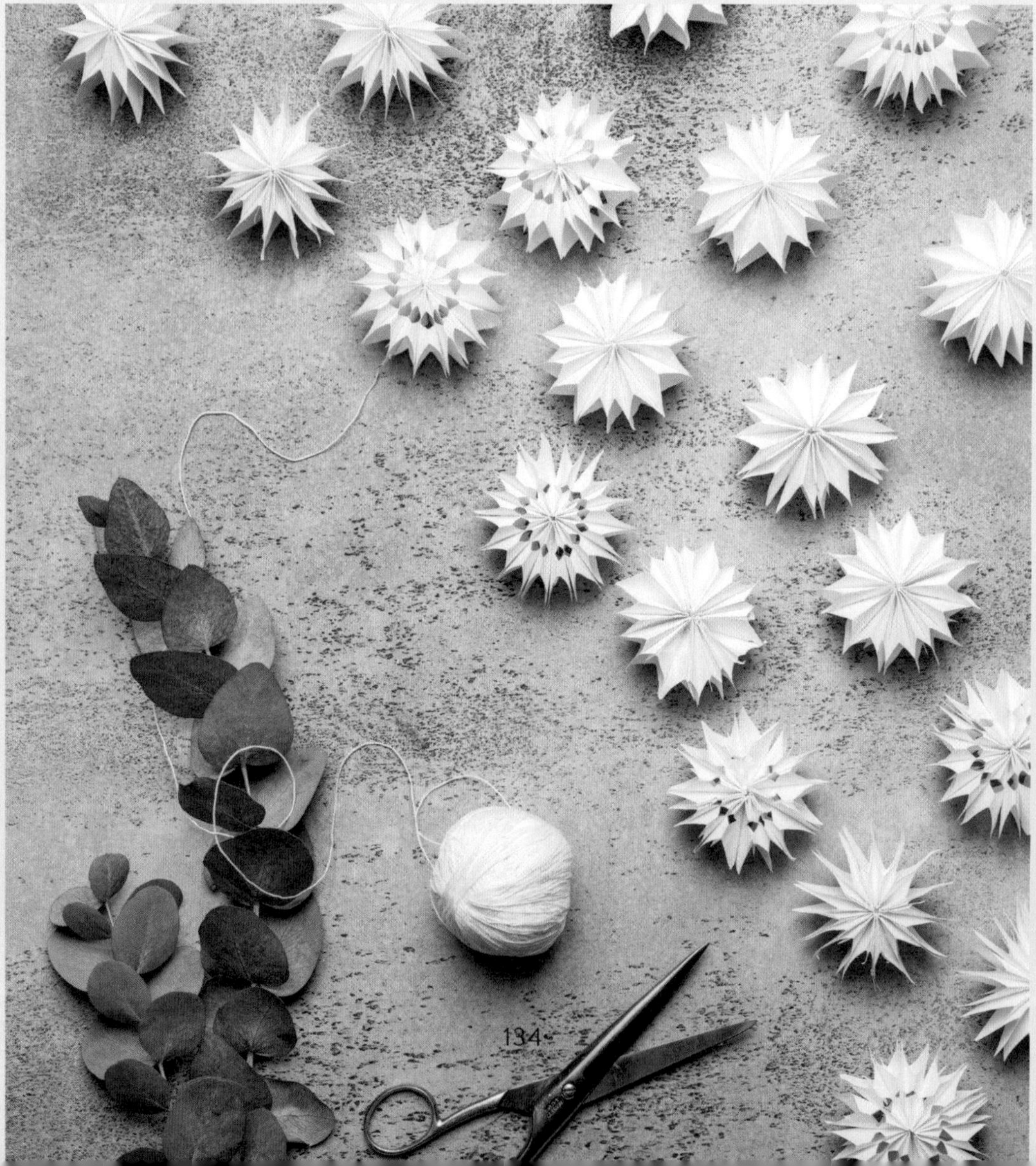

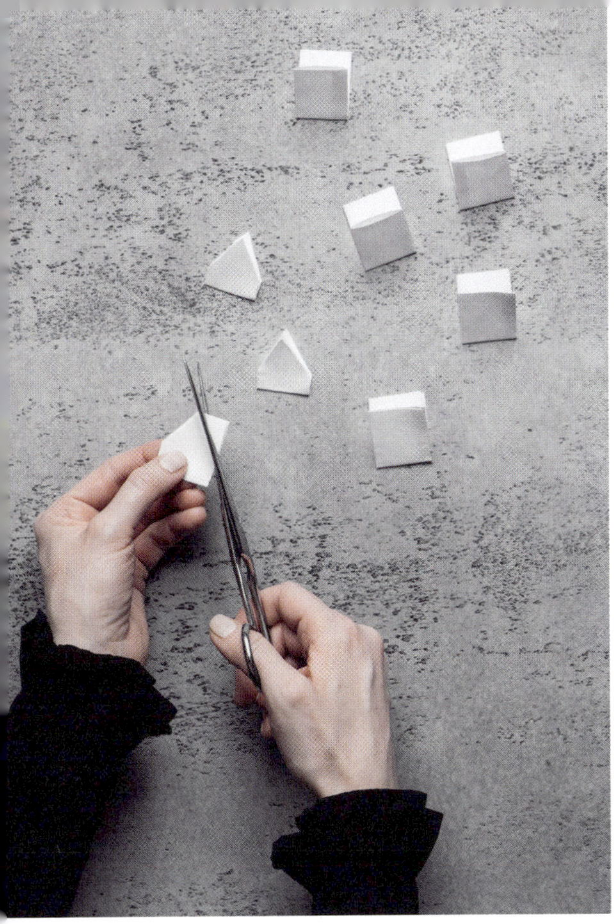

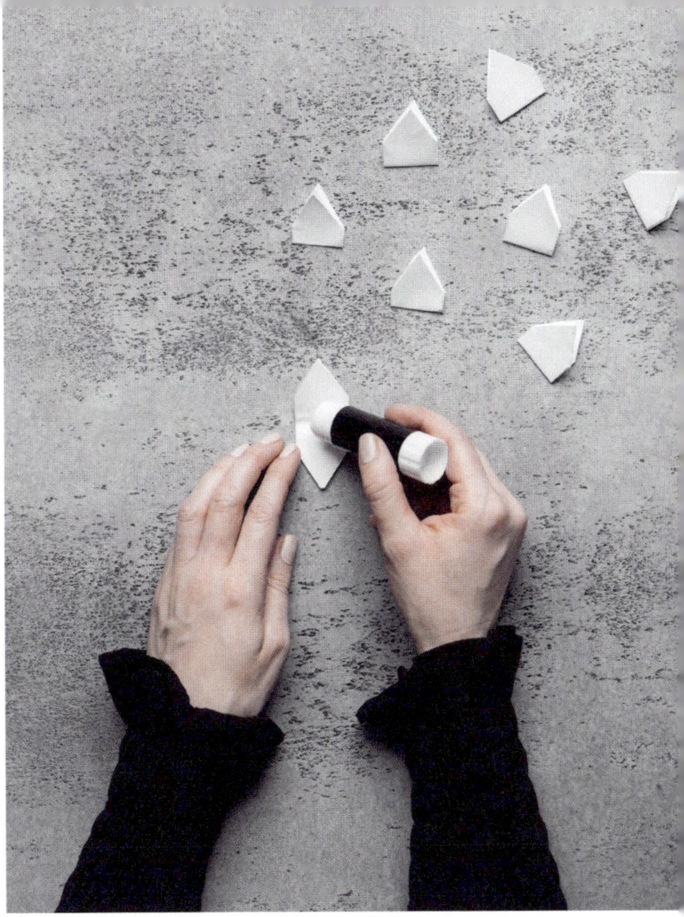

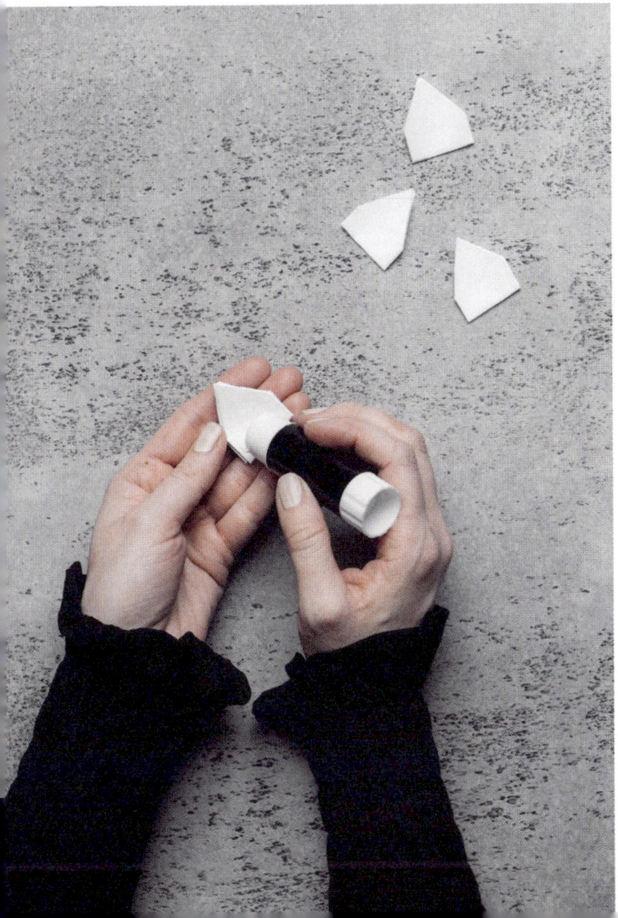

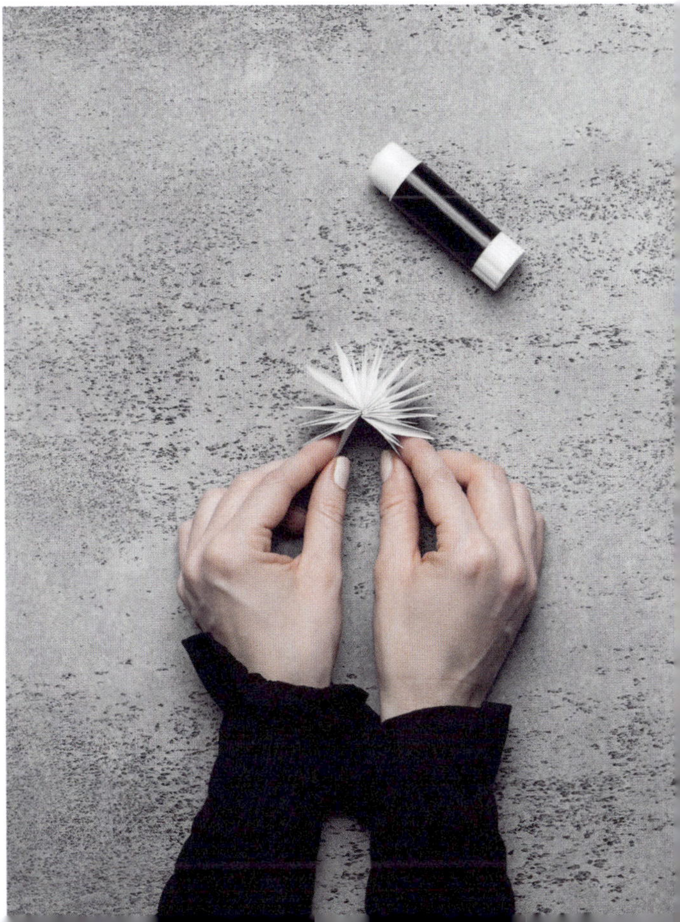

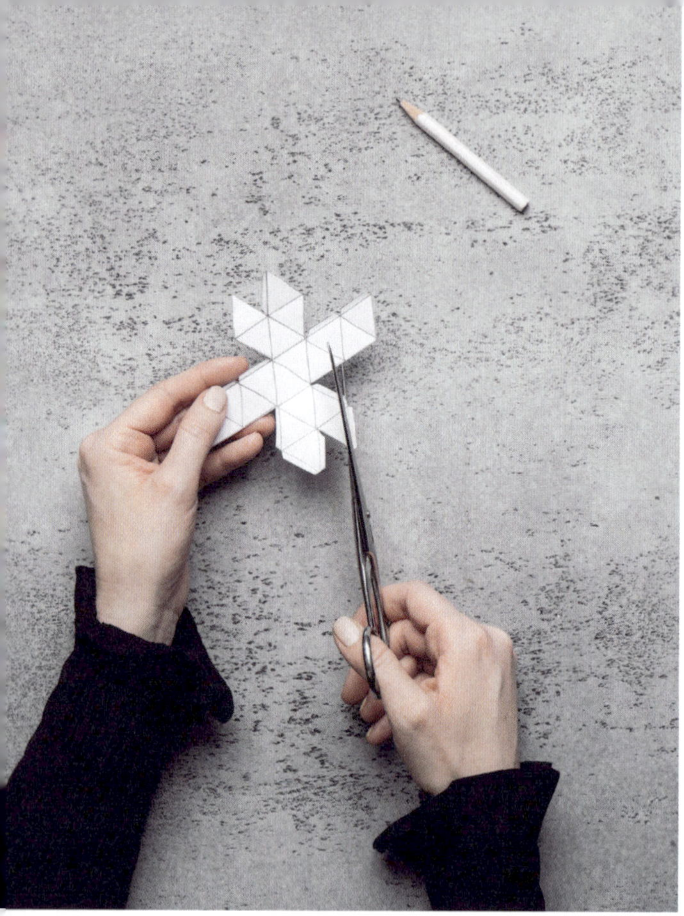
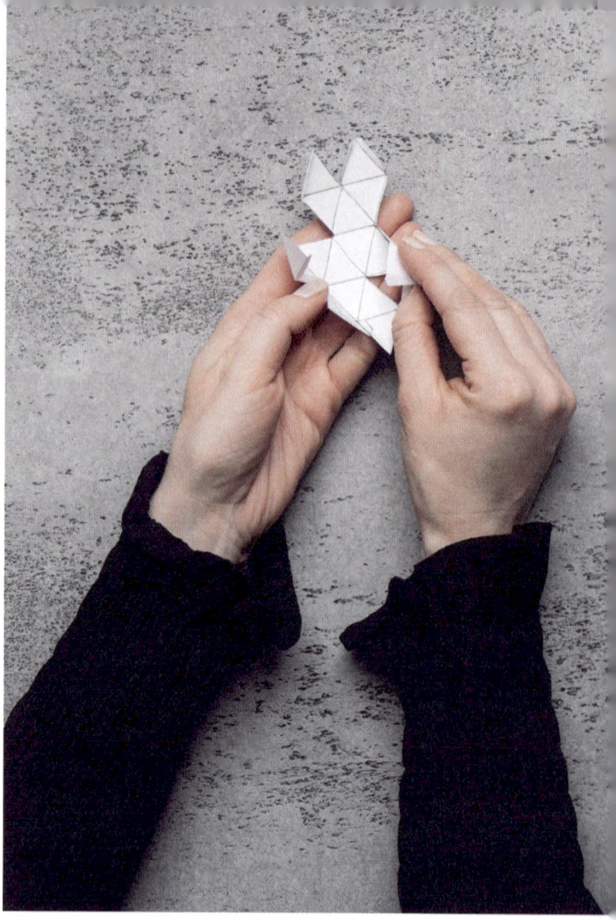
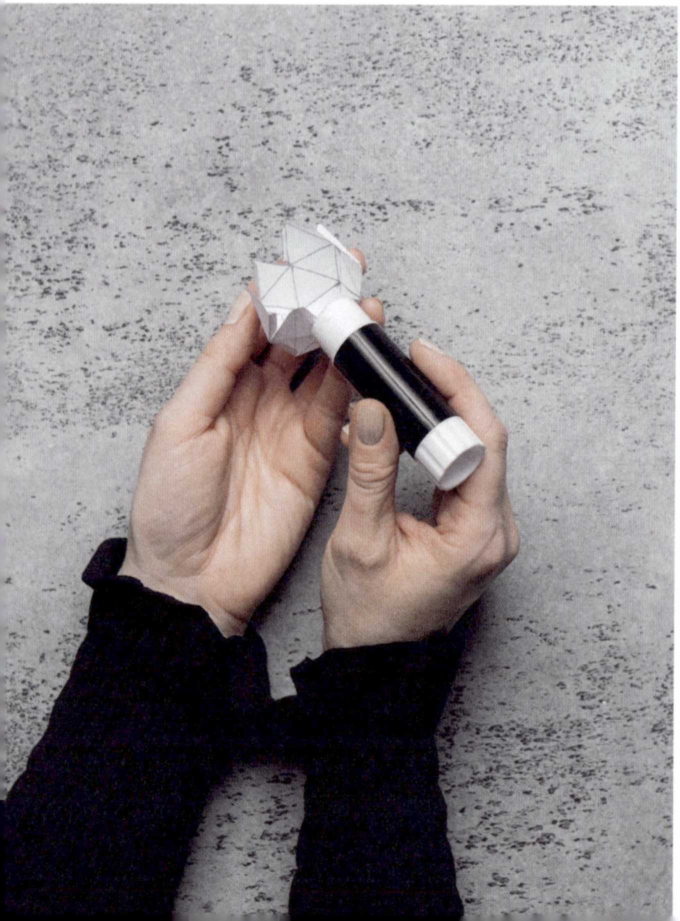
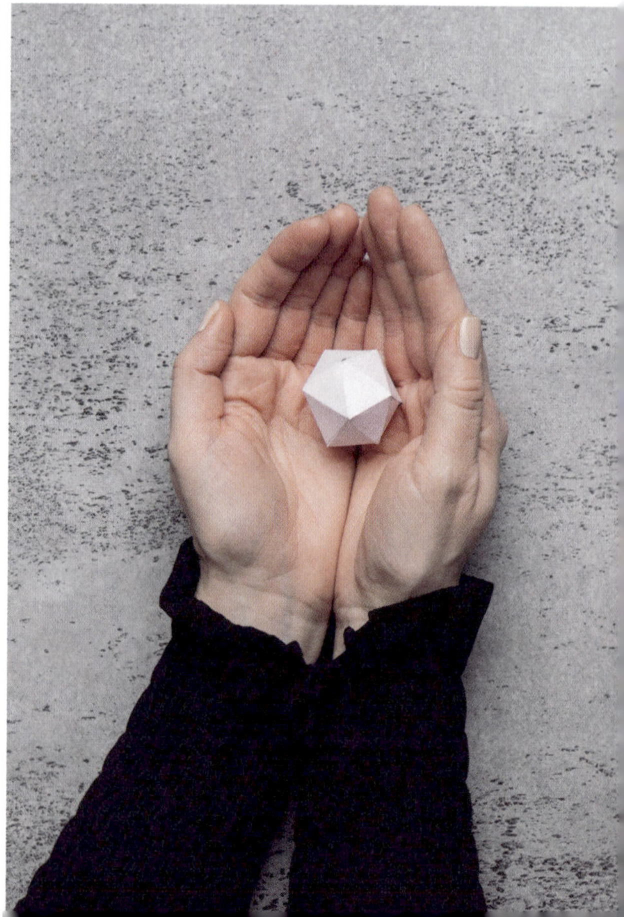

STEHENDER 3D-STERN

Diesen stacheligen 3D-Stern kann man als Deko auf den Tisch stellen oder aufhängen. Aus gemustertem Papier wirkt er besonders schön, und kleine Ungenauigkeiten fallen dank des Musters weniger auf. Beim Basteln ist allerdings etwas Geduld gefragt.

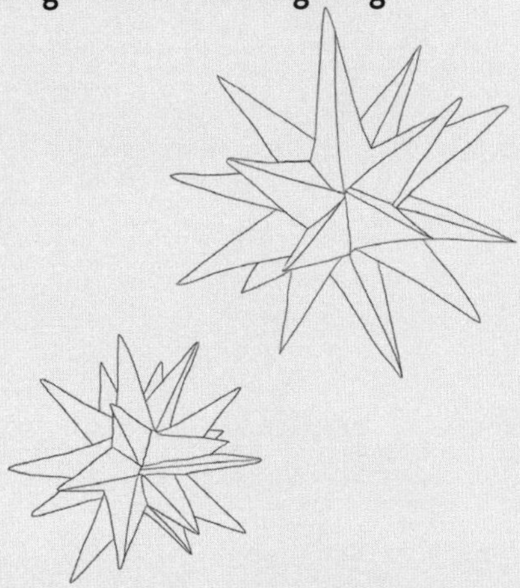

Schwierigkeitsgrad: Schwer

Arbeitszeit: 3 Stunden

SIE BENÖTIGEN:

Dünner Karton

etwas dickeres, gemustertes Papier

Klebestift

Kraftkleber

SO GEHT'S:

1. Die gewünschte Vorlage auf dünnen Karton übertragen. Die kleine Vorlage ergibt einen Stern mit 11 cm Höhe, die große Vorlage einen Stern mit 15 cm Höhe.
2. Ausschneiden.
3. Das ausgeschnittene Papier an allen diagonalen und horizontalen Linien nach innen falten. Für exakte Falze ein Lineal zur Hilfe nehmen.
4. Alle kleinen Laschen mit Klebstoff bestreichen und zu einer eckigen Kugel zusammenkleben. Dazu die Kugel in den Handflächen zusammendrücken, bis alle Laschen aufeinanderliegen und aneinanderkleben.
5. Der Innenteil des Sterns ist nun fertig. Weiter geht's mit den Spitzen.
6. Aus dem ausgewählten Musterpapier 20 Quadrate ausschneiden. Für den kleinen Stern mit 6 cm und für den großen Stern mit 8 cm Seitenlänge.
7. Die Quadrate diagonal zu einem Dreieck falten und wieder öffnen.

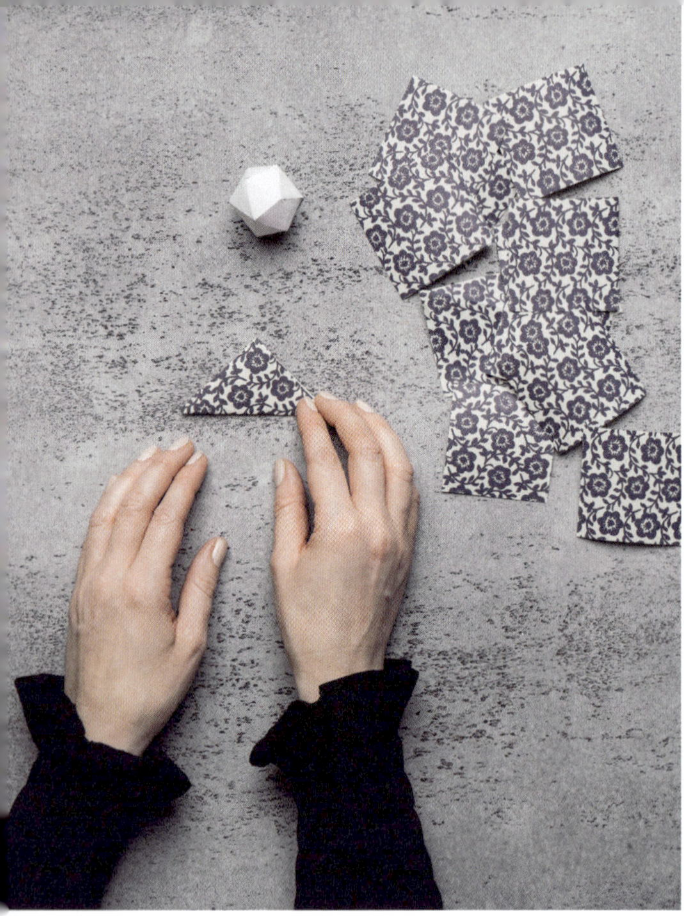
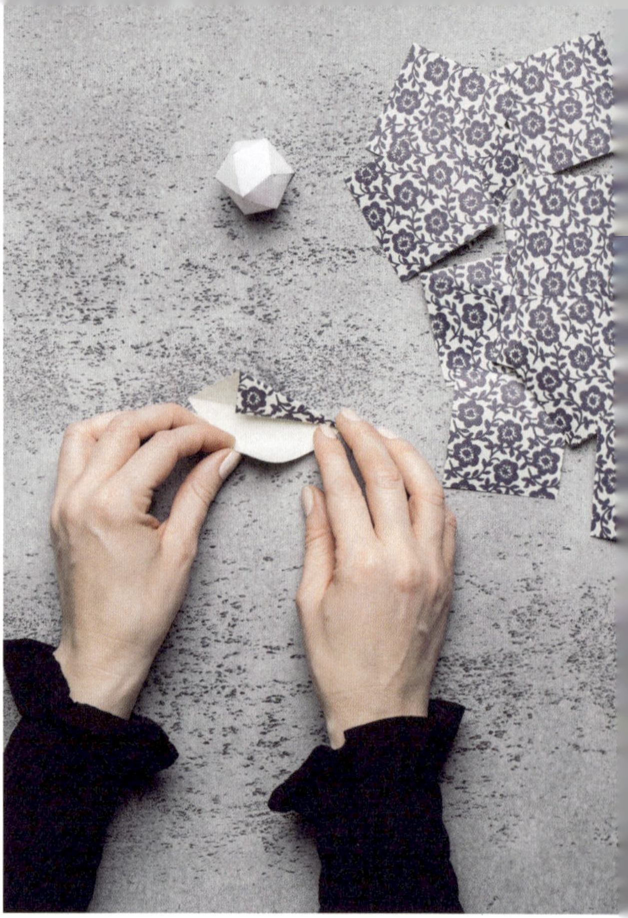
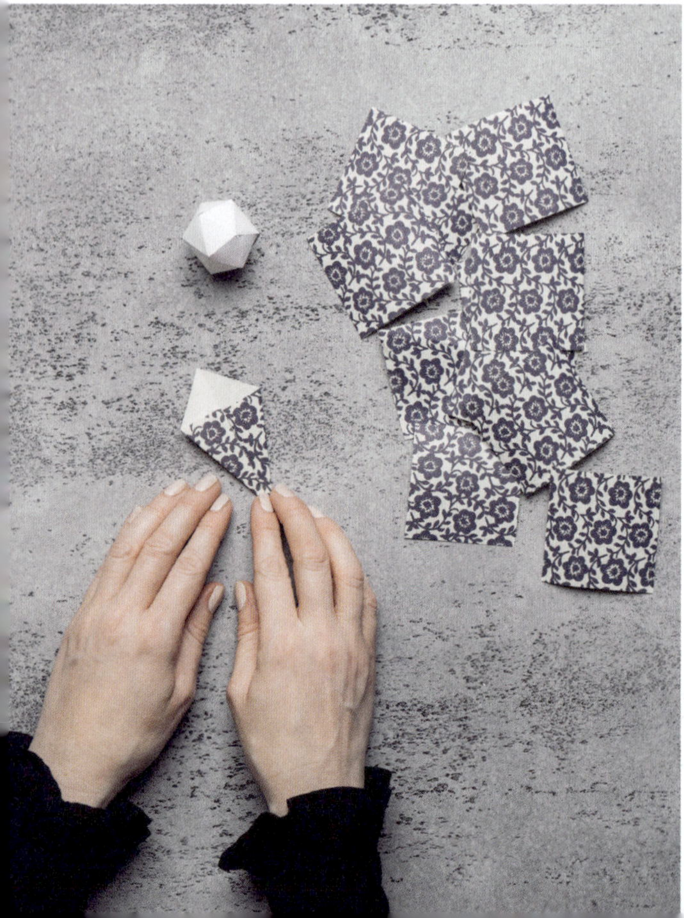
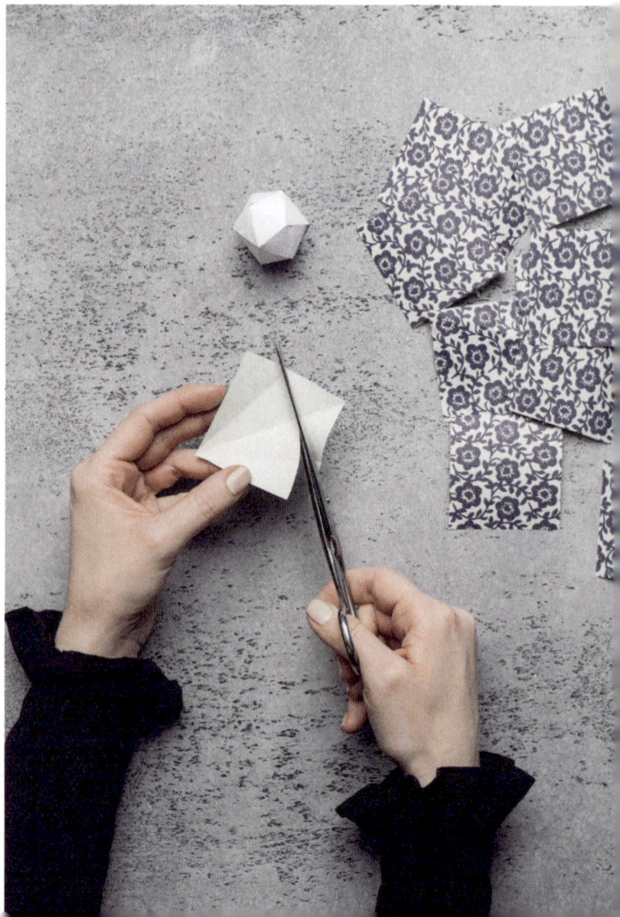

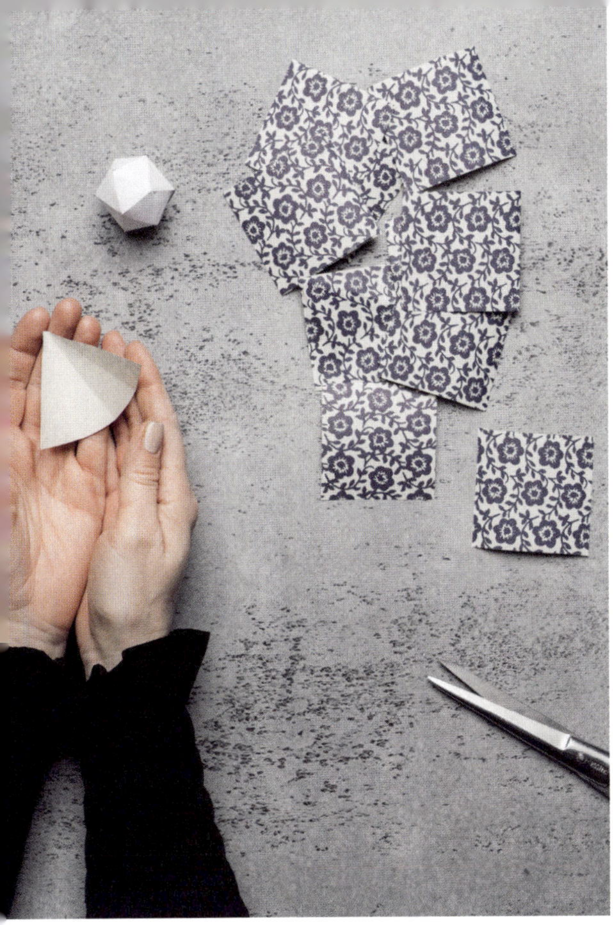

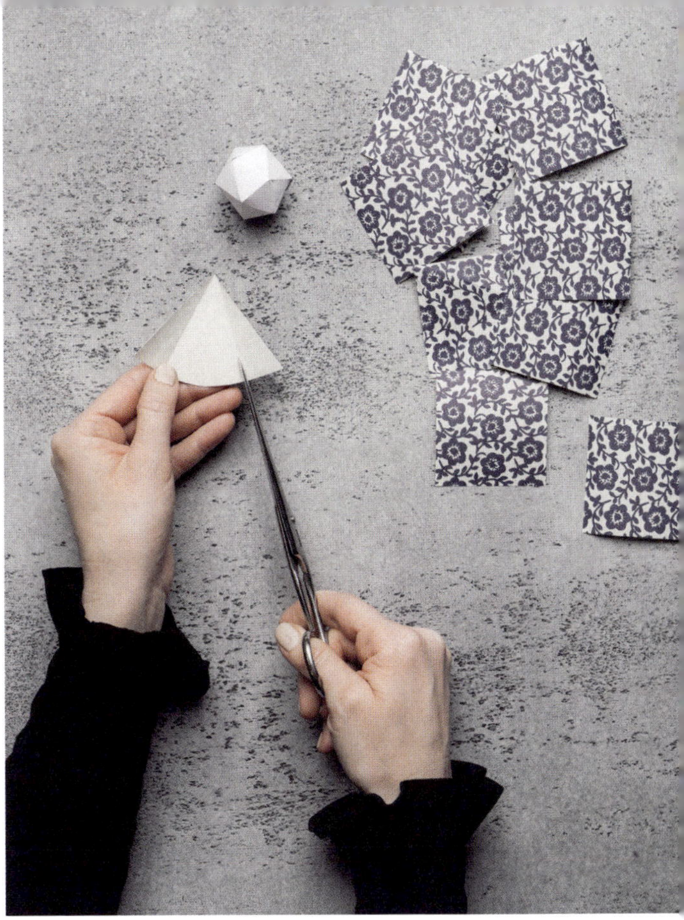

8. Die Ecken an den mittleren Knick falten und wieder öffnen.
9. Die der Spitze gegenüberliegende Seite des Quadrats abrunden.
10. Die Knicke von der runden Seite aus 0,5 cm einschneiden.
11. Die entstandenen Laschen 0,5 cm nach innen falten und wieder öffnen.
12. Das Papier von der geraden Seite aus bis zum ersten Knick mit Klebstoff bestreichen (siehe Foto auf Folgeseite).
13. Das Papier zu einem dreieckigen Kegel formen und die beklebte Seite auf die gegenüberliegende Seite kleben.
14. Die Laschen an der Unterseite des Kegels nach innen falten und mit Kraftkleber an der eckigen Kugel ankleben. Die dreieckige Kegelunterseite dabei exakt auf eines der Dreiecke an der Kugel kleben. Den Kleber aushärten lassen.
15. Den Vorgang mit allen 20 Kegeln wiederholen, bis die Kugel ganz von Spitzen bedeckt ist. Fertig!

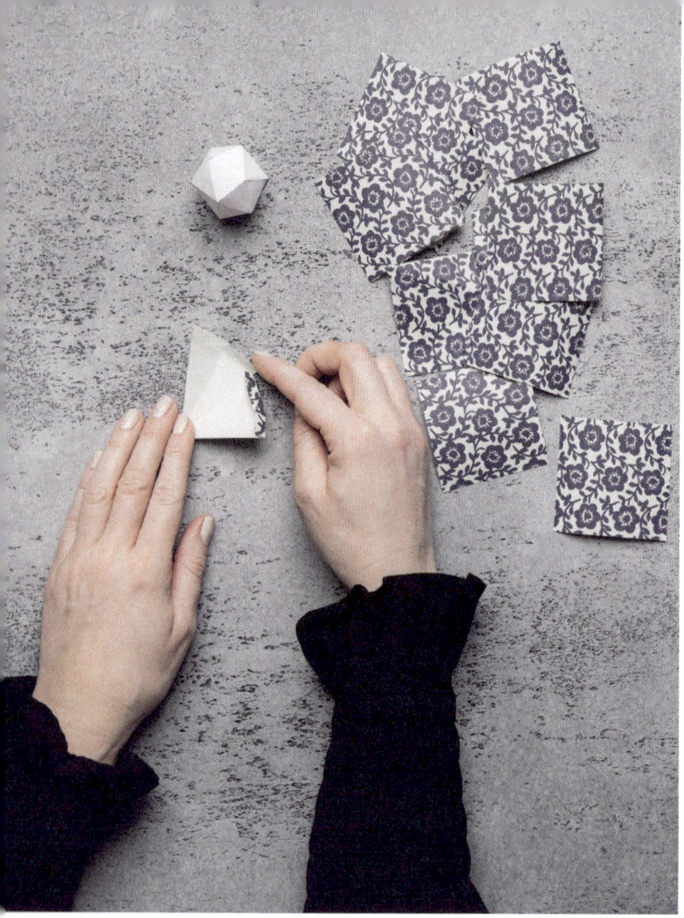

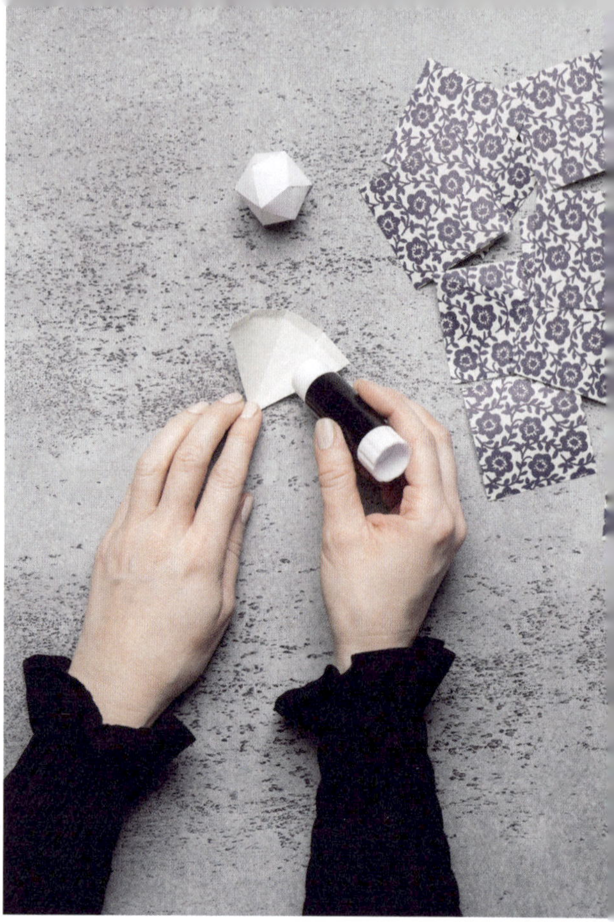

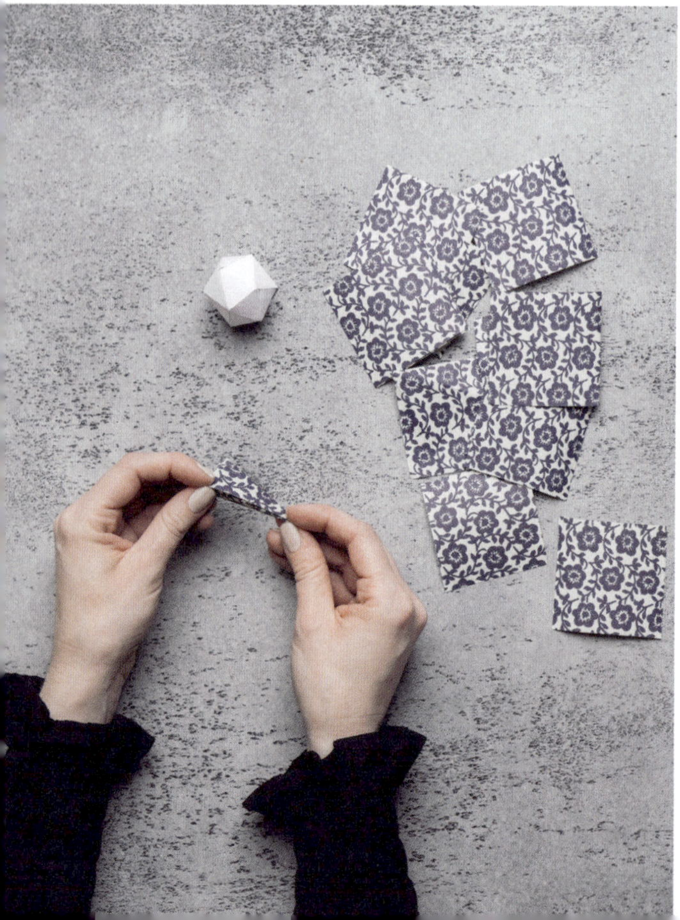

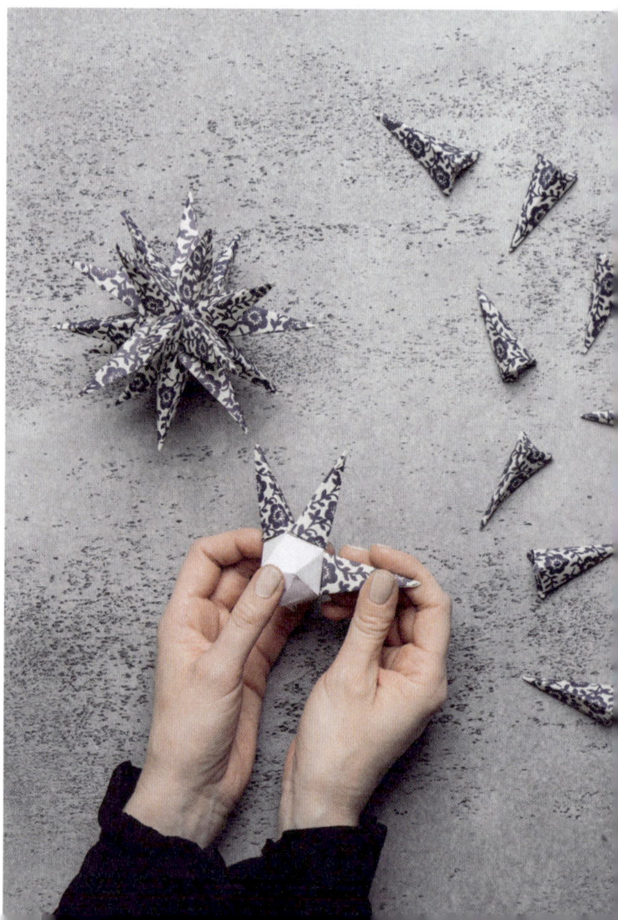

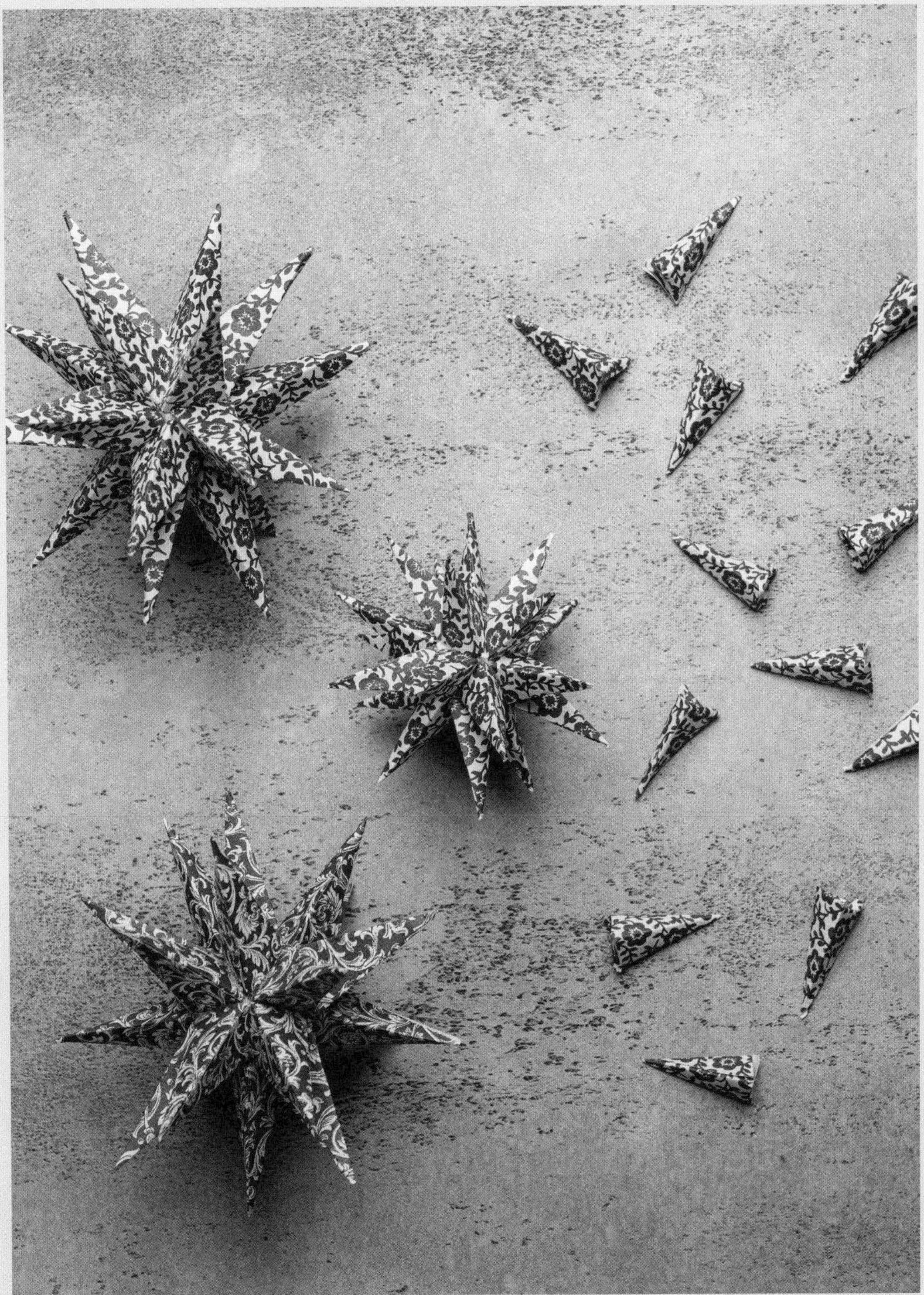

VORLAGE STEHENDER 3D-STERN

KLEIN

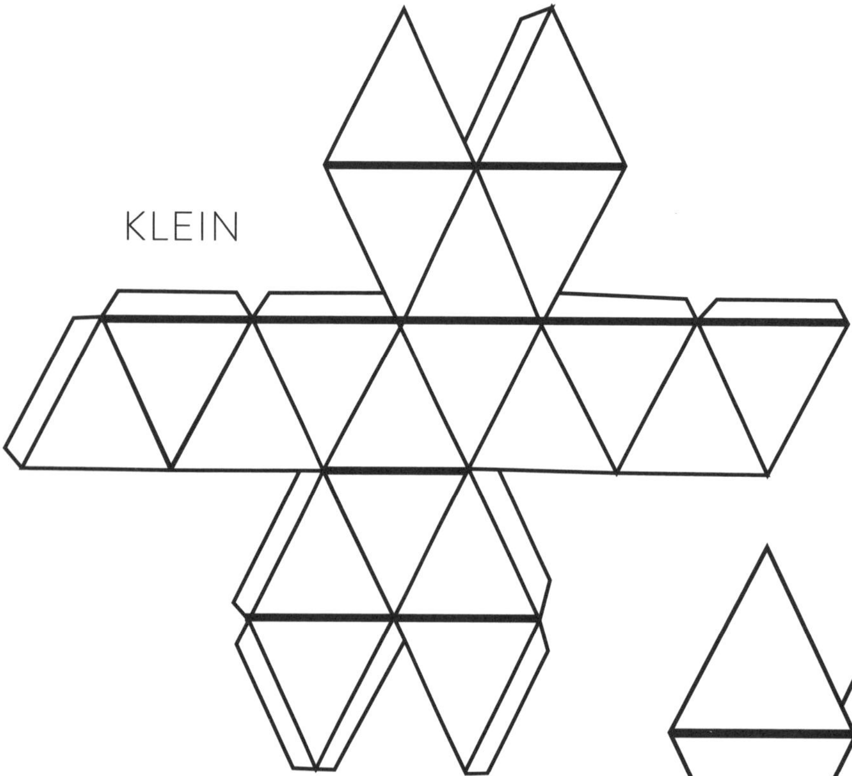

GROSS

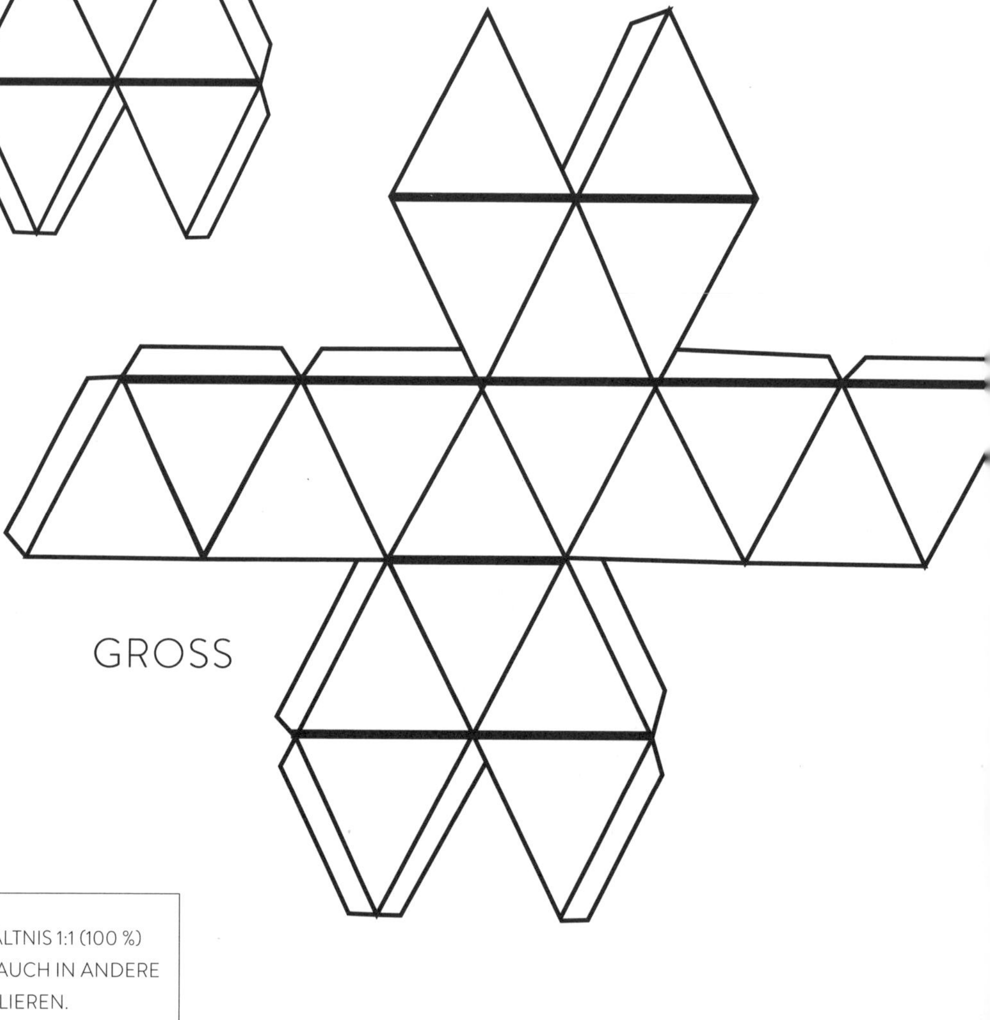

DIE VORLAGEN IM VERHÄLTNIS 1:1 (100 %) ABPAUSEN. MAN KANN SIE AUCH IN ANDERE GRÖSSEN UMSKALIEREN.

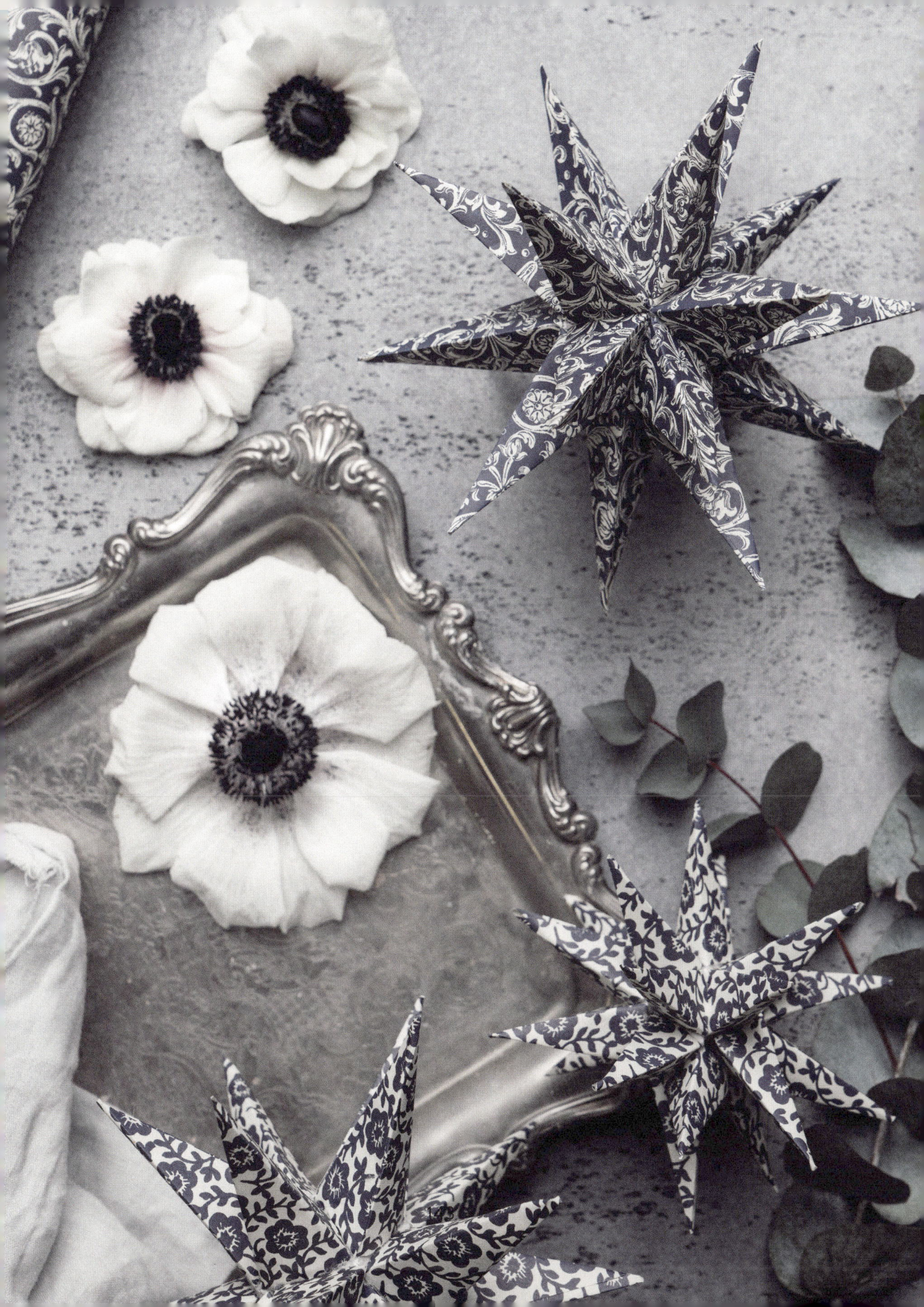

PAPIERSCHACHTEL

Überraschen Sie Ihre Gäste mit einem kleinen Präsent, das in einer hübschen Papierschachtel verpackt ist. Wie wäre es mit Konfetti oder einer köstlichen Praline? Ihre Gäste werden sich freuen!

Schwierigkeitsgrad: Leicht
Arbeitszeit: 15 Minuten

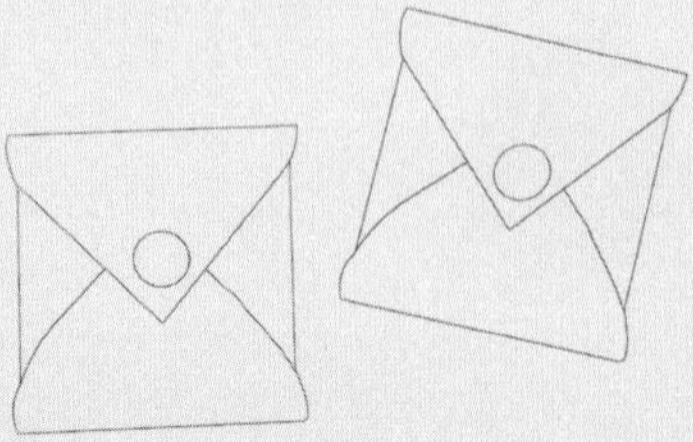

SIE BENÖTIGEN:

kräftigeres Papier

SO GEHT'S:

1. Aus Papier nach Wahl ein Quadrat ausschneiden. Die fertige Schachtel ist am Ende halb so groß wie das Quadrat. Hier haben wir ein Quadrat mit 22 cm Seitenlänge verwendet, aus dem ein Paket mit 11 cm Seitenlänge entstanden ist.
2. Das Quadrat diagonal zu einem Dreieck falten.
3. Das Dreieck zur Hälfte falten.
4. Die Ecke der offenen Seite des Dreiecks in Form eines halben Sterns zuschneiden.
5. An der gegenüberliegenden offenen Ecke in die geschlossene Seite des Dreiecks einen flachen Bogen einschneiden.
6. Die Sternecke auf die Bogenecke falten, sodass ein neues, kleineres Dreieck entsteht (siehe Foto auf Folgeseite).
7. Die Ecke gegenüber der langen Dreieckseite abrunden.
8. Das Papier komplett auffalten.
9. Das Geschenk mittig ins Päckchen legen.
10. Um das Päckchen zu schließen, zunächst die beiden Sternenspitzen zusammenführen.
11. Die Laschen mit dem Loch über den Stern fädeln und das Päckchen in Form ziehen.

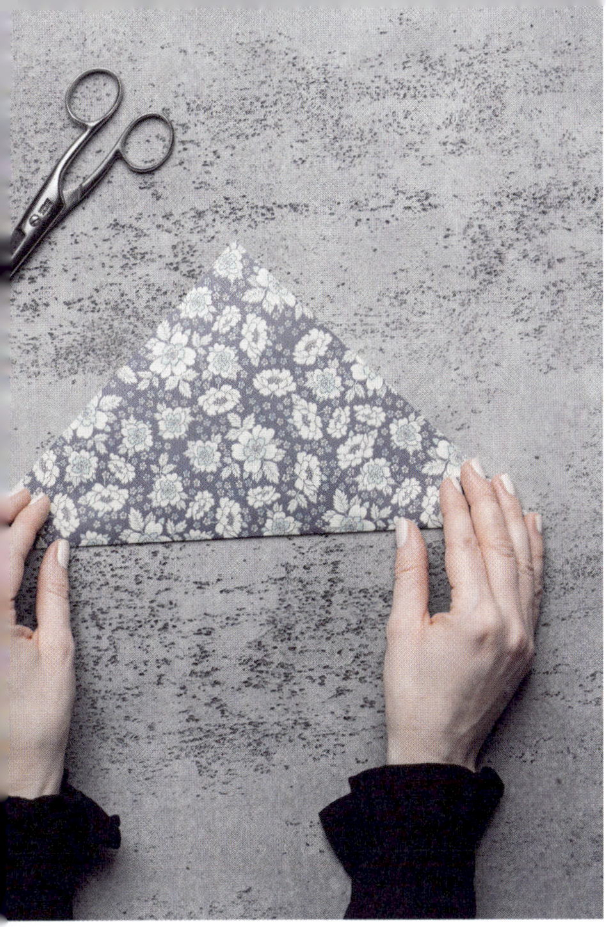
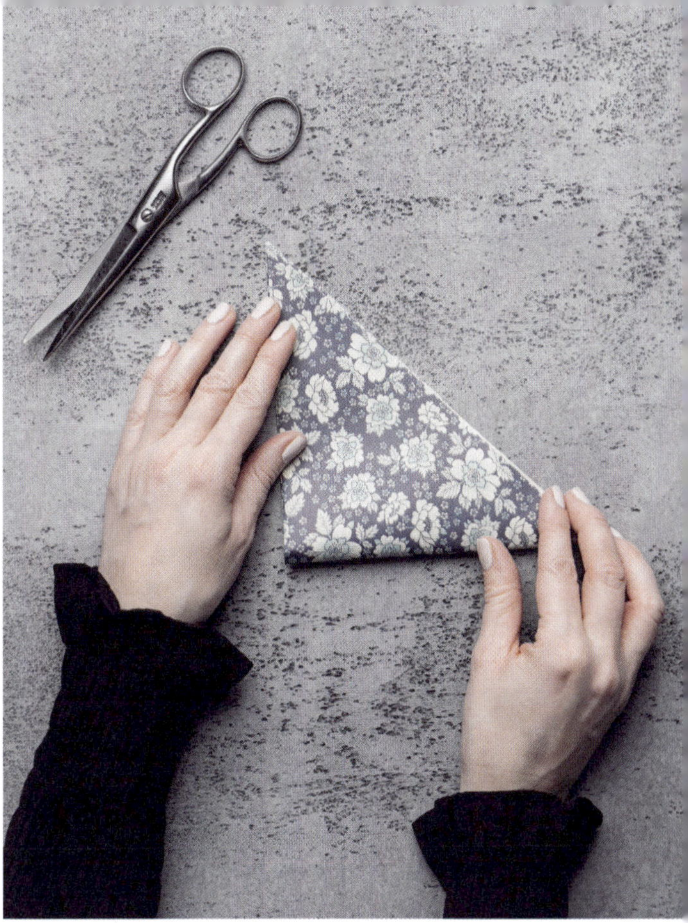
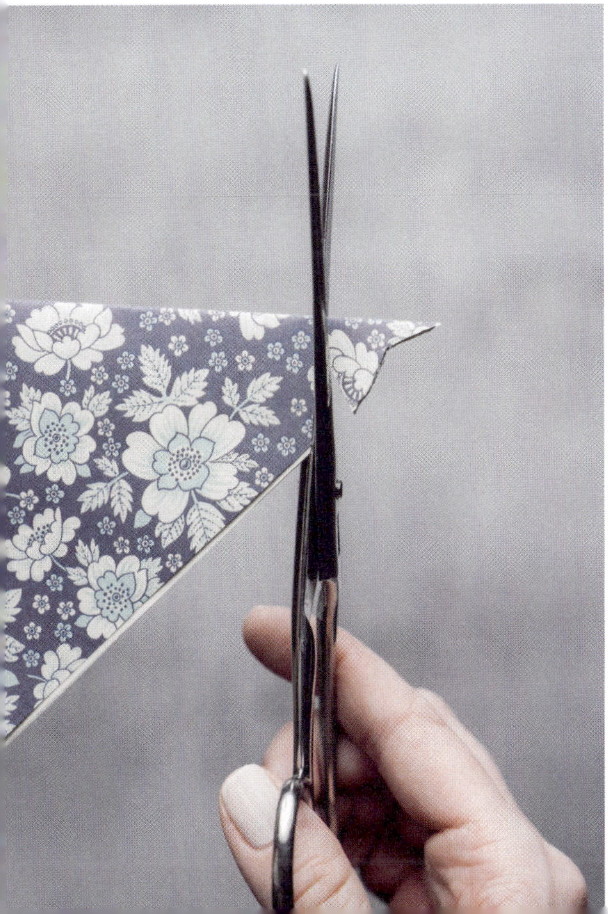
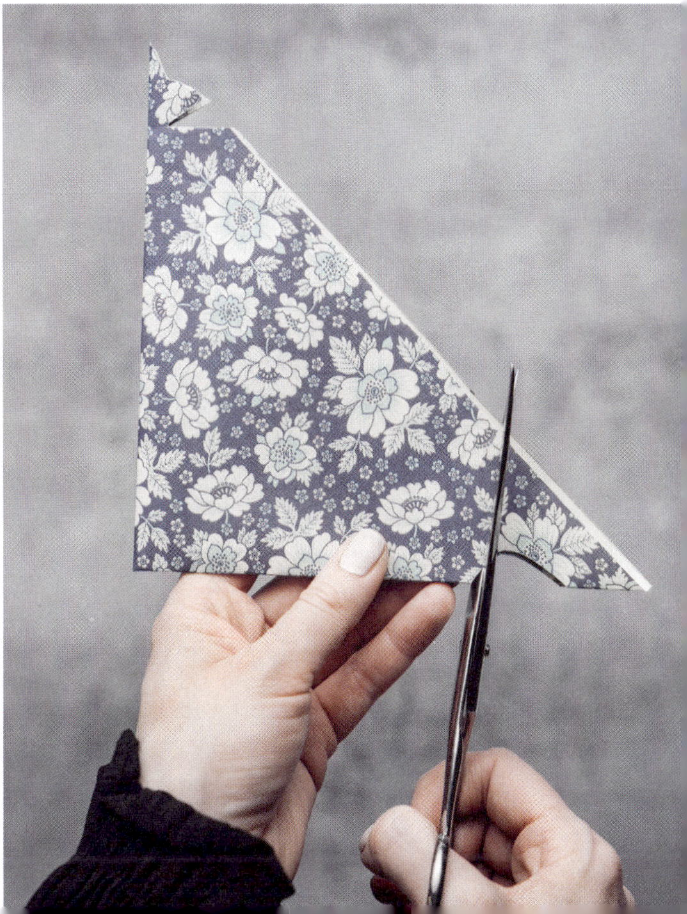

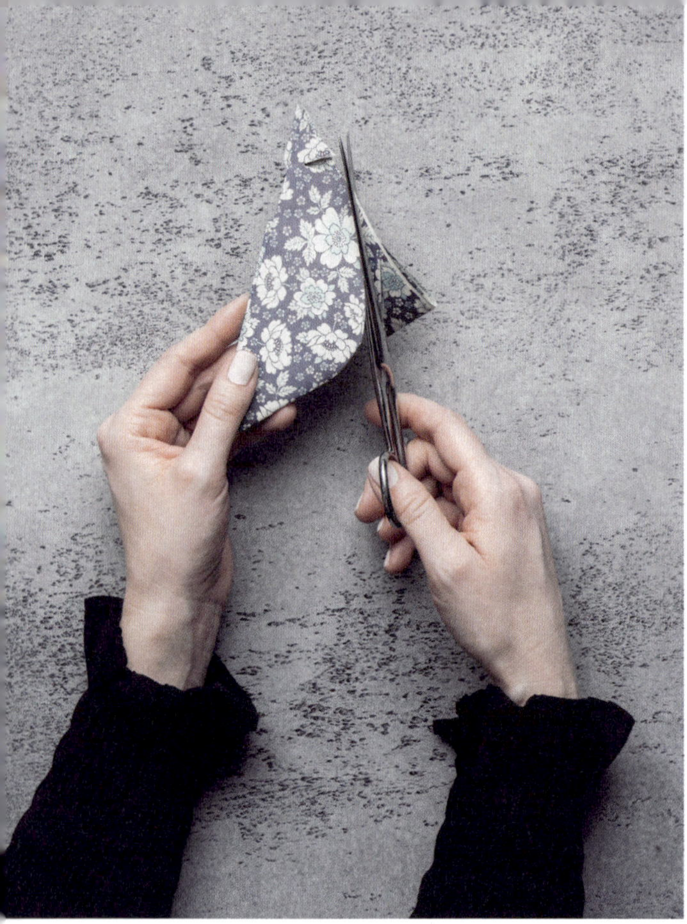
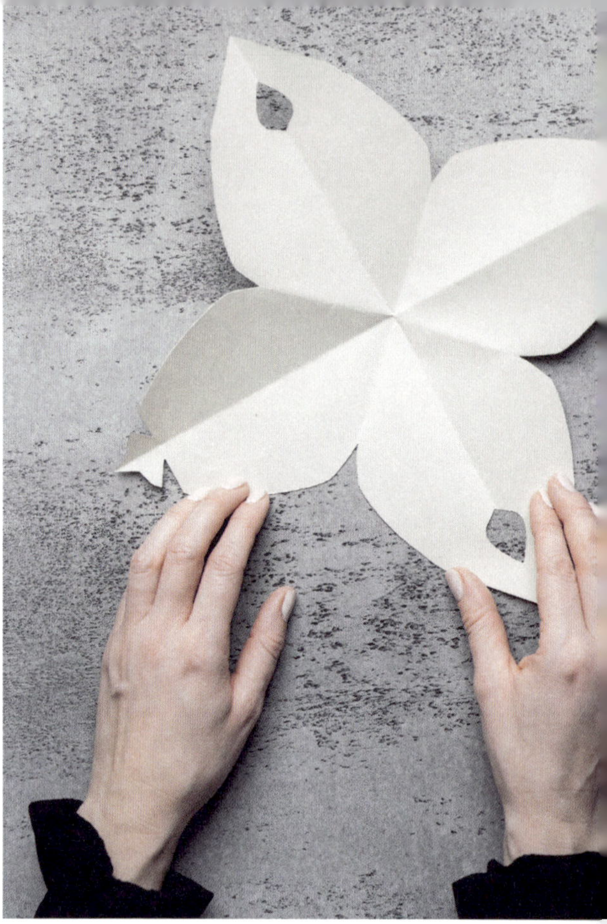
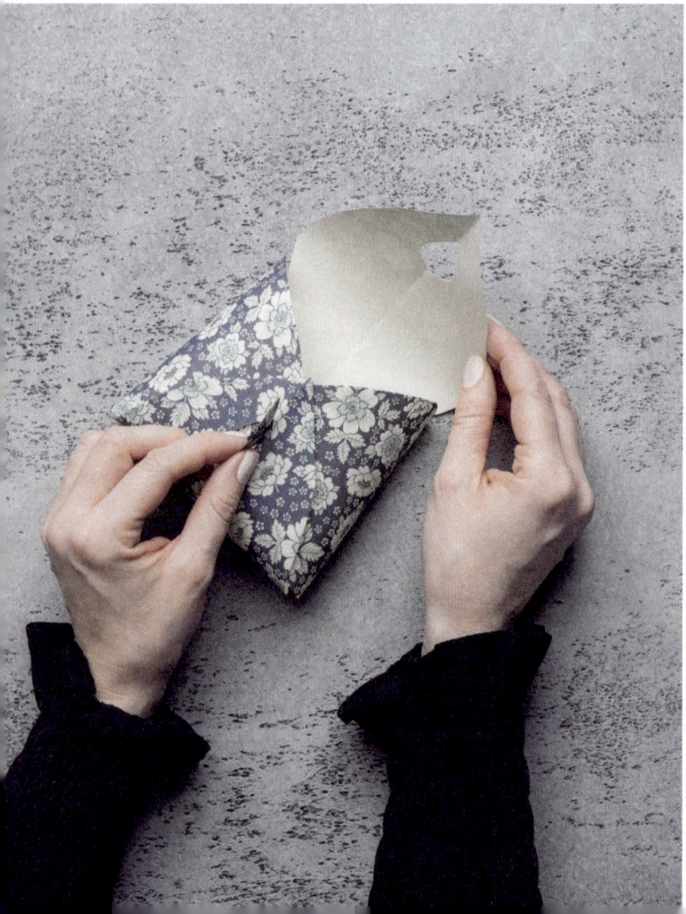
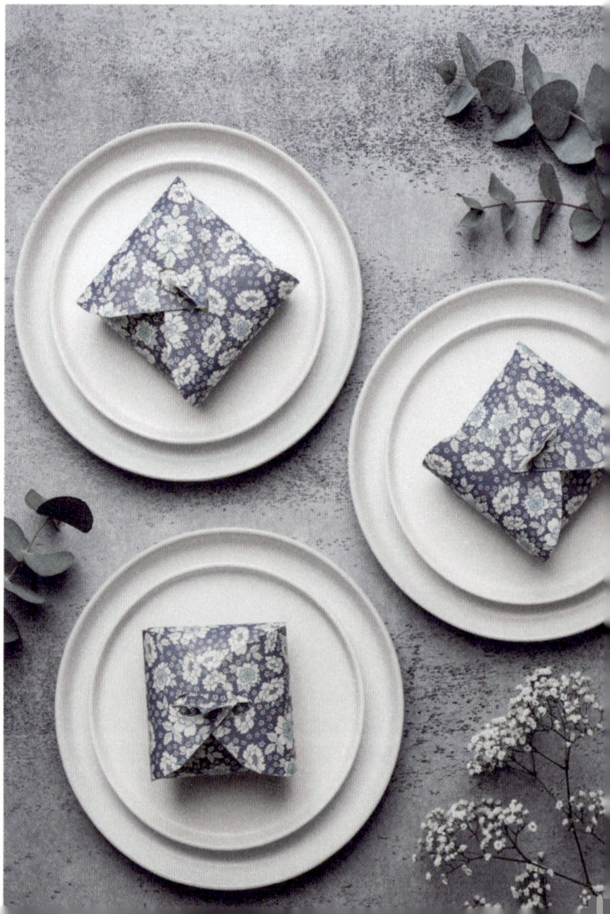

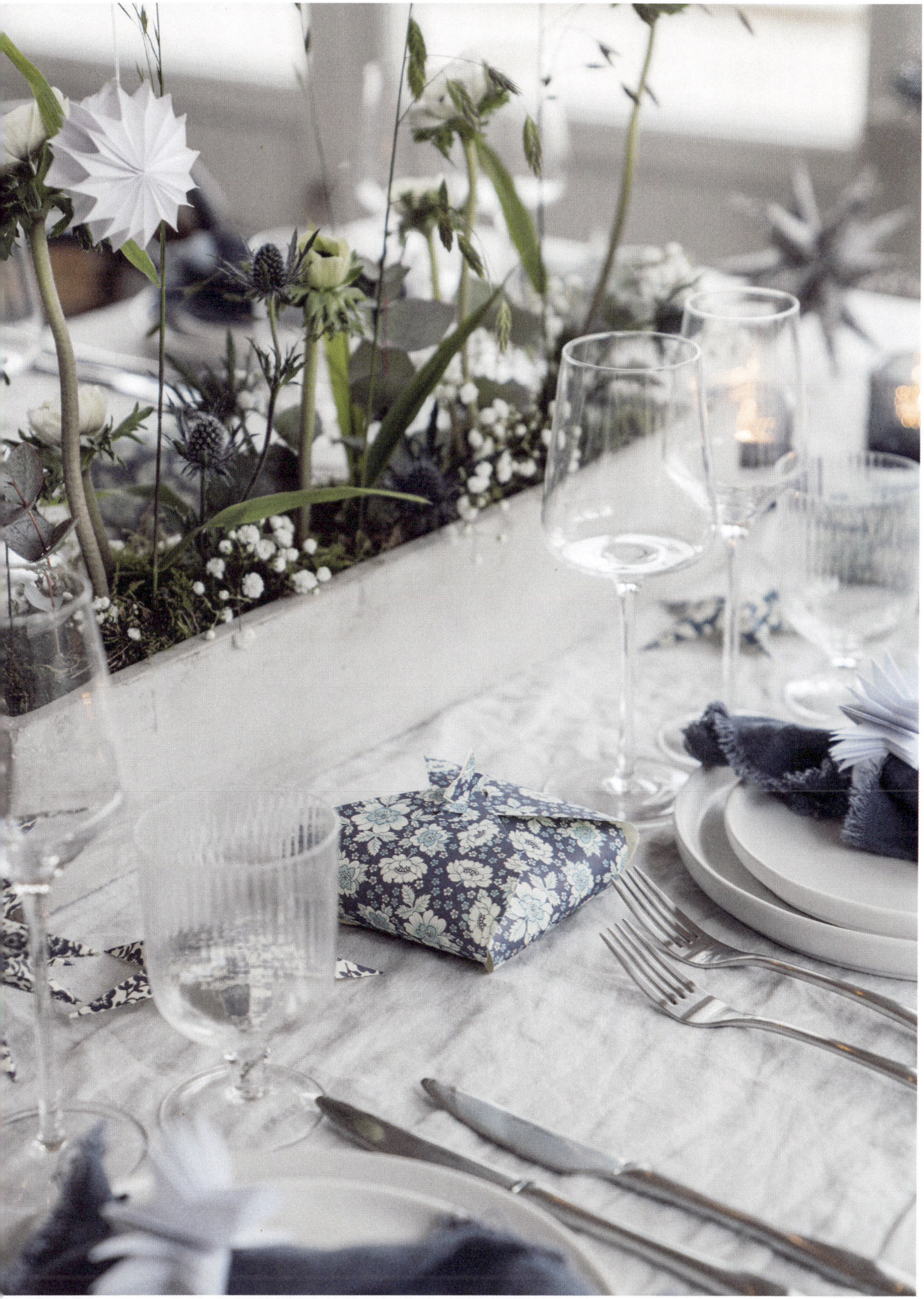

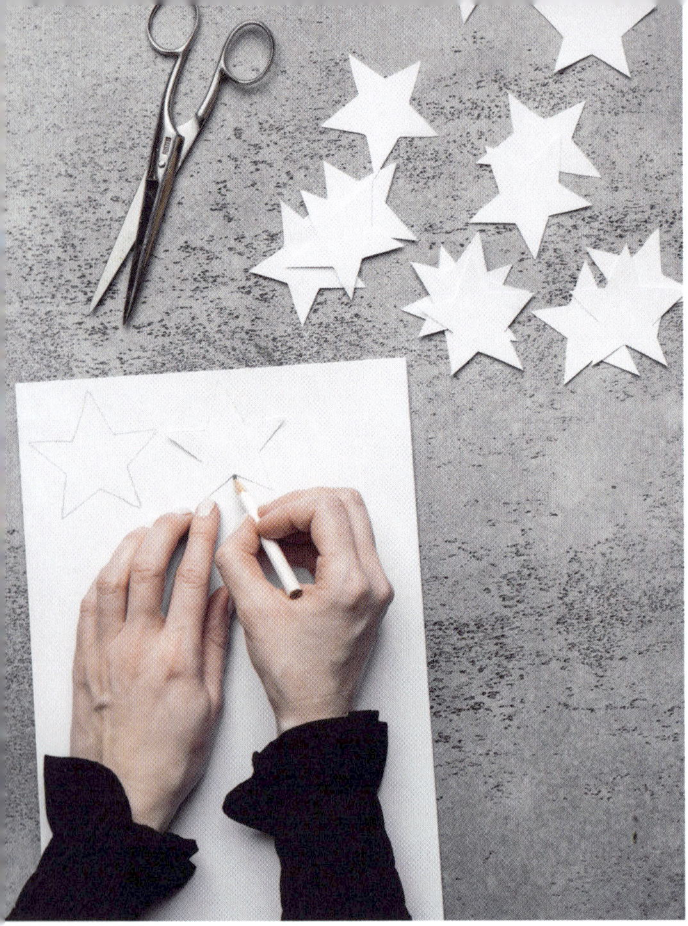
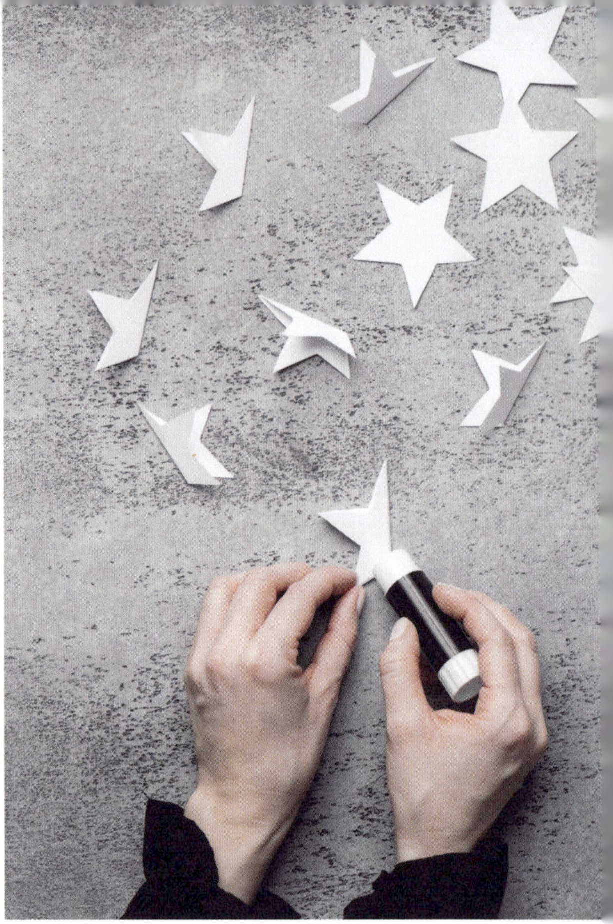
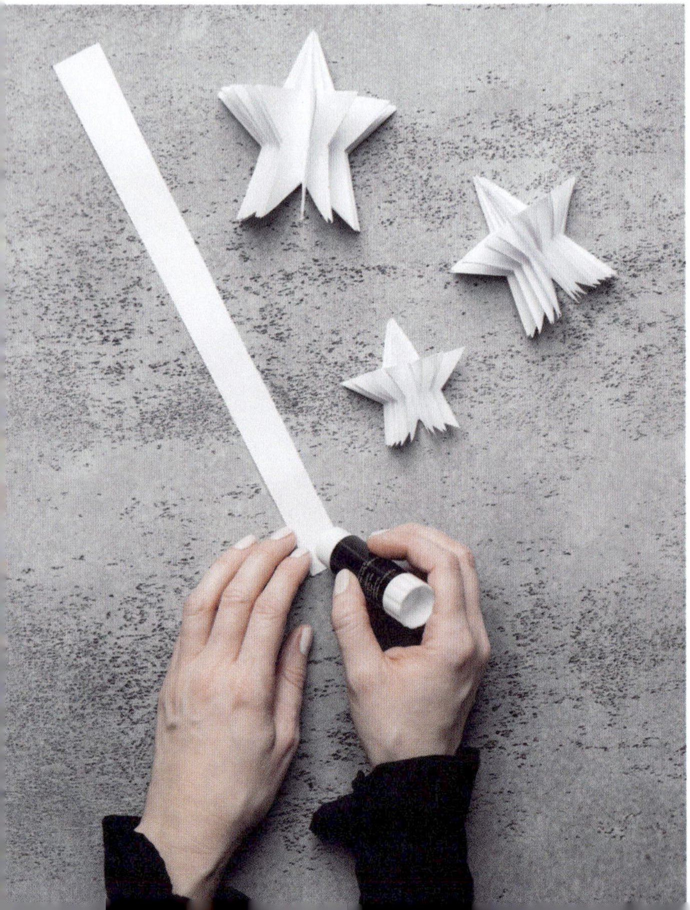
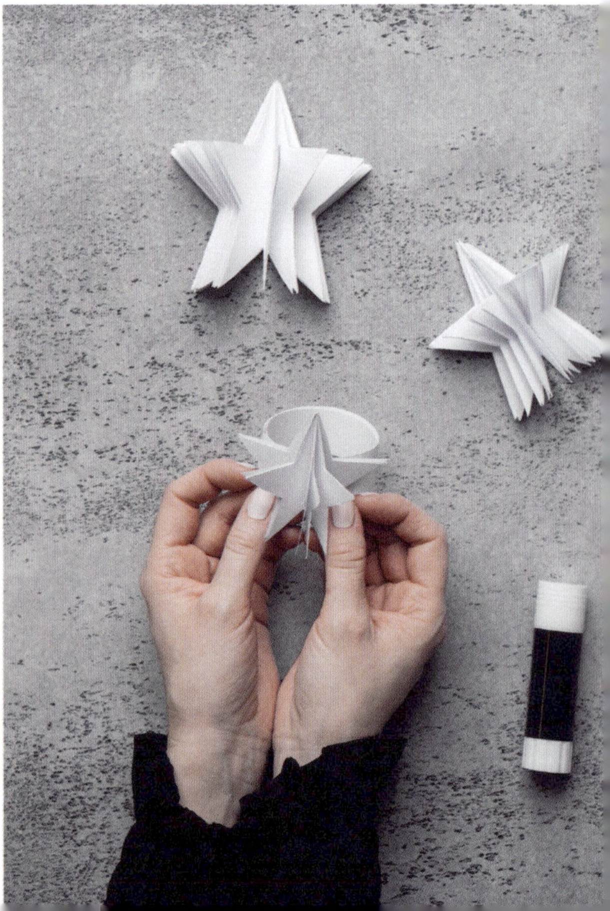

SERVIETTENRINGE

Ein Stern ist auch eine wunderschöne Deko für einen Serviettenring. Für stehende Sterne (siehe Folgeseite) 25 Sterne ausschneiden, zusammenkleben und nach Schritt 3 den ersten und den letzten Stern zusammenkleben.

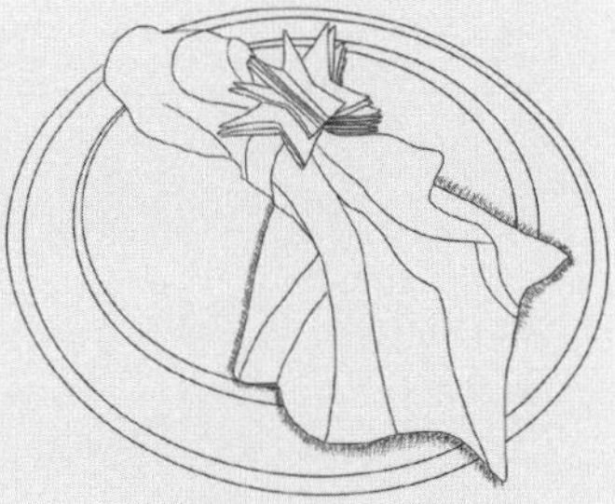

Schwierigkeitsgrad: Leicht
Arbeitszeit: 1 Stunde

SIE BENÖTIGEN:

kräftigeres Papier
Klebestift
Kraftkleber
Leere Toilettenpapierrolle

SO GEHT'S:

1. 15 Sterne in der gewünschten Größe ausschneiden.
2. Die Sterne zur Hälfte falten.
3. Die gefaltete Kante der Sterne mit Klebstoff bestreichen und die Sterne an ihren Kanten zusammenkleben.
4. Aus dem gleichen Papier einen Streifen mit 1,5 cm x 30 cm Seitenlänge ausschneiden.
5. Den Streifen mehrfach um die Toilettenpapierrolle wickeln und das Ende mit Klebstoff fixieren, sodass ein großer Ring entsteht. Die Rolle wieder herausziehen.
6. Den Stern mit Kraftkleber am Ring befestigen.

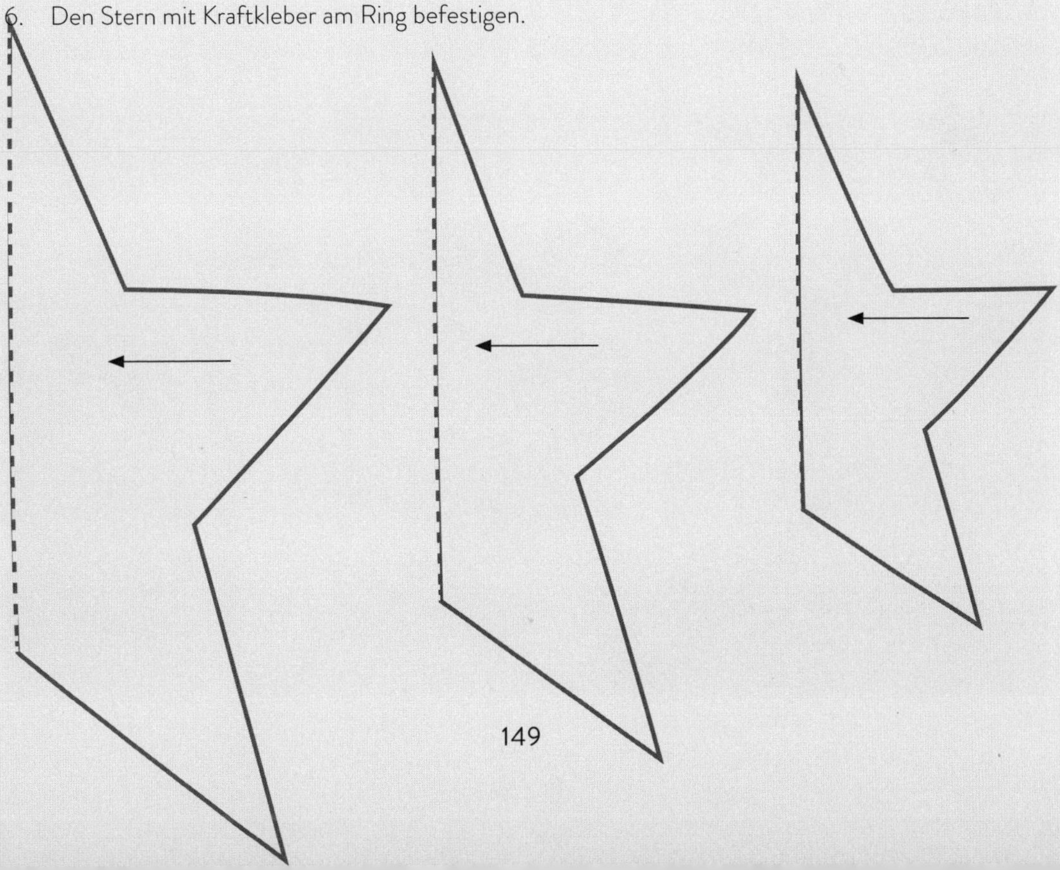

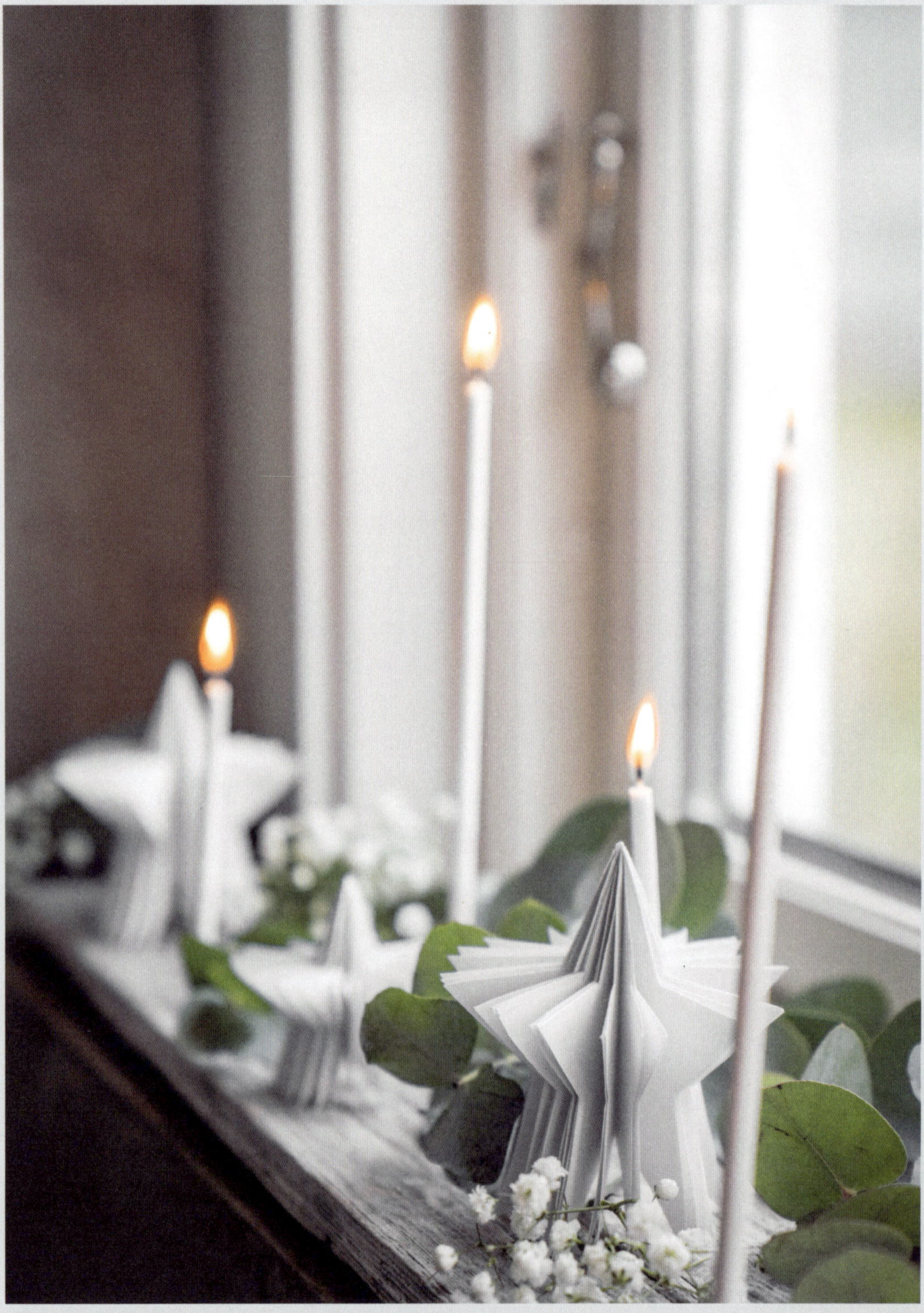

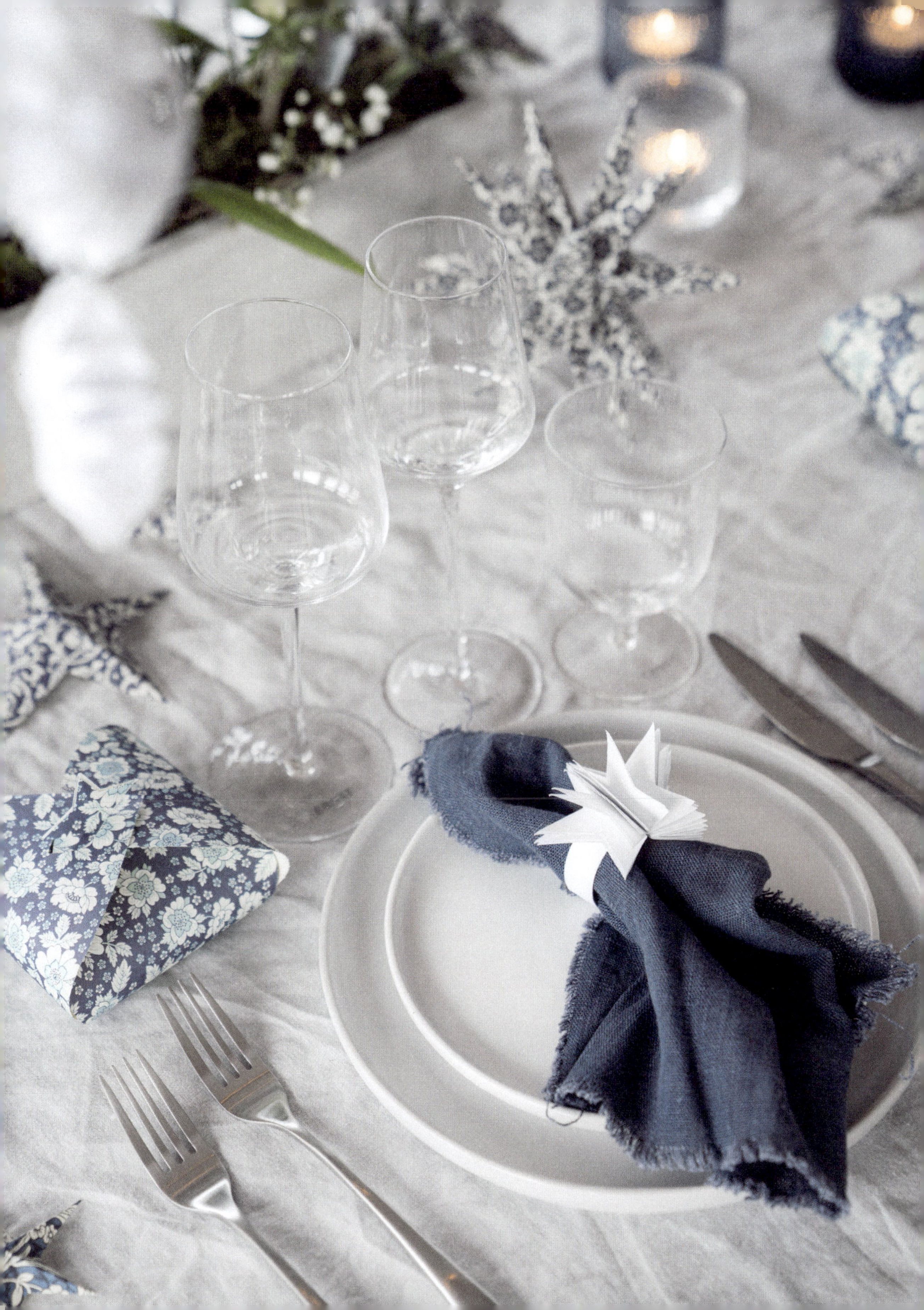

LIEGENDE TISCHSTERNE

Diese flachen Sterne sind ein toller festlicher Tischschmuck. Alles, was Sie brauchen, ist schönes Papier und ein bisschen Übung. Dann ist alles rasch erledigt.

Schwierigkeitsgrad: Mittel
Arbeitszeit: 15 Minuten

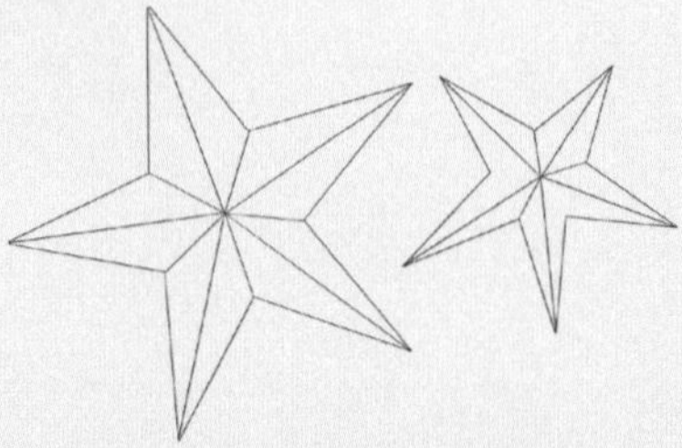

SIE BENÖTIGEN:

Fotokarton

SO GEHT'S:

1. Ein Quadrat in Größe nach Wahl aus Karton ausschneiden. Hier hat das Quadrat eine Seitenlänge von 10 cm.
2. Das Quadrat zur Hälfte falten, mit dem Falz nach vorne.
3. Die obere rechte Ecke zur unteren Kante falten. Wieder öffnen.
4. Die untere rechte Ecke zur oberen Kante falten. Wieder öffnen.
5. Auf der rechten Seite des Quadrats sind zwei sich kreuzende Knicke entstanden.
6. Die untere linke Ecke zum Kreuz in der Mitte der rechten Seite falten.
7. Die Spitze, die zum Kreuz zeigt, zur linken Querseite falten (siehe Foto auf Folgeseite).
8. Die untere rechte Ecke nach oben zur Längsseite falten.
9. Das entstandene Dreieck entlang der Mitte nach hinten klappen.
10. Die glatte Spitze diagonal von der offenen zur gefalteten Seite abschneiden und den größeren Teil entsorgen. Je spitzer der Winkel, desto schmaler werden die Spitzen des Sterns.
11. Den kleineren Teil auffalten und zu einem flachen Stern formen.

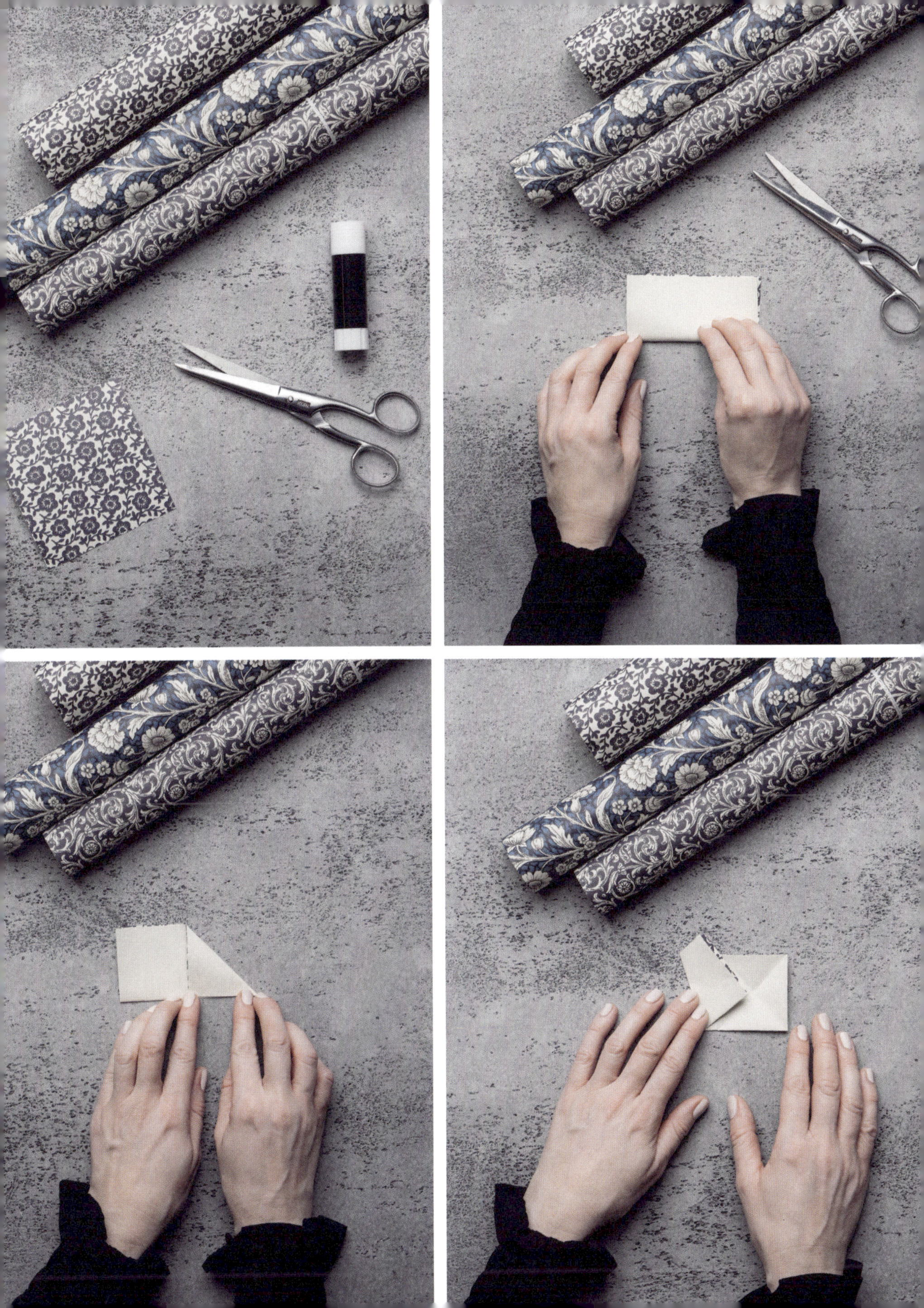

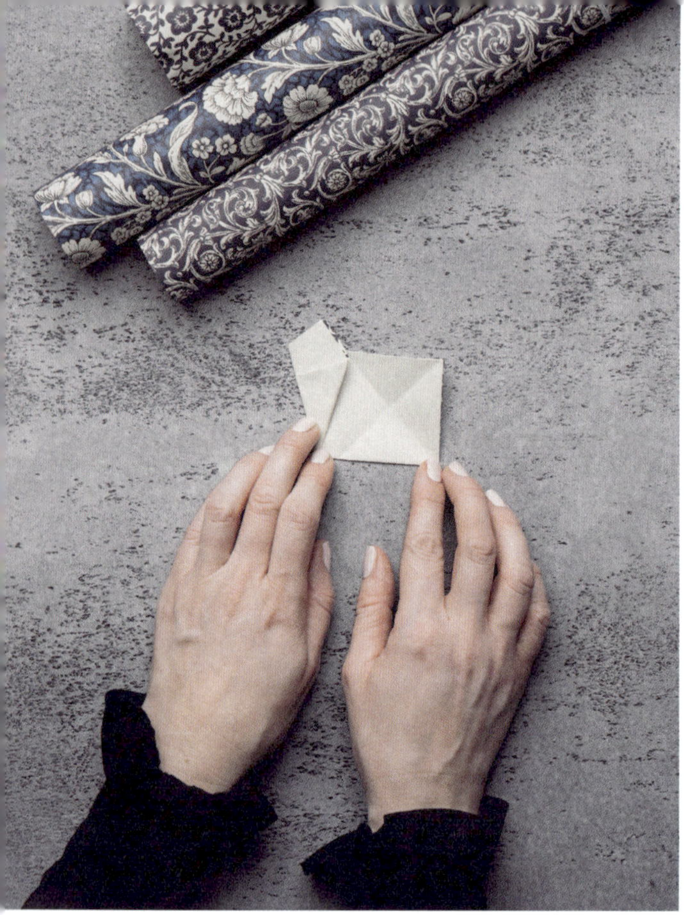
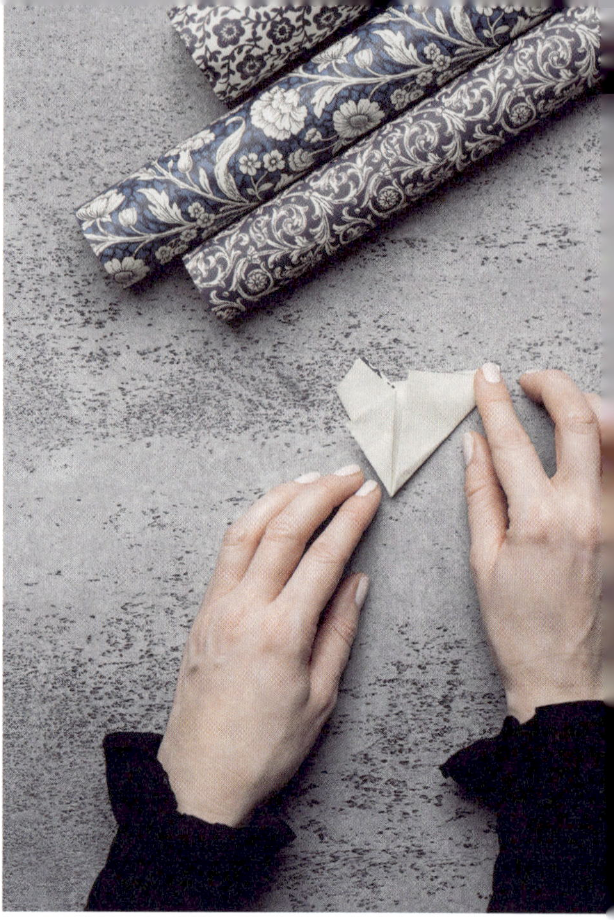
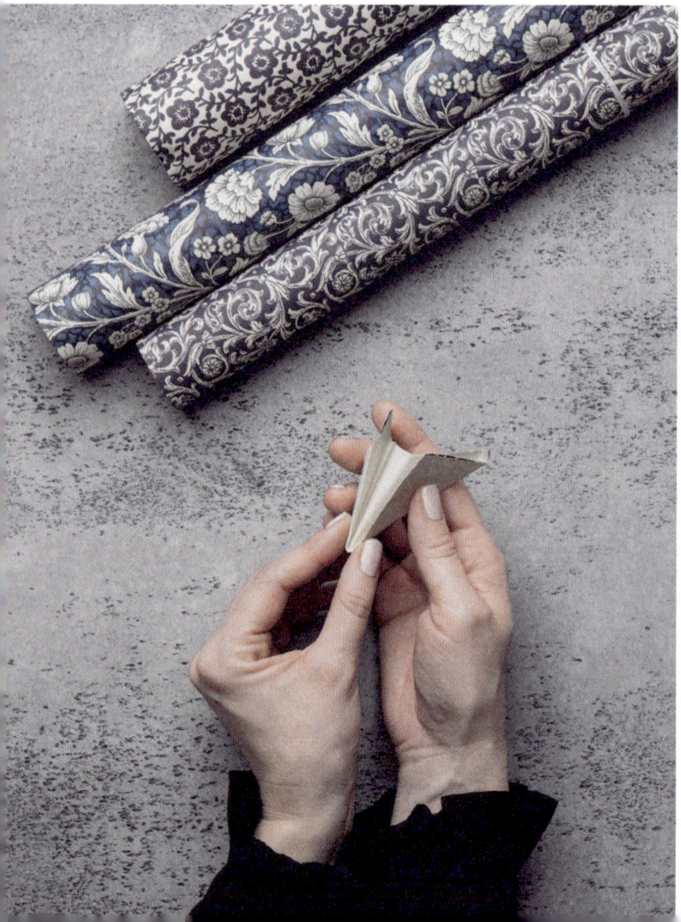
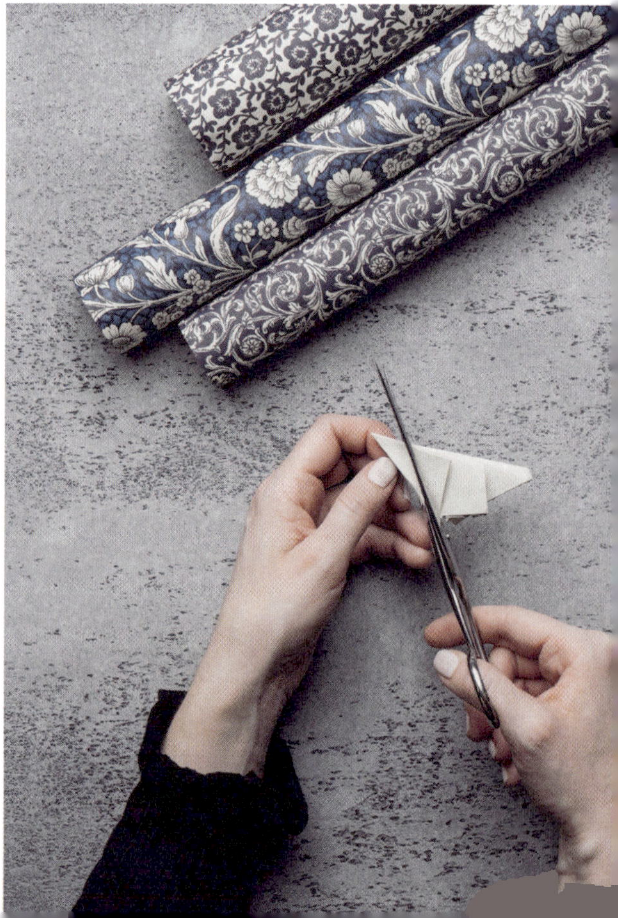

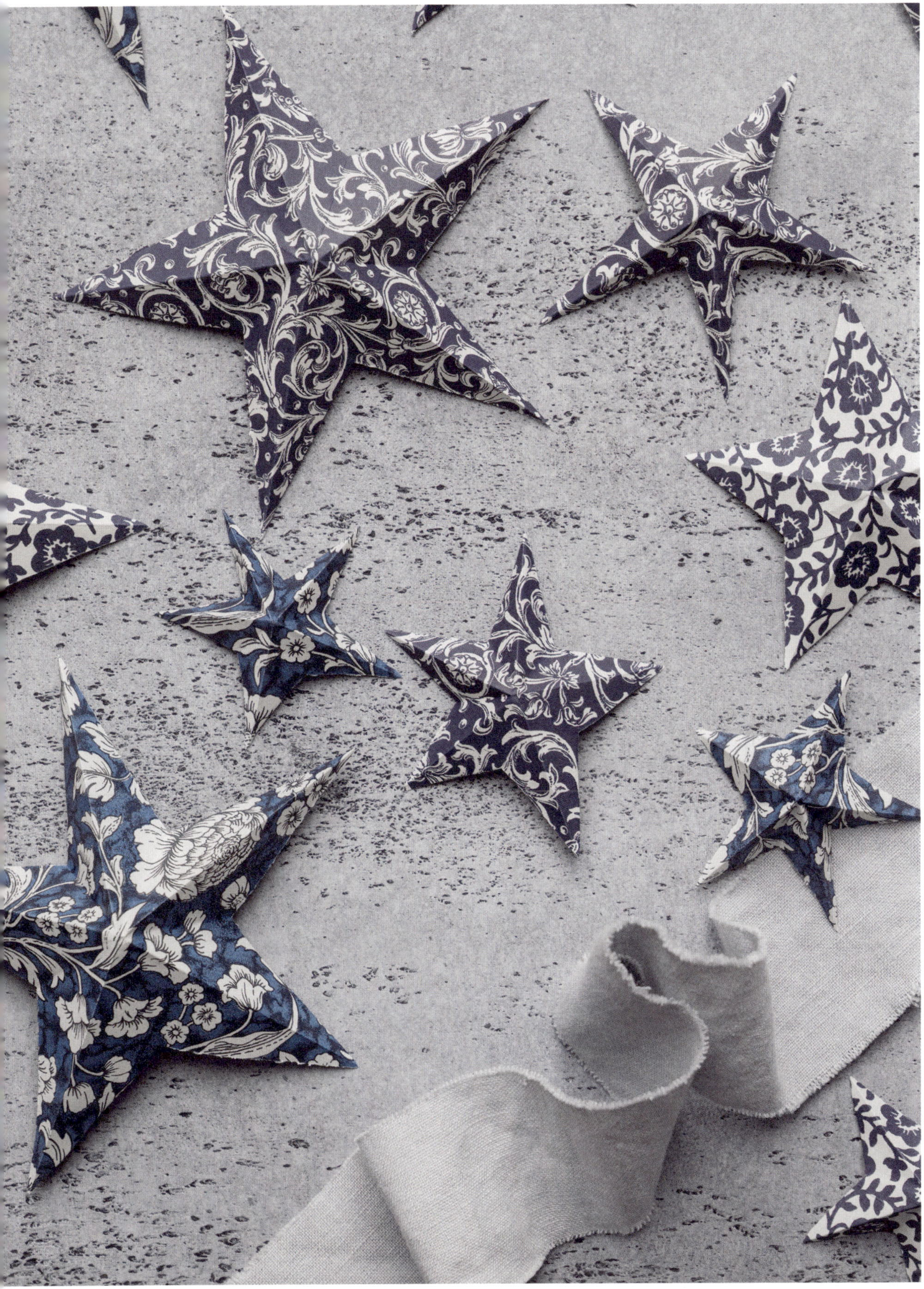

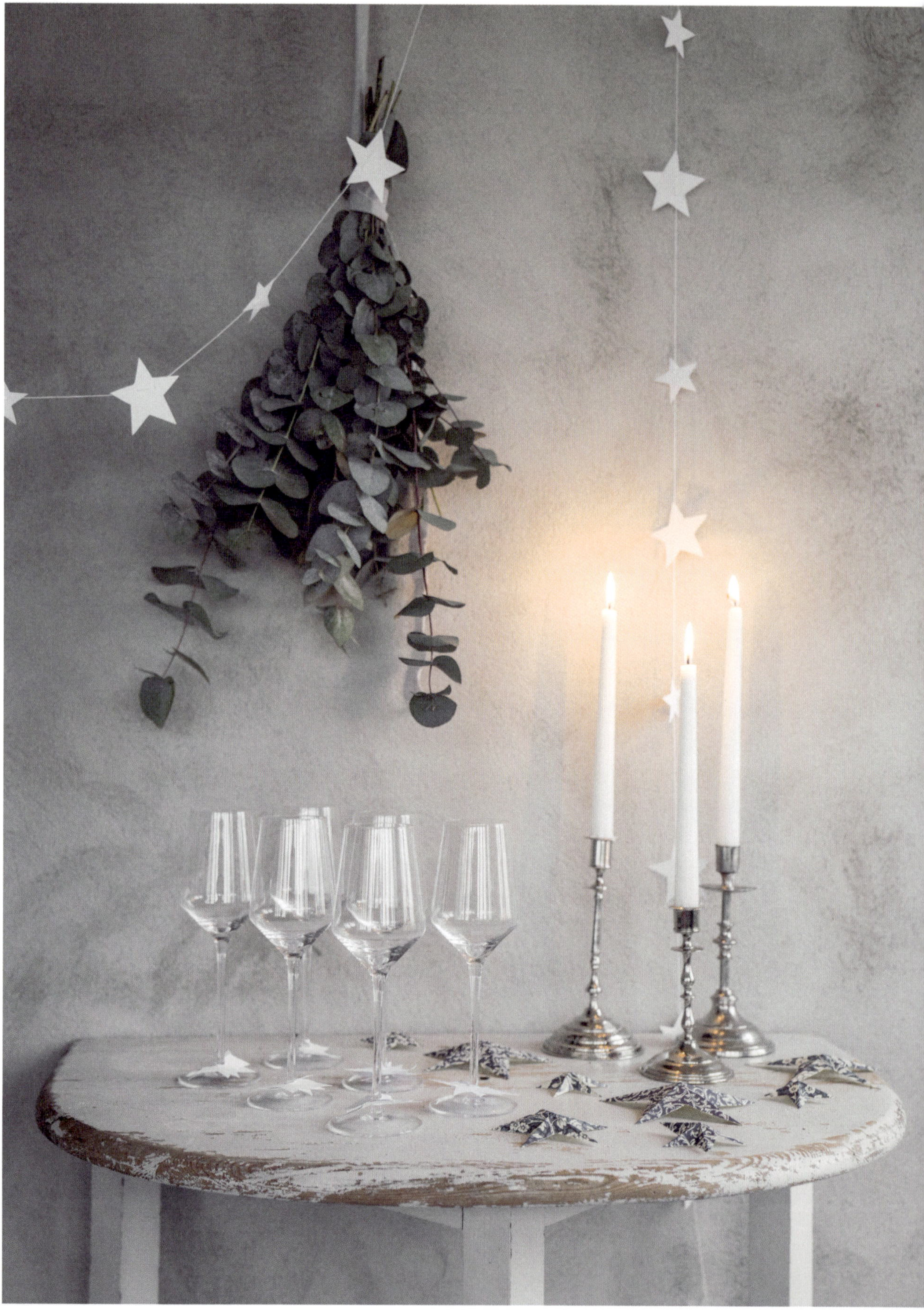

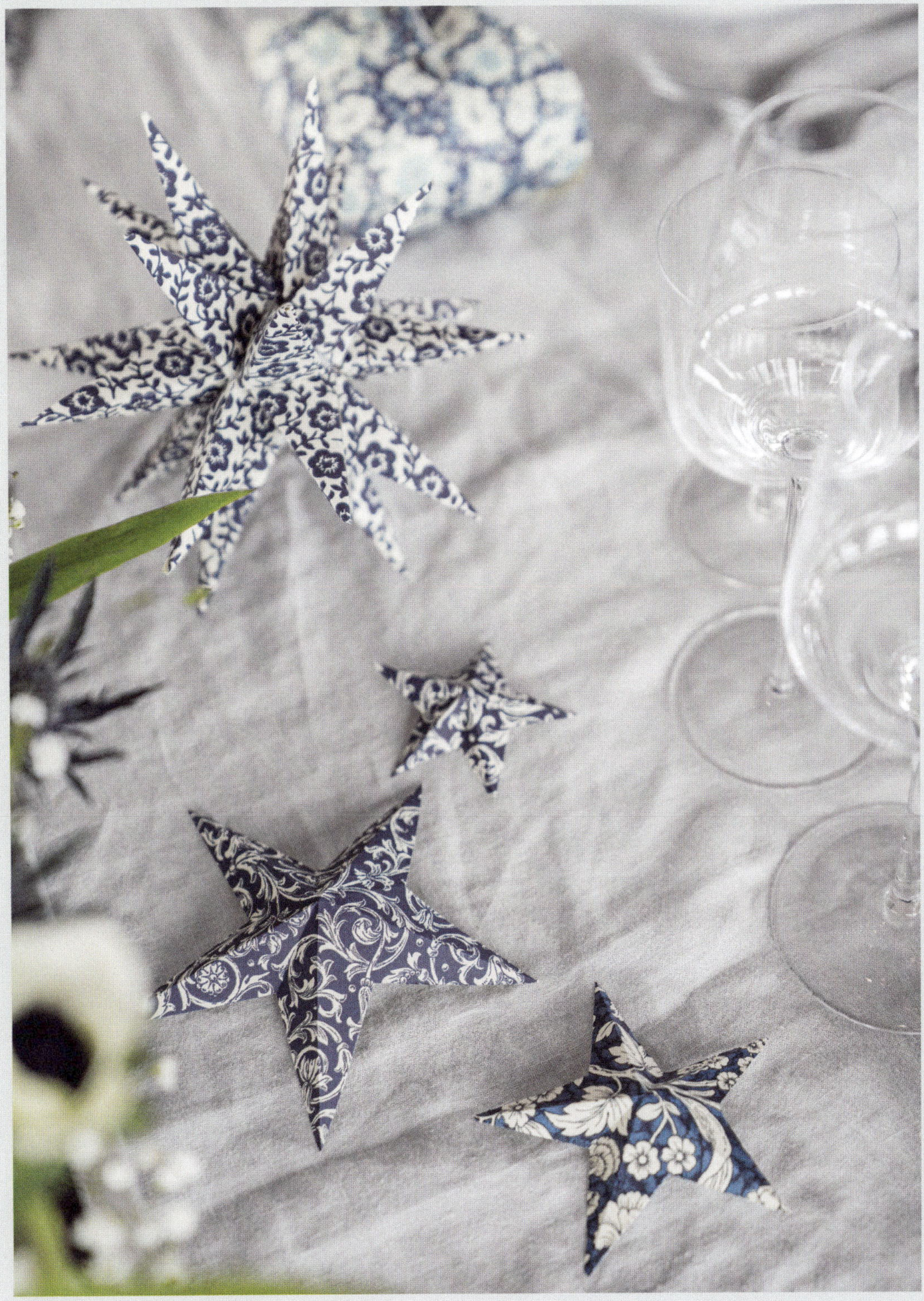

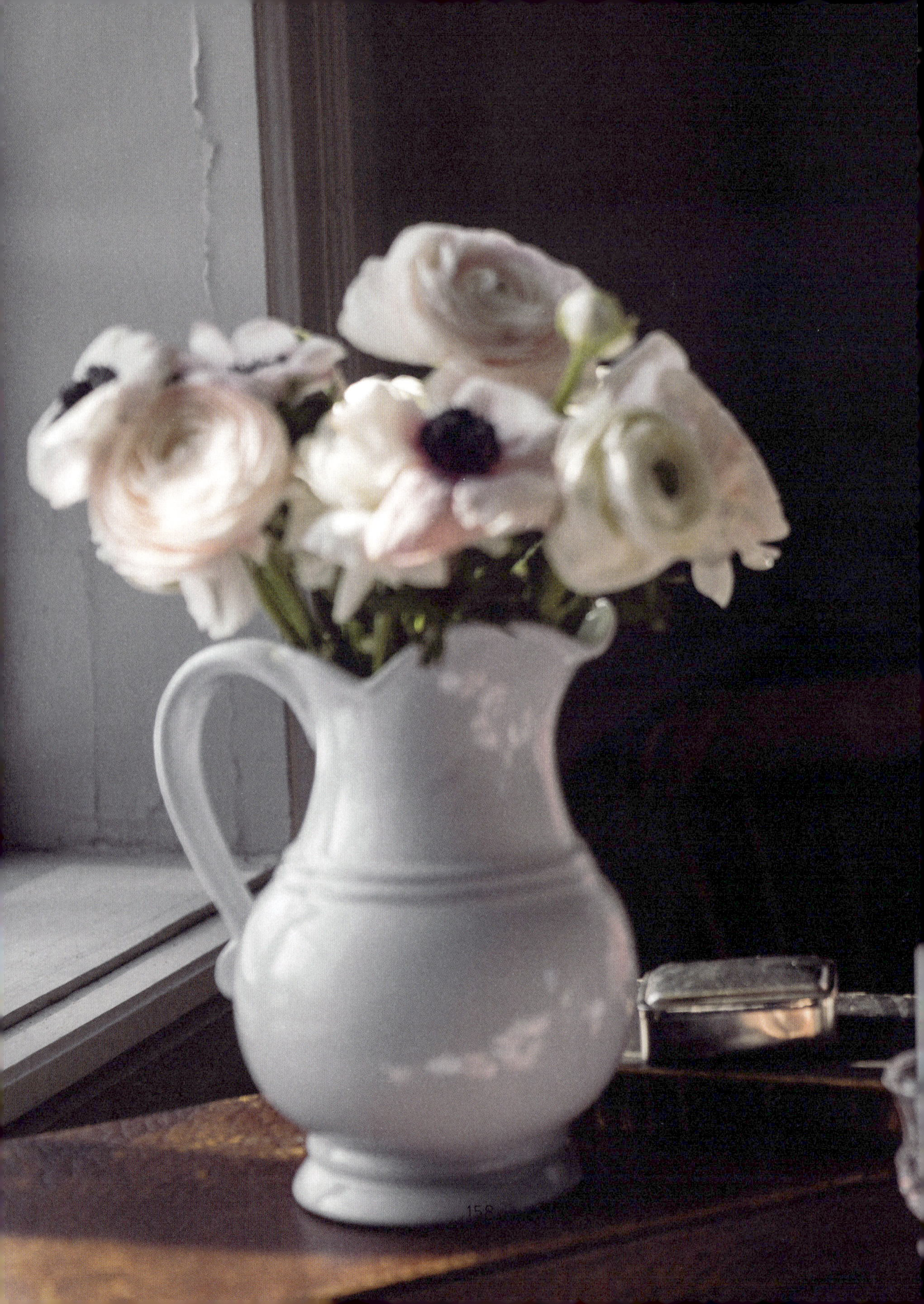

FRÜHLINGSBOTEN

Lassen Sie Ihr Zuhause erblühen!

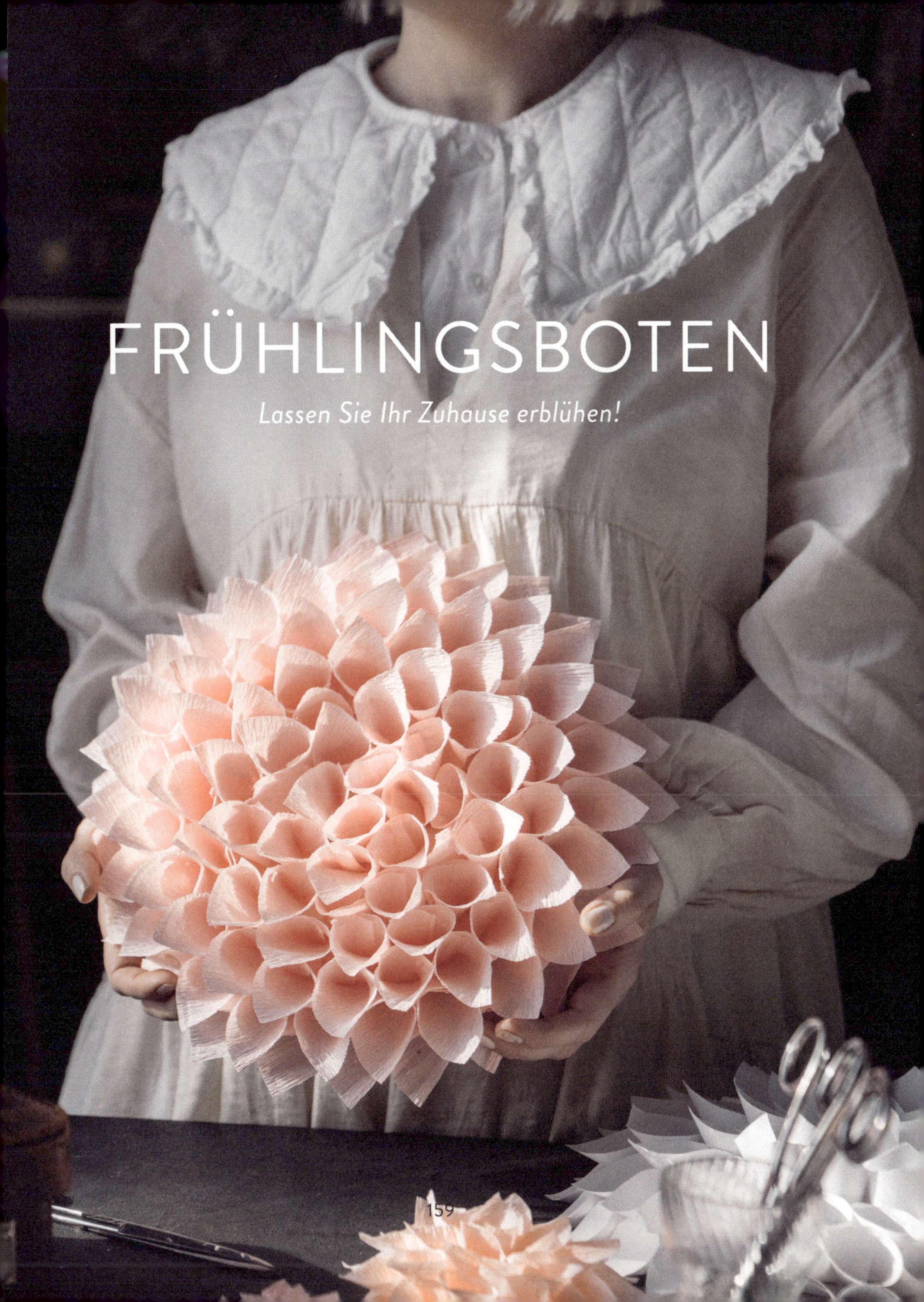

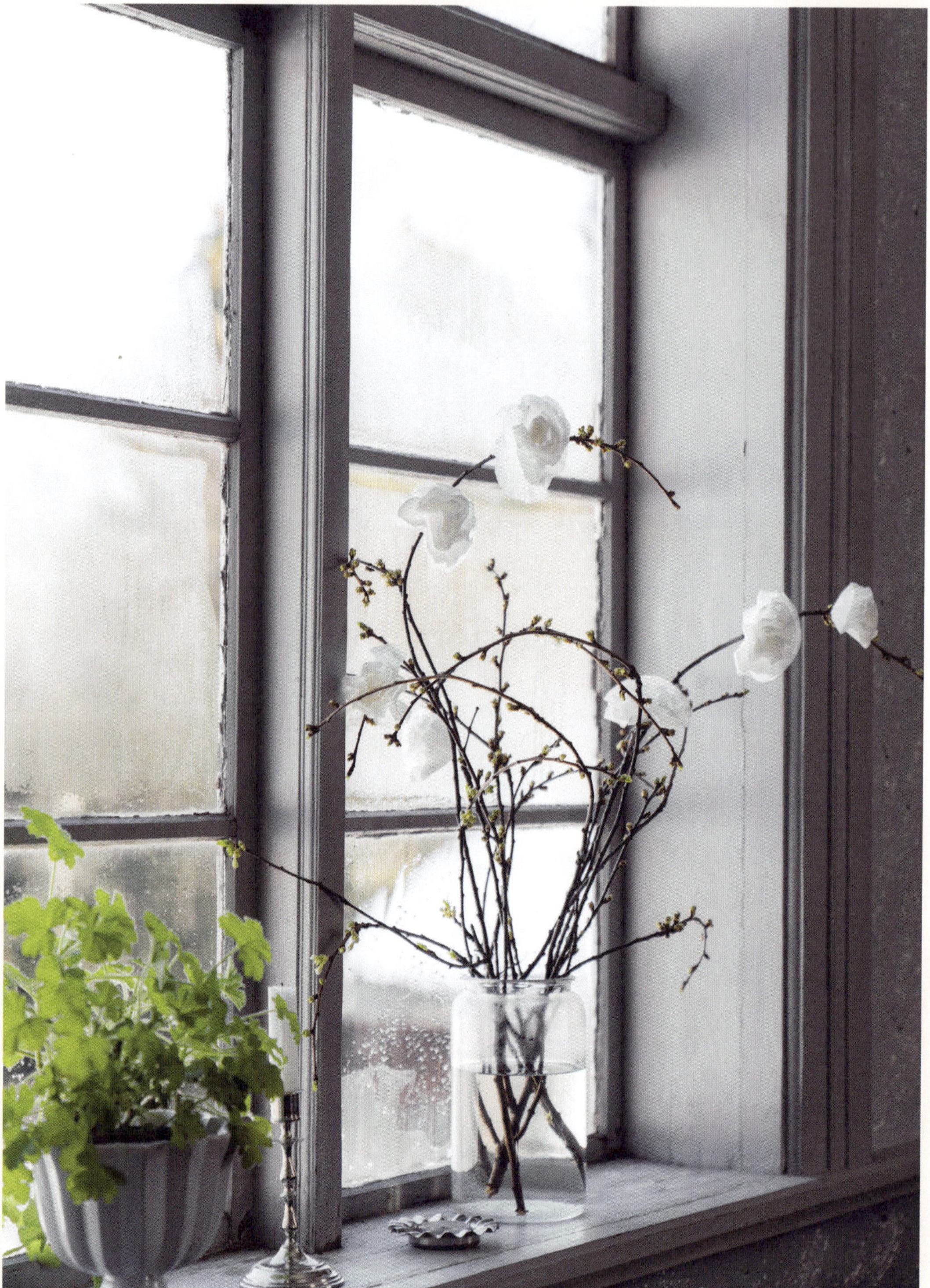

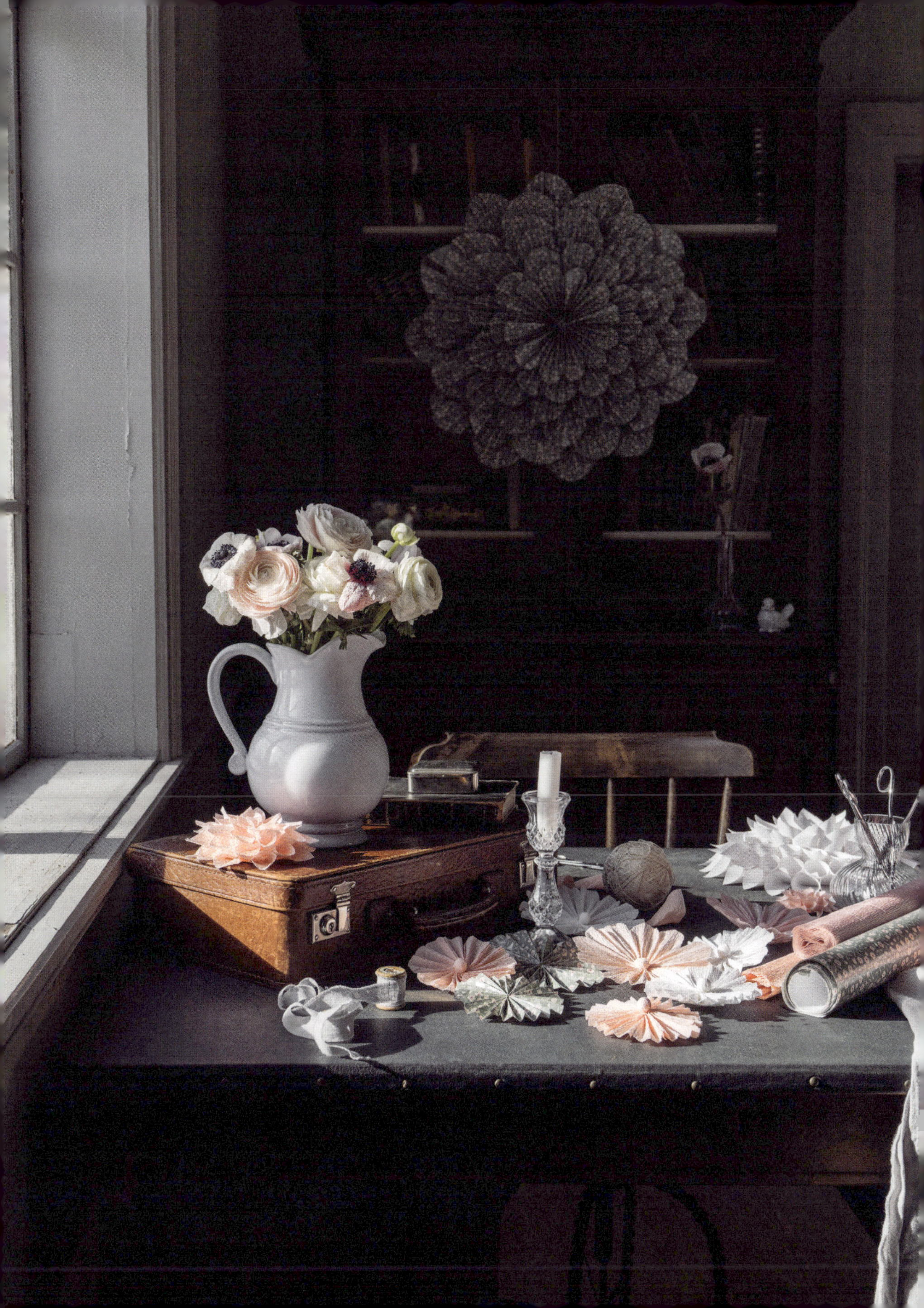

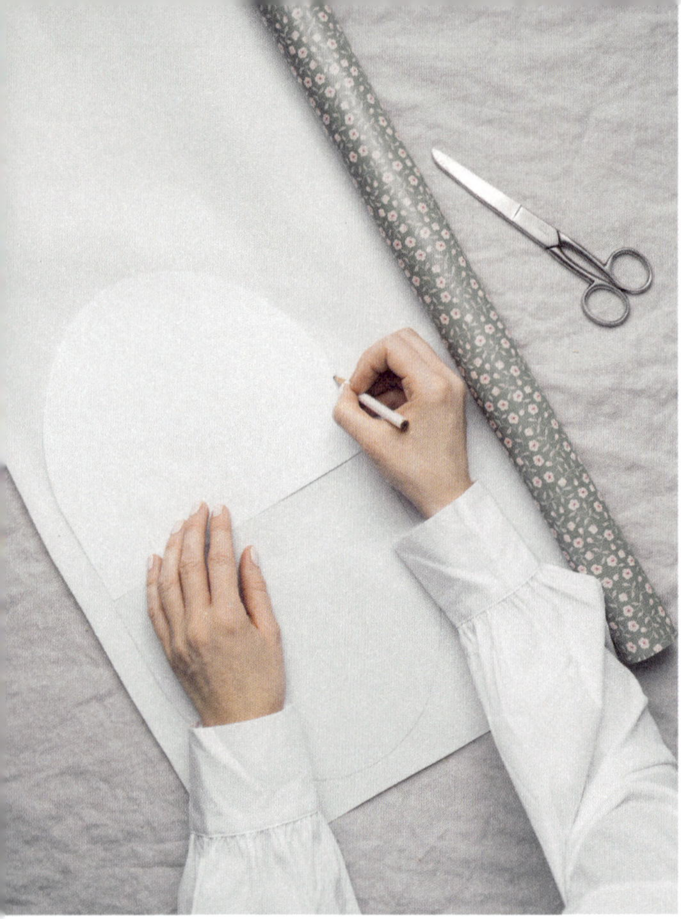
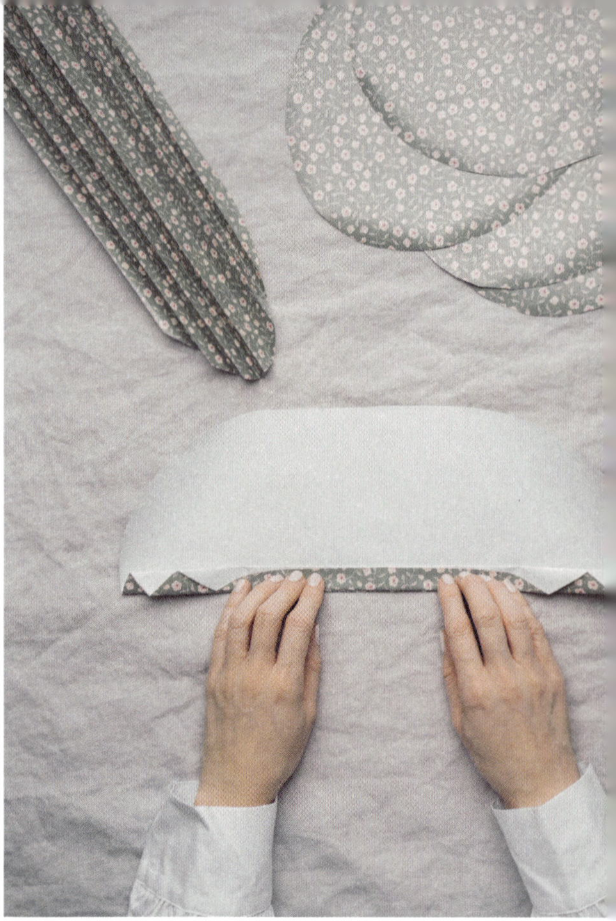
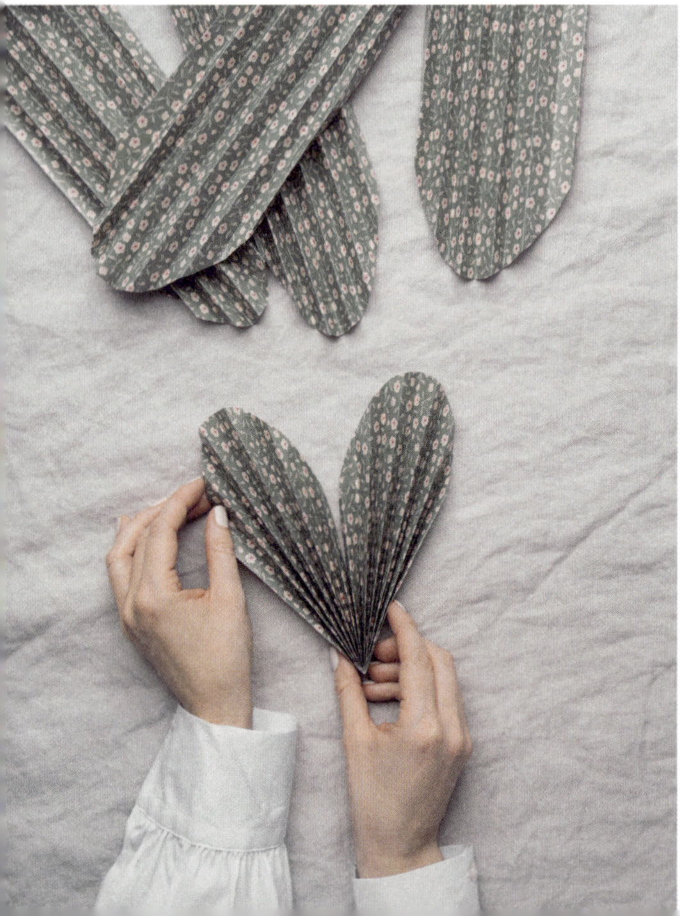
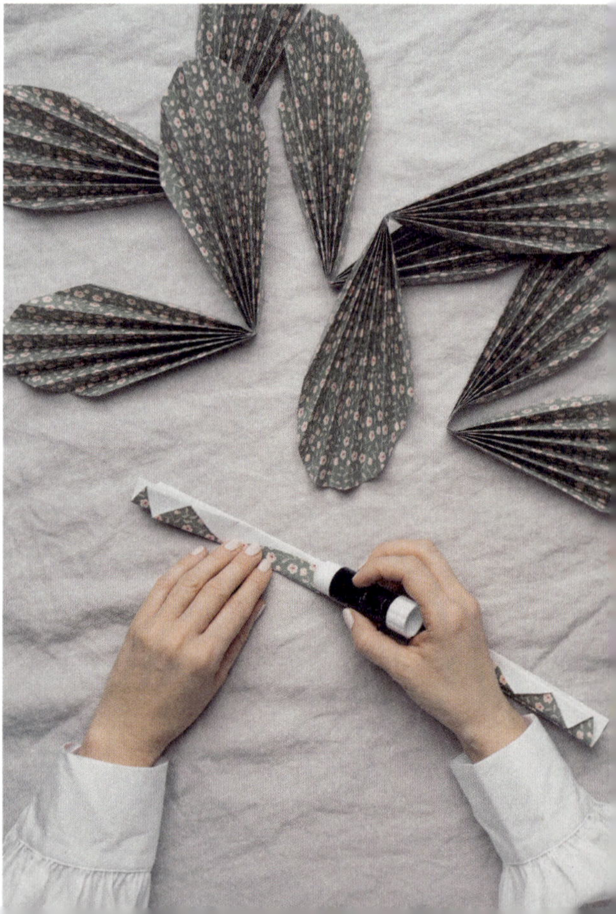

FRÜHLINGSBLUME

Diese frühlingshafte Variante des Adventssterns ist aus großen, ovalen Einzelteilen aufgebaut. Mit weißem Backpapier wird es dezent, mit Musterpapier bringt man ein paar Farbtupfer ins Haus.

Schwierigkeitsgrad: Mittel
Arbeitszeit: 10 Stunden für eine Blume mit allen Vorlagen
Frühlingsblume mit Vorlage 1 (22 cm Ø): 6x zuschneiden
Frühlingsblume mit Vorlage 2 (29 cm Ø): 6x zuschneiden
Frühlingsblume mit Vorlage 3 (36 cm Ø): 6x zuschneiden
Frühlingsblume mit Vorlage 4 (44 cm Ø): 6x zuschneiden
Frühlingsblume mit Vorlage 5 (52 cm Ø): 6x zuschneiden
Frühlingsblume mit Vorlage 6 (58 cm Ø): 6x zuschneiden
Die Seite mit der geklebten Naht ist die Rückseite der Frühlingsblumen und Einzelteile.

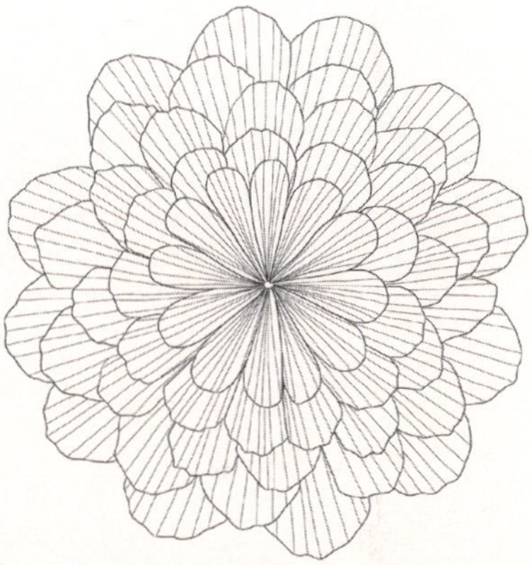

SIE BENÖTIGEN:

Geschenkpapier oder Backpapier
kräftigeres Papier
Klebestift
Kraftkleber

SO GEHT'S:

1. Zuerst Schablonen nach Vorlage anfertigen. Die Schablonen auf das Geschenkpapier legen und wie auf der Vorlage angegeben gespiegelt anzeichnen.
2. Jede Vorlage sechsmal anzeichnen und innerhalb der vorgezeichneten Linie ausschneiden.
3. Die Teile quer legen und wie eine Ziehharmonika falten. Jede Falte sollte etwa 1–1,5 cm breit sein.
4. Alle Ziehharmonikas zur Hälfte falten und wieder öffnen. Dann alle Teile nacheinander zusammensetzen und dafür die Schritte 5–7 wiederholen.
5. Die innere Falte jeder Ziehharmonika großzügig mit dem Klebestift bestreichen. Es darf kein Klebstoff auf die anderen Falten gelangen.

6. Die bestrichene Seite der Länge nach mittig falten. Kurz festhalten, bis die Flächen gut aneinanderhaften.
7. Die Ziehharmonika auffalten und prüfen, ob nur die innere Falte verklebt wurde.
8. Jetzt je zwei Ziehharmonikas seitlich aneinanderkleben. Kurz festhalten, bis die Flächen gut aneinanderhaften. Auffalten, um zu prüfen, ob nur die mittlere Falte verklebt wurde.
9. Dann je drei Ziehharmonika-Paare zu einer Frühlingsblume zusammenkleben.
10. Damit die Blumen stabiler werden und sich leichter zusammenkleben lassen, pro Blume zwei Kreise aus Fotokarton ausschneiden.
11. Die Kreise mit Kraftkleber mittig an der Vorder- und Rückseite aller Frühlingsblumen befestigen. Ausnahme ist die oberste kleine Blume. Sie wird nur auf der Rückseite mittig mit einem stabilisierenden Kreis beklebt.
12. Die Kreise nochmals mit Kraftkleber bestreichen und die Blumen in der Größe absteigend aufeinander kleben. Am Schluss die kleine Blume ankleben und den Kleber aushärten lassen.
13. Für eine „Frühlingsblumenlampe“ zwei gleich große Kristalle herstellen und der Anleitung auf Seite 83 folgen.

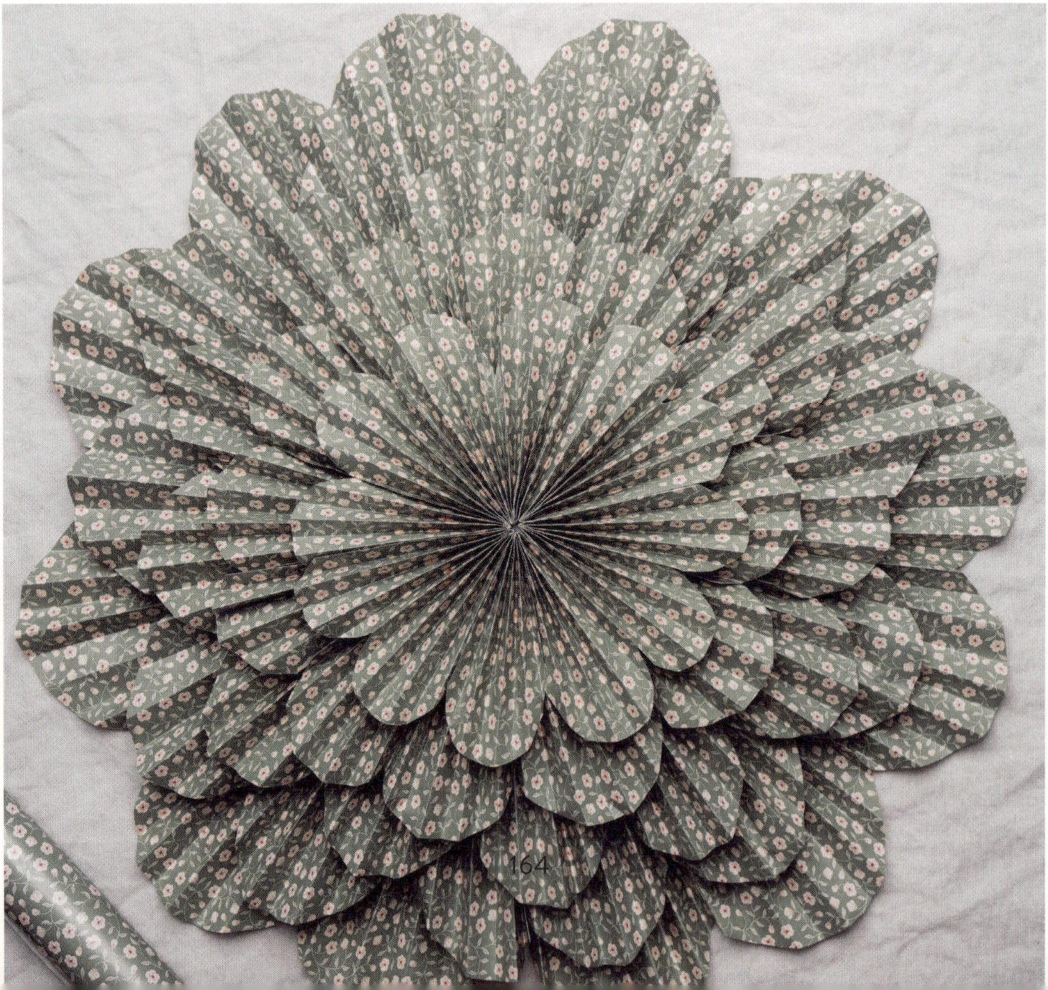

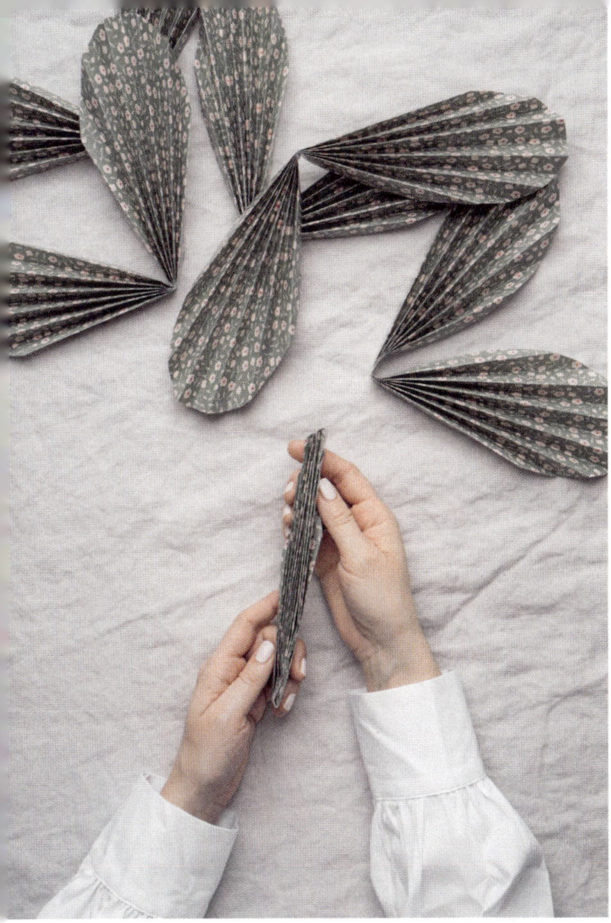
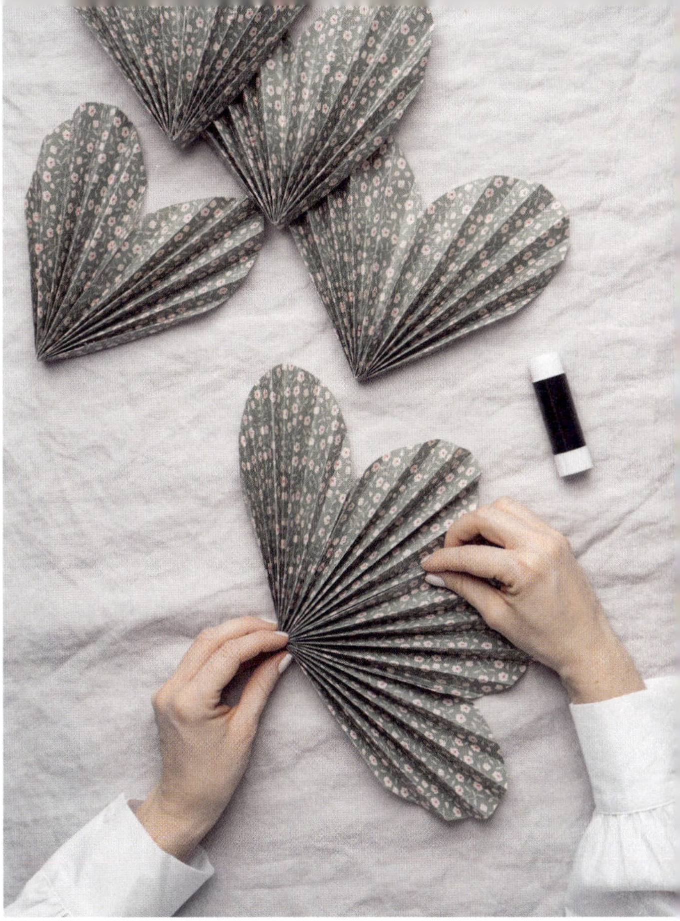
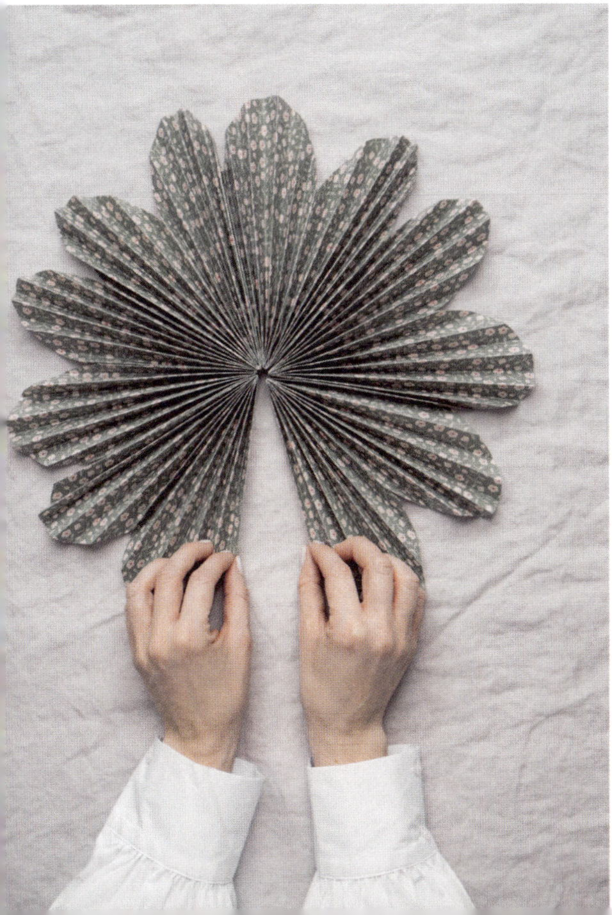
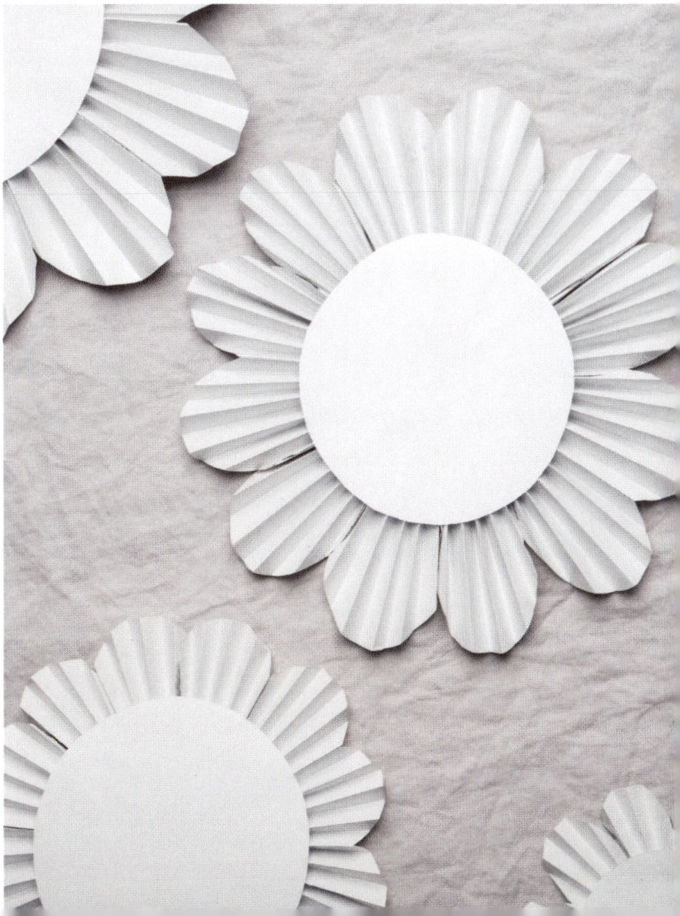

VORLAGE

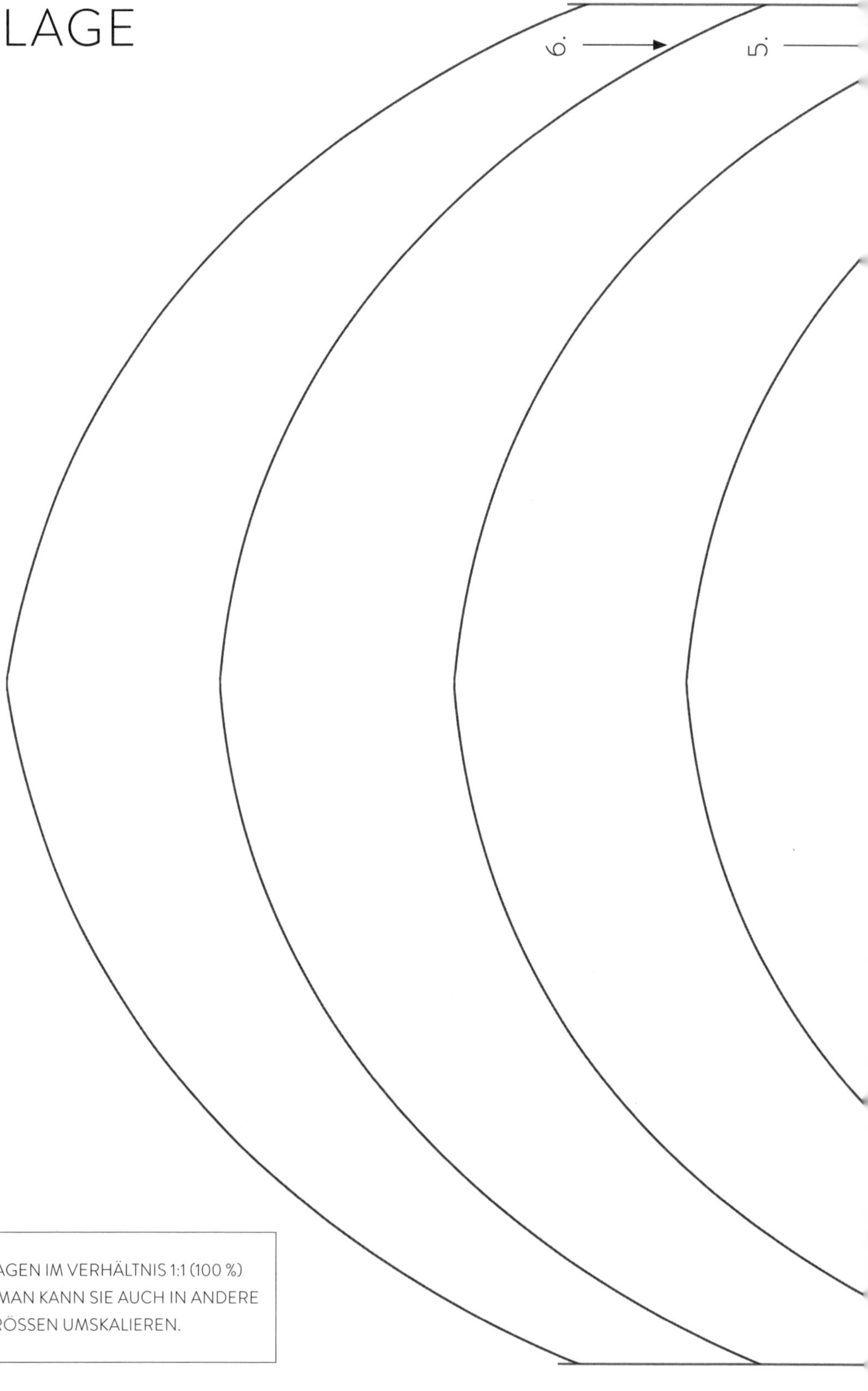

DIE VORLAGEN IM VERHÄLTNIS 1:1 (100 %) ABPAUSEN. MAN KANN SIE AUCH IN ANDERE GRÖSSEN UMSKALIEREN.

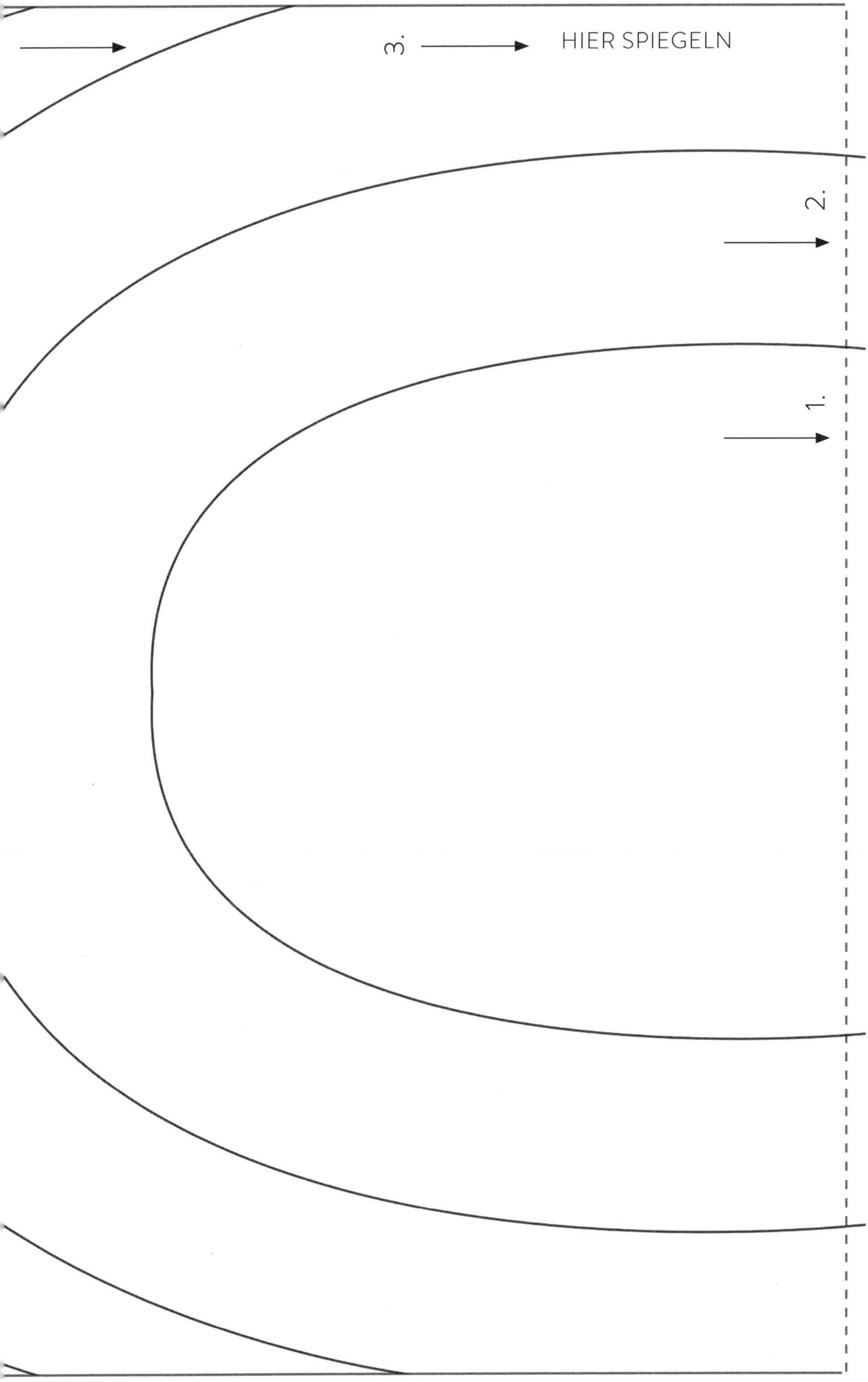
3.
HIER SPIEGELN
2.
1.

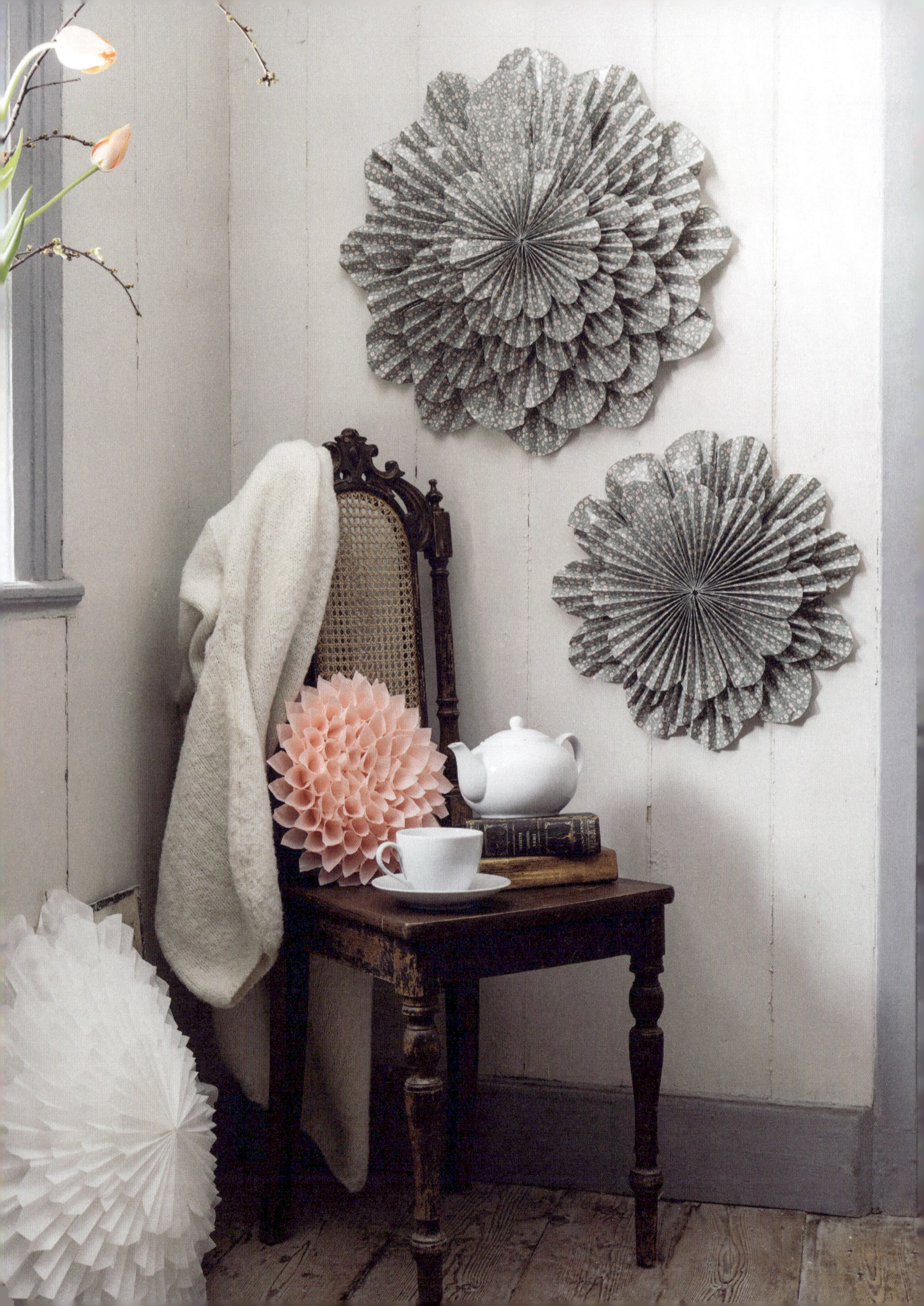

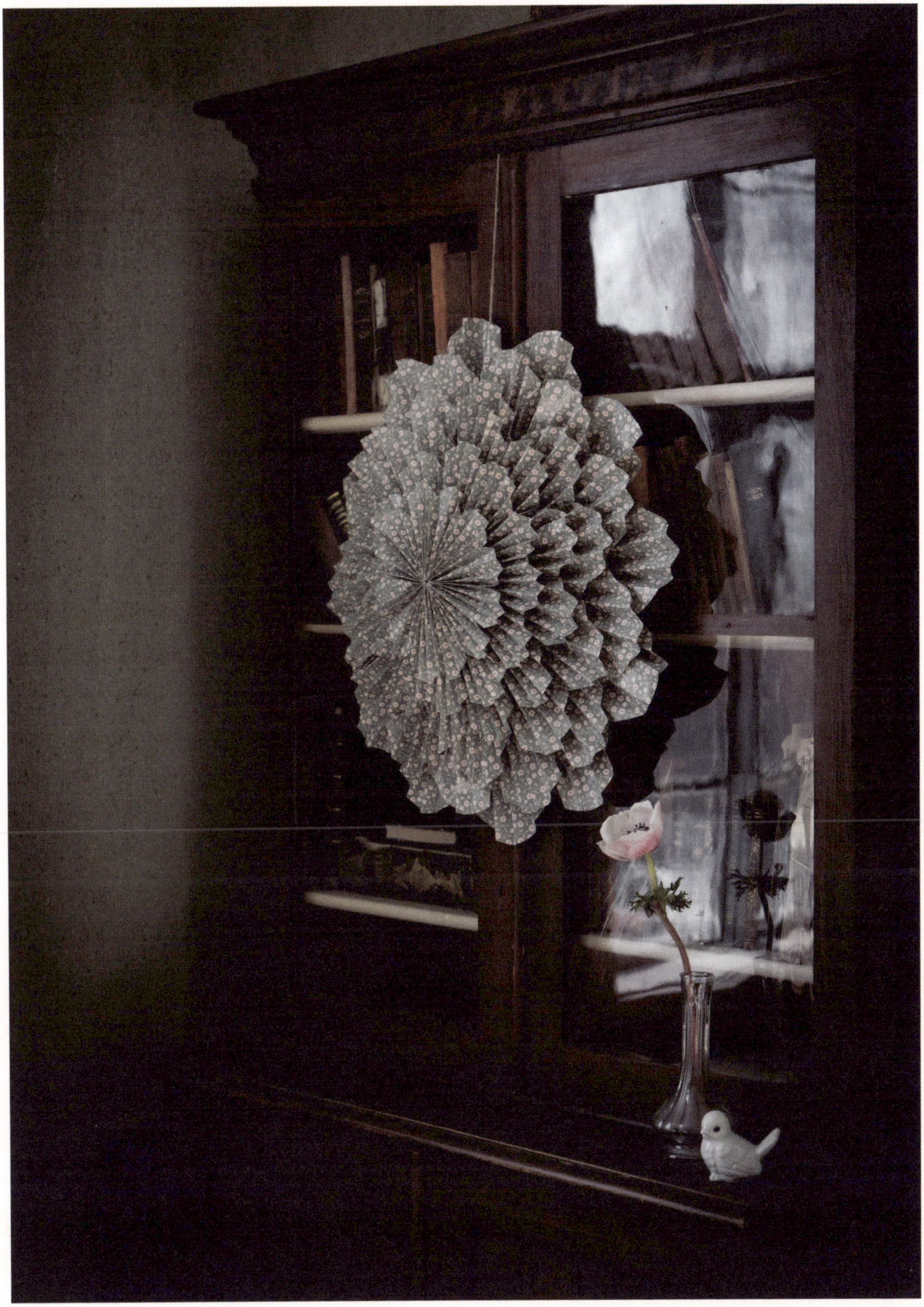

ANEMONE

Aus Krepppapier lassen sich wunderschöne Anemonen falten, die sich als Tischdekoration eignen oder ins Fenster beziehungsweise an die Wand gehängt werden können.

Schwierigkeitsgrad: Mittel
Arbeitszeit: 1 Stunde/Blume

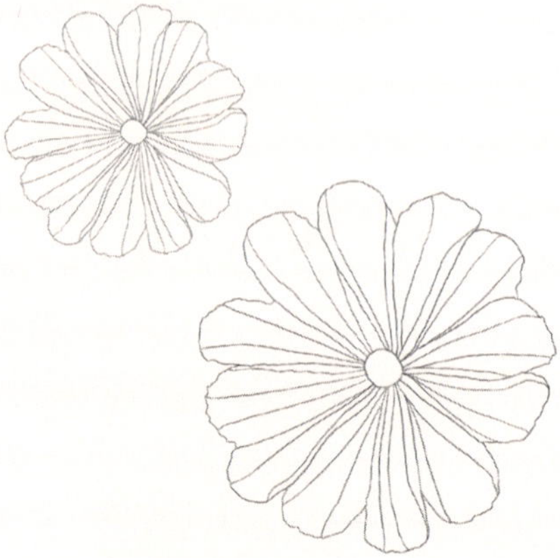

SIE BENÖTIGEN:

Krepppapier in Farbe nach Wahl
kleine Wattekugeln
Klebestift
Kraftkleber

SO GEHT'S:

1. Zunächst mithilfe der Vorlagen eine Schablone in der gewünschten Größe zuschneiden. Die große Version hat einen Durchmesser von 14 cm, die kleine Version von 10 cm.
2. Die Schablone auf das Krepppapier legen und wie auf der Vorlage angegeben gespiegelt anzeichnen (die Papierstruktur sollte längs verlaufen).
3. Jedes Teil innerhalb der vorgezeichneten Linie ausschneiden. Für eine Blume benötigt man sieben Teile.
4. Das Papier vorsichtig auseinanderziehen, damit es etwas breiter wird.
5. Alle Teile wie eine Ziehharmonika falten, deren Falten etwa 1 cm breit sind.

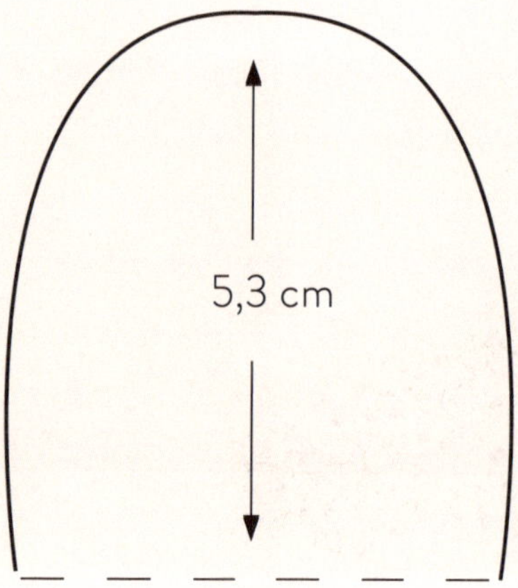

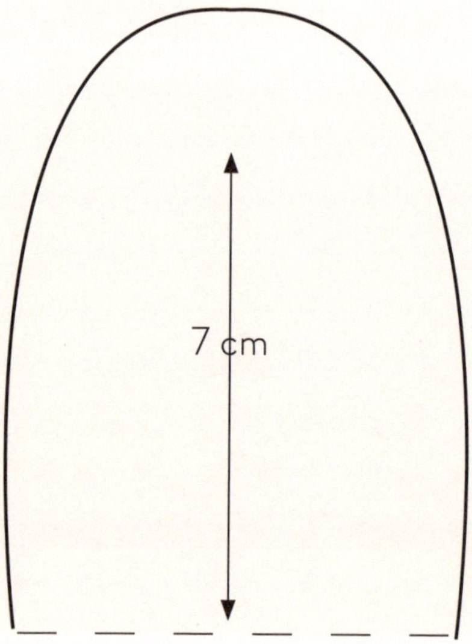

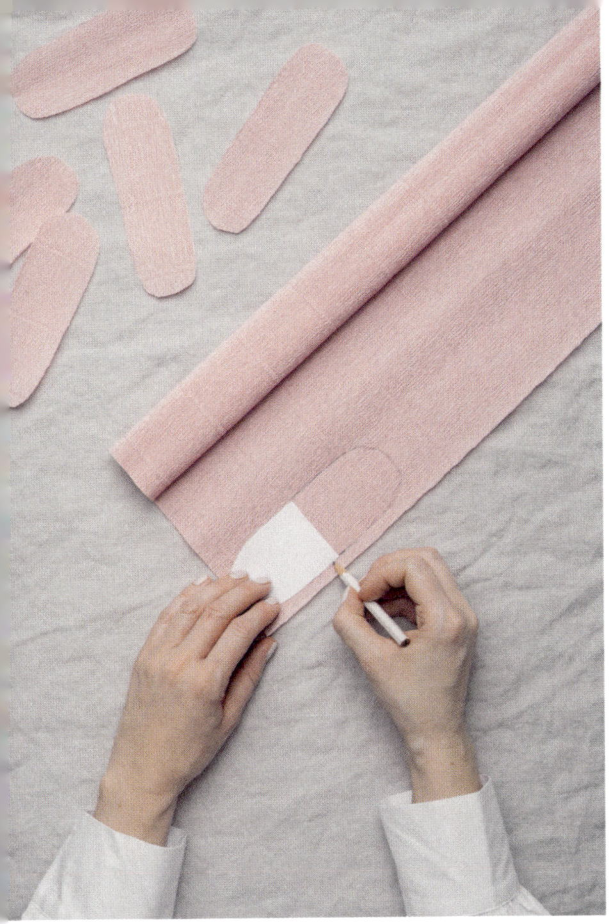
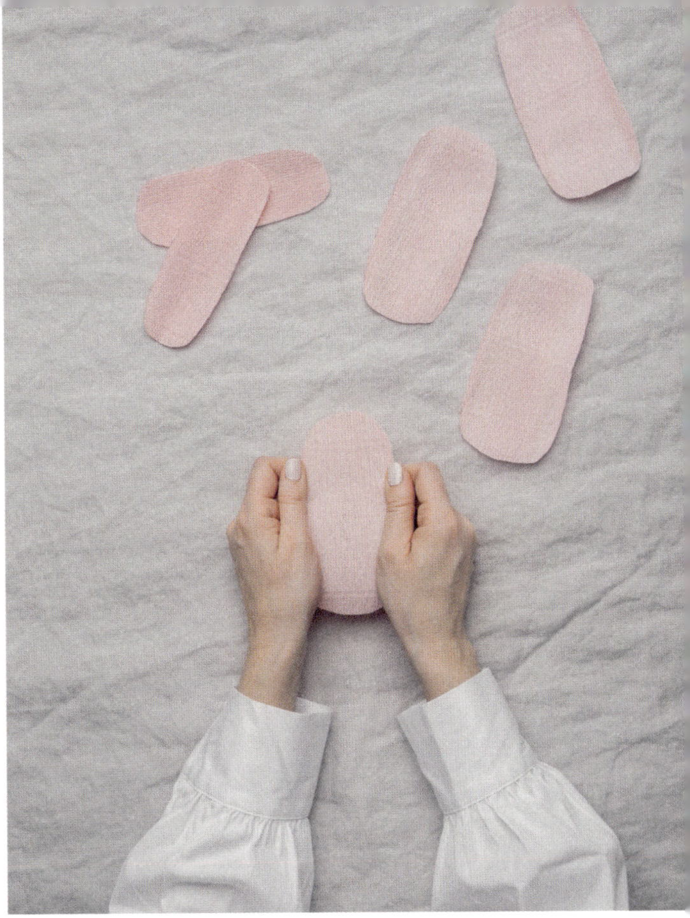
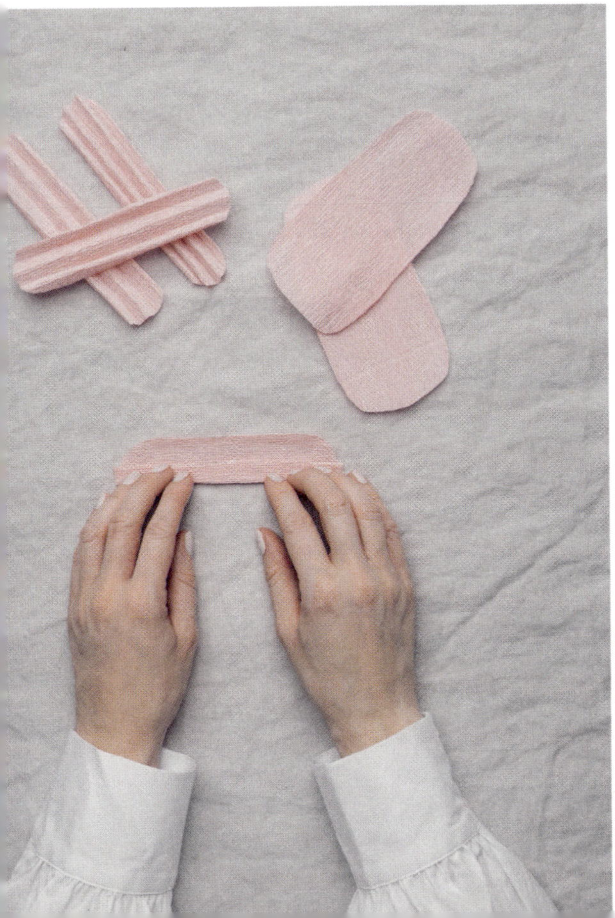
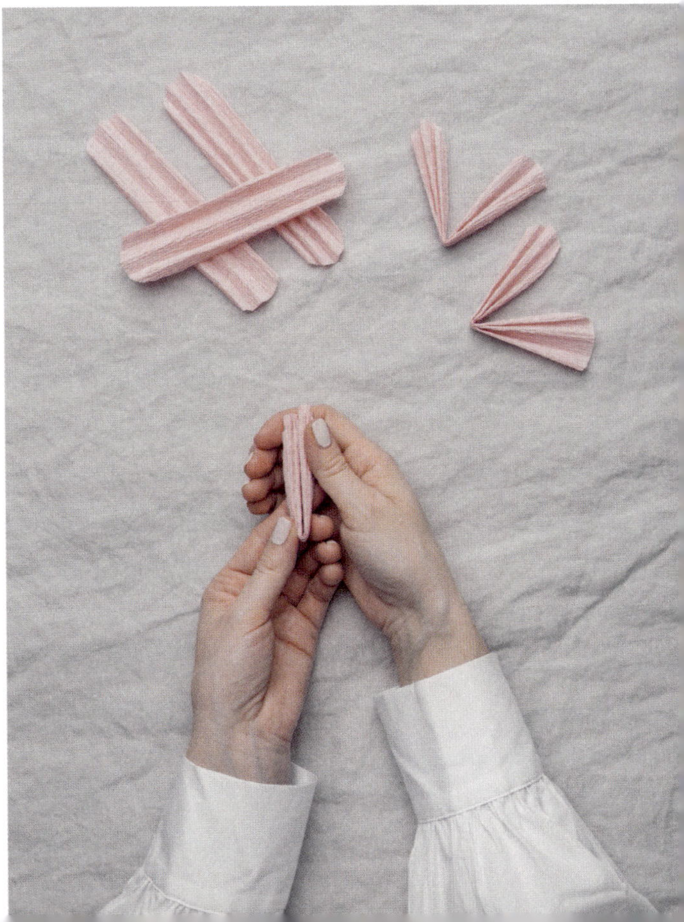

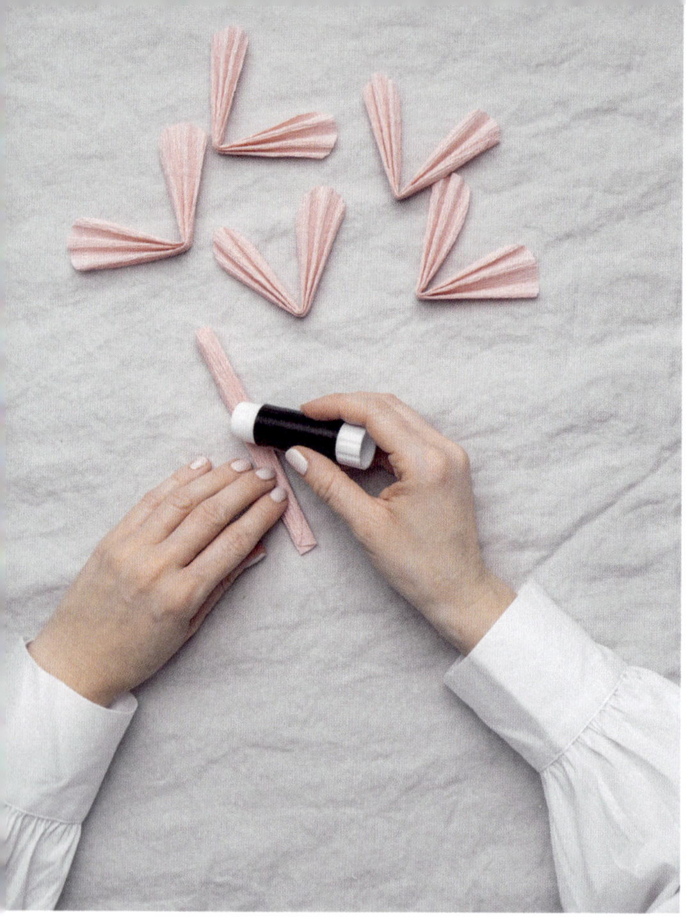

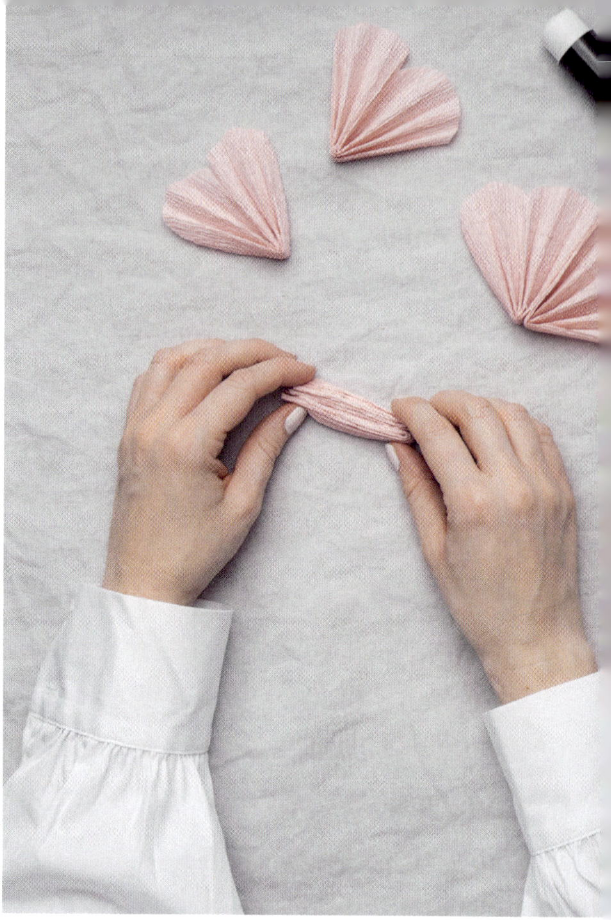

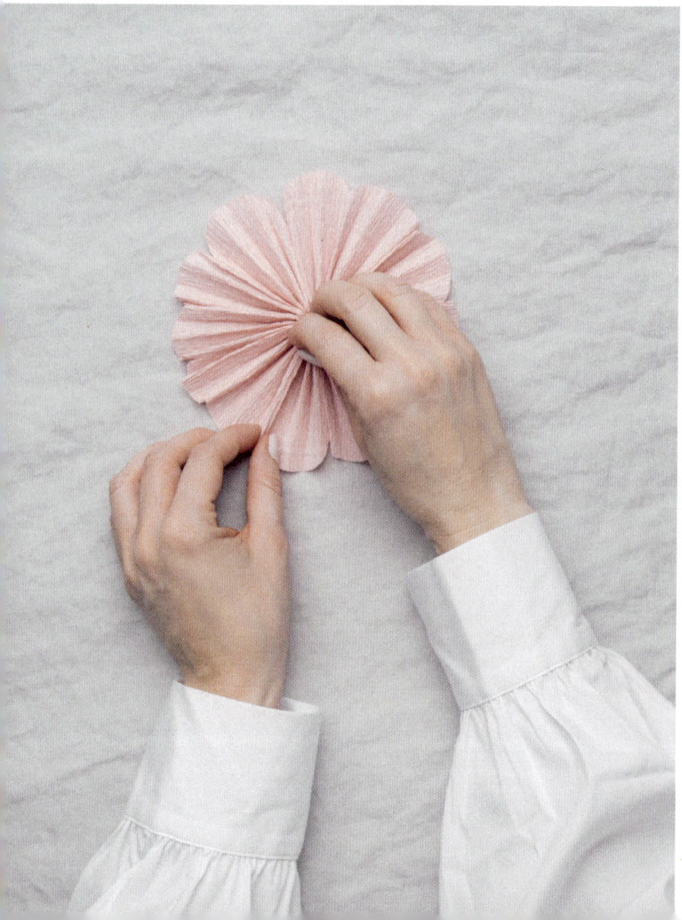

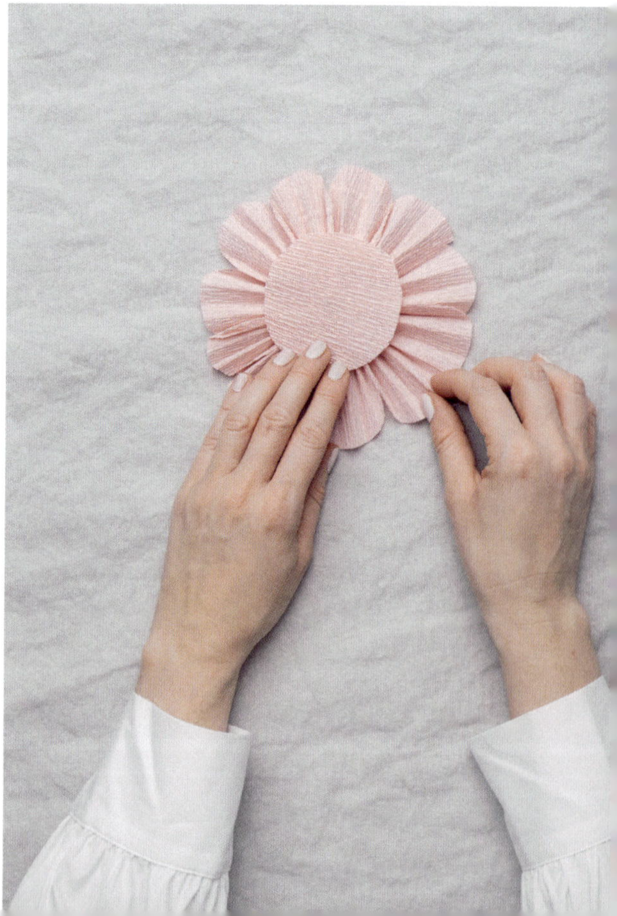

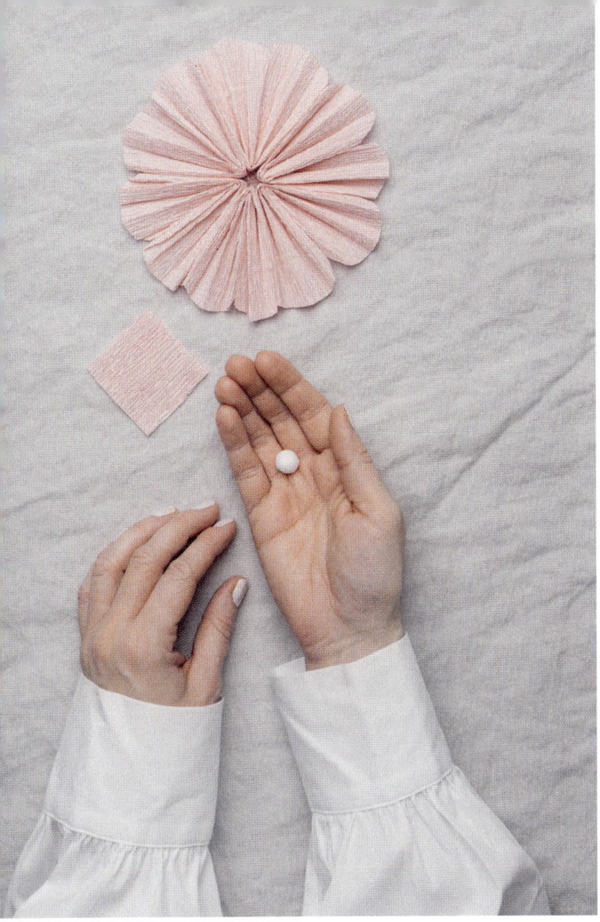

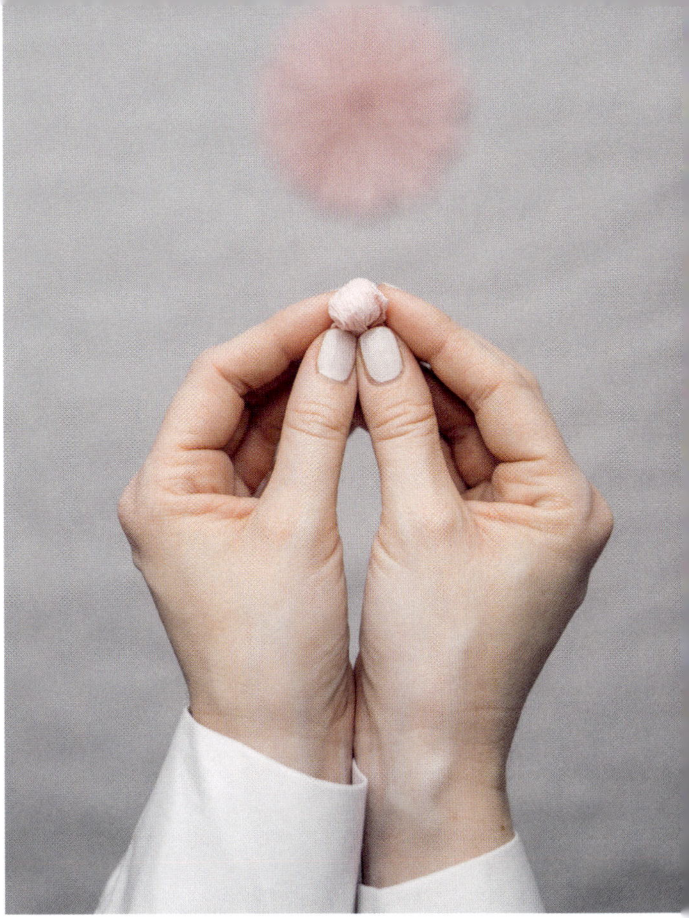

6. Alle Ziehharmonikas zur Mitte falten. Dann alle Teile nacheinander zusammensetzen und dafür die Schritte 7–9 wiederholen.
7. Die innere Falte jeder Ziehharmonika großzügig mit dem Klebestift bestreichen. Es darf kein Klebstoff auf die anderen Falten gelangen.
8. Die bestrichene Seite der Länge nach mittig falten. Kurz festhalten, bis die Flächen gut aneinanderhaften.
9. Die Ziehharmonika auffalten und prüfen, ob nur die innere Falte verklebt wurde.
10. Jetzt je zwei Ziehharmonikas seitlich aneinanderkleben. Kurz festhalten, bis die Flächen gut aneinanderhaften. Auffalten, um zu prüfen, ob nur die mittlere Falte verklebt wurde.
11. Dann je sieben Ziehharmonikas zu einer Anemone zusammenkleben.
12. Aus Krepppapier einen Kreis mit etwa 5 cm Durchmesser ausschneiden. Diesen mit Kraftkleber mittig an der Rückseite der Blume ankleben, um sie zu stabilisieren.
13. Ein quadratisches Stück Krepppapier auseinanderziehen und eine Wattekugel hineinlegen. Die

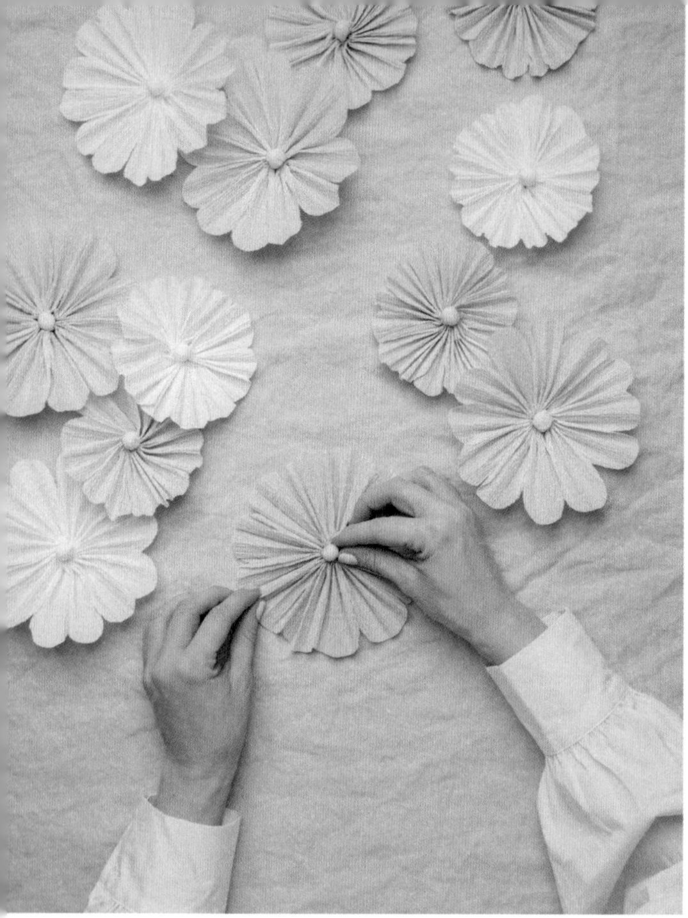

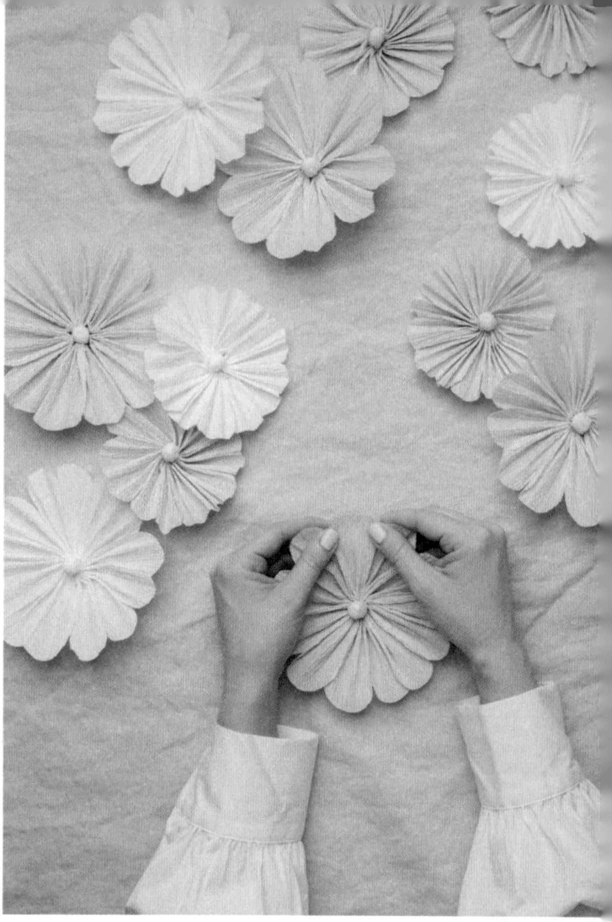

Enden des Papiers rund um die Kugel zusammenführen und an der Rückseite der Kugel fest verzwirbeln. Überschüssiges Papier abschneiden, sodass nur noch ein kleiner Stumpf übrig bleibt.

14. Die Kugel mit dem Stumpf nach unten mit Kraftkleber mittig auf die Blütenvorderseite kleben und den Kleber aushärten lassen.
15. Die Blume durch Ziehen an den Blütenblättern in Form bringen.

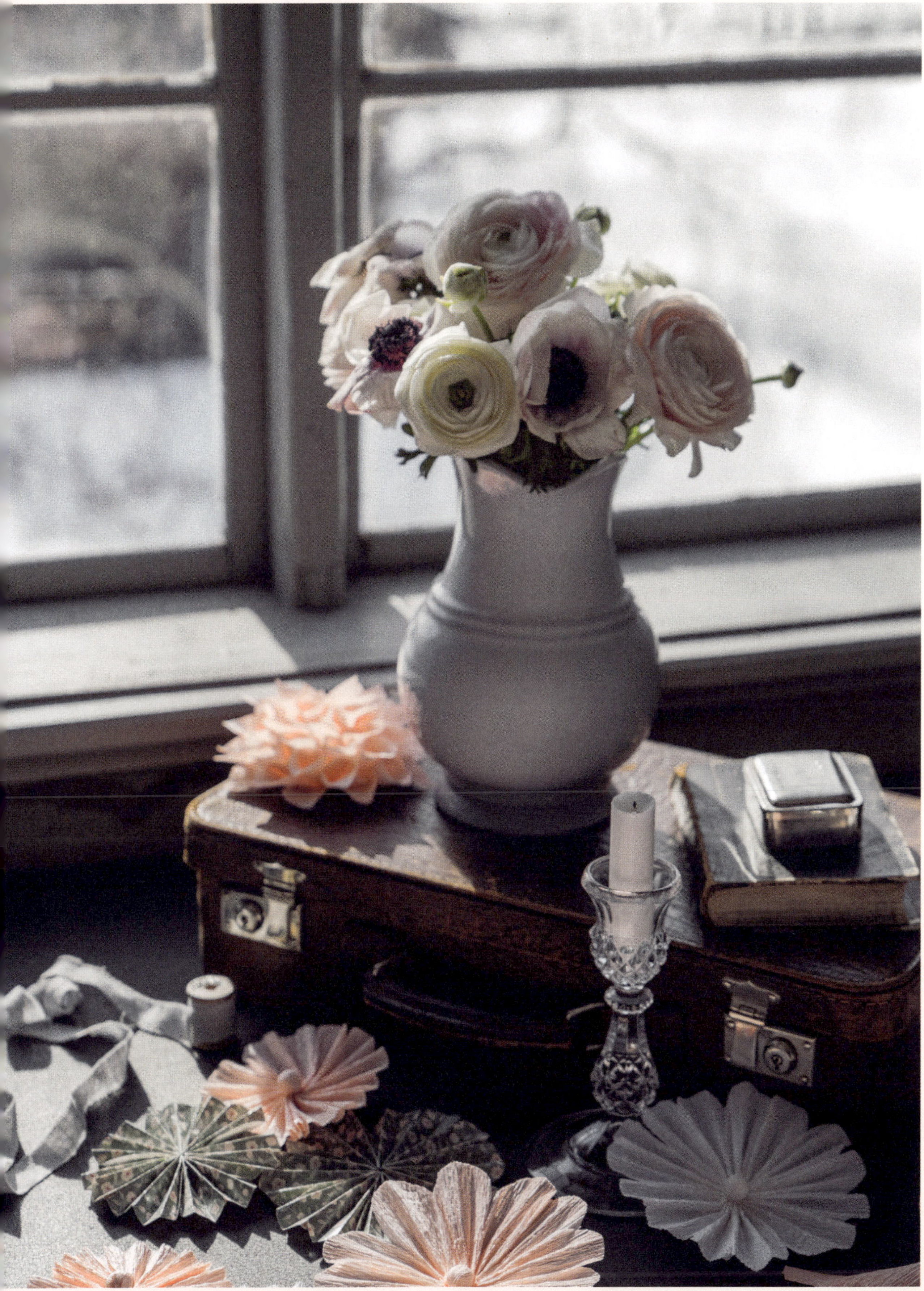

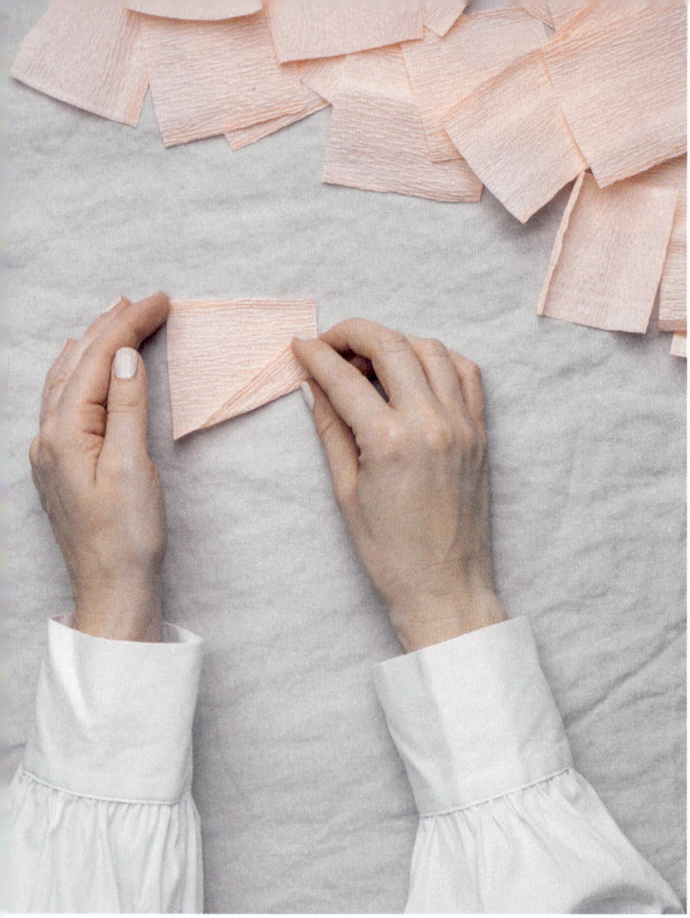
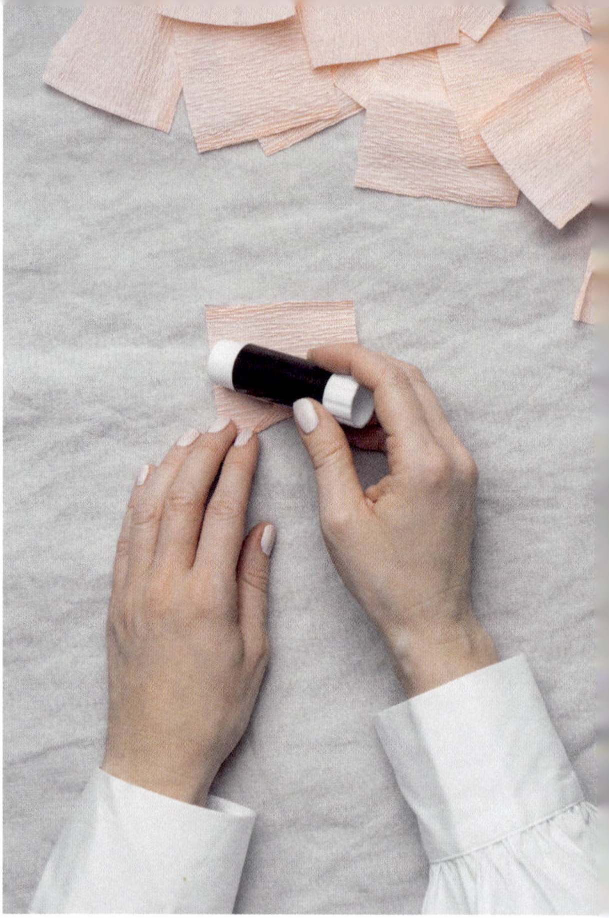
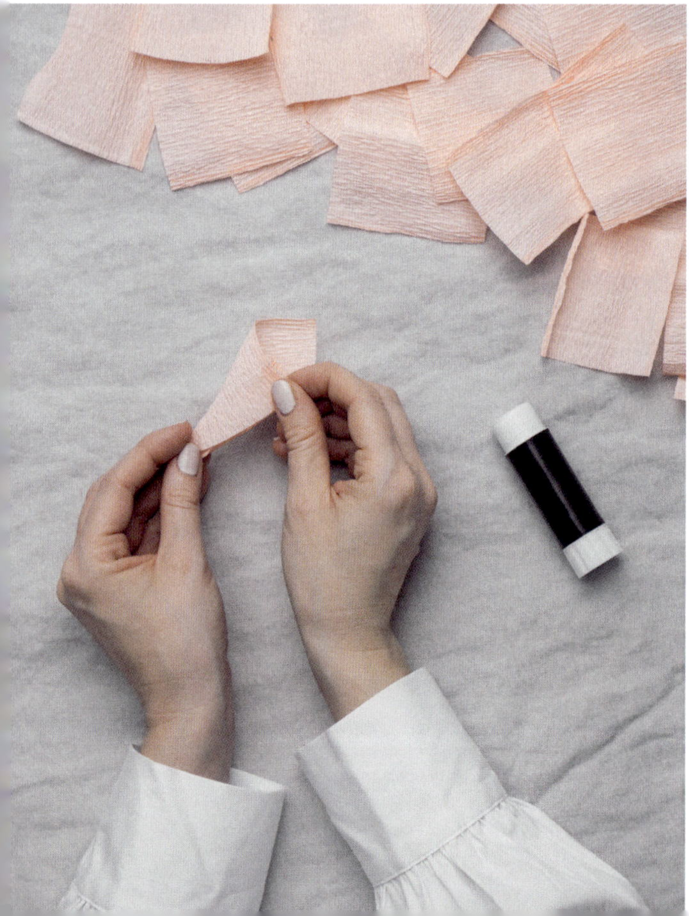
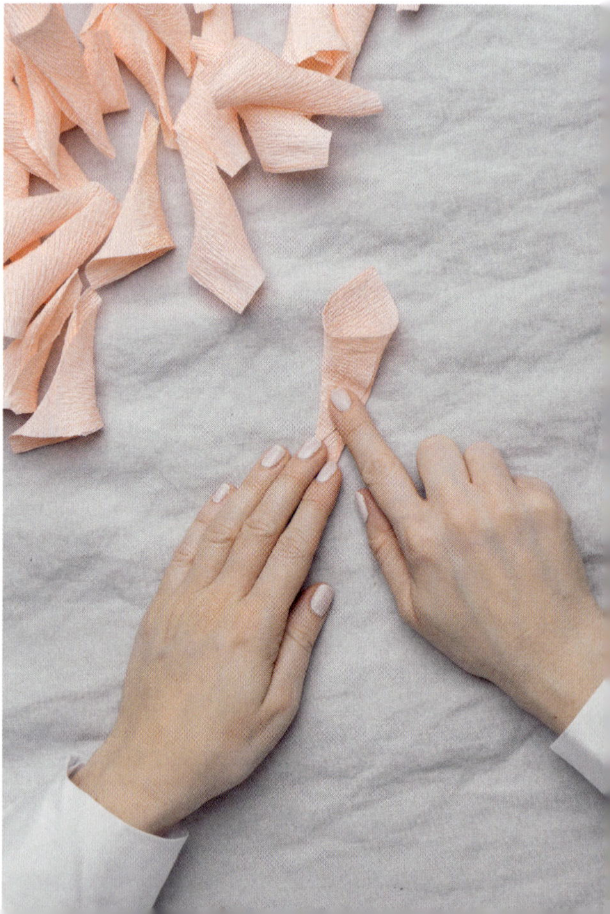

DAHLIE

Die Dahliensaison dauert für gewöhnlich vom Hochsommer bis zum Herbst, sie kann mit diesen Papierdahlien aber verlängert werden. Experimentieren Sie auch gern mit Dahlien aus Musterpapier.

Schwierigkeitsgrad: Mittel
Arbeitszeit: mind. 5 Stunden
Kleine Dahlie (29 cm Ø)
runde Vorlage 15 cm Ø
Quadrate für Blätter 7 cm Seitenlänge, 80 Stck.
Mittlere Dahlie (35 cm Ø)
runde Vorlage 20 cm Ø
Quadrate für Blätter 9 cm Seitenlänge, 90 Stck.
Große Dahlie (45 cm Ø)
runde Vorlage 25 cm Ø
Quadrate für Blätter 11 cm Seitenlänge, 100 Stck.

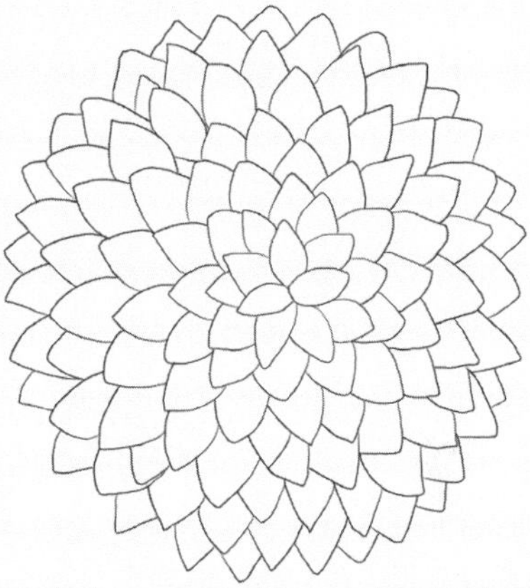

SIE BENÖTIGEN:

Papier in Farbe und Sorte nach Wahl, hier war es Krepppapier
kräftigeres Papier
Klebestift

SO GEHT'S:

1. Die gewünschte Größe der Dahlie festlegen.
2. Aus dem ausgewählten Papier Quadrate in der passenden Größe und Anzahl zuschneiden. Bei Krepppapier die Quadrate halbieren, sodass Rechtecke entstehen (die Papierstruktur sollte längs verlaufen). Die Rechtecke dann zu Quadraten auseinanderziehen.
3. Die untere rechte Ecke bis zur Mitte des Quadrats falten.
4. Die rechte Seite des Quadrats am Rand mit Klebstoff bestreichen.
5. Die untere linke Ecke über die erste Ecke falten und ankleben, sodass ein Kegel entsteht.

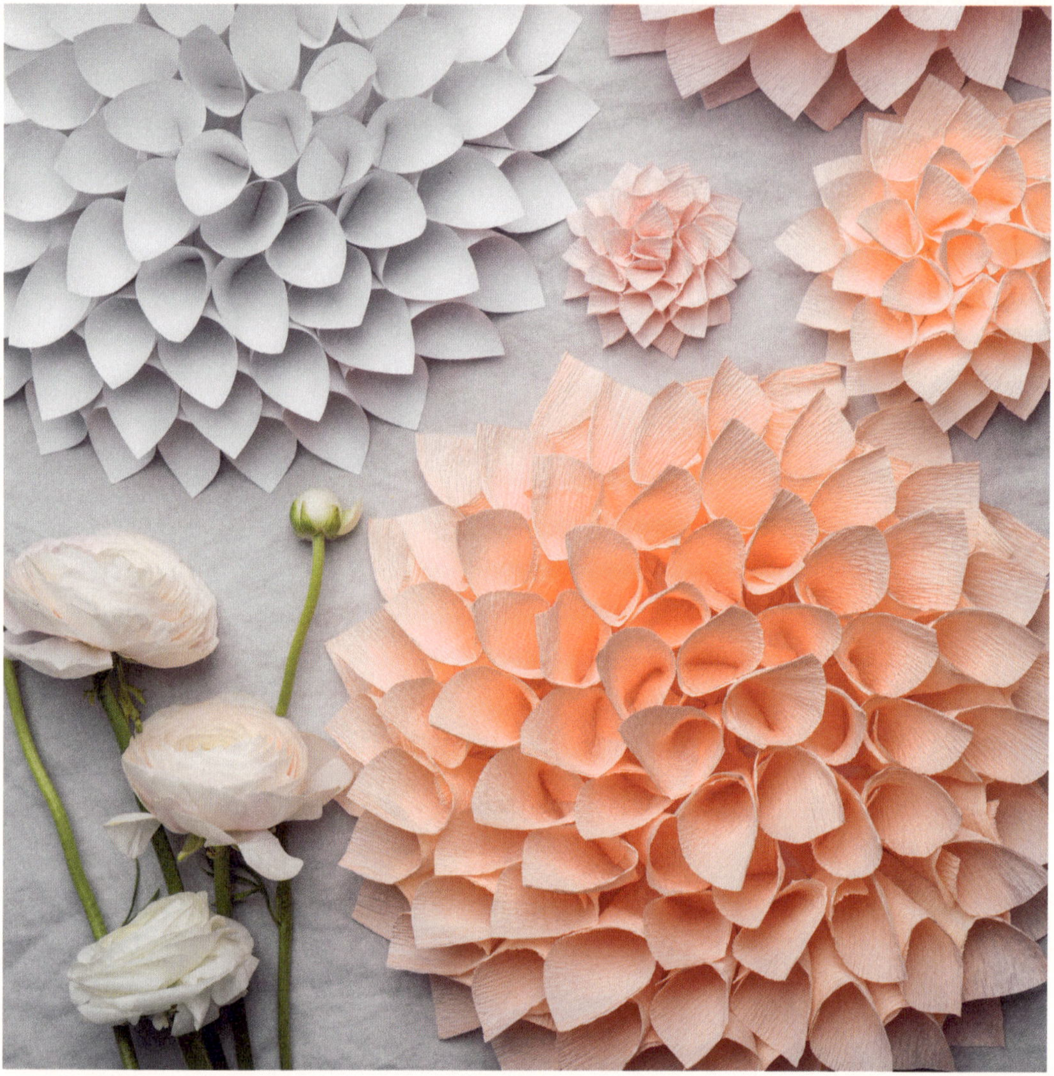

6. Die Schritte 3–5 mit allen Quadraten wiederholen.
7. Je nach gewählter Dahliengröße einen passenden Kreis aus Fotokarton ausschneiden (siehe Liste oben).
8. Die Kegel mit der Spitze nach unten mit ein wenig Abstand nebeneinander am Rand des Kreises ankleben.
9. Dann versetzt eine zweite Runde mit Kegeln aufkleben. So fortsetzen, bis der Kreis ganz gefüllt und eine Dahlie entstanden ist.

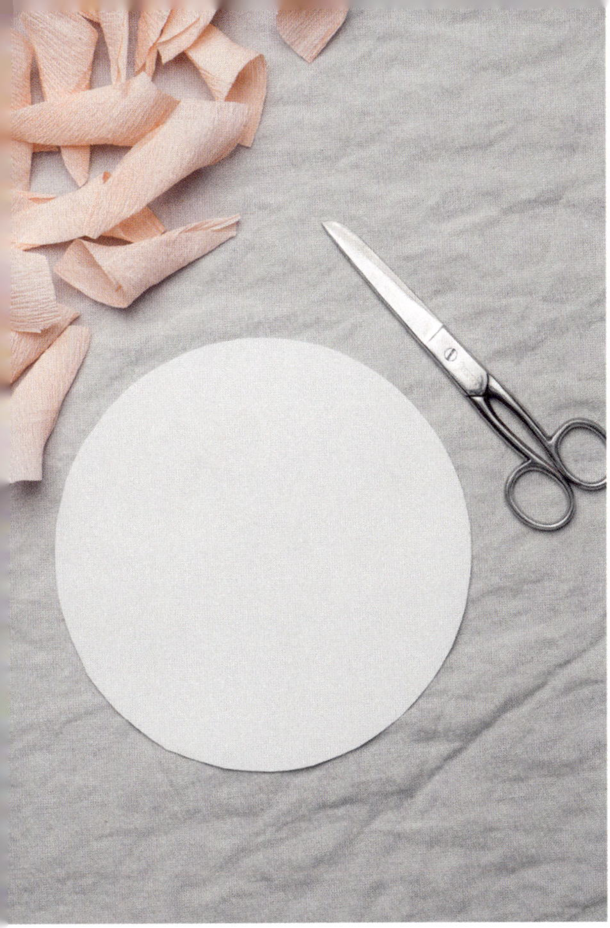
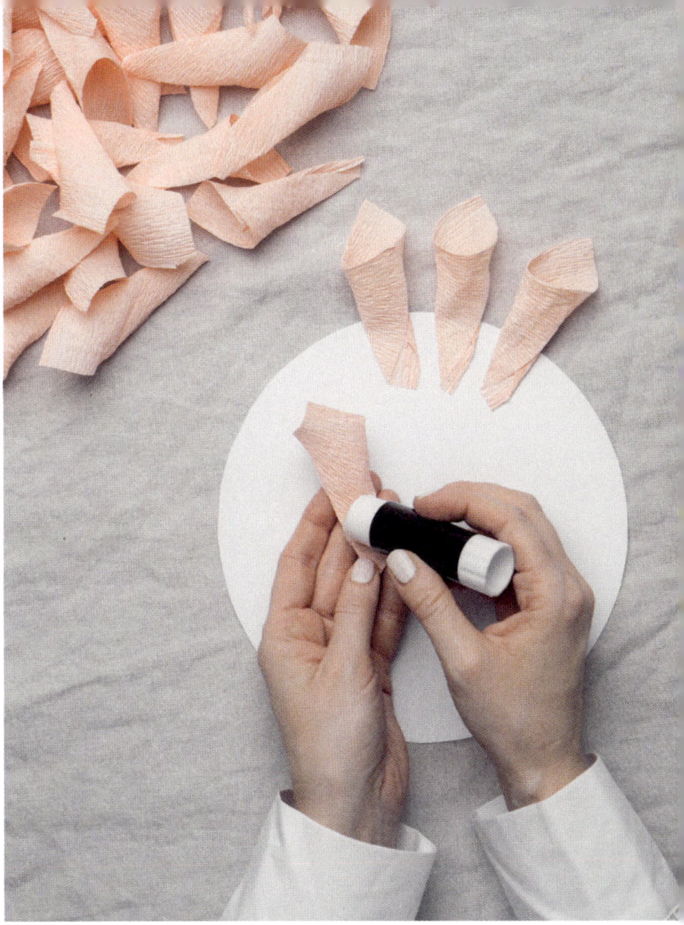
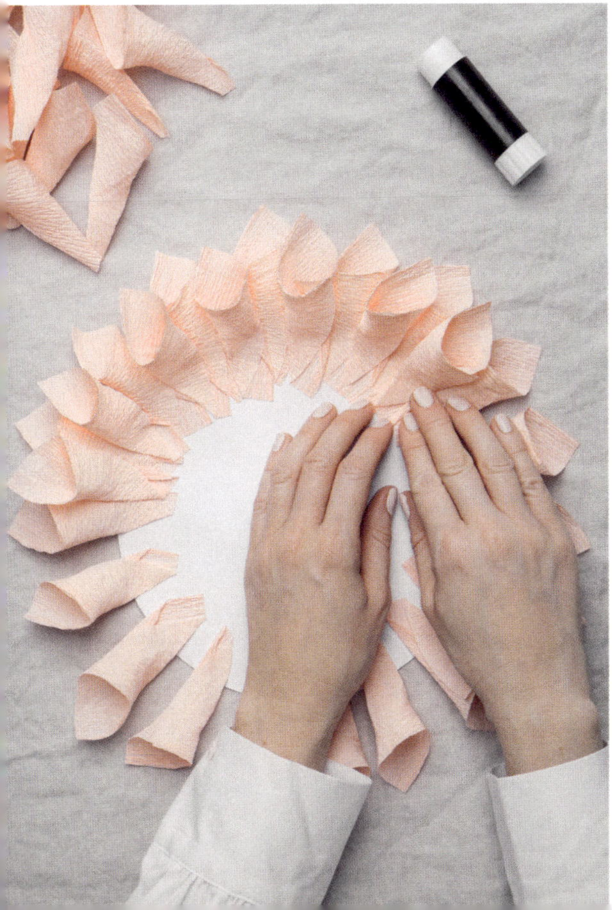
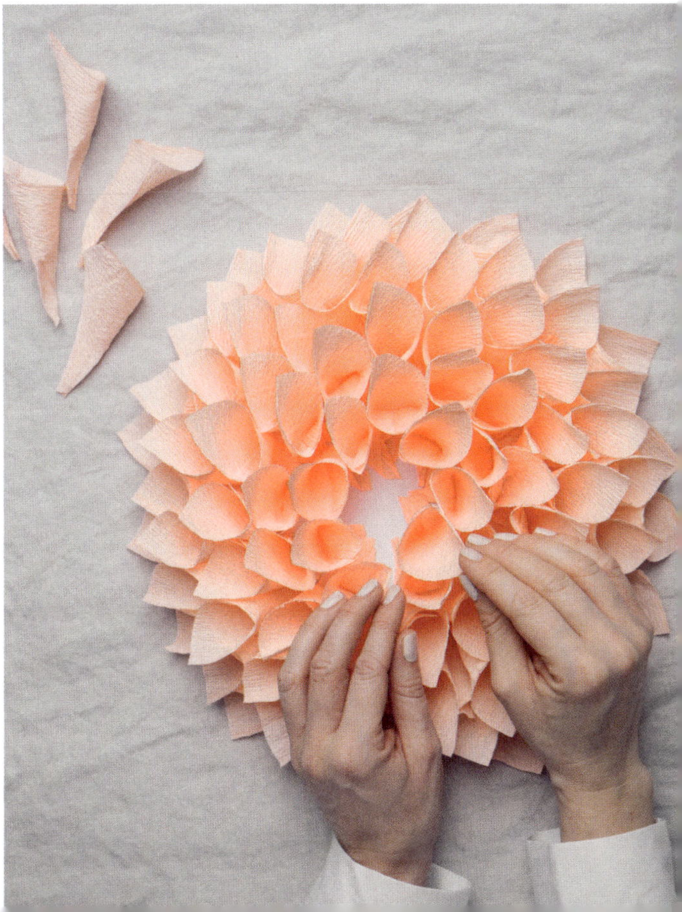

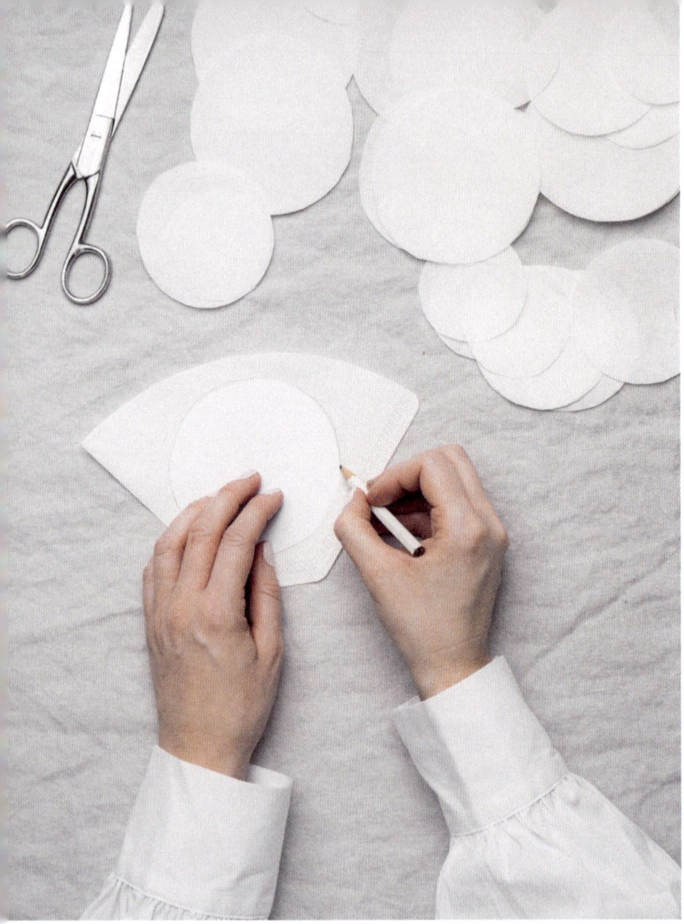
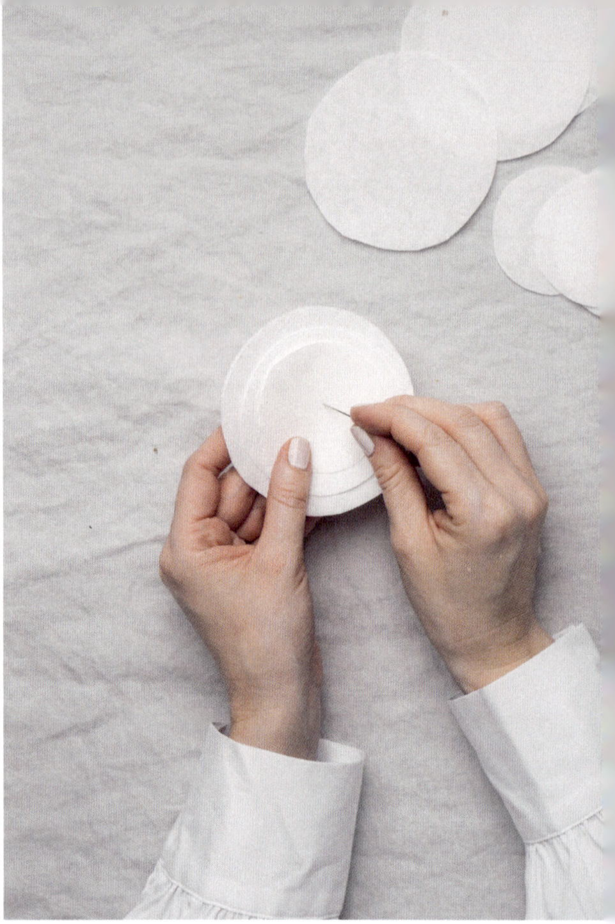
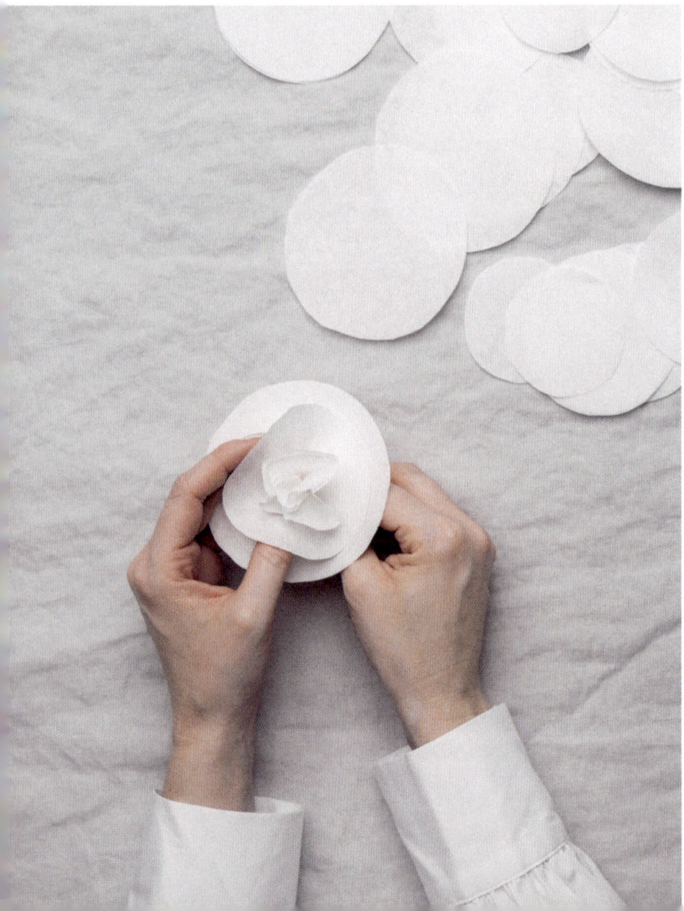
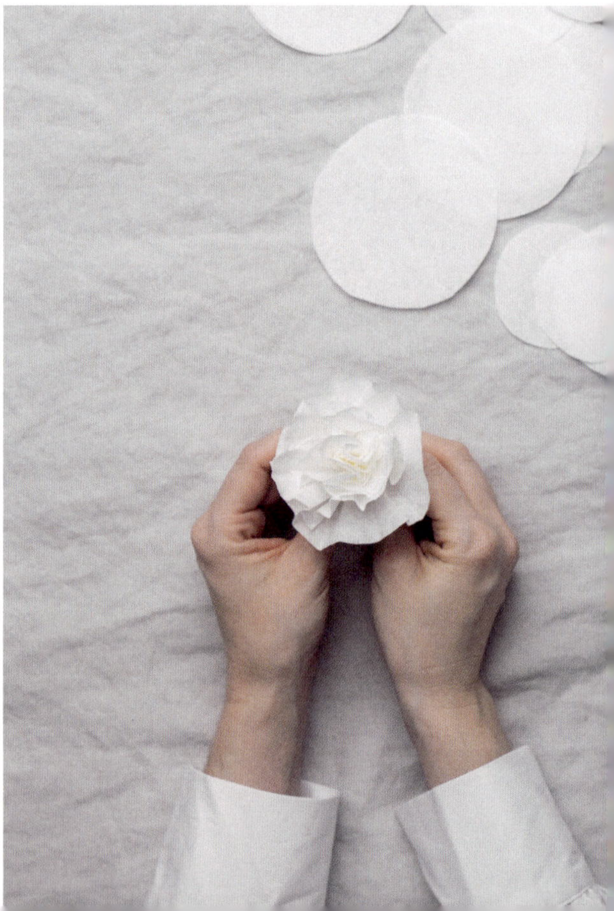

BLÜHENDER ZWEIG

Was ist schöner als ein Zweig mit Blüten, die niemals verblühen? Diese Blüten werden aus Kaffeefiltern gefaltet und mit Stecknadeln am Zweig befestigt. Sie lassen sich auch mit Wasserfarbe oder verdünnter Lebensmittelfarbe einfärben.

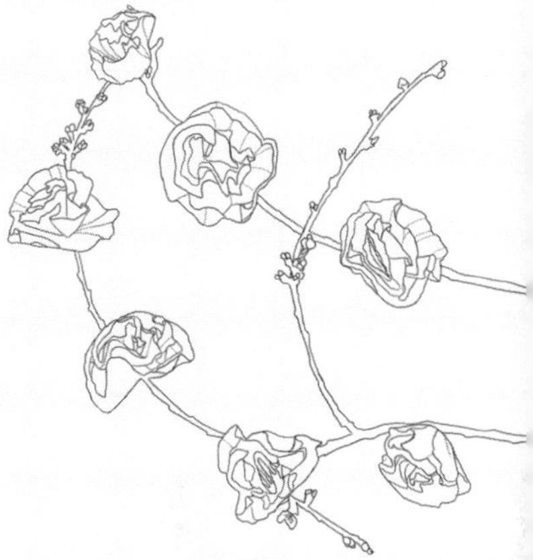

Schwierigkeitsgrad: Leicht
Arbeitszeit: 15 Minuten pro Blume

SIE BENÖTIGEN:

weiße Kaffeefilter
Stecknadeln mit Kopf
Zweig ohne Blüten

SO GEHT'S:

1. Zunächst Schablonen der drei Vorlagen zuschneiden.
2. Die Vorlagen auf Kaffeefiltern anzeichnen und ausschneiden. Weil Kaffeefilter gefaltet sind und somit doppelt liegen, schneidet man automatisch zwei Kreise pro Größe aus.
3. Alle sechs ausgeschnittenen Kreise in absteigender Größe übereinanderlegen.
4. Von oben mittig eine Stecknadel durch alle sechs Kreise stechen.
5. Einen Kreis nach dem anderen kräuseln und falten, bis eine gefüllte Blüte entstanden ist.
6. Die Nadel mit der Blüte in den Zweig stecken. Auf diese Weise weitere Blumen herstellen, und schon ist der blühende Zweig fertig!

VORLAGEN BLÜHENDER ZWEIG & NELKENKRANZ

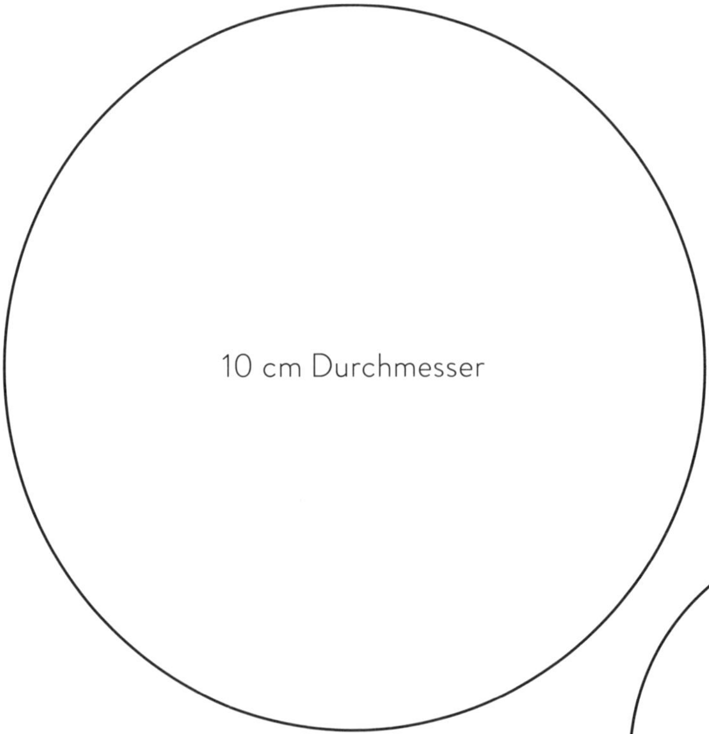

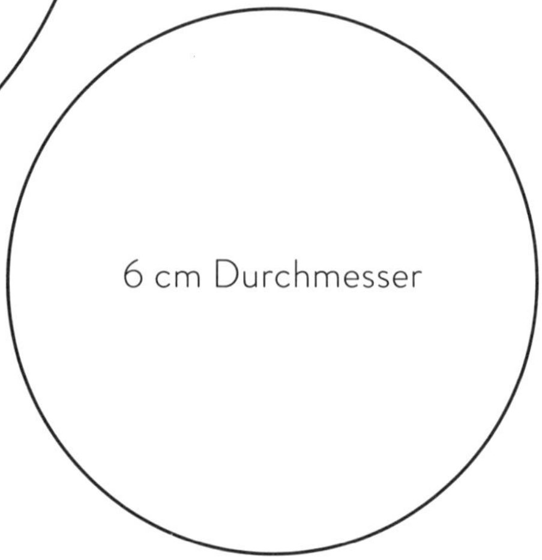

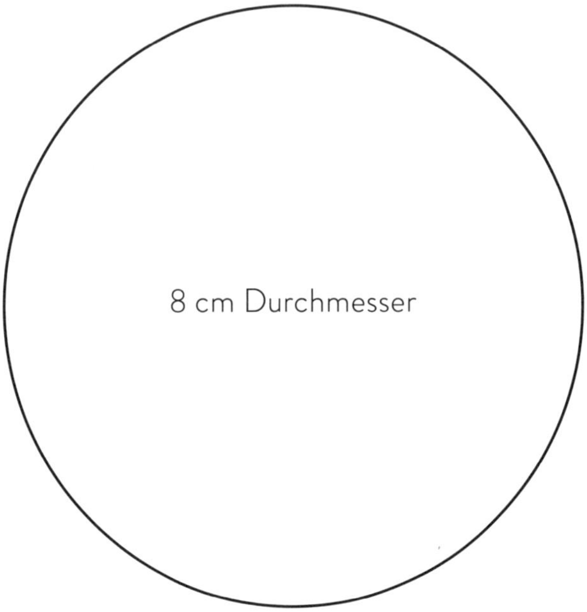

DIE VORLAGEN IM VERHÄLTNIS 1:1 (100 %) ABPAUSEN. MAN KANN SIE AUCH IN ANDERE GRÖSSEN UMSKALIEREN.

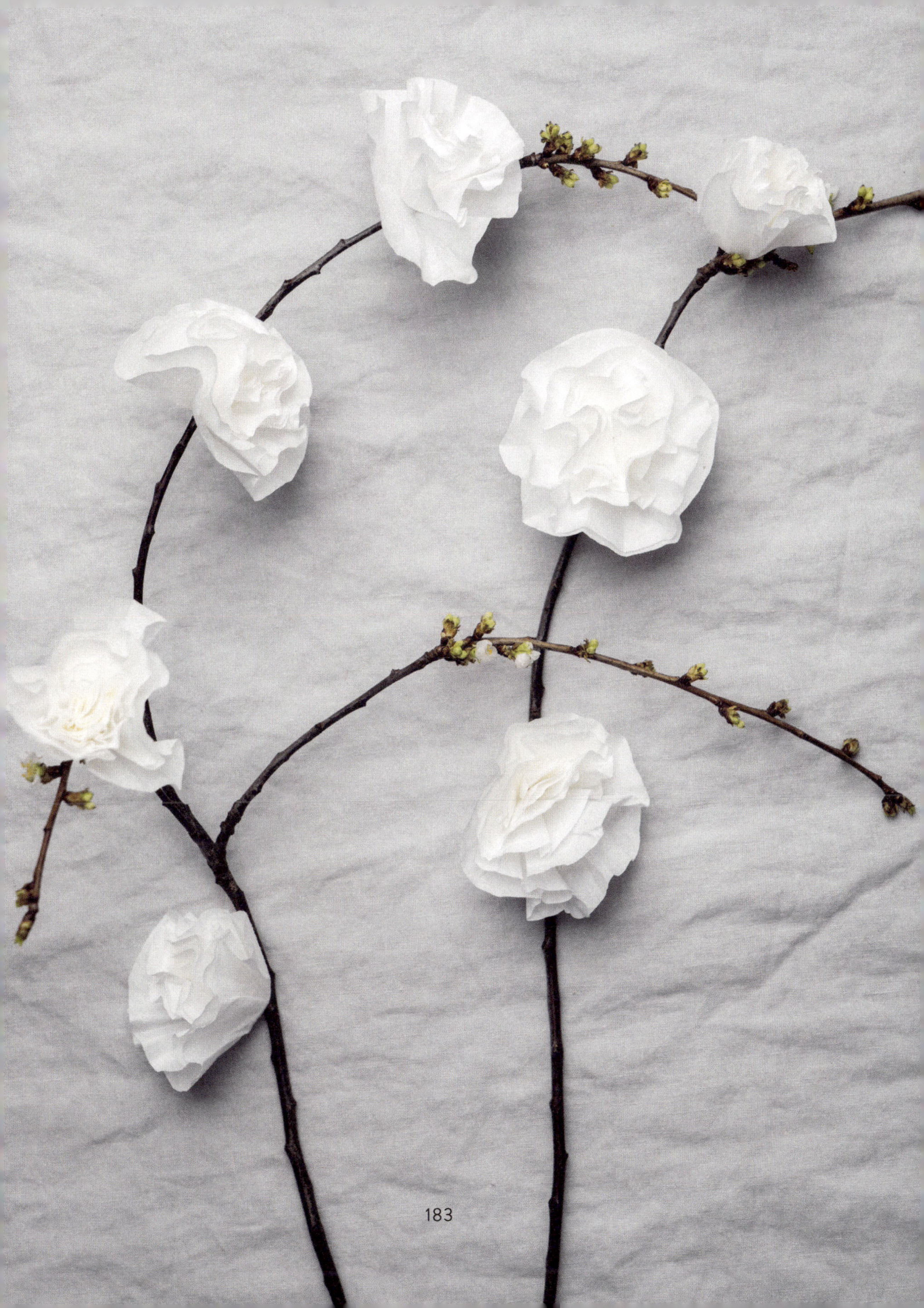

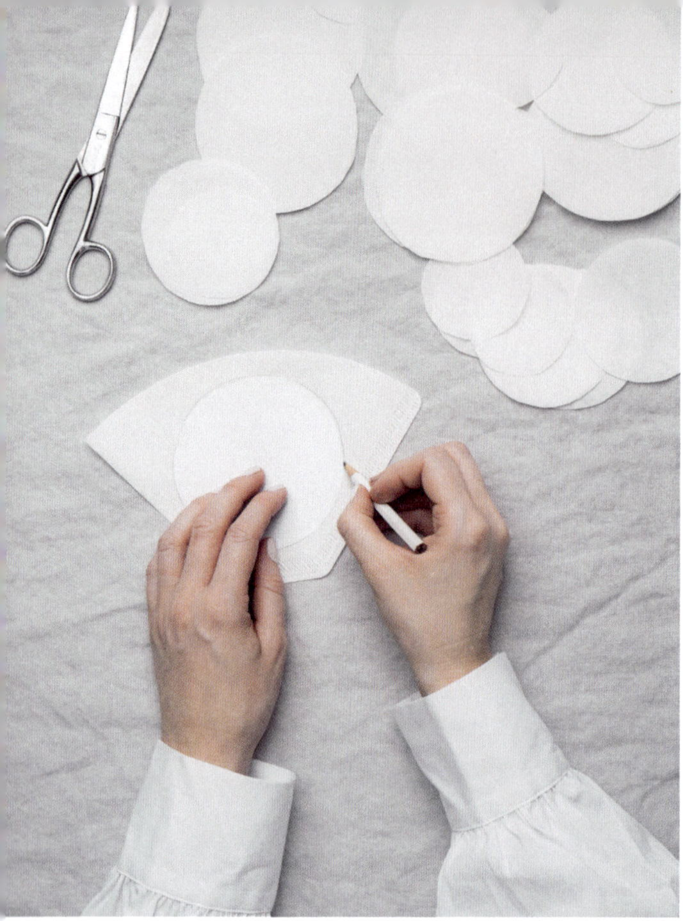
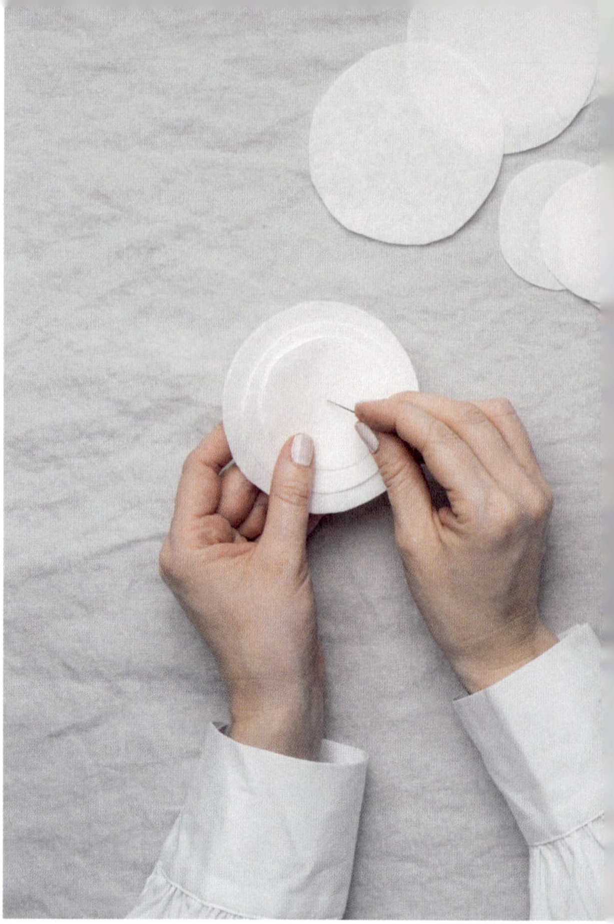
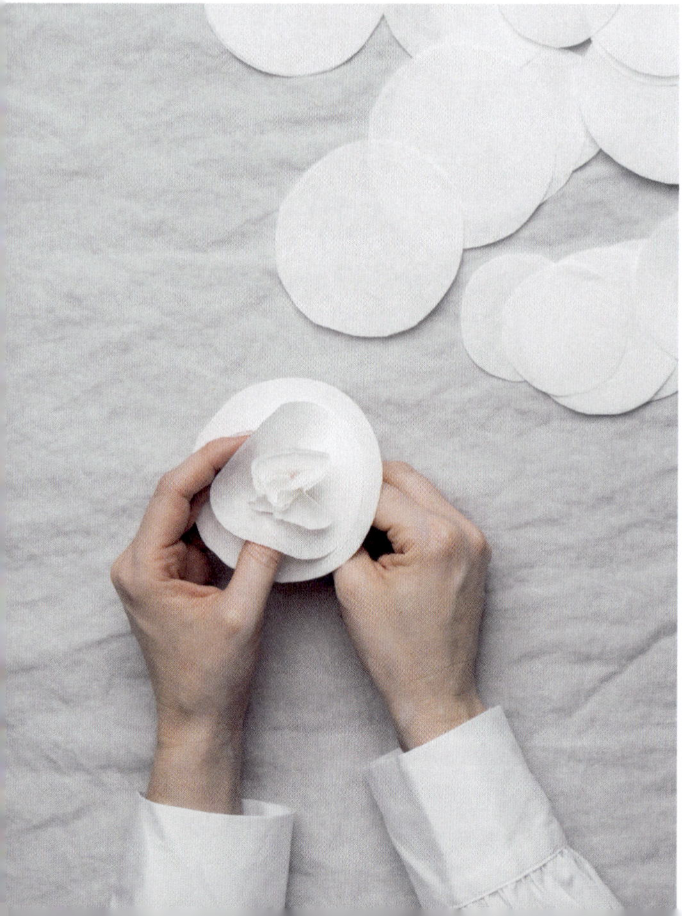
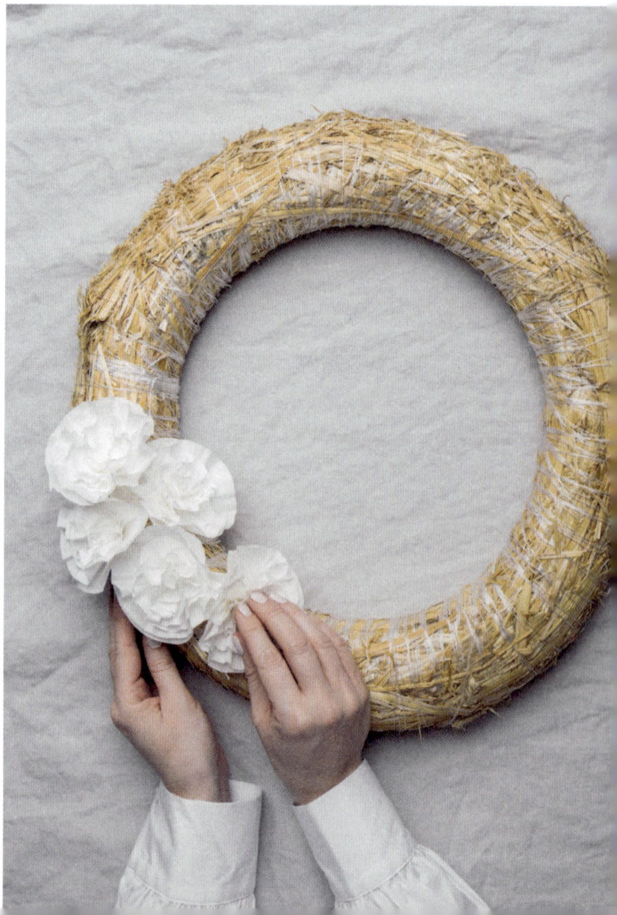

NELKENKRANZ

Dieser elegante Kranz wird mit Blüten aus Kaffeefiltern bestückt. Für eine farbenfrohe Variante können Sie die Blüten mit Wasserfarbe oder verdünnter Lebensmittelfarbe einfärben.

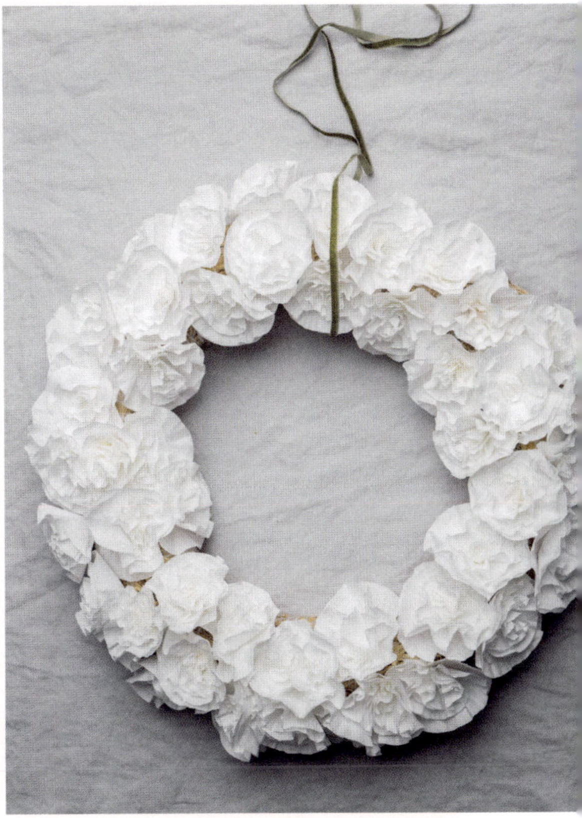

Schwierigkeitsgrad: Leicht
Arbeitszeit: 10 Stunden für einen großen Kranz

SIE BENÖTIGEN:

weiße Kaffeefilter
Stecknadeln mit Kopf
Strohkranz

SO GEHT'S:

1. Bei einem Strohkranz mit 55 cm Durchmesser braucht man für die Blumen etwa 300 Kaffeefilter. Für einen kleineren Kranz benötigt man weniger Kaffeefilter und ist auch rascher fertig.
2. Schablonen der drei Vorlagen zuschneiden.
3. Die Vorlagen auf Kaffeefiltern anzeichnen und ausschneiden. Weil Kaffeefilter gefaltet sind und somit doppelt liegen, schneidet man automatisch zwei Kreise pro Größe aus.
4. Alle sechs ausgeschnittenen Kreise in absteigender Größe übereinanderlegen.
5. Von oben mittig eine Stecknadel durch alle sechs Kreise stechen.
6. Einen Kreis nach dem anderen kräuseln und falten, bis eine gefüllte Nelke entstanden ist.
7. Die Nadel mit der Nelke in den Kranz stecken.
8. Die Schritte 2–7 wiederholen, bis der Kranz mit Nelken gefüllt ist.

AUFBEWAHRUNG

ENDLICH IST DER FRÜHLING DA, und es ist an der Zeit, die schönen Papierobjekte sorgsam zu verstauen. Manche möchte man vielleicht das ganze Jahr über hängen lassen, aber die meisten sollten sicher in Kisten verpackt werden, damit sie die Zeit bis zum Winter unbeschadet überstehen. Zur Aufbewahrung eignen sich sowohl Hutschachteln als auch alte Koffer und natürlich große Schubladen. Ist all dies nicht vorhanden, können die Bastelmeisterwerke auch liegend auf einem Schrank verwahrt werden.

Und noch etwas: Angefangene Faltprojekte bitte niemals wegwerfen, sondern im nächsten Winter einfach dort weitermachen, wo man aufgehört hat. Vielleicht haben Sie im Laufe des Jahres sogar einen genialen Einfall, wie Sie Ihre Bastelarbeit erweitern oder modifizieren können? Sind einige Sterne auseinandergefallen? Dann setzen Sie sie anders zusammen und kreieren Sie so ganz neue Varianten.

Nach einigen Monaten im Koffer muss vielleicht hier und da nachgeklebt werden. Spitzen und Rundungen müssen wieder in Form gebracht werden. Ansonsten werden die Objekte noch genauso schön sein wie zuvor.

Kreativität kennt keine Grenzen!

Herzliche Grüße von
Jennie und Cecilia

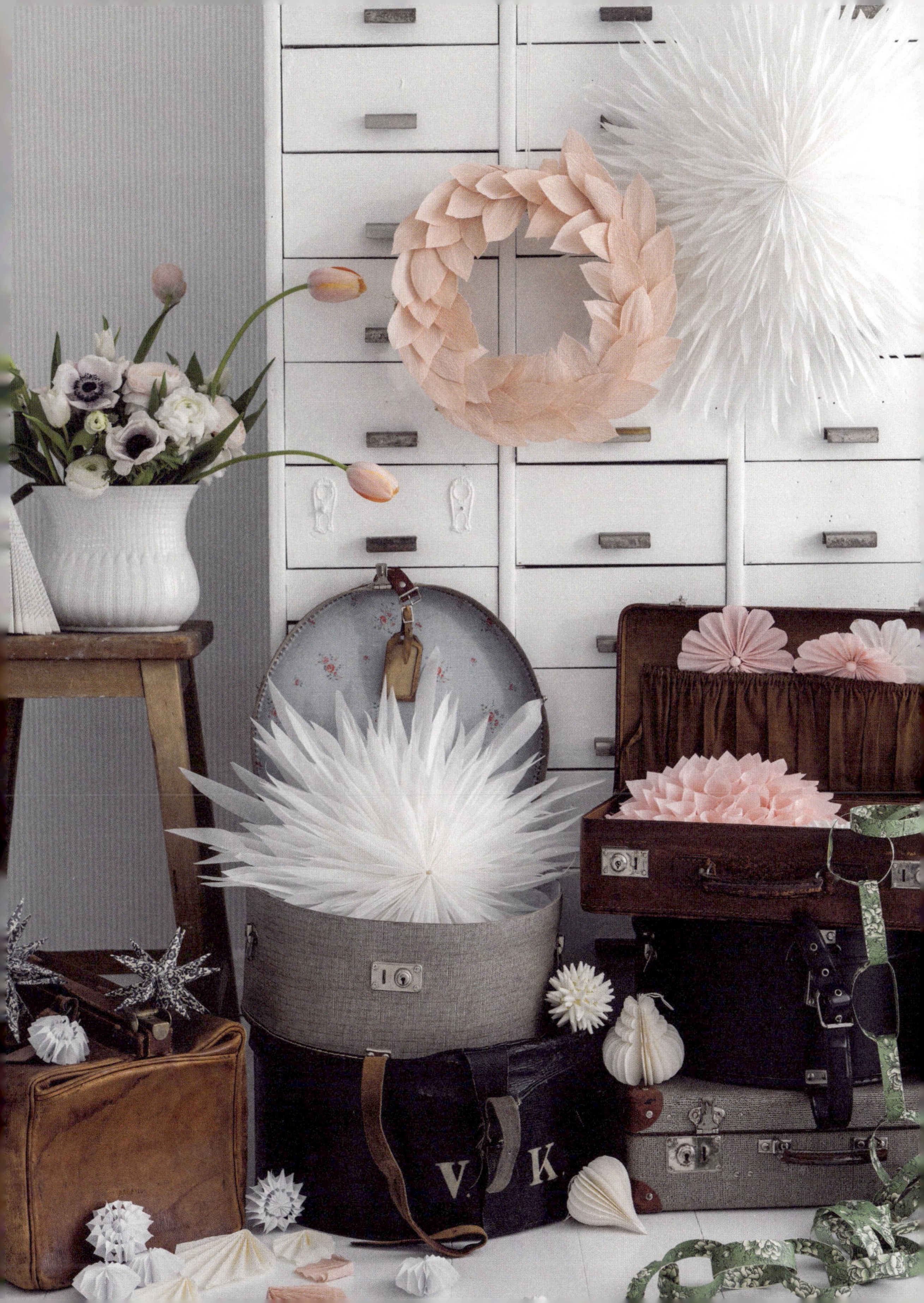
V. K.

DANKSAGUNG

Zunächst einmal möchten wir unseren Ehemännern Mårten und Sebastian ganz herzlich danken, die sich sowohl um den Haushalt als auch die Kinder gekümmert haben und viel Geduld mit ihren gestressten Ehefrauen hatten. Ihr hattet einen großen Anteil daran, dass wir dieses Buchprojekt realisieren konnten. Wir lieben euch über alles!

Ein weiteres großes Dankeschön geht an das Västernorrland Museum, das uns die wunderschöne Kulisse des Tingshuset und der Alten Schule in Murberget zur Verfügung gestellt hat, wo wir die meisten unserer inspirierenden Fotos gemacht haben. Danke an Fiestad Farm BnB, FatJosie Keramik und Emelie Vänervik, die ihre Tore für uns geöffnet haben und uns in ihren Räumlichkeiten übernachten ließen. Außerdem möchten wir Marion und ERNST Form danken, die uns Requisiten zur Verfügung gestellt haben.

Vielen Dank an die liebe Mama Carina, an Papa Håkan und an Engla, die die Schablonen ausgeschnitten, Sterne in Form gezogen und die Requisiten für unsere Fotoshootings vorbereitet haben. Ohne euch hätten wir alles nicht rechtzeitig geschafft!

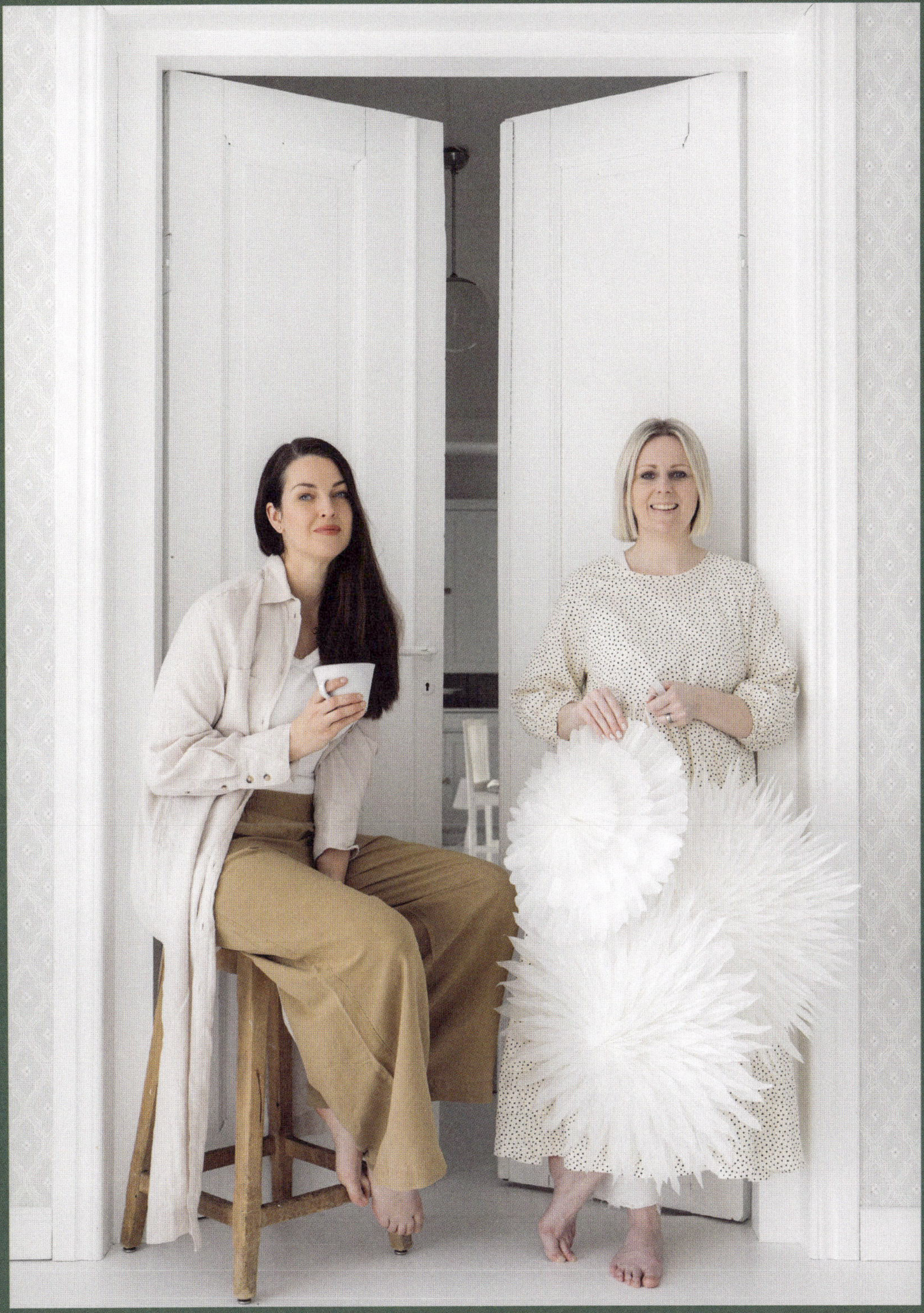

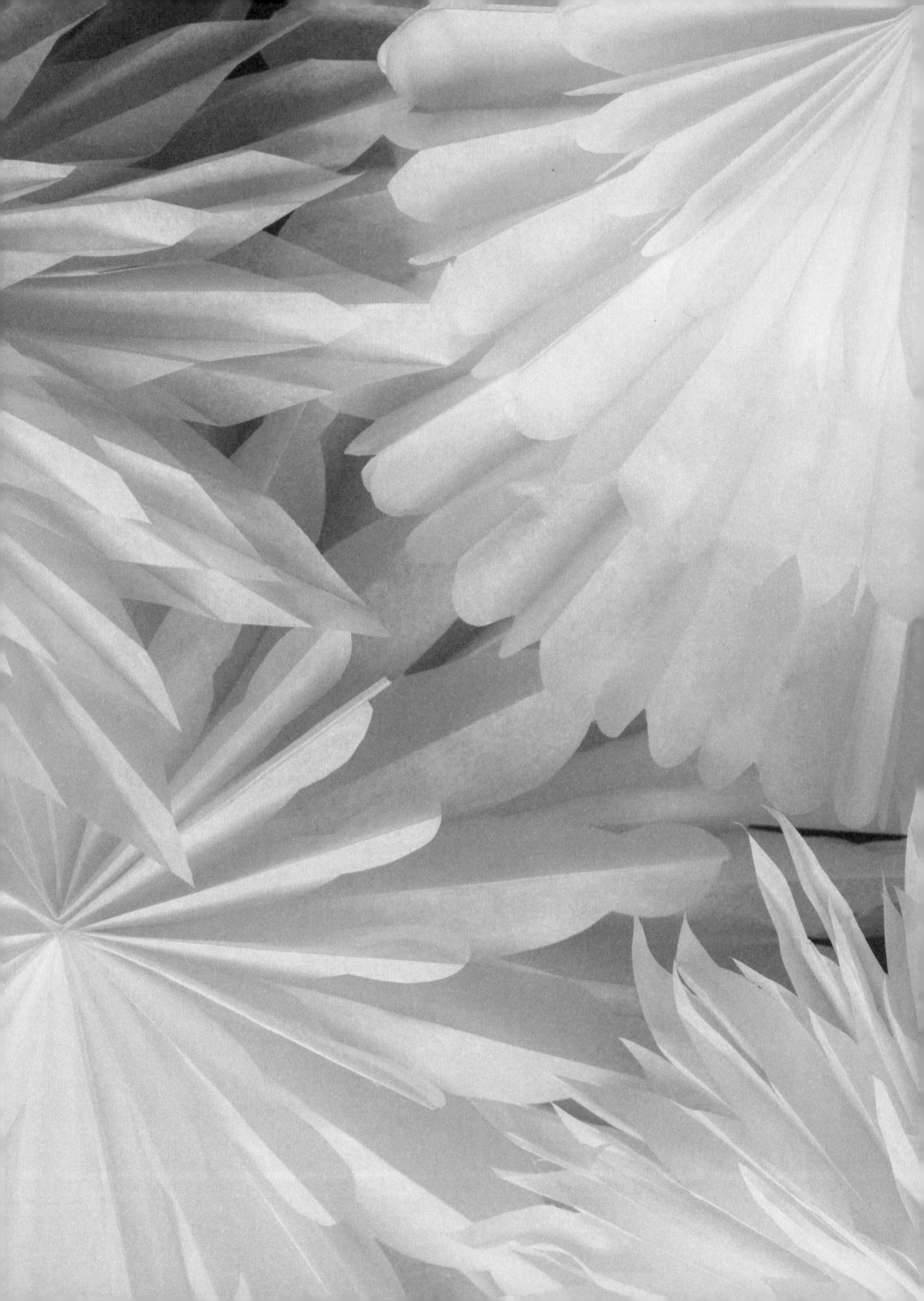